后危机时期的经济增长与金融发展

王胜邦　编译

中国金融出版社

责任编辑：任　娟

责任校对：张志文

责任印制：陈晓川

图书在版编目（CIP）数据

后危机时期的经济增长与金融发展（Houweiji Shiqide Jingjizengzhang yu Jinrong-fazhan）／王胜邦编译 . —北京：中国金融出版社，2016.9

ISBN 978 – 7 – 5049 – 8641 – 2

Ⅰ . ①后…　Ⅱ . ①王…　Ⅲ . ①金融事业—经济发展—研究—中国

Ⅳ . ①F832

中国版本图书馆 CIP 数据核字（2016）第 177792 号

出版
发行　中国金融出版社

社址　北京市丰台区益泽路 2 号

市场开发部　（010）63266347，63805472，63439533（传真）

网 上 书 店　http：//www. chinafph. com

　　　　　　（010）63286832，63365686（传真）

读者服务部　（010）66070833，62568380

邮编　100071

经销　新华书店

印刷　北京市松源印刷有限公司

尺寸　170 毫米×230 毫米

印张　23

字数　361 千

版次　2016 年 9 月第 1 版

印次　2016 年 9 月第 1 次印刷

定价　59.00 元

IBSN 978 – 7 – 5049 – 8641 – 2/F. 8201

如出现印装错误本社负责调换　联系电话（010）63263947

编译前言

（一）

金融危机以来，全球主要经济体携手重建金融监管规则，在监管当局的强力推动下，全球金融体系的稳健性明显增强，金融危机似乎渐行渐远。然而，全球范围内经济复苏进程仍乏善可陈，虽然美国经济表现相对突出，英国出现了不平衡的复苏，欧元区依然游走于增长与衰退之间，日本远未走出通货紧缩的阴影；与此同时，新兴市场也风光不再，告别了高增长。这场国际金融危机以及后危机时期的经济低迷充分暴露了危机之前二三十年间形成的"欧美消费—东亚生产—其他地区提供基础原材料"的全球经济链条和分工布局的脆弱性：过度依赖欧美国家债务推动的消费需求和资产价格上涨。进一步的分析表明，欧美国家债务累积一定程度上是金融创新过度的自然结果，债务积压显著放大了经济脆弱性，使得局部领域的风险释放极易转化为系统性金融危机；而后危机时期私人部门竞相被动去杠杆进程，显著加重了公共财政负担，严重恶化了短期经济增长环境，并可能损害长期经济增长潜力，使得经济陷入长期停滞（secular stagnation）。为应对后危机时期经济增长面临的挑战，全球主要中央银行（以下简称央行）均放弃经典的货币理论，实施量化宽松的货币政策，以期重振需求，挽回颓势；然而，结果却不尽如人意。乐观派认为，通过以时间换空间，至少为寻求新的增长动力赢得了时间；悲观派认为，通过扩大货币供给来应对目前困境实际上是重复危机之前的错误，对价格稳定和金融稳定的负面影响终究会显现，非常规货币政策无异于饮鸩止渴。总体而言，能否摆脱以及何时摆脱后危机综合症还存在很大的不确定性。

过去几年间，在参与后危机时期国际金融监管改革工作中，为深入了解和把握国际金融危机的原因、应对措施及其对金融体系稳定性的影响，笔者翻译了一系列研究文献，前期译文收录在《国际金融危机与金融监管改革》① 中，本书收集的译文超越了对金融危机直接原因和金融监管规则的技术性讨论，重点探讨后危机时期经济运行和金融发展问题，包括经济增长前景、债务问题、货币政策新范式、全球金融治理等。本书选编的文章具有以下三个特点：一是问题导向。作者大多兼具学者和政策制定者两种身份，选编的文章是他们在不同场合的演讲稿，场景感很强，主要从理论角度分析重大现实问题，而不是纯学术的探讨，尤其关注政策选择时所面临的困境。二是视野开阔。文章主要从发达市场与新兴经济互动、经济运行与金融体系相互联系、金融全球化和网络化等更宏观的视角，回应后危机时期经济运行和金融发展中面临的重大关切和理论命题。三是大历史视角。大多数文章高度关注现实问题的历史逻辑，通过"讲故事"的方式探究当下难题的历史根源，短则几十年，长则数千年，用历史智慧折射现实，启示未来。需要特别指出的是，这些文章的观点和政策主张并非完全一致，有的甚至截然对立，译者也不完全赞同。这或许是因为后危机问题的复杂性，或许是因为作者不同的学术背景和职业角色。激烈的思想交锋有助于丰富我们对复杂经济现象的理解，避免受制于单向和狭隘的思维。

（二）

虽然经济增长是一个长盛不衰的话题，但伴随着第二次世界大战以来工业化国家长达几十年的持续增长，经济周期理论逐步取代了经济增长理论在经济学中的核心地位。相应地，宏观经济政策的目标也定位于缓解经济周期性波动，甚至是盯住通胀。正如卢卡斯（Lucas，2003）所言，"从所有实际目标来看，防止萧条的核心问题已经解决了，实际上已经解决几十年了"。但危机以来发达国家贫乏无力的、不平衡的经济复苏进程及其广泛的溢出效应，引发了经济长期停滞的担心，增长问题重新成为学术界争论的焦点。

《货币政策与经济复苏》是美联储主席珍妮特·耶伦（Janet L. Yellen）于

---

① 该书已于 2013 年由中国金融出版社出版发行。

2014 年 4 月在纽约经济学俱乐部发表的演讲。耶伦认为，在后危机经济复苏进程中，美联储应该采取系统化的政策措施应对经济冲击，但由于联邦基金利率已逼近零界，不得不采用非常规的货币政策，该框架包括三个方面：一是通过前瞻性指引（forward guidance）承诺联邦基金利率较长时期内维持零界附近，直到具备上升的条件；二是通过大规模的资产购买向市场注入流动性，目的是绕开名义利率零界的约束，压低长端利率，刺激需求；三是通过美联储与公众的沟通机制，引导市场公众的预期，避免市场过激反应。在政策实施过程中，美联储重点关注劳动力市场表现（如失业率、劳动参与率、工资增长率等）、通胀率是否向 2% 的目标回归、导致经济运行偏离预测轨迹的因素三个方面的问题。耶伦承认，由于政策工具和经济走势都史无前例，经常出现意料之外的变化，美联储在与市场沟通过程中，措辞经常含混不清，且不断调整；但随着经济复苏的确定性增强，沟通也更加有效。通读本文可以发现，美联储确定货币政策时，完全基于对美国国内经济走势的判断，根本未考虑其溢出效应。正如拉古拉迈·拉詹（Raghuram Rajan）所称，"我们做必须做的事情，其他人可以调整适应"。由于美元在国际货币体系中的特殊地位，美联储政策的域外影响是显而易见的，2013 年年中，美联储宣布可能削减资产购买规模，导致资本大规模逃离新兴市场，引起印度、印度尼西亚、巴西等国货币剧烈贬值。随着美国经济的好转，2014 年美联储开始削减资产购买的数量，并于 2015 年底提高了联邦基金利率，开启货币政策常态化的进程，但全球其他主要央行仍延续非常规货币政策。全球主要经济体的货币政策分化是未来一段时期全球经济增长和金融市场面临的最大的不确定性。

印度储备银行行长拉古拉迈·拉詹（Raghuram Rajan）曾出版了《从资本家手中拯救资本主义》、《断层线》[1] 等优秀著作，对英美金融资本主义的过度繁荣提出了批评，并发出过警告。本书收集了拉詹近年来发表的 3 篇演讲。《从衰退走向增长》一文分析了从后危机时期的大衰退走向经济增长的备选途径和风险。拉詹认为，无论是为了兑现政治承诺，还是防止经济持续恶化引发

---

[1] 《从资本家手中拯救资本主义》中文版 2015 年由中信出版社出版。《断层线》中文版 2011 年由中信出版社出版。

3

的收入差距扩大和人力资本永久性损失，以及出于对持续通货紧缩的担心，发达国家尽快恢复增长的政治意愿都非常强烈。然而，由于债务减记等传统手段不具有可行性，短期内无法提高潜在增长率，同时公共部门债务居高不下，采用非常规货币政策几乎是唯一的政策选项，但目前主要央行的非常规货币政策并未创造出新的需求，只是通过本币贬值将对国外的需求转移为对国内的需求，这种缺乏协调的、以邻为壑的非常规货币政策可能产生击鼓传花式的危机（musical crisis），成为威胁全球可持续增长和金融体系稳定性的重要风险源。如何解决国际货币政策体系无序（non-system）的问题？拉詹给出的答案是强化国际货币基金组织（IMF）等多边国际机构的功能，一方面为全球经济增长提供长期资本支持，另一方面监督各国宏观经济政策的实施。我猜想，拉詹的建议很大程度上与他本人长期供职于 IMF（曾任首席经济学家）的经历有关。综观近20 年 IMF 的表现，包括亚洲金融危机后迫使东亚各国实施改革和紧缩型政策、本轮金融危机之前极力鼓吹金融创新完全忽视其潜在危害，以及后危机时期对发达经济体采取竞争性货币贬值表现出的一筹莫展，笔者认为目前多边国际机构的治理架构、行为意愿和行为能力决定了其难以承担该重任。这进一步表明，即便工业化国家经济增长前景可期，由衰退转向增长的道路也不可能一帆风顺。

关于经济增长的长期前景，学术界存在两种明显不同的观点。一种观点认为，以数据技术为代表的新一轮科技创新会拉动经济走上增长轨道，目前的经济低迷只是"黎明前的黑暗"，经济增长前景可期。另一种观点认为，二战后，有利于经济增长的"低垂果子"采完后发达经济体将不可避免地陷入增长的低谷，人口老龄化、财富差距的扩大、教育水平的高位徘徊等因素显著拉低了潜在增长率。英格兰银行首席经济学家安德鲁·霍尔丹（Andrew Haldane）的《经济增长：快与慢》一文从经济学、历史学、社会学和心理学等多个角度对人类经济增长历史进行了考察，结果表明，从 1750 年到 2000 年的 250 年间，全球 GDP 年均增速约为 1.5%；而工业革命前的 3000 年内，全球 GDP 年均增速仅为 0.01%。霍尔丹认为，从大历史角度来看，18 世纪下半叶工业革命以来特别是第二次世界大战以后，全球资本主义经济的高速增长并非常态，而是技术革命带来的额外惊喜，或许只是一个历史插曲；技术创新只是推动经济增长的必要条件，而不是充分条件，经济持续增长依赖于实物资本（physical capital，如工厂和机器）、人力资本（human capital，如技能和专业技能）、智力资本（intellectual capital，如思想和技术）、基础设施资本（infrastructure capital，如交通网络和法律体系）的长期累积。相对于实物资本而言，人力资本、智力资本、基础设施资本的培育和积累需要更长的时间，也面临着更大的困难。霍尔丹观点的一个合理推论就是，即便长期内科技创新或许有可能创造新的增长奇迹，但最起码中短期内工业化国家增长前景堪忧。

近年来，虽然全球主要央行采取大规模的量化宽松货币政策，向市场注入巨额流动性，但通胀水平远低于政策目标，并且通货紧缩阴影始终挥之不去，这都强化了市场对经济下行的预期。英格兰银行副行长本·布劳德本特（Ben Broadbent）的《通货紧缩经济学》从收入和利率两方面分析了通货紧缩的影响，并考察了全球通货紧缩的历史。他认为，英国近期通货紧缩源于消费价格下降而非名义上的工资下降，能源价格大幅下跌实际上提高了居民部门的实际收入，一定程度上这种通货紧缩是"有益的"；在大多数情形下，若"中性"的实际利率较高，温和的通货紧缩不会引发经济衰退；经济史也表明，发生持久且广泛通货紧缩的概率非常低，尤其是采用浮动汇率的国家；然而，经济危机之后，发达经济体的实际利率被严重压低，名义利率接近零界，压缩了货币政策的空间，发生持续通货紧缩的可能性相对较高；对于资产负债表规模庞大的国家而言，最重要的威胁是债务紧缩而不是通货紧缩，应高度关注利率与名义收入增长率之间的缺口。布劳德本特进而认为，总体上无须过度担心持续通货紧缩的风险，一旦能源价格下跌的直接效应消退，核心通胀率就会明显上升。纵观整个 20 世纪，人类撕去了货币的黄金封印，释放出了通胀这个魔鬼。弗里德曼（Milton Friedman，1970）认为，"通胀在任何地方都是一种货币现象，货币供给增速超过实体经济增速是通胀的唯一源头"。若果真如此，长期来看，全球经济增长面临的最大挑战可能并非通货紧缩，而是源于非常规货币政策的通货膨胀。

（三）

历史不会简单重复，但逻辑总是相似的。历史上任何一次大危机都与债务的膨胀和崩溃密切相关，本轮危机之后债务问题受到广泛关注，成为讨论金融危机起源和影响的重要切入点。英国金融服务局（FSA）前主席阿代尔·特纳（Adair Turner）先生于 2013 年 2 月和 2014 年 3 月在伦敦城市大学 CASS（卡斯）商学院发表了两次长篇演讲，演讲高屋建瓴、气势磅礴、观点尖锐，全面反映了特纳先生关于债务累积的根源和后果的见解，以及如何摆脱混乱局面的政策主张。国际清算银行（BIS）副总裁赫尔威·汉农（Hervé Hannoun）着重讨论了全球债务积压对央行的挑战。

　　《债务、货币和魔鬼：如何走出困境?》深入讨论了以总需求管理为目标的宏观经济政策与金融稳定之间的内在联系。在特纳看来，建立在传统经济学框架基础上的货币政策和财政政策最大的误区就是对私人银行体系采取了自由放任的态度，忽视了杠杆累积与信贷周期之间的复杂密切的联系；事实上，正是由于对部分准备（fractional reserve）私人银行体系的放任自由创造了过量私人信贷，推高了全社会的杠杆率，显著放大了经济脆弱性，酿成百年一遇的国际金融危机，并导致后危机时期的债务积压、去杠杆和经济复苏乏力。面对如此混乱的局面，实施常规货币政策（通过利率手段管理通胀预期）和财政刺激政策以及危机后达成共识的宏观审慎工具虽然优于不作为，但远远不足以引领经济走出困境。因此，非常时期需采取非常之策，应大胆采用被传统政策信条视为禁忌的政策——财政赤字的货币化融资（OMF），即利用公共部门的特权货币（fiat money）创造弥补财政赤字，刺激总需求。特纳认为，OMF 可能是唯一有效的方法，虽然存在很大的政治、经济风险，但通过适当规则设计和央行独立性能够约束 OMF 不被滥用，至少不应将 OMF 排除在政策选项之外。特纳所著的《债务与魔鬼：信用、货币与全球金融体系》①进一步批判了危机之前的经济政策的理论基础，包括有效市场假说（EMH）和理性预期假说（REH），正是在这些错误理论指导下的经济政策使得自由银行体系制造了太多的错误债务，制造了金融危机、债务积压以及后危机时期的经济衰退，同时由于这些错误理论完全禁止特权货币创造，错过了使用 OMF 的良机，使得经济复苏弱于应有水平。后危机时期，政策当局面临着风险与收益之间的权衡，而不是在可能的完美与必然的灾难之间作出选择，绝对的信念和简单规则是危

---

　　①　该书中文版由中信出版社于 2016 年 4 月出版。

险的。

在《财富、债务、不平等和低利率：四大趋势与启示》一文中，特纳分析了近三四十年西方发达国家出现的四个明显趋势：日益扩大的贫富差距、持续上升的财富收入比、不断攀升的私人部门杠杆率（债务不断累积）、逐步走低的实际利率。特纳认为，这四大趋势之间存在多重且自我强化的相互联系，不断推高了经济增长的信贷强度（credit intensity），扩大了经济的脆弱性，制造了国际金融危机并可能使得发达经济体陷入长期停滞。在笔者看来，特纳提出的以下三个观点尤其发人深省：一是似乎与金融稳定无关的趋势，如财富差距扩大，对金融稳定的潜在影响很大。因此，缩小贫富差距（至少控制其进一步扩大）不仅本身很重要，而且事关金融稳定。二是以信息通信技术（ICT）为代表的新一轮技术创新无疑将创造出巨大的经济"利益"（bounty），未来经济肯定变成信息通信技术密集型的，就业将分为"高科技"（high-tech）和"高接触"（high-touch）两大类，且两大类之间的不平等将越来越严重。因此，信息和通信技术密集度的上升将进一步扩大不平等。三是虽然经济的知识密集度明显提高，但现代经济中房地产却越来越重要，房地产成为社会财富最重要的组成部分，相当一部分投资指向了房地产，房地产贷款在全部授信中的占比持续上升，且具有很强的内生性，理解房地产市场的动态特征对于维护宏观经济和金融稳定非常关键。特纳甚至认为，宏观经济不稳定的核心就在于不受约束的私人银行体系创造债务的无限能力与缺乏供给弹性的特定位置城市房地产之间的内在矛盾。

2014年11月，赫尔威·汉农在第50届东南亚央行行长会议（SEACEN）上发表了题为《中央银行和全球债务积压》的演讲。汉农认为，危机之前的15年间发达经济体的债务膨胀失去了控制。债务积压问题部分源于发达经济体宏观政策的宽松性偏向，实际上这也是债务驱动型增长模式的一部分。宽松货币政策拉低了利率，为市场主体债务融资提供了激励，也使得扩张型财政政策得以持续。理论上摆脱债务积压的备选方案包括推动经济更快的增长、债务重组或违约、通胀、财产税、金融抑制、私有化和紧缩（austerity），然而现阶段可行的方案并不多。虽然央行实施的非常规货币政策有助于去杠杆，但也面临着一系列重大挑战，包括量化宽松政策可能刺激私人部门债务进一步上升、非常规货币政策潜在的财富分配效应、对财政风险的影响以及非常规政策回归常态化的时机和策略等。在汉农看来，特纳主张的 OMF 属于奇谈怪论，根本不可能解决债务积压问题，唯一可行的方法是逐渐增加高负债经济主体的储蓄，去杠杆的努力必然会在很长时间内影响经济增长。

（四）

历史上政府都是大危机的最后风险承担者。在本次危机最剧烈的时刻，央行发挥了中流砥柱的作用。面对后危机时期的经济萎缩，在公共财政不堪重负的情况下，央行再度扮演孤胆英雄的角色，创设许多新型的数量型工具，向市场注入流动性，以拉动经济复苏。量化宽松（QE）的力度之大、范围之广、持续时间之长史上未见，但最终效果如何目前尚不得知。

2013 年 6 月，后来任印度储备银行行长的拉詹在国际清算银行克劳克特（Crockett）纪念讲座上发表了题为《在黑暗中摸索：危机后的非常规货币政策》的演讲，在全球央行行长面前，对发达国家的量化宽松货币政策提出了尖锐的批评。拉詹认为，这场金融危机的根源在于工业化国家的增长动力萎缩，危机之前被伴随金融繁荣的债务支撑型需求的快速增长所掩盖，金融危机标志着债务支撑型增长模式的终结，危机后欧美国家经济衰退，部分原因是债务支撑型需求的消失，其乘数效应又引起了其他需求的下降，共同导致了需求低迷，因此要走出危机必须进行结构化改革，寻求经济增长新的动力源。即便按照凯恩斯主义的观点，拉低利率一定程度上能够刺激总需求，但由于需求并非无差异的，且危机之前数年间形成的需求与供给之间存在错配，非常规货币政策的有效性令人存疑，顶多也就是黑暗中的探索（a step in the dark），并且非常规货币政策的实施还可能产生许多意料之外的影响：一是鼓励过度风险承担并导致投资扭曲；二是广泛的溢出效应，引起跨境资本异常流动、汇率竞争性贬值以及资本流入国的信贷繁荣；三是延误了后危机时期宝贵的改革时机并潜藏巨大的道德风险；四是退出过程中的不确定性。具有深厚经济思维的西方央行行长为何采取这种"出力不讨好"的政策？拉詹认为，或许是他们在花费了亿万美元拯救私人银行以后，就此打住在政治上无法交代，这种想法激励央行行长创新；或许是宗旨意识，即在破损不堪的世界上，央行自认为应倾其所能来拯救世界。无论如何，可以确定这样一个事实：央行行长并非是独立于政治和意识形态以外的技术官僚，因为他们已经沾染了政治色彩。

2014年4月，拉詹在美国布鲁金斯学会（Brookings Institution）发表了题为《竞争性宽松货币政策：昔日重现吗?》的演讲。该文是《在黑暗中摸索：危机后的非常规货币政策》的姊妹篇，着重讨论了非常规货币政策的退出和溢出效应。该文指出，当今世界债务高悬，结构性转变亟待进行，发达经济体和新兴经济体均先后不同程度地参与了竞争性宽松货币政策进程，总需求被扭曲且未达到预期，金融风险却有所上升。非常规货币政策的退出道路不可能一帆风顺，因为长时间实施极度宽松的货币政策，抬高了金融机构和借款人的财务杠杆以及抵押品价值，促使人们过度承担风险，一旦政策转向、利率环境变化，市场参与者竞相去杠杆和去风险（de-risk）将加剧非常规政策退出的潜在不良后果。在经济高度全球化的今天，非常规货币政策的溢出效应是显而易见的，当主要经济体采取极度宽松的货币政策时，大规模资本流入导致的本币升值和国内资产价格上升使得流入国（主要是新兴市场）杠杆率明显上升，扩大了经济脆弱性。这正是许多新兴市场对发达国家采取非常规货币政策"爱恨交加""进退失据"的原因，一方面承认非常规货币政策有助于扩大全球需求，资本流入也有助于弥补国内资本不足；另一方面又担心潜在风险上升，发达经济体单方面实施政策退出可能诱发严重的危机。拉詹认为，极度宽松的货币政策更像是病因而非良药，无论是发达经济体还是新兴市场经济体，都需要提高适应能力，增强发展后劲，否则全球可能会进入另一个平庸乏味的经济周期。近两年全球经济增长的表现似乎验证了拉詹的观点。

众所周知，英国卡梅伦（Cameron）政府上台后，对英国监管架构进行了重大调整，英格兰银行同时履行货币政策和金融监管两项职能，英格兰银行内部分别由货币政策委员会（MPC）和金融政策委员会（FPC）负责货币政策和宏观审慎监管政策的制定。英格兰银行前首席经济学家、副行长查尔斯·比恩（Charles Bean）的《货币政策的未来》是对英格兰银行新框架的一个理论概括。比恩认为，危机之前的"大稳健"（Great Moderation）时期货币政策的最大失误就是仅关注价格稳定（商品市场的均衡），完全忽视了信贷扮演的特殊角色，未觉察到金融风险悄无声息地快速累积，埋下了金融危机的种子并导致危机之后的"大灾难"（Great Tribulation）。因此，未来的货币政策必须与宏观审慎监管政策协同，在其理论框架中表现为价格稳定曲线（PS）和金融稳定曲线（FS）都是向右下方倾斜的曲线，但两者斜率不同，两条曲线的交叉点意味着商品市场与信贷市场同时达到均衡；其政策含义就是 MPC 与 FPC 之间的有效沟通能够同时实现价格稳定与金融稳定的目标。在笔者看来，这样一个简洁优美的分析框架理论上是有吸引力的，但如何运用于实践还有待探索，效果如何还有待检验。例如，物价波动更加频繁，价格周期转换较快；而金融风险潜伏期较长，金融周期转换较慢；利率工具的优势在于无孔不入，而审慎监管工具的针对性则更强。不同决策主体即使在同一屋檐下也不可能消除两者之间内在的紧张关系，同时由于政策工具的组合变得更加复杂，客观上扩大了与市场沟通的难度。

（五）

过去几十年间经济全球化进程明显提速，全球贸易增速显著，远远超过全球产出增速，跨境资本流动、跨境金融交易的增速远远超过贸易和投资增速；由美国次债市场波动一步一步演化为国际金融危机的事实表明全球金融体系联系的紧密程度可能远远超出我们的想象，任何一个国家（特别是大国）都无法独善其身，即便参与程度有限，也会被动地卷入其中。从全球而不是本国视角理解金融体系发展演变并探索重建全球货币和金融的路径是全球化时代面临的重大课题。

在本轮危机后，伯南克等人（Bernanke，2005，2009；Krugman，2009；King，2010）将危机主要归因于亚洲国家（特别是中国）大规模的贸易盈余（储蓄过剩），因此，所谓的全球失衡（经常账户失衡）受到学术界和政策当局的广泛关注，甚至成为二十国集团（G20）最迫切和最重要的议题。国际清算银行两位著名经济学家克劳迪奥·博里奥（Claudio Borio）、申玄松（Hyun Song Shin）和普林斯顿大学教授哈罗德·詹姆斯（Harold James）共同完成的《国际货币和金融体系：基于资本账户历史的考察》对经常账户失衡引发金融危机的观点提出了严肃批评。该文认为，经常账户仅关注了全球商品市场的失衡和净资本流动，却忽视了日益增长的跨境金融交易、总资本流动以及存量

（stocks）的重要性；在高度全球化的经济中金融市场占据支配地位，仅关注经常账户无法理解当今的困境，甚至分散了我们的注意力；国际货币和金融体系的致命缺陷（achilles heel）并非经济账户不对称调整导致的"过度储蓄"（excess saving），而是放大了金融繁荣与衰退，即"过度金融弹性"（excess financial elasticity）。关注总资本流动和存量对金融稳定的影响必须超越国民收入核算和国际收支统计使用的基于居民原则确定的"经济边界"，因为跨国公司（银行和非金融公司）的全球化运作、主要国际货币（特别是美元）在全球范围内的普遍使用以及两者相互交叉显著扩大了跨境资本流动规模，并形成了非常复杂的全球资本流动网络。作者对两次世界大战之间以及新近国际金融危机前后两段历史的回顾分析结果表明，经常账户失衡以及汇率安排不是金融危机的根源，复杂的资本跨境流动不仅会放大特定国家的金融脆弱性，而且在危机跨境扩散过程中扮演了重要的角色。该文研究结论对于我国构建维护金融体系稳定运行的制度框架具有重要启示。近年来，随着我国经济向新常态过渡以及金融市场双向开放不断加快，金融体系运行的国内、国际环境正在发生深刻变化，2015 年下半年以来，我国股市深度调整、人民币汇率大幅度贬值、资本外流明显加快，并不能全部归结于国内因素。未来一段时期内，必须高度重视对外开放进程中内部脆弱性积累与外部风险的相互传递和叠加：一是加强国内金融监管，将全部金融活动置于有效监管之下，抑制金融弹性，防止过度运用金融杠杆；二是完善国际收支统计，全口径监测资本流动的规模、方向、期限、类型、币种、主体，通过内外联动，及时识别高风险活动和主体；三是坚持底线思维，按照渐进、审慎、可控的原则稳妥推进人民币汇率形成机制改革、人民币国际化进程以及设计资本项目开放的步骤和时机，不可操之过急，避免同时受到国内和国际两方面不利因素的冲击。

2014 年 10 月，安德鲁·霍尔丹在伯明翰大学 Maxwell Fry 全球金融年度讲座上发表了题为《管理全球金融：系统性的视角》的演讲。霍尔丹认为，过去 30 年间国际货币和金融体系经历了微型革命（mini-revolution），已演变为一个真正的系统（genuine system）。这个系统兼具脆弱性和稳定性双重特征。伴随着金融全球化进程，过去几十年间，危机（特别是银行危机）发生概率不断上升，且危机的规模和溢出效应也同步扩大；同时，全球金融网络稳定性也出现了一些积极变化，包括国际资本流动中股权投资（特别是 FDI，即外国直接投资）占比上升、债务融资占比下降、国家自我保障程度特别是外汇储备快速增长、应对外部融资冲击的官方机制不断强化（包括 IMF 等多边机制、清迈倡议等区域机制以及双边货币互换机制）。但是，总体而言，全球金融的规模与日益紧密的相互联系已超出其金融基础设施的承载能力，存在断层线。为此，必须采用系统化的方法确保金融全球化稳定运行，同时防范最不利的后果，具体包括四个方面：一是加强全球金融监管，核心是监控全球资金流动情况，并画出溢出效应和相关性的图表，使决策者既可以实时监控金融系统的发展、收缩和规模的变化等动向，也可以进行模拟和压力测试，预测即将到来的剧烈变化。二是引入新型债务合同，以便于在不利条件下实施主权债务重组。三是实施宏观审慎监管，包括尽快实施国际一致的逆周期资本要求，增强全球银行体系应对信贷周期转换的能力；探讨建立全球一致的跨境资本流动管控措施。四是鉴于金融系统本质上是全球性的而非区域性的，区域性安排不可能取代多边保障机制，应强化 IMF 等多边机构的财务实力，改进国际流动性保障机制。

现任 IMF 首席经济学家、著名国际经济学家莫瑞斯·奥伯菲尔德（Mearice Obstfeld）的《国际货币体系：与不对称相伴前行》围绕着"国际流动性"和"汇率决定机制"两大核心问题详细梳理了后布雷顿森林体系的演进过程，基于后危机的现实分析了现行国际货币体系面临的困境。该文认为，在后布雷顿森林体系下"特里芬难题"（Triffin Dilemma）依然存在，只不过全球储备增长由政府赤字而不是国际收支赤字驱动。现代"特里芬难题"的动力特征源于两个不对称：一是新兴市场经济体和发展中国家增长速度超过了高信用的工业化国家，二是发达国家的信用普遍高于发展中国家。关于改革国际流动性提供机制，奥伯菲尔德认为，固定汇率机制终结后，发达国家以及新兴市场经济体都迅速融入全球化进程，贸易和投资推动的外部资产快速积累，为应对日益上升的外部风险，新兴市场经济体只能被动地大幅增加外汇储备进行自我保护，这对于持有者和发行者而言都是有成本的，并且有可能降低全球金融体系的稳健性；虽然 2008 年金融危机之后，IMF 的财政资源大幅度扩充，并开发出许多新型流动性工具，但相对于现代危机的规模和负面影响仍相形见绌，且由于制度设计上的缺陷，IMF 既不可能承担起全球最后贷款人的角色，短期内也难以构建其他有效的国际流动性机制，这涉及财政、金融监管、道德风险等更广泛的议题。关于汇率决定机制，奥伯菲尔德的分析表明，在浮动汇率时代经常账户的失衡不仅未减少而且更加旷日持久，并且不断增加的金融资本流动性使得为赤字融资以及处理超额储蓄变得更加容易；浮动汇率有助于降低单个国家流动性需求的论断已经被证明是完全错误的；作为一个整体，新兴市场（尤其是中国）通过限制本币升值，扩大出口，并且不同程度地实施资本管制，积累了大量的外汇储备，加剧了全球失衡。他认为，贸易盈余国家应主动寻求减少顺差，赤字国家也应受到更严格的限制或付出更高的信用成本；IMF 应该明确阐述其主张，大量且持续的外部失衡的威胁将导致清偿力危机，敦促各国采取合作政策以使纠正全球失衡的过程更加容易。然而，新兴市场经济体与发达市场在经济结构、增速以及经济周期等方面存在的诸多不对称，导致许多国际经济政策协调无法发挥作用，在民族国家主导的世界里难以找到简单的解决方案。正如埃肯格林（Eichengreen，2008）所言，建立美丽的货币新世界取决于全球经济格局的变化和主要经济体的合作意愿。我猜想，无论结果如何，中国都能够扮演更积极的角色。

（六）

经历长达三十余年的高速增长，中国经济取得了非凡的成就，但也积累了制度性缺陷和结构性矛盾。支撑我国经济高速增长的改革红利、全球化红利和人口红利渐行渐远，或正在加速消失，主要表现为对外依赖度过高、产能严重过剩、环境约束强化、房地产市场出现趋势性变化、金融风险逐步暴露等，这些均将通过某种方式最终体现为经济成本的上升，拉动潜在增长率中枢进一步下移。当然，与处于类似发展阶段的国家相比，我国经济增长前景较为乐观：一是人均 GDP 水平较低，按照跨国趋同理论，经济增长空间仍很大；二是虽然人口老龄化加速，但劳动力基数庞大且平均受教育年限较短，人力资本上升依然可期；三是我国幅员辽阔，且区域差距和城乡差距大，国内需求旺盛；四是我国产业门类非常完整，供给能力强大，几乎可以自主提供所有产成品。

前景可期，机遇尚在，挑战巨大。党的十八届五中全会通过的"十三五"

规划建议提出了"创新、协调、绿色、开放、共享"的五大发展理念。将这些发展理念转换为经济增长政策和行为,需要统筹解决好短期增长与长期可持续、改善供给与稳定需求、体制改革与结构调整、立足国内与面向全球、促进增长与严控风险等一系列重大关系。发达经济体从危机之前的大稳健突变为危机之后的大衰退甚至可能陷入长期停滞,为我们提供了数万亿美元的教训。我相信本书的编辑和出版能为关心中国经济和金融发展的学术界、业界和政府部门人士提供有价值的信息。

感谢文章的版权所有者授权翻译这些文章,使得更多人有机会领略大师们的真知灼见。本书的编译工作跨越了三年,凝聚了许多朋友的心血和智慧,中国银监会郑珊珊女士、中国银行徐惊蛰女士、交通银行石峰睿先生、国家开发银行蒋怡然女士、北京银监局李好雪博士、北京银行张晓利女士参与了部分文章的翻译工作,感谢他们付出的努力,但笔者对译文的质量负责。特别感谢《比较》杂志副主编吴素萍女士,过去六年间,《比较》杂志发表了20余篇我翻译的文章,没有她的鼓励我不可能完成如此重任,本书的策划、编辑和出版也归因于她的努力。中国金融出版社第五图书编辑部亓霞主任和任娟女士为本书出版做了大量卓有成效的工作,一并致谢。

王胜邦

二〇一六年一月二十日

目　录

第四篇　重建全球金融体系

第一篇

危机后的经济增长

货币政策与经济复苏①

珍妮特·耶伦

　　金融危机爆发至今已逾五年，国内经济复苏悄然推进，或有星火燎原之势。2009 年以来非农就业岗位已增加逾 800 万个，与本轮经济衰退过程中减少的就业数目基本持平。在汽车业强劲复苏的带动下，制造业产出已接近恢复到危机前的峰值水平。房地产行业复苏进程相对缓慢，但业已出现回暖的迹象。不少分析人士乐观地预测，市场将在中期内实现充分就业，这是金融危机以来的第一次。同时也意识到任重而道远，我们长期期待的充分就业至少要两年以后才能真正实现。

　　本文中，我首先介绍联邦公开市场委员会（Federal Open Market Committee，FOMC）对当前经济形势的看法，并阐释 FOMC 如何在保持价格稳定的前提下促进充分就业。需要特别强调的是，尽管经济前景可期，但经济增长路径并不确定；有效的货币政策必须在经济复苏过程中及时应对意外的波折变化。本文将重点讨论货币政策框架如何应对意外的经济变化，并分析货币政策与经济复苏的相互作用。

---

　　①　本文为美联储主席珍妮特·耶伦女士 2014 年 4 月 16 日在纽约经济学俱乐部（Economic Club）发表的演讲。

经济前景预测

FOMC 维持自 2013 年秋季以来的预测，即美国经济将持续温和复苏。最近几个月，一些指标显示经济出现转弱迹象，但经济前景是否出现了本质转变呢？这需要具体问题具体分析。2013 年冬天，美国大部分地区遭遇极寒天气，FOMC 认为这正是近期经济疲软的主要原因，主要论据包括以下几个方面。

劳动力市场方面，就业状况持续改善。目前，失业率为 6.7%，较 2013 年下半年下降 0.3 个百分点。其他就业指标也反映出相同的趋势：一是待业人数、兼职工作人数下降，并且降幅均大于失业率降幅；二是前期持续下降的劳动参与率 2014 年以来开始出现回升。

通胀水平方面，私人消费物价指数走低，从 2012 年初的 2.5% 降至 2014 年 2 月的 1% 以下①，显著低于 FOMC 确定的 2% 长期目标。许多先行指标同样显示出通胀率疲软的迹象。但我们认为，导致通胀率走低的因素是暂时性的（例如，最近几个季度能源价格上升速度减缓，主要进口产品价格显著下降等），但长期通胀预期仍保持稳定。随着短期因素影响的减弱以及劳动市场继续回暖，预计通胀率将逐步回升至 2% 的水平。

因此，FOMC 预计 2016 年年末失业率将降至 5.2% ~5.6%，通胀率为 1.7% ~2%②。如上述预测能够兑现，美国经济将在危机后的十年中首次达到就业充分、物价稳定的理想均衡状态。我个人认为，这个目标是能够实现的。然而，如果经济增长路径能被完全预测，央行行长的工作岂不成了小菜一碟？货币政策也就乏善可陈了。事实上，经济形势变化总是出人意料，所以 FOMC 仍需关注经济运行存在的主要问题。

---

① 通胀率是消费物价指数较 2013 年同期的变化。

② 预测数据来自 FOMC 2014 年 3 月会议上提交的 "Summary of Economic Projections" (SEP)。SEP 是 FOMC 会议纪要的附件，详见 Board of Governors of the Federal Reserve System (2014)，"Minutes of the Federal Open Market Committee, March 18−19, 2014," press release, April 9。

FOMC 关注的三大问题

劳动力市场疲软现象是否显著？

就业最大化是 FOMC 的政策目标之一。但准确评估"就业最大化"的条件是一个棘手的难题。当前正处于经济复苏初期，与"就业最大化"状态尚有明显距离，上述难题并不突出。然而，随着目标逐步接近，判定"就业最大化"将成为一个迫在眉睫的问题。因此，FOMC 需要形成一套严谨的方法，准确地测度劳动力市场复苏是否全面实现。FOMC 在其长期目标及货币政策声明中强调，这种判断往往具有不确定性，需对一系列经济指标进行综合分析。①

所谓劳动力市场疲软（labor market slack），是指实际就业水平与 FOMC 政策目标之间的缺口，最佳判定指标是失业率。目前失业率为 6.7%，比 FOMC 的长期失业率预测值（5.2% ~5.6%）高出逾 1 个百分点，就业缺口较为明显。我们认为上述缺口需要两年以上才能弥合。② 其他相关指标显示，劳动力市场疲软程度可能比失业率所反映出的情况还要严重。例如，非自愿兼职人员在劳动力中的占比仍明显高于历史平均水平；求职时间长达半年以上的失业人员在劳动力中的占比尽管较 2010 年的峰值已有所回落，但仍高于危机前的水平。③ 长期失业率为何居高不下？在经济回暖后将降至何种水平？市场对此一直存在争论。我认为，随着经济复苏形势明朗化，长期失业率水平将显著降低。④

---

① 参见 2014 年 1 月 28 日修订的 "FOMC's Statement on Longer-run Goals and Monetary Policy Strategy"，可在美联储网站上查阅。

② 参见美联储理事会的 SEP，即 2014 年 4 月 9 日发布的 "Minutes of the Federal Open Market Committee，March 18－19，2014" 附注 2。

③ 人口调查（Current Population Survey，CPS）就业数据中非自愿兼职工作人员在劳动人口中的占比从危机前的 3% 上升至 2009 年 11 月的 6.5%，随后降至 5%。求职时间长达 26 周以上的失业人员在劳动人口中的占比从危机前的不足 1% 升至 4.5%，随后降至 2.5% 以下；此前这一数据的峰值是 1983 年的 2.5%。为期最长的一次失业始于 1948 年。

④ 参见 Janet L . Yellen（2014），"What the Federal Reserve Is Doing to Promote a Stronger Job Market"，3 月 31 日在芝加哥举行的 National Interagency Community Reinvestment Conference 上的演讲。

劳动力市场疲软的另一个表现是劳动参与率持续低迷。尽管劳动参与率会随着人口老龄化自然降低，但这一趋势在经济复苏期间明显强化。我个人认为，劳动参与率降低的部分原因正是劳动力市场疲软。[①]

工资上涨速度也是经济学界考察劳动力市场的常用指标。目前，工资上涨速度仍低于历史水平，但已经显现加速迹象。随着劳动力市场逐步回暖，FOMC将密切监测各项就业指标，判断劳动力市场是否仍处于疲软状态，并决定是否需要采取宽松的货币政策来支持就业。

通胀水平是否回归 2% 的政策目标？

FOMC 最近发表的声明中指出，通胀水平若持续低于 2%，将对经济运行构成不利影响。因此，FOMC 将采取措施以防止通胀率显著低于 2% 的政策目标，不利的经济表现更容易导致经济陷入通货紧缩局面。历史上仅有的几次经验表明，通货紧缩通常一发而不可收，导致长期经济萧条，[②] 并可能伴生其他风险。例如，在联邦基金利率维持低位的前提下，通胀率降低意味着实际利率水平升高，宽松货币政策对于实体经济的支持力度将被削弱。[③] 又如，长期通胀预期一直维持在 2%，并已经反映在长期债务利率定价中，如实际通胀率显著低于这一预期值，居民及企业的实际债务负担将会加重，对经济复苏构成拖累。

那么，如何判断通胀率能否逐步回升到 2% 的政策目标呢？我认为应考虑两个方面的问题。首先，尽管我们预期劳动力市场回暖将减少对于通胀水平的拖

---

① 关于"退休是劳动参与率近期下降的主要原因"这一观点，参见 Shigeru Fujita (2014)，"On the Causes of Declines in the Labor Force Participation"，Federal Reserve Bank of Philadelphia，special report，Research Rap，Feb. 6。关于"劳动参与率近期下降主要出于周期性因素"这一观点，参见 Christopher J. Erceg and Andrew T. Levin (2013)，"Labor Force Participation and Monetary Policy in the Wake of the Great Recession"，第 57 届波士顿联储银行经济年会"Fulfilling the Full Employment Mandate-Monetary Policy and the Labor Market"会议论文。

② 参见 Ben S. Bernake (2002)，"Deflation：Making Sure'It'Doesn't Happen Here"，2002 年 11 月 21 日在华盛顿举办的 National Economist Club 上发表的演讲。

③ 如假设企业和家庭的开支仅仅取决于长期利率，那么当短期名义利率已趋近于零时，短期实际利率因通胀走低而暂时升高将不会构成显著的经济影响，因为短期实际利率暂时走高后还会回落。但是企业和家庭的开支不仅取决于长期利率，也部分取决于短期实际利率，通胀率走低将对经济构成不利影响。

累，但同时应看到在经济复苏过程中，劳动力市场持续低迷似乎并未对通胀水平
构成明显的负面影响。因此，劳动力市场回暖是否有助于通胀率回升，还需进一
步观察确认。① 其次，尽管我们认为通胀预期长期稳定在 2%，通胀率将自然
趋向该水平，但同时应考虑到当前这次经济复苏是史无前例的，上述回归趋
势究竟有多强，仍需拭目以待。另外，尽管未来几年通胀走低的可能性要远
大于通胀率高于 2% 的可能性，但同时也要认识到通胀的威胁不能完全忽
视，FOMC 必须对预期之外的经济变化做好预案。

哪些因素导致经济复苏偏离预测的轨迹？

过去几年，经济复苏在多重因素影响下一波三折。例如，联邦政府的
"财政悬崖"问题、欧债危机及其伴生的欧元区银行业系统性风险，都曾令
脆弱的美国经济雪上加霜。FOMC 始终密切关注这些预料之外的变化因素，
并相应地调整经济前景预期。

预料之外的经济变化在货币政策制定中扮演着何种角色？我想通过一个例
子来说明。2010 年 4 月，经济前景的预测曾一度非常乐观。美联储的紧急贷
款计划规模已从危机期间的峰值水平明显回落；首轮资产购买计划即将完成；
4 月的蓝筹调查（Blue Chip Survey）中，私人部门预测失业率将逐步降至 2011
年第四季度的 8.6%。结果正是如此，2011 年末的失业率如期降至 8.6%。②

---

① "就业疲软与通胀之间的实证关系存在不确定性"这一观点参见 James H. Stock and Mark
W. Watson（2009），"Phillips Curve Inflation Forecasts," in Jeff Fuhrer, Yolanda K. Kodrzycki, Jane
Sneddon Little, and Giovanni P. Olivei, eds., *Understanding Inflation and the Implications for Monetary
Policy：A Phillips Curve Retrospective*（Cambridge, Mass.：MIT Press）。此外，由于近年来长期失业人
口在失业人口中的占比上升，一些研究关注短期失业、长期失业对通胀的不同影响，参见 Robert
J. Gordon（2013），"The Phillips Curve Is Alive and Well：Inflation and the NAIRU during the Slow Recove-
ry," in NBER Working Paper Series 19390（Cambridge, Mass.：National Bureau of Economic Research,
August）；Mark W. Watson（forthcoming），"Inflation Persistence, the NAIRU, and the Great Reces-
sion," *American Economic Review*。

② 参见 Aspen Publishers（2010），*Blue Chip Economic Indicators*, Vol. 35, No. 4（April 10）。
这些预测与 2010 年 4 月 FOMC 会议上对于 2011 年末失业率的预测相一致，为 8.1%～8.5%。另
参见 Board of Governors of the Federal Reserve System（2010），"Minutes of the Federal Open Market
Committee, April 27-28, 2010," press release, May 19。

　　然而，这并不是事情的全部。2010 年 4 月，蓝筹调查不仅预测失业率下降，还预测 FMOC 将很快提高联邦基金利率，2011 年第二季度联邦基金利率将被提高至 1.3%①。但是，2010 年 7 月，当时的经济复苏表现逊于预期，FOMC 也对经济增长前景表示担忧，蓝筹调查将 2011 年年中联邦基金利率的预测值下调至 0.8%；2010 年 10 月，该调查预期 2011 年全年联邦基金利率仍维持在 0~0.25% 的低位——事实果然如此②。美联储不仅没有收紧货币政策，而且于 2010 年 11 月启动了 6000 亿美元规模的新一轮资产购买计划。由此可见，尽管失业率在 2011 年上半年确实如市场预期的那样逐步下降，但这是 FOMC 采取超预期的宽松政策的结果。

　　上述情形在次年重现。2011 年 4 月，蓝筹调查预测 2012 年第四季度失业率将下降到 7.9%，同时预测 2012 年年中联邦基金利率将提高至 1% 左右③。失业率预测再次被印证，而 FOMC 再次采取超预期的宽松政策以促进就业改善。2011 年 8 月，为应对疲弱的经济复苏，FOMC 首次在前瞻性指引中明确了宽松货币政策的时间期限，明确声明联邦基金利率将在 2013 年年中之前维持低位。2011 年 9 月，FOMC 进一步放宽货币政策，启动展期计划（Maturity Extension Program），继续变相扩张资产负债表④。

　　综上所述，尽管失业率走势与市场预期一致，在 2011 年和 2012 年逐步下降，但同时经济增速却低于预期，进而促使 FOMC 不断采取宽松的货币政策刺

---

①　参见 Aspen Publishers（2010），Blue Chip Financial Forecasts，Vol. 29，No. 4（April 1）。

②　参见 Aspen Publishers（2010），Blue Chip Financial Forecasts，Vol. 29，No. 7（July 1）；Aspen Publishers（2010），Vol. 29，No. 10（October 1）。2010 年 8 月 FOMC 会议声明指出"经济复苏和就业回暖的速度在近几个月有所放缓"，参见 Board of Governors of the Federal Reserve System（2010），"FOMC Statement，" press release，August 10；另参见 Board of Governors of the Federal Reserve System（2010），"Minutes of the Federal Open Market Committee，August 10，2010，" press release，August 31。

③　参见 Aspen Publishers（2011），Blue Chip Economic Indicators，Vol. 36，No. 4（April 10）；Aspen Publishers（2011），Blue Chip Financial Forecasts，Vol. 30，No. 4（April 1）。

④　关于 FOMC 首次明确时间期限的前瞻性指引具体内容，参见 Board of Governors of the Federal Reserve System（2011），"FOMC Statement，" press release，August 9。关于 2011 年 9 月启动的展期计划的具体内容，参见 Board of Governors of the Federal Reserve System（2011），"Federal Reserve Issues FOMC Statement，" press release，September 21。

激经济增长。正是这些政策措施促进了就业，使得失业率按照预期路径稳步下降[1]。上述事例说明，货币政策制定的重要环节之一，就是要密切关注经济运行中超出预期的变化因素，并采取系统性措施予以应对。

本轮经济复苏过程中的政策挑战

近年来一个重要观点认为，促进市场正确理解和预期央行行为有助于提升货币政策的实施效果。特别是央行应充分阐释其政策立场，说明其自身在经济运行过程中如何应对预期外的变化因素，熨平经济的意外波动。如果公众普遍预期央行将以系统化的政策措施来稳定经济增长，那么市场对当前不利局面的反应将趋于理性。由此可见，央行有效管理市场和公众的预期，则能够形成一种"自动稳定机制"，避免市场过激反应。值得注意的是，FOMC 根据经济变化相应地调整政策工具，必然使联邦基金利率的未来走势难以预测，但同时能显著降低通胀及就业指标未来走势的不确定性，使经济复苏的路径更趋明朗。

回顾本轮危机前的几十年间——有时被称作"大稳健时期"。当时，联邦基金利率是 FOMC 的主要政策工具，该利率远高于零，具有充裕的调整空间，足以应对一般的经济冲击。许多研究证实，规则简洁、表述准确的货币政策在应对经济冲击时最为有效。这些政策通常考虑就业、通胀相对于目标值的偏离程度，并通过简单的规则确定联邦基金利率[2]。著名的"泰勒规则"即是如此[3]。

在本轮复苏过程中，FOMC 仍坚持认为应采取系统化的政策措施应对经济冲

---

[1] 有一系列研究来评估 FOMC 政策的有效性，相关综述参见 Ben S. Bernanke (2012)，"Monetary Policy since the Onset of the Crisis," speech delivered at "The Changing Policy Landscape," a symposium sponsored by the Federal Reserve Bank of Kansas City, held in Jackson Hole, Wyo., August 30 – September 1。

[2] 参见 John B. Taylor and John C. Williams (2011)，"Simple and Robust Rules for Monetary Policy," chap. 15 in Benjamin M. Friedman and Michael Woodford, eds., *Handbook of Monetary Economics*, Vol. 3B (San Diego：North-Holland)，pp. 829–859（该章节的 2010 年 4 月工作论文版本可在 Federal Reserve Bank of San Francisco 网站上查阅）。

[3] 参见 John B. Taylor (1993)，"Discretion versus Policy Rules in Practice," Carnegie – Rochester Conference Series on Public Policy, Vol. 39 (December)，pp. 195–214。

击。但上述理念在实施中却是困难重重。联邦基金利率已接近于零，FOMC 不得不启动两项非常规的政策工具：一是通过前瞻性指引指明未来的联邦基金利率水平，二是通过大规模的资产购买向市场注入流动性。这些非常规政策如何根据经济变化作出反应呢？由于政策工具和经济走势都是史无前例的，我们也没有成功的经验可供借鉴。在此情况下，FOMC 必须与公众保持有效的沟通，说明它如何运用政策工具以应对经济条件的重大变化。

在非常规性政策工具启动初期，FOMC 采取的政策沟通策略相对简单。例如，2008 年 12 月 FOMC 声明，"一段时期内"（some time）联邦基金利率将维持接近于零的水平；此后维持低利率的时间表述越来越精确，期限也一再拉长，从最初的"一段时期"变为"更长的期间"（an extended period），再依次演变为"2013 年年中""2014 年下半年"及"2015 年年中"①。这种设定明确期限的前瞻性指引的优势在于简洁，但其"自动稳定机制"则相对欠缺。它既不能反映出当前货币政策的原因及逻辑，也不能说明在经济形势变化演进过程中货币政策将如何动态调整。

近期，美联储及其他国家的央行都致力于提升政策沟通中的"自动稳定机制"②。2012 年 12 月，FOMC 调整前瞻性指引，声明"只要失业率高于 6.5%，未来一两年的通胀预期不高于 2.5%，更长期限的通胀预期维持在 2% 的政策目标水平，联邦基金利率将维持接近于零的水平"。上述指引向市场表明，在经济复苏取得重大进展之前，当前的低利率环境将持续下去，并无具体的结束期限。当时，失业率为 7.7%，FOMC 预计失业率降至 6.5% 需要两年半时间，

---

① 有关表述参见 FOMC 于 2008 年 12 月、2009 年 3 月、2011 年 8 月、2012 年 1 月的政策声明。参见 Board of Governors of the Federal Reserve System (2008)，"FOMC Statement and Board Approval of Discount Rate Requests of the Federal Reserve Banks of New York，Cleveland，Richmond，Atlanta，Minneapolis，and San Francisco," press release，December 16；Board of Governors (2009)，"FOMC Statement," press release，March 18；Board of Governors (2011)，"FOMC Statement," press release，August 9；Board of Governors (2012)，"Federal Reserve Issues FOMC Statement," press release，January 25；and Board of Governors (2012)，"Federal Reserve Issues FOMC Statement," press release，September 13。

② 2013 年 8 月，英格兰银行开始采用基于指标（Threshold－based）的前瞻性指引，自 2014 年 2 月起，前瞻性指引中更为注重定性分析，参见 Bank of England 网站中"Forward Guidance"栏目。欧洲央行近期加强了前瞻性指引与经济疲软指标之间的联系，参见 Mario Draghi (2014)，"Introductory Statement to the Press Conference (with Q&A)," European Central Bank，Frankfurt，March 6。

大约在 2015 年年中。FOMC 强调指出，这些量化指标并不必然促进联邦基金利率的提高。正如时任主席伯南克所言，要综合考虑一系列指标，方可作出退出宽松政策的决策①。

美联储有关资产购买计划的沟通策略也经历了相似的变化。最初两轮量化宽松计划均设定具体的期限和规模（尽管也会进行后续调整）。2012 年秋，FOMC 启动第三轮量化宽松计划，将资产购买进度与经济走势明确联系起来。在计划实施初期，每月资产购买规模为 850 亿美元。FOMC 指出，只要通胀压力可控，资产购买将持续进行，直至劳动力市场显著回暖②。2013 年 12 月，考虑到计划实施已取得一定成效，劳动力市场也企稳向好，FOMC 决定缩减每月资产购买的规模，并声明"如果多方面证据均能表明劳动力市场日渐改善，通胀正逐步回归长期政策目标，FOMC 在未来的会议上可能以可计量的节奏（in further measured steps）减缓资产购买的速度"③。目前，美联储每月购买资产的规模已降至 550 亿美元。美联储在本轮量化宽松政策的沟通策略更为成熟，强调计划实施并不拘泥于既定的进度，FOMC 将根据经济前景的变化动态调整资产购买的进度。

前瞻性指引的最新变化

在 2014 年 3 月的会议上，FOMC 再次调整了联邦基金利率的前瞻性指引，主要原因包括：一是失业率可能很快降至 6.5% 以下，二是新修订的指引能更准确地反映 FOMC 应对经济前景变化所进行的调整。需要指出的是，调整前瞻性指引并不是因为 FOMC 的政策意图发生改变，而是要澄清 FOMC 在经济持续复苏过程中的政策思路。

首先，新修订的指引明确了 FOMC 确定加息时点的决策框架。FOMC 声明

---

① 参见 Board of Governors of the Federal Reserve System（2012），"Transcript of Chairman Bernanke's Press Conference，December 12，2012"。

② 参见 Board of Governors，"Federal Reserve Issues FOMC Statement，"September 13，2012，注 19。

③ 参见 Board of Governors of the Federal Reserve System（2013），"Federal Reserve Issues FO-MC Statement，"press release，December 18。

将持续关注就业及通胀目标的进展情况①，也就是说，如果就业或通胀未达到目标，或向目标回归的进程出现滞后，联邦基金利率可能在更长期间内维持目前的 0~0.25%。上述声明强调了 FOMC 将持续采取必要的量化宽松政策以支持经济复苏，同时也重申了 FOMC 一贯的观点，即加息决策将综合考虑就业、通胀、金融市场等多方面因素，并非基于单一的量化指标。

其次，指引进一步阐释了在基准情景下 FOMC 如何评估该决策框架下的政策路径。FOMC 认为，从当前的经济和金融状况来看，联邦基金利率将在第三轮量化宽松结束后的相当一段时间内继续维持在目前区间内；特别是在长期通胀预期维持不变的前提下，若通胀率继续低于 FOMC 设定的 2% 长期目标，FOMC 不会轻易加息。②

最后，指引具体说明了加息之后可能采取的货币政策。FOMC 认为，当前的经济复苏还需要较长时间才能回归正常状态，因此加息之后仍将维持较低的利率水平。FOMC 提出了多方面论据，主要包括：本轮危机的影响持续时间较长；实体经济产能的恢复相对缓慢；世界主要发达经济体的经验均表明，长期维持较低的实际利率水平是实现经济增长目标的有效途径。③ 随着经济进一步企稳复苏，我们将掌握更丰富的论据，并对指引作出相应修正。

结　论

FOMC 始终致力于以系统化的方式应对预料之外的经济变化，在价格稳定的前提下推动经济向充分就业状态回归。值得欣慰的是，经济复苏之路终现曙光，FOMC 的政策目标预计将在中期内实现。笑到最后，才笑得最甜。FOMC 将竭尽所能，为目标的最终实现贡献力量。

（王胜邦　徐惊蛰　译）

---

① 参见 Board of Governors of the Federal Reserve System（2014），"Federal Reserve Issues FOMC Statement，" press release，March 19。

② 参见 Board of Governors，"Federal Reserve Issues FOMC Statement，" March 19，2014，注24。

③ 参见 International Monetary Fund（2014），"Perspectives on Global Real Interest Rates，" *World Economic Outlook：Recovery Strengthens，Remains Uneven*，第3章（Washington：IMF，April）。

从衰退走向增长[①]

拉古拉迈·拉詹

全球范围内几乎所有区域都未能保持强劲增长，最近几个季度 IMF 一再调低经济增长预测。该时期的缓慢增长格外危险，因为无论是工业化国家还是新兴市场都需要高增长来平息国内紧张的政治局势。在这样的情形下，各国更有可能采取从其他国家转移增长而非创造新增长的政策。即便我们能够为可持续增长创造条件，也需要新的游戏规则，需要公正的多边机构来执行这些规则，以确保所有国家均承担国际责任。

传统的"诊断"与"治疗"

为什么世界各国在经济增长率恢复到大衰退（Great Recession）之前水平的过程中面临如此巨大的困难？答案显而易见，大衰退之前的金融繁荣使工业化国家过度举债，政府、家庭或银行持有的过量债务抑制了经济

---

① 本文为印度储备银行行长拉古拉迈·拉詹 2015 年 5 月 19 日在纽约经济学俱乐部发表的演讲，英文题目为"Going Bust for Growth"。作者感谢印度储备银行的米什拉（Prachi Mishra）博士提供的帮助和评论。

增长。① 尽管通过债务减记的传统疗法也许能重振高负债主体的需求，但以扩大负债推动需求是否长期可持续，仍有待商榷。无论如何，大规模的债务冲销（或大规模对高负债主体进行财政转移支付）即便在经济层面具有合理性，在政策层面也非常难以实施。

若不进行债务减记，那又如何弥补家庭与政府部门疲软的需求？理想情况下，应该通过低利率和税收激励来刺激投资与创造就业。如果由于过度负债，来自消费者的最终需求在很长一段时间内都非常疲软，那么新投资的实际回报率将很低。魏克塞尔（Wicksell）的中性实际利率（neutral real rate），宽泛地讲就是使经济回到充分就业和稳定的通胀水平所需的利率，将会显著地小于零②。这通常被视为采取激进货币政策的理由。由于政策利率受制于零下限的约束，不能降到零以下（尽管一些欧洲国家正在尝试挑战该限制条件），长期均衡利率水平很可能高于刺激投资增长所需的水平。因此，央行已经开始采用非常规货币政策（UMP），这将直接拉低长期利率。

政府刺激需求的另一种方式是继续借款以增加支出。由于这种方式会加重已经处于高位的政府债务，该观点的支持者建议增加基础设施投资。因为建造成本与利率水平较低会相应地提高基础设施的投资回报率。然而，在发达国家，高回报的基础设施投资难以实施，因为重要的基础设施都已经具备，但是，受政治影响，可能会将无人使用的桥梁或不可持续的高速铁路网视为必要的基础设施而加以建造。尽管大多数人都意识到现有基础设施需要维护和改造，但这比大型项目需要的资金更加分散，因而发起与融资也更加困难。

---

① 相关证据请参见 Atif Mian and Amir Sufi , *House of Debt* （Princeton University Press, New Jersey, 2014；中文版参见《房债》，中信出版社 2015 年 8 月出版）。跨国证据请参见 Carmen Reinhart and Kenneth Rogoff, *This Time is Different* （Princeton University Press, New Jersey, 2008）。对国际金融危机和政策药方富有启发性的概述参见 Martin Wolf, *The Shifts and the Shocks：What We've Learned and Have Still to Learn from the Financial Crisis* （Penguin USA 2015；中文版《转型与冲击》，中信出版社 2015 年 5 月出版）。

② Claudio Borio 和 Piti Disyatat 对此有深刻的见解。他们认为，实际中性利率会受到低政策利率的影响，相关内容详见 http：//www. voxeu. org/article/low-interestrates-secular-stagnation-and-debt。简而言之，作者认为，低政策利率为投资错配、金融危机以及过度负债埋下种子，所有这些结合起来会降低未来投资的实际回报率，也会降低当前的长期实际利率。

换句话说，高回报的基础设施投资虽是一个好主意，但对于大多数发达国家的政府而言，大规模基础设施投资实施起来会比较困难。在某种程度上，这种债务推动支出的方式能够创造出自我实现的信心与活力的良性循环，带来可持续增长。但是，在某种程度上，这也可能导致资本错配，因为没有足够的"储备"（shovel-ready）项目，相当一部分的应急支出将沦为寻租项目，加剧公众对未来的焦虑心理，减少企业投资，增加家庭储蓄。

以上讨论凸显了另一个问题的重要性：即使刺激措施能在短期内拉动经济增长（而上述讨论表明可能并非如此），这种增长也或许能带来可持续的总需求。但如果事与愿违，该怎么办呢？

生产率之谜、长期停滞以及其他担心

上述观点同样适用于基本面没有问题但负债过度的经济体，这类经济体也需要让周期性增长回归潜在增长水平。然而，泰勒·考文（Tyler Co-wen）、罗伯特·戈登（Robert Gordon）、劳伦斯·萨默斯（Lawrence Sum-mers）等经济学家认为，金融危机之前工业化国家的潜在增长水平就已经下降了。除非造成严重扭曲，否则回归之前经济增长水平的目标也许就不可能实现。

劳伦斯·萨默斯用"长期停滞"来描述当前持续的经济低迷，让人想起阿尔文·汉森（Alvin Hansen）在 1938 年大萧条期间的演讲①。但是，不同经济学家关注长期停滞的不同方面和不同原因。② 萨默斯强调总需求不足，事实上，接近零利率下限以及潜在的金融系统不稳定抑制了积极货币政策的实施。总需求疲软的原因之一在于人口老龄化，老龄化使得消费减少，富裕阶层收入占比提高，而他们的边际消费倾向非常低。

---

① 参见劳伦斯·萨默斯 2014 年 2 月 24 日在美国商业经济协会与经济政策会议上发表的演讲：U. S. Economic Perspects：Secular Stagnation，Hysterisis and Zero Lower Bound。

② 参见 "The Crisis of Democratic Capitalism"，Wolfgang Streeck，*New Left Review*，71，2011年 9～10 月号；或者 "The True Lesson of Recession ：The West Can't Borrow and Spend its Way to Recovery"，Raghuram Rajan，*Foreign Affairs*，第 91 卷，第 3 期，2012 年 5～6 月号。

泰勒·考文和罗伯特·戈登则强调供给潜力的下降。① 他们认为，第二次世界大战后的数年间发达国家经济增长属于反常现象，主要得益于如下因素：工业化国家的战后重建，电力、电话、汽车等技术的发展，教育水平的提升，女性进入劳动力大军推动劳动参与率的大幅上升，全球贸易的恢复，以及投资增加。然而，第二次世界大战后全要素生产率的增长——部分增长源自新思想和新生产方法——低于 20 世纪 20 年代至 50 年代的高点。最近，不仅生产率增长进一步下跌（由于信息技术革命，20 世纪 90 年代末生产率出现短暂上升），教育水平和劳动参与率停滞不前，以及部分工业化国家因人口老龄化造成的劳动力萎缩等因素也阻碍了经济增长。

显然，上述因素很难区分出经济增长停滞究竟是源自疲软的总需求抑或潜在供给能力不足。人口老龄化同时影响供给与需求。事实上，它们之间也存在着因果关系。例如，预期经济增长放缓，家庭部门担心退休的时候会面临养老金和医疗福利得不到保障，因此现在就可能增加储蓄予以防范。这种情况也会进一步抑制需求；相反，当预期需求疲软的时候，企业会减少对实物资本与人力资本的投资，进一步导致潜在供给增长放缓。

通常情况下，结构性改革，如促进竞争、推动创新和制度变革都会提高潜在增长水平。但是，这些变革会使已经习惯了从现有状况中获取租金的既得利益集团受损。此外，结构改革给选民带来的痛苦立竿见影，而获得的收益是滞后和不确定的。因此，时任卢森堡首相的让—克劳德·容克（Jean-Claude Juncker）曾在欧元危机最严重的时候说："我们都知道该做什么，我们只是不知道做了之后，如何获得连任。"

经济增长是当务之急

如果在新技术与新市场复苏之前的一段时间里，工业化国家经济将维持缓

---

① 参见 Tyler Cowen (2013)，*The Great Stagnation*，电子书；或者 Gordon, R.（2012），"Is U. S. Economic Growth Over？Faltering Innovation Confronts Six Headwinds," NBER Working Paper, No. 18315。

慢增长，在这样的经济基本面下，经济增长放缓在政治层面上是否更容易被接受？毕竟，工业化国家的人均收入水平很高，几年的缓慢增长对经济不会造成毁灭性伤害。但是，为什么政治层面维持高增长的愿望会如此强烈？

原因之一是政府需要履行承诺。正如社会学家沃尔夫冈·斯特里克（Wolfgang Streeck）认为，在 20 世纪 60 年代强劲增长的大背景下，"伟大社会"的愿景似乎唾手可得，工业经济为广大公众提供了丰厚的社会保障。① 从那时起，一些国家不断提升公众部门在养老金与老年医疗方面的承诺，这些承诺主要是基于政治上的便利（因为它们不显示在预算中），但在财政上是不可持续的。近年来，大衰退前后的政府部门通过举债方式进一步增加承诺，即便此时恰逢"婴儿潮"时期出生的人口开始进入退休期。倘若没有经济增长做保障，所有这些政府承诺都无法兑现。

原因之二是任何经济体都倾向于有利于"内部人"，如那些有工作的人。经济低迷造成的失业冲击主要由新劳动人口来承担。困难时期不仅新劳动人口大量失业，而且收入也很低。增长对于维持代际公平是非常必要的，因为新生一代需要依靠工作来兑现政府对老一代人的承诺。此外，考虑到这些劳动力大军失业时随时可能流落街头，为了维护社会和谐，经济增长也非常必要。

增长红利不仅在代际分布不均等，而且在同一代人之间的分布也不均等。由于技术变革和全球竞争加剧，无论是熟练还是不熟练的常规重复性工作的数量在工业国家都显著下降。这些重复性工作，如流水线工人、法律助理以及保险职员等，或者被自动化流水线生产所替代，或者被外包。而诸如咨询师、应用程序设计师等非常规技术的理想高薪工作，则需要专业技能。中产阶级意识到他们只有接受高质量的高等教育和培训，才不会与低收入群体竞争类似保安、园丁等低技能的非常规工作。但是，他们接受的早期教育质量低下，而接受高质量的高等教育却费用不菲，这使得优越的生活遥不可及。对于不熟练或中等熟练的工人，经济每增长 1% 所创造的"合适"工作机会正在减少。为维

---

① 参见 "The Crisis of Democratic Capitalism"，Wolfgang Streeck，*New Left Review* 71，2011 年 9～10 月号。

持这部分人的工作，经济增长也十分必要。此外，失业者的劳动技能迅速恶化也是需要推动经济增长的另一原因。

对通货紧缩的恐惧

最后，说服工业化国家当局推动高增长的一个重要因素是对通货紧缩的恐惧。以日本为例，许多学者认为陷入通货紧缩是日本经济长期低迷不振的元凶。

全面梳理日本的发展历程可以发现，有清晰的证据表明其经济增长低于应有的增长率，更不用说通货紧缩导致经济增长缓慢。诚然，20 世纪 90 年代初期毁灭性的危机之后，日本没有及时清理银行体系或重组过度负债的公司部门。但是，在 20 世纪 90 年代末和 2000 年初采取相关措施之后，日本的实际人均 GDP 就与其他工业化国家的水平相当。[①] 日本经济增长放缓更可能是因为人口萎缩以及越来越少的劳动力进入市场，并非因为它做得比其他发达经济体差。1996～2014 年发达国家（地区）实际人均 GDP 增长情况详见表 1。

表 1　　　　　　1996～2014 年发达国家（地区）实际人均 GDP 增长

	日本	美国	欧元区
1996～2000 年	0.63	3.10	2.41
2001～2005 年	1.05	1.56	0.99
2006～2010 年	0.35	-0.12	0.41
2011～2014 年	0.91	1.38	0.13

资料来源：IMF《世界经济展望》数据库。

通货紧缩的不利影响有哪些？其中一个令人担忧的影响是：如果工资呈黏性下行态势，通货紧缩会使实际工资上升，进而引起失业。2000～2014 年，

[①]　我第一次从克劳德·特里谢（Jean Claude Trichet，欧洲央行前行长）那里了解到这个事实。有关通货紧缩更为全面的观点，参见 Claudio Borio、Magdalena Erdem、Andrew Filardo and Boris Hofmann，"The Costs of Deflations: A Historical Perspective," *BIS Quarterly Review*，2015 年 3 月。

日本的平均失业率为 4.5% , 同期欧元区为 6.4% , 美国为 9.4% 。① 在某种程度上, 日本增强了工资的灵活性, 抛弃了终身雇佣制, 启用短期雇佣合约。事实上, 随着发达国家工会力量的削弱以及工期甚至缩短至 "零小时" 的临时工的涌现, 工资向下的灵活性明显高于之前的预期。同时, 虽然存在社会成本, 但这种工资向下的灵活性使经济能够应对持续的通货紧缩。

另一个担忧是, 较低的通胀螺旋会演化为严重的通货紧缩, 而名义利率的零下限会导致实际利率过高。日本是否发生这种情况目前尚不清楚。如图 1 所示, 1999 ~ 2014 年, 消费者价格指数的平均通货紧缩在 2004 年的 - 0.01% 和 2009 年的 - 1.3% 之间摇摆, 并未出现明显的螺旋式上升或下降模式。

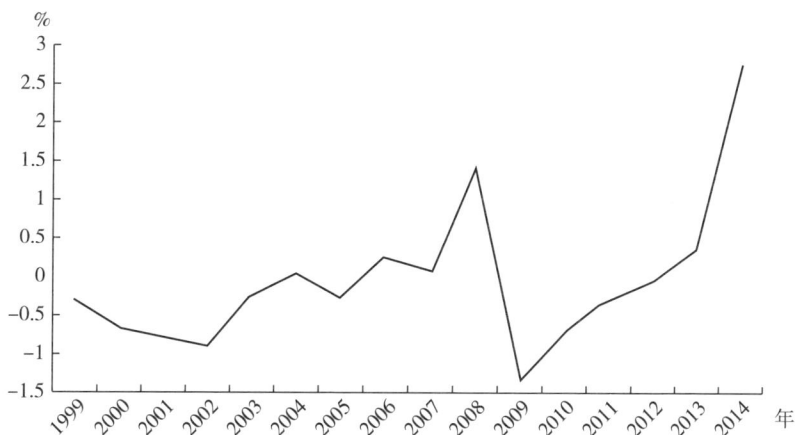

资料来源: IMF《世界经济展望》数据库。

图 1 日本通胀指数

即便是温和的通货紧缩, 也会引发消费者对未来物价水平走低的预期, 推迟消费并增加储蓄, 尤其是名义利率零下限使实际利率水平高于合意水平。图 2 展示了日本通货紧缩率与家庭部门储蓄/GDP 的关系。需要强调的是, 该图并未显示出高储蓄与高通货紧缩率之间存在长期持续的对应关系。

最后, 通货紧缩加重了现有债务的实际负担, 从而加剧了债务积压。这并

---

① 数据来自 IMF 的《世界经济展望》数据库。

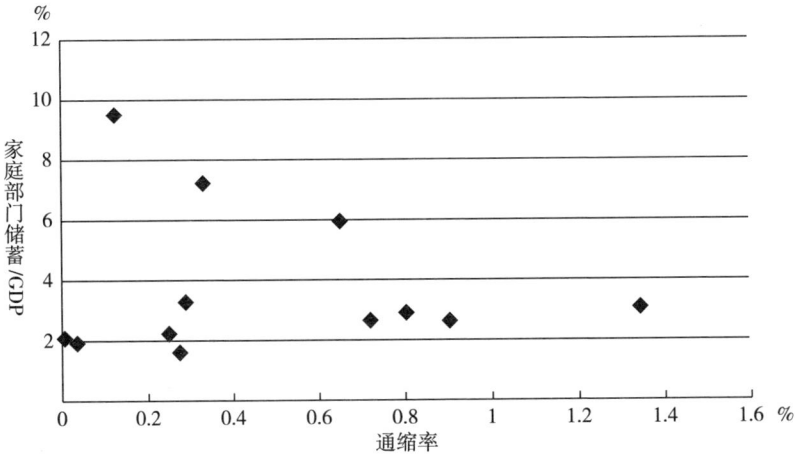

资料来源：IMF《世界经济展望》数据库；该图展示了日本 1980～1995 年、1999 年、2000～2005 年、2009～2014 年通胀率为负的所有年份的通货紧缩率与储蓄率之间的关系。

图 2　日本家庭部门储蓄/GDP 与通货紧缩率

非通货紧缩特有的效应，而是任何非预期的通货紧缩都会产生的效应。如果负债过度，相比于全面通胀而言，定向债务重组对于减轻债务负担的效果更佳。

　　抛开以上观点不谈，通货紧缩如幽灵般萦绕着央行行长。加之考虑上述由缓慢和不均衡增长引起的各种政治问题，毫无疑问，发达国家的政策当局并不接受低速增长的结果，即便低速增长确实反映了这些国家的潜在经济增长率。

　　因此，发达国家的央行面临的困境就是如何协调基于政治需求的强劲增长与低增长现实之间的紧张关系。目前的状况是：周期性的刺激措施已被证明无助于恢复高速经济增长，债务减记在政治层面也被认为不可接受，结构性改革已经错过了最佳时机，从政治角度而言，这是一场痛苦与收获之间的对决。不过，还有一条促进经济增长的途径，那便是出口。

新兴市场的反应

　　如果工业化国家陷入低速增长，新兴市场能否拉动全球疲软的需求？我在这里使用了广义新兴市场的概念，它包括发展中国家和前沿市场（frontier market）。毕竟，新兴市场存在明确的基础设施投资需求，同时，这些地区日益增长的人口也会成为最终需求的来源。为什么工业化国家不能向新兴市场出口来促进经济增长？过去它们确实就是这样做的。

增长的必要性对于新兴市场而言并不亚于工业化国家。尽管过去没有太多的福利承诺需要兑现，但一些国家人口老龄化，需提供福利保障，一些国家人口较为年轻但贫困，均存在着极高的增长预期。理想状况是新兴市场使用发达国家提供的资金投资于未来，由此提升全球总需求。

20 世纪 90 年代情形就是如此，新兴市场从国际市场大量融资投资于基础设施建设和经济发展。但是，结果差强人意。伴随着信贷繁荣，出现了大量不可持续的"面子工程"，最终以崩溃收场。1994 年的墨西哥金融危机、1997～1998 年的亚洲金融危机以及 2001 年的阿根廷金融危机都凸显了这样一个事实：新兴市场对巨额境外资金在境内的投资，缺乏相应的管理能力。20 世纪90 年代的金融危机，给新兴市场上了终生难忘的一课，那就是，依赖境外资本支持本国发展十分危险。而随着新兴市场谨慎地只依靠本国储蓄进行投资，必然限制其作为全球经济增长引擎的能力。

20 世纪 90 年代的危机后，如图 3 中的虚线所示，许多新兴市场大幅削减投资以进一步维持经常账户盈余。同时，这些国家开始积累大量外汇储备，以保持本币的竞争力。这些国家不再是全球商品的过度需求者，他们转变成为供应者（或者说是净储蓄户），开始转向世界其他区域寻求新需求。国际金融危机前，工业化国家由债务推动的需求表现为经常账户的巨额赤字，形成了对新兴市场的商品需求。危机前数年，中国等新兴发展中国家可以直接满足工业国家的需求，非洲、亚洲和拉丁美洲的许多国家也向直接供应商销售大宗商品和中间产品。

2005 年，时任美联储主席的伯南克创造了"全球储蓄过剩"这个术语来描述新兴市场经常账户盈余的现象。同时，伯南克发现这一现象已经影响到了美国经济。① 他认为，新兴市场经常账户盈余会抑制美国利率水平，提高消费，由此导致美国经常账户赤字。伯南克指出，这一现象会引发美国经济一系

---

① "The Global Saving Glut and the U. S. Current Account Deficit", remarks by Governor Bernanke at the Sandridge Lecture, Virginia Association of Economists, Richmond, Virginia on March 10, 2005, http: //www. federalreserve. gov/boarddocs/speeches/2005/200503102/.

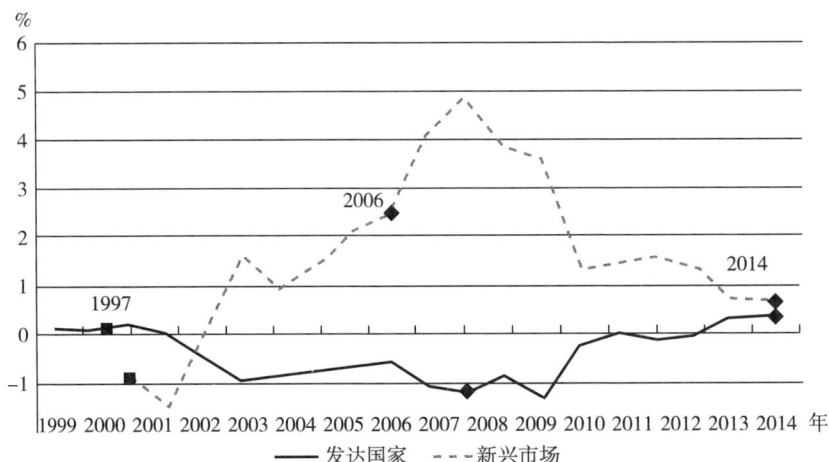

注：新兴市场包括新兴和发展中国家。
资料来源：《世界经济展望》（2015 年 4 月）。

图 3　经常账户余额占 GDP 的百分比

列不良后果，包括在可贸易的制造业与类似房地产等不可交易货物之间的资源错配。他认为，如果美国经常账户赤字缩减，情况将会好转，但这首先需要新兴市场减少外汇干预，而非美国采取措施。

因此，国际金融危机爆发之前，新兴市场和工业化国家被锁定在资本流动与需求之间非常危险的关系中，事实上，这种危险关系早在 20 世纪 90 年代新兴市场金融危机发生前就已存在，只不过模式完全相反。新兴市场央行持续干预外汇以及工业化国家过度放纵杠杆率，最终酿成了全球性灾难。然而，危机之后，这种模式再次逆转。

国际金融危机后，与 21 世纪初期的新兴市场国家相似，工业化国家在不增加消费（消费是 GDP 组成的一部分）的前提下缩减投资，从而降低了对国外商品需求和外国资金的依赖。事实上，如图 3 中的实线所示，2013 年和 2014 年发达国家出现了经常账户盈余。2008 年以来，经常账户余额转移占 GDP 的比重约为 1.5%。

与发达国家经常账户从赤字（需求创造）转向盈余（供给创造）的过程相对应，同期新兴市场的经常账户盈余持续下降。这一时期，新兴市场对外国商品需求的相对增加源于 2008 年以来的投资增长，并非储蓄减少，2008 ~ 2014 年，这些国家的经常账户余额占 GDP 的比重达到了 2.7%。这种转变促进或引发了 2006 ~ 2014 年新兴市场实际有效汇率的大幅升值以及同期工业化国家汇率的贬值。2006 年和 2014 年实际有效汇率变化情况详见图 4。

新兴市场
指数：2010=100

发达国家
指数：2010=100

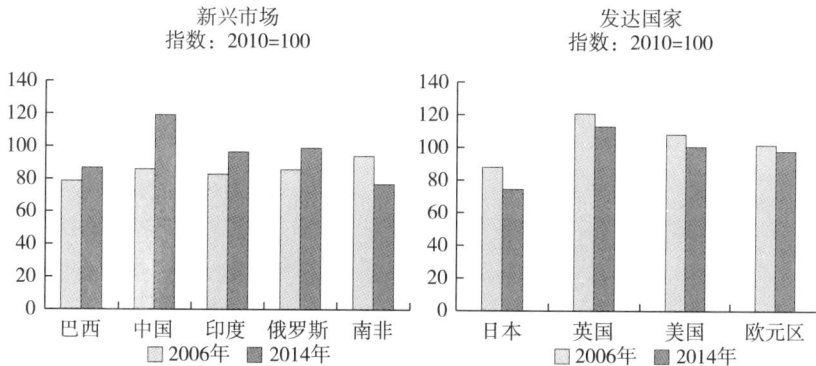

资料来源：IMF。

图 4　2006 年和 2014 年实际有效汇率变化

工业化国家的央行是否采取与 21 世纪初期新兴市场央行持续进行外汇干预类似的政策，以加快调整其经常账户呢？答案是可能的，备选的手段就是通常所谓的非常规货币政策。

非常规货币政策

非常规货币政策包含两种：一种为央行试图将利率水平长期维持在零下限附近的政策；另一种为影响央行资产负债表的政策，包括在外汇市场等特定市场购买资产以影响市场价格。①

非常规货币政策的一个明显作用就是，当市场崩溃或完全不能发挥功能时，央行会通过调整其资产负债表介入并修复市场。问题的关键是当政策延长到超出修复市场所需时间甚至完全扭曲市场的时候将会发生什么，且执行非常

---

① 更全面的评论参见 Claudio Borio and P. Disyatat，"Unconventional Monetary Policies：An Appraisal"，*The Manchester School*，Vol. 78，Issue s1，pp. 53–89，September 2010。

规货币政策的成本收益并不清晰。

以利率零下限为例，因为短期政策不能推动利率水平降至低于零下限，同时，由于长期利率是在短期利率水平上增加一个风险溢价，所以央行可能用非常规货币政策来影响长期利率水平。风险容忍型央行通过购买债券等直接行为，能够有效降低长期资产的风险溢价。①

这种行为会产生两方面的影响。一方面，出于风险调整的考虑，人们在平衡短期资产与长期资产时，更愿意持有短期资产，显然这是一个更佳的选择。因此，在量化宽松政策下，随着央行增加债券购买，商业银行更愿意持有无息储备类资产②，而非增持长期资产。另一方面，那些不能转持短期资产的机构，如养老基金、债券共同基金、保险公司等，要么继续持有现有资产并承受偏低的风险补偿，要么转而持有风险更高的资产。当一些异常资产（exotic assets）的风险补偿较低时，或者仅仅由于机构投资者必须达到一个固定的资产组合名义回报率要求，这种被称为"追逐收益"（search for yield）的行为通常就会发生。无疑，这种投资组合的再平衡还会发生，因为央行购买机构投资组合中的长期债券，给机构投资者提供大量现金进行资产再配置。

倘若每个人都知道这种情形何时停止，这就不会成为问题。然而不幸的是，央行在执行这些政策的时候几乎不受任何限制，因为央行是自我融资（由于长期债券的风险溢价收缩，商业银行更加愿意持有央行准备金）。如果该政策并未促进经济增长，央行可以进一步扩大规模。一段时间之后，资产价格扭曲和资金错配将进一步加剧。当央行决定退出的时候，这种扭曲和错配的成本将非常之高。

不过，同样重要的是，国内基金经理可以在国外寻求收益，资金输出国的货币贬值会引发资金输入国的货币升值，这也许比实行常规货币政策效果更为明显。这一政策确实可能增强国内竞争力，从而扩大资金输出国的出口。但是，这种竞争力增强和"需求转移"对全球稳定是非常不利的，特别是这一过程中并未相应地增加资金输入国的国内需求。

---

① 例如，最极端的风险规避者会最先出售所持有的长期债券，转而持有短期资产。
② 收益很低的短期资产，如国债、在央行的超额储备等。——译者注

新兴市场的溢出效应与击鼓传花式危机

如果非常规货币政策增加了发起国的金融冒险行为，与此同时并未提升其国内投资和消费，这样，非常规货币政策对汇率的影响就只是转移了未采用该政策国家的国内需求，并非创造出了对本国物品的补偿性需求。那么，非常规货币政策就类似于金融危机前新兴市场采取的汇率干预政策。

事实上，在危机发生后新兴市场的资本流入规模十分庞大，尽管新兴市场极力通过积累外汇储备推动这些资本流出（2013 年新兴市场的净资本流入高达5500 亿美元，2006 年仅为 1200 亿美元)①。② 这种资本流动提高了资本流入国的杠杆水平，杠杆上升不仅包括由于跨境银行资本流动带来的直接影响，也包括间接影响，随着汇率升值和以房地产为代表的资产价格上涨，新兴市场借款人的股本虚增。2005 年，伯南克曾担心新兴市场的资本流入会导致美国的错误投资，金融危机之后新兴市场出现了这种担心，而这源于发达国家的资本流入。

20 世纪 90 年代新兴市场的危机演化为 21 世纪初工业化国家的危机，并进一步转变为 2010 年以来新兴市场的脆弱性，这是否源于一个国家可以通过将国内问题转嫁给其他国家的方式来应对全球需求不足？2013 年 7 月美联储宣布"削减量化宽松"引起的恐慌（taper tantrum）再次表明，新兴市场积累的巨额经常账户赤字是脆弱的③。是否由于各国均试图刺激经济增长而使全球都参与了危机循环的可怕游戏？如果是，正如上文所讨论的，我们应该如何打

---

① 基于《世界经济展望》数据库。新兴市场包括"新兴经济体和发展中国家"。净资本流动包括净直接投资、净证券投资以及"其他"净投资。

② 事实上，与商业银行的行为类似，新兴市场央行更愿意持有短期资产来应对资本流入，这又进一步增强了工业化国家央行未来实施非常规货币政策的能力。从某种意义上说，新兴市场央行持有预防性储备为境外投资者提供了流动性。

③ 对于主张将汇率调整作为宏观调控核心的人而言，量化宽松时期允许汇率最大限度升值的国家，对金融体系的负面影响最大。这种情况确实发人深省。参见 Barry Eichengreen and Poonam Gupta（2013），"Tapering Talk：The Impact of Expectations of Reduced Federal Reserve Security Purchases on Emerging Markets"，Working Paper，University of California，Berkeley；Prachi Mishra、Kenji Moriyama、Papa N'Diaye and Lam Nguyen（2014），"The Impact of Fed Tapering Announcements on Emerging Markets"，IMF Working Paper。

破这个循环？

好的政策以及好的行为

在理想情况下，用政治手段刺激经济增长不应超过经济的潜在增长率。考虑到我们并非处于理想环境中，而且社会保障承诺、过度负债和贫困也不会消失，那么更明智的选择便是寻求促进可持续增长的方式。

显然，长期来看，促进创新的政策与结构性改革是应对经济增长疲软的有效方式。鉴于各国的经济增长在社会中缺乏普遍分享，我们需要能够改善国内的能力和机会公平，同时不会显著打击创新激励与效率的政策。

然而，短期内理性的投资需求至关重要。工业化国家的绿色能源项目，诸如碳税和排放限制，可以释放出向哪里投资的明确信号，有助于引导总投资需求，并帮助实现环境保护的长期目标。

大多数新兴市场有庞大的基础设施投资需求。鉴于大部分公共部门投资都会导致懒惰与寻租，而大部分私人部门投资则不愿意承担风险，并具有不当获利动机，我们仍需了解如何提高项目选择能力和融资能力。展望未来，借鉴成功的经验，设计良好的公私合作模式（PPP）会进一步完善私人投资项目。

作为 G20 轮值主席国，澳大利亚建立了一个分享各国投资经验的平台。同时，我们必须认识到大型投资项目需要持续的风险资本，这在新兴市场供不应求。私人投资几乎不愿意承担风险，而政府或多边机构则需要承担风险。因此，除了分享知识外，全球经济增长将受益于世界银行、非洲开发银行、亚洲开发银行等多边机构的资本金增长，这些资金能为新兴市场提供一部分它们需要的长期风险容忍资本（patient risk tolerant capital）。尽管这会形成对发达国家国内需求的争夺，但发达国家还是应该认识到这些开发银行对于本国资本增值的重要催化作用。至少，它们不应阻碍其他人增资和取得更多的股权。

显然，当宏观经济政策稳健时，理性投资获取收益的机会更多。当源于跨境资本流动的负面溢出效应受限时，这些政策也更加容易实现。因此，政策制定需要新的游戏规则。

新的游戏规则?

我们如何关注国内需求创造,并避免通过直接的汇率干预或者采取非常规货币政策竞相贬值本币,致使需求创造的传导渠道受阻呢?① 必须从根本上对证明这种行为合理性的依据(rationale)加以检验和质疑。

依据一:经济强劲增长是否会让世界更美好?

毫无疑问,当单个国家的行为不会带来负面溢出效应时,其经济增长确实能够让世界变得更美好。但是,问题的关键在于该国政策对国内增长的影响是否通过汇率贬值转移了他国的增长,与此同时并未为其他国家创造新的增长。

依据二:目前我们正处于深度衰退中,需要采取任何可用的手段来启动经济;一旦我们摆脱经济衰退,其他国家从我们的经济增长中得到的回报将非常可观。

这或许是一个合理的理由,如果政策实施是"一次性"的,一旦该国摆脱了经济增长的困境,它将非常愿意使本国货币升值以吸收进口,进而拉动其他国家的经济增长。但是,如果该国政策当局不愿意放弃本币低估带来的增长,本币升值将导致非常规货币政策的延续,或者如果货币走强引起国内对本币贬值国家的政治抗议,该原理能否成立就令人怀疑。此外,政策鼓励单向持续的资本流出,会降低资本流入国的金融体系稳定性,这种资本流出的影响远远超过其他竞争行为的影响。因此,任何"一次性"的政策都应该受到限制。

依据三:国内目标要求我们尽其所能实现通胀目标,当利率到达零下限时,有必要采用非常规货币政策。

该观点存在两方面缺陷。首先,涉及国内目标凌驾于国际责任之上。如果这具有合理性,那么今后遇到任何问题时,将没有任何国家履行国际义务。其次,该依据的一个隐含假设是采用非常规货币政策是实现通胀目标的唯一方式,甚至假设非常规货币政策在持续提升通胀方面非常成功,事实上没有任何

---

① Fabrizio Saccomanni, "Monetary spillovers? Boom and bust? Currency Wars?", "The International Monetary System Strikes Back", BIS Special Governors Meeting, Manila, February.

证据证明这一点。

依据四：制定政策时我们会考虑其他国家或地区对国内经济的反馈效应，也未忽视非常规货币政策对其他国家的影响。

在理想情形下，作为有责任感的全球公民，国家的行为方式应将全球视为无国界的经济体。在无国界的世界中，政策制定者应该判断一项政策在国内和国外的总体积极效应的折现值是否超过政策成本。有些政策可能有很大的国内收益和国外成本，但那些政策在无国界世界里也具有合理性，因为受益者远多于受害者。

按照该定义，依据四的主张并不必然等同于负责任的全球公民，因为单个国家仅考虑其政策对其他国家影响的"溢回"（spillbacks）效应（对本国的影响），并未全面考虑溢出效应。举例来说，A 国采取的政策损害了 B 国的产业 I，但只考虑了 B 国产业 I 购买 A 国出口产品下降的溢回效应。

依据五：专注于国内的货币政策非常复杂且难以沟通。如果进一步考虑（非常规）货币政策对其他国家的影响，货币政策的复杂性将超出想象。

这个广泛传播的观点实属不负责任。它相当于断言货币当局只有国内目标，如前文依据三所述。在一个相互联系的全球化世界中，"复杂性"不能成为辩护理由。

依据六：我们做必须做的事情，其他人可以调整适应。

调整永远不是一件容易的事，有时成本会非常高昂，这正是伯南克在《全球储蓄过剩》演讲中强调其他国家应该承担变革成本的原因。新兴市场可能尚未建立足以抵御大规模资本流动导致的汇率波动和信贷增长的制度和机构。例如，如果新兴市场央行不具有公信力，汇率大幅贬值会迅速转化为通胀，而工业化国家能更好地应对汇率的剧烈波动。

因此，底线安排是 IMF 这类多边机构应该重新审视负责任政策的"游戏规则"，并就新的"游戏规则"达成共识。无论一国央行的国内职责是什么，都不应该忽视其国际责任。IMF 应该逐一分析新的非常规货币政策（包括持续的单向汇率干预），基于其效果和公认的"游戏规则"，宣布它们是否越界。通过暂停那些主要依靠汇率来运行的政策，有助于解决与汇率贬值政策相关的经典"囚徒困境"问题。一旦某些国家采取这些政策，就那一个国家置身事外（不采用这些政策的国家，货币将升值，需求将下降），也难以退出（退出的国家将面临本币大幅升值）。因此，在缺乏集体行动的情况下，这些政策将会被采用，即便是次优的政策，也会延续很长时间。

当然，几乎所有工业化国家的政府都在致力于安抚民粹主义者反对贸易、反对金融（以及反对央行）的政治运动，并没有动力去进一步达成国际承诺。显然，我们需要就已经提出的问题进行深层次的对话和公开讨论，同时意识到这一过程的实现需要强有力的政治领导。

国际安全网

新兴经济体必须努力减少经济的脆弱性，可以像澳大利亚或加拿大那样允许较大的汇率弹性以适应资本流入。但是，这些必要的制度安排需要时间来发展。同时，新兴市场很难以稳定快捷的方式消化大量资本，这种困难应被视为一个约束条件，就像零利率下限一样，而并非一种可以被迅速改变的事物。在抵制资本流入诱惑的同时，新兴市场仍将寻求安全网。

因此，另一种阻止新兴市场出于预防而非竞争目的大量积累外汇储备的方法就是建立强大的国际安全网体系。例如，一种可能是来自 IMF 的主动流动性额度（unsolicited liquidity line），IMF 对各国实行贷款资格审查，并告知（也许是私下）在现行政策下能从该组织获得贷款的额度，这种贷款限额随 IMF 年度磋商结果进行调整，并在 6 个月后生效。在流动性普遍短缺的情形下，IMF 董事会可启动授信限额（例如，在经历较长时间的低利率水平后，政策收紧会引起投资经理变成风险厌恶型投资者）。

反过来，IMF 可以通过与各国央行的互换交易为该流动性安排进行融资（进而保证央行不违约）。该建议使得寻求 IMF 流动性支持的国家不会因此产生污名效应（stigma），而且不必满足 IMF 提供资金支持通常提出的额外条件，因此，作为预防性措施更容易被接受。在资本流动逆转的脆弱性上升时期，对 IMF 而言，这也是一个有益的做法；也就是说，借助这一融资安排，可以识别出那些得不到独立的、双边的以及区域性或多边流动性安排的国家，并使这些国家易于获得安全网的支持。

结　论

在我看来，目前无序的国际货币政策将成为可持续增长和金融部门的重要风险源。这并非工业化国家或者新兴市场国家的问题，而是一个集体行动问题。我们就这样被动地采用竞争性的货币宽松，并迈向扣人心弦的危机。

本文使用"萧条时代"（Depression Era）这个术语的原因在于，在总需求不足的环境中，我们很可能为获得更高的需求份额而展开高风险的竞争。因此，当非常规货币政策结束时，金融部门的风险就会显现。

我们需要具有广泛合法性、资本充足、更为强大的多边机构，其中一些机构能为我们提供长期资本，而另外一些机构可以监督新"游戏规则"的实施。我们需要更有效的国际安全网。我们每个人都必须努力在各自国家就自由贸易、开放市场和负责任的全球公民达成共识。即使近期的经济事件让我们变得狭隘和封闭，但如果我们能够实现这些目标，就将踏上我们热切渴求的可持续增长之路。

（王胜邦　译）

经济增长：
快与慢[①]

安德鲁·霍尔丹

　　本文的主题是经济增长。这似乎是一个老生常谈的话题。在媒体上，经济学家大部分时间都在讨论经济增长及其统计指标 GDP。然而，至少在某些情况下，不应过度关注 GDP。例如，越来越多的人已经充分认识到，GDP 只是对社会福利水平的部分测量，且往往并不完善。[②] 正如爱因斯坦所说，并非所有可计量的都是重要的。

　　尽管如此，持续的经济增长仍然是提高生活水平的唯一最重要的决定因素。以中国和意大利两国经济为例，1990 年两国国民总收入大致相同。[③] 此后中国年均增长率超过 10%，而意大利不足 1%。20 多年后的 2014 年情形如何？按照复利的计算方法，2014 年中国国民总收入为意大利的 8 倍。中国每 18 个月就会创造出一个与意大利规模相当的经济体量，每个季度创造的经济规模与葡萄牙相当，每个月创造出一个与希腊规模相当的经济体量，每

---

　　①　本文为英格兰银行执行董事兼首席经济学家安德鲁·霍尔丹 2015 年 2 月 17 日在英国诺维奇东安格利亚大学发表的演讲。
　　②　Stiglitz, Sen and Fitoussi (2009)。
　　③　以目前的购买力平价汇率计量的总量。

周创造的经济规模相当于塞浦路斯的经济规模。这些可以计量的指标有时确实很重要。

当前的政策辩论也表明了经济增长的重要性。自金融危机以来，全球增长一直表现不佳。危机前的 10 年间，发达国家年均增长 3%。危机发生以来，增长率降至 1%。世界增长由快转慢，人们开始担心"长期停滞"即将到来，所谓长期停滞是指经济增长将长期低于正常水平（Summers，2014；Vox-EU，2014）。20 世纪 30 年代大萧条时期也有过同样的担忧（Hansen，1938）。

近年来的低速增长究竟是危机之后的短暂现象还是经济趋势中的长期低谷，尚无法确定。悲观论者对过度负债、财富差距扩大、人口老龄化加剧和教育停滞等问题心存忧虑。[1] 乐观派则欣喜于数字技术领域的新一轮产业革命。[2] 鉴于经济增长对生活水平的重要影响，两派观点之间的交锋是当代的关键问题之一。

为深入理解这一交锋，我们不妨从长期视角考察历史上的经济增长模式。在漫长的历史进程中，经济增长经历了不同阶段的交替，既有长期停滞的时期，也有不断创新的时期。理解不同增长阶段的社会和技术决定因素，有助于探明当前可能导致长期停滞或不断创新的具体因素。[3]

下文将从经济学、历史学、社会学和心理学等视角进行综合讨论。如果一定要找出这些视角的公约数，那就是我们两耳之间的大脑。心理学家丹尼尔·卡尼曼（Kahneman，2012）指出，大脑的思考方式有快与慢两种。当我们理解经济增长的时候，或许也是如此，而且出于许多同样的原因。

经济增长的短期历史

图 1 展示了 1750 年工业革命以来人均 GDP 对数的变化趋势。如果不考虑战争

---

① 也可参见 Gordon（2012，2014），Summers（2014），Cowan（2014）。

② 也可参见 Brynjolfsson and McAfee（2014），Mokyr（2014），Arthur（2011）。

③ 有些研究侧重于从需求不足的角度讨论长期停滞 [例如，Summers（2014）]。本文重点关注供给方面的结构性因素。从萨伊定律的角度来看，供给创造自己的需求或者供给不创造自己的需求，中期内两者区别并没有那么大。

影响，过去 250 年来人均 GDP 呈直线上升趋势，增长率约为年均 1.5%。这意味着每一代人的生活水平都会比上一代提高 1/3。经济增长持续提升了生活水平。

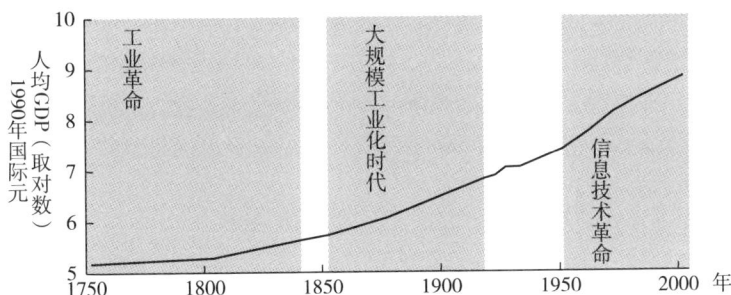

资料来源：DeLong（1998）。

图 1　1750 年以来的人均 GDP

虽然增长较为平稳，但并非恒定不变。历史上间或发生的战争、经济萧条和金融危机会造成经济停滞甚至下滑。阶段性的技术创新又使经济前景好转，显著提升了生活水平。然而，经济衰退只是暂时的，经济大踏步前进是持久性的。在过去的两个半世纪中，与持续创新相比，长期停滞几乎微不足道。

为解释 1750 年以来生活水平的提升，经济学家通常将这段历史分成三个创新阶段。每个阶段都伴随着社会生产可能性边界向外大幅扩张（Gordon，2012）。第一阶段是从 18 世纪中叶开始的工业革命，第二阶段是起始于 19 世纪下半叶的大规模工业化时代，第三阶段是在 20 世纪下半叶开始的信息技术革命。

这三个创新阶段的独特之处在于它们都产生了一系列通用技术（GPTs）。① 这些技术的应用领域远远超出了最初设计这些技术时所用的行业，从而普遍提升了商业运行的效率。第一次工业革命的通用技术包括蒸汽机、纺织机和铁路，第二次工业革命的通用技术包括电力、内燃机、自来水供应和卫生条件改善，第三次工业革命的通用技术包括个人电脑和互联网。

近几年增长前景逐渐暗淡，又一次强化了人们对创新主导型增长的关注，

---

① Bresnahan and Trajtenberg（1996）。

创新是否会萎缩成为长期停滞是争论的焦点问题之一。一些人认为创新之源或已枯竭①，而另一些人却认为数字技术的创新之泉正在喷涌。② 长期停滞与持续创新究竟谁将占主导地位呢？

经济增长的长期历史

如果在较长的历史跨度内观察经济增长，可能会得出全然不同的结论。因此，为回答停滞或创新谁主沉浮的问题，我们应延长历史研究的时间尺度，回到工业革命之前更为久远的历史。现在，生活水平的长期上升已成为社会经济的常态，几乎没人还能记起经济长期停滞的时期。

然而，通过长期视角来观察，经济增长的历史并非一直如此。图2展示了公元前1000年以来的全球人均GDP的变化轨迹，这段更久远的增长史与工业革命以后有天壤之别。工业革命之前的3000年间，全球人均GDP年均增长率仅为0.01%，生活水平长期保持不变。按照1750年以前的增长率，生活水平翻一番需要6000年；而1750年以后，生活水平翻一番仅需50年。

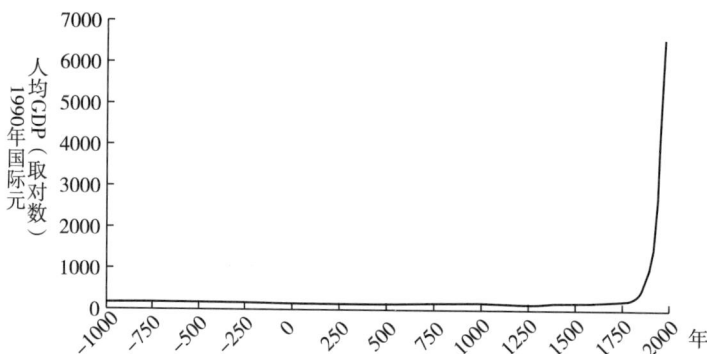

资料来源：DeLong（1998）。

图2 公元前1000年以来的人均GDP

---

① Gordon（2012，2014）、Cowen（2011）。

② Brynjolfsson and McAfee（2014）。

这表明工业革命以前社会和经济的常态并非长期增长。在前后两代人之间福利水平没有觉察到改善，永久性地缺乏经济加速器。生活水平稳定持久的上升并非常态，而更像是近代才出现的例外。在长期历史视野中，长期停滞远比连续创新更为寻常。

当然，因覆盖面过窄，GDP 无法全面衡量更久远的历史中社会生活水平的改善。非物质指标或许可以更好地衡量生活水平。如果采用其他指标，是否有理由相信 1800 年的公民平均福利与公元 1000 年前后区别不大？

正如格里高利·克拉克（Gregory Clark，2009）的优秀著作中阐明的那样，社会学证据显示两者并没有区别。1800 年以前的几千年间，平均预期寿命基本未发生变化。对于 20 岁的成年人来说，平均寿命也就 30～40 岁。该时期的出生率与死亡率也基本未发生变化。这意味着 1750 年以前全球人口几乎不变，人口年增长率低于 0.1%。

对于人们在世时福利水平的测量得出了相似的结论。依据古代骨骼记录的测算，1800 年以前的很多世纪中，成人身高平均值在 160～170 厘米（见图3）。热量摄入量也基本持平。利用以上及其他指标，学者们构建了社会发展指数（Morris，2011），该指数与 GDP 变迁轨迹很相似，都表明很长时期内人民生活水平未发生变化（见图4）。

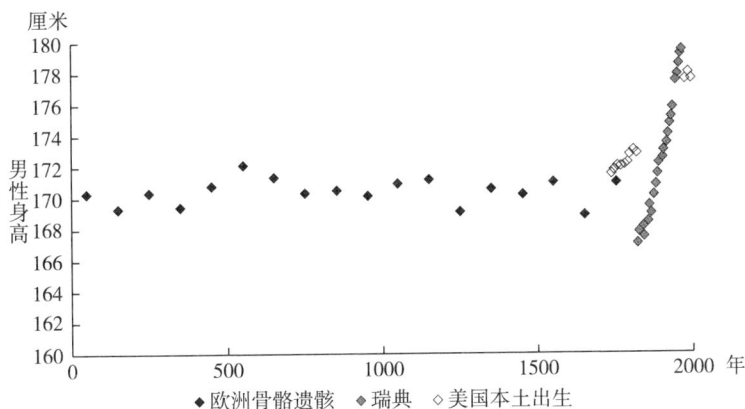

资料来源：Clark（2009）。

图3 公元 1～2000 年从欧洲骨骼记录测算的男性身高

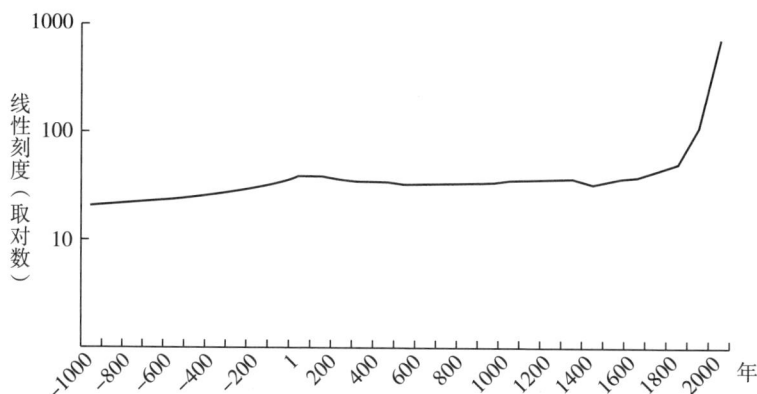

注：本图显示的是 Morris（2010，2011）给出的"西方"与"东方"社会发展指数的平均值。社会发展指数的构成包括能源捕获、组织、作战能力和信息技术。

资料来源：Morris（2010，2011）。

图4　社会发展指数

这些福利衡量指标表明，在过去 3000 年的大多数时间中，全球人民的生活水平一直停滞不前，仅在最近 300 年出现了飙升。工业革命以前，收入基本锁定在最低生活保障水平。与马尔萨斯的预言一致，这些收入仅够维持人口数量，不足以支撑人口的大规模扩张（Malthus，1798）。因此有些人将工业革命以前的时期称为"马尔萨斯时代"（Clark，2009）。

尽管这看起来很残酷，但如果追溯到更早以前，情况更不容乐观。值得注意的是，现在已能估计出公元前 100 万年——人类的黎明——以来全球的 GDP 估计值（DeLong，1998）。从事估算的统计机构的工作人员比较少，因此需非常小心地对待这些统计数据。

表 1 反映的是公元前 100 万年以来人口增长率和人均 GDP 增长率。人类历史上大部分时间，无论是人口数量还是生活水平实际上都没有提高或增长。生活水平的逐渐提高可能开始于数万年前，大约发生在现代人（智人）出现和穴居人（尼安德特人）消失时期。

表1	公元前100万年以来人口及人均GDP的增长	单位:%

	人均GDP年变化	人口年变化
公元前100万年～前10000年	0.000	0.000
公元前10000年～前1000年	0.003	0.028
公元前1000年～公元1年	−0.015	0.122
1～1000年	0.020	0.044
1000～1500年	0.007	0.095
1500～1750年	0.102	0.211
1750～2000年	1.452	0.870

资料来源：DeLong（1998），Kremer（1993）。

所以，经济增长的短期历史（黄金时代）和长期历史（马尔萨斯时代）之间可谓天差地别。在经历了漫长的长期停滞之后，人类才步入持续创新的轨道。生活水平的明显上升只是最近才发生的事。如果将经济增长历史比作一个24小时刻度的时钟，那么，99%的增长发生在最后20秒。

工业革命的技术根源

究竟是什么原因推动了近250年来经济增长的变化？解释历史上的经济增长模式远非易事。甚至到现在，经济学家和社会历史学家们还在激烈辩论增长的深层原因。本文无意于是非判断，而是提供基于相关文献的反思。有一个共同的主题将这些文献联系起来——耐心。

新古典经济学解释了为什么耐心对经济增长很重要。它支持储蓄，因为储蓄会转化为投资，进而形成资本积累。资本积累和资本运用效率的大幅提升是新古典增长理论所描述的增长动力。今天的投资就是明天的增长。①

在新古典模型中增长是外生的，即由外部因素决定，主要有两个外部力

---

① 也可参见索洛—斯旺模型（Solow，1956；Swann，1956）和拉姆齐—卡斯—库普曼斯模型（Ramsey，1929；Cass，1965；Koopmans，1965）。

量：一是个人的耐心，耐心既不随时间推移也不随地域而改变；二是技术进步，技术进步以不可预测的方式随时间变化。创新就像是来自上帝的恩赐，不断从天堂收到的令人惊喜的礼物。

看起来，这个简单的故事很好地解释了工业革命以来经济增长的阶段变化。18世纪下半叶，在英国集中出现了一系列密集的创新：1764年哈格里夫斯（James Hargreaues）发明了珍妮纺纱机，1769年阿克赖特（Richard Arkwright）发明了水力纺纱机，1775年瓦特（Watt）发明了蒸汽机。这些发明像上帝的恩赐一样突然到来，并且正如新古典增长理论所预言的那样，使生产可能性边界向外移动。

通用技术从产生到应用范围和影响的扩大，一般需要数十年的时间。① 因此经济增长率和生产率到了19世纪才开始上升。此时，出现了一波以工厂、机器和机车为主的实物投资。随着投资的快速增加和技术转变的结合，人类历史迎来了生活水平持续提升的第一个黄金时代。

表2中是工业革命前后技术效率增长的估计值，有力地支持了新古典理论对增长动力的解释。② 工业革命以前，每年技术进步远低于1%，几乎难以察觉到生产可能性边界的外移和生活水平的提高。1750年以后，技术之门已经打开，技术效率年均增长率达到1%左右。

表2 公元以来的技术增长

	技术增长率的年均变化
1～1000 年	0.001
1000～1500 年	0.025
1500～1750 年	0.045
1750 年至今	1.034

注：Clark（2009）估计了1750年以前的技术增长，假设人口稳定在人均土地产出仅能维持生计的收入水平上；

1750年至今的技术增长率以希尔等人（Hills、Thomas and Dimsdale，2010）的英国1850～2009年的年均全要素生产率增长率计算。

资料来源：Clark（2009）；Hills、Thomas and Dimsdale（2010）。

---

① 也可参见 Eichengreen（2014）。

② 引自 Clark（2009）1750年以前的估计值和世界银行对之后时期的估计值。

技术进步又会促进实物资本的积累。图 5 描绘了英国 1850 年以来人均实物资本存量的变化趋势。人均实物资本存量年均增长 1.75%。该图也反映出人均实物资本存量与人均 GDP 之间存在着显著的正相关关系：1850 年以来，人均资本存量每增加 1000 英镑，人均 GDP 将上升 400 英镑。这也与新古典增长理论的预测相一致。

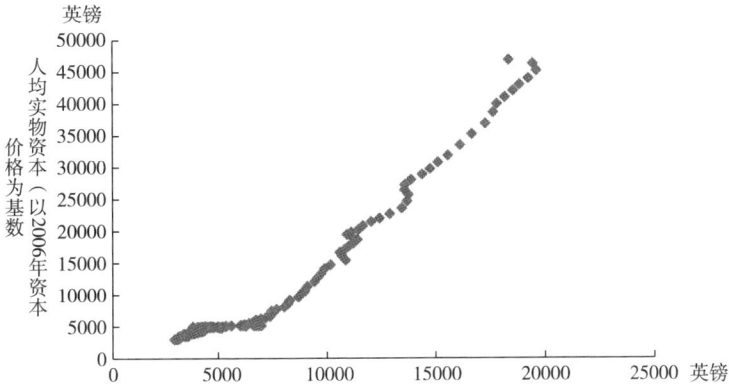

资料来源：Hills、Thomas and Dimsdale（2010）。

图 5　1850 年以来英国的资本积累

其他国家的增长模式与英国大体相同。图 6 是 1980 年以来人均资本存量与人均 GDP 关系的跨国数据截面图。显而易见，各国处于增长的不同阶段。但就每个国家而言，增长都保持向上态势，资本存量的持续增加伴随着人均收入的长期提升。昨天的投资已成为今天的增长。

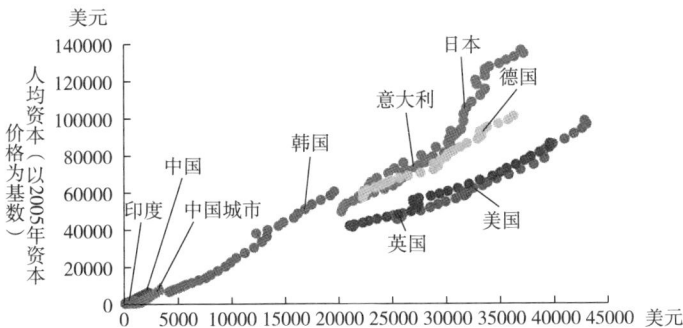

资料来源：McKinsey Global Institute（2010）。

图 6　1980 年以来跨国的资本积累

工业革命的社会根源

如果这三次工业革命都源于技术进步，那么解释增长的源泉就非常简单了。增长就像冲浪一样，只需简单等待下一次创新大浪的到来。生活水平的提高与其说是自然的，不如说是不可思议的，即"徘徊在平凡与神奇之间"①。由于政策制定者既不能操纵海浪也无法创造奇迹，公共政策作用甚微。

这种解释存在一些问题。第一，如果我们依照工业革命前的经历来推断，那么也许还要等很久才能迎来下一次创新浪潮。第二，技术创新的故事并非对历史记录的唯一解读。除此之外，还存在另外一组经济理论与经验事实，可以对工业革命前后的增长源泉作出另一种解释。

这另一种解释可以被松散地称为内生增长理论。② 增长的驱动因素有很多，并非只有一个，既有社会因素，也有技术因素——技能和教育、文化和合作、制度和基础设施。这些因素相互促进，不是外生或孤立的，也不是瞬间爆发的自燃型的，而是累积性的、渐进式的。

我们可以通过拓宽资本的定义将这些因素考虑进来：实物资本（physical capital，如工厂和机器）、人力资本（human capital，如技能和专业知识）、社会资本（social capital，如合作和信任）、智力资本（intellectual capital，如思想和技术）、基础设施资本（infrastructure capital，如交通网络和法律体系）。③增长是多种资本源泉累积的结果。

举个简单的例子，铁路的成功通车不仅依赖于蒸汽机的发明（智力资本），还需要靠材料（实物资本）和技能（人力资本）来建造机车和轨道。铁路要成为通用技术，还需要网络（基础设施资本），以及合作和公众信任（社会资本）。

---

① Douglas Allchin 将超自然现象描述为"徘徊在平凡与神奇之间"。

② 例如 Romer（1986）、Aghion and Howitt（1998）、Acemoglu（2009）。

③ Sachs（2014）讨论了环境资本，也可参见 Solow（1956）、Becker（1965）、Rebelo（1991）、Putnam（2000）、Romer（1986）。

通过这些多方面的资本源泉，我们可以对工业革命的起源提出一个明显不同于新古典理论的解释。① 以人力资本为例，可以用大众的识字能力和算术能力来衡量人力资本的高低。图 7 是 15 世纪晚期以来部分西欧国家的成人识字率。

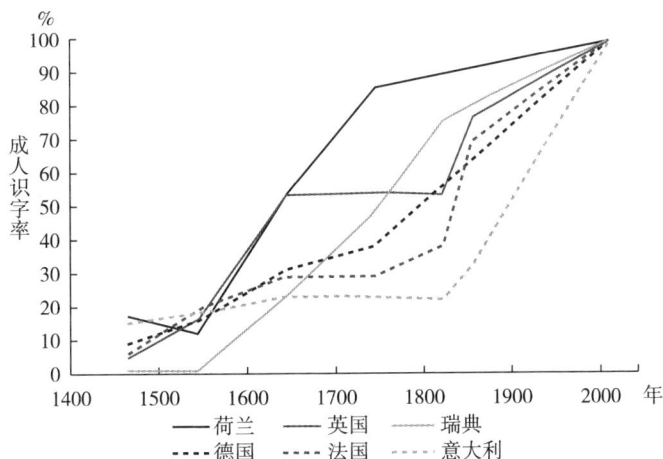

资料来源：OurWorldinData. org，基于 Buringh and Van Zanden（2009），Broadberry and O'Rourke（2010）。

图7　15 世纪晚期以来部分西欧国家成人识字率

在 15 世纪末，成人识字率不足 10%，人力资本水平很低，与仅维持生存的生活水平相一致。然而，在此后的三个世纪中，人力资本发生了明显变化，西欧国家成人识字率达到 50% 左右，一些国家甚至更高。换言之，工业革命之前就出现了人力资本的快速积累。

在技能深化的基础上，其他推动经济增长的资本源泉也开始积累，例如产生了更多的思想和创新等智力资本。按照这一解释，社会学因素的转变可能支持了技术变革，或者至少领先于技术变革。也就是说，创新是有其基础和原因的，而不是来自上帝突然的恩赐。

工业革命以来，受教育程度不断提高。第二次世界大战以后，人均受教育

① 也可参见 Acemoglu and Robinson（2013）、Clark（2009）。

年限迅速提高（见图8），发展中国家提高了2倍，发达经济体也提高了近1倍。近年来，受教育年限的上升主要源于越来越多的成人获得了学位（高等教育）资格，人力资本不断扩展和深化。

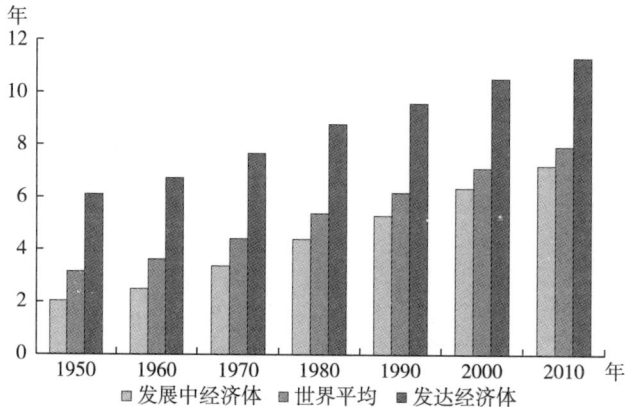

资料来源：Barro and Lee（2013）。

图8　15岁以上人口平均受教育年限

实证研究表明，1950年以来，教育水平的提高可能解释了1/5的增长。[1] 鉴于在16～18世纪教育水平的大幅提升——劳动力中受教育的比例明显提高——人力资本积累似乎在工业革命中发挥了更大的促进作用。

假如我们将目光从人力资本转向社会资本，看到的图景是类似的。社会资本是一个更难以量化的概念，它包括社会中的合作、互惠与诚信等属性。社会资本的这些来源尽管更难以捉摸，但是对国家的成功却至关重要，例如对支持贸易的增长发挥了关键作用（Hall and Jones，1999）。

社会学家用暴力或战争的发生率来衡量社会资本。这是社会内部或社会之间缺乏合作与信任的极端情况，相当于社会学上的金融危机（Pinker，2012）。图9中是1300年以来西欧国家的谋杀（杀人）案的数据。

图9表明，在15世纪到18世纪期间，暴力犯罪急剧下降，大约下降至原来的1/5。到工业革命时期暴力犯罪已经稳定下来。社会资本的迅速积累孕育了

---

[1]　也可参见Fernald and Jones（2014）。

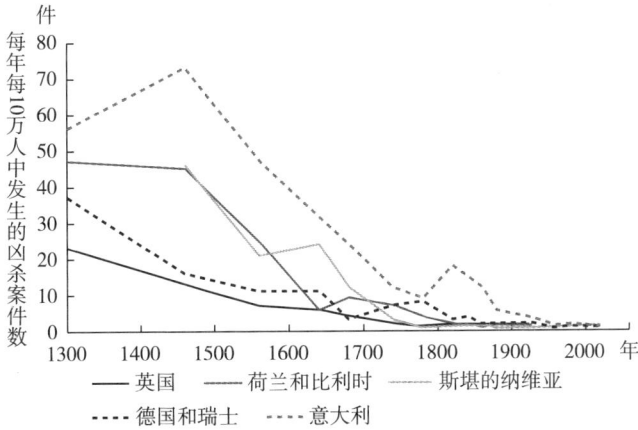

资料来源：OurWorldinData. org，基于 Eisner（2003）。

图 9　西欧暴力犯罪

技术创新，为经济增长奠定了基础。

除了某些被打断的情况，尤其是 20 世纪的两次世界大战，社会暴力犯罪的下降趋势一直持续到今天。例如，自 20 世纪 40 年代以来，战争死亡人数处于长期下降趋势（见图 10）。这与社会资本的持续积累相一致（Pinker，2012）。社会资本虽然很难量化，却很可能推动了现代经济增长。

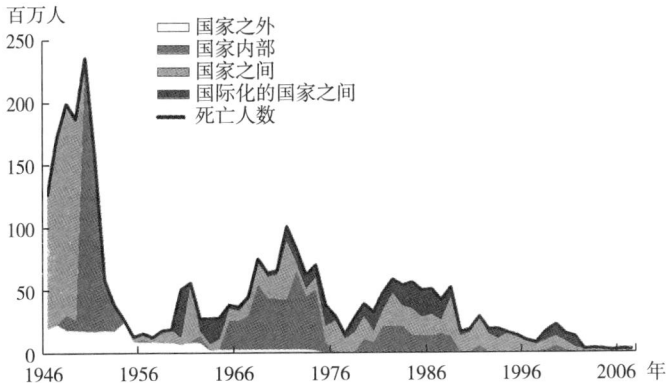

资料来源：Human Security Report Project，http：//www. hsrgroup. org/our-work/security-stats/Deaths-from-Organized-Violence. aspx.

图 10　国家冲突中的死亡率

　　人们普遍认为基础设施与制度资本支持了增长。① 英国是工业革命的发源地。工业革命初期，英国的制度架构无疑已经趋于成熟：议会制发端于 11 世纪和 12 世纪，在 12 ~ 13 世纪法律和司法制度逐渐成型，在 17 世纪末英国的央行——英格兰银行成立。

　　作为社会中的特殊制度安排，政府的作用在工业革命之前迅速提升。图 11 描述了英国 1200 年以来政府支出占国民收入的比例。截至 1600 年，政府支出占国民收入的比例仅为 1% ~ 2%。在随后的两个世纪，政府的角色逐步彰显：支出比例上升了 10 倍或 20 倍。工业革命以前，广义上的制度，特别是政府，在助推经济增长方面发挥了越来越重要的作用。

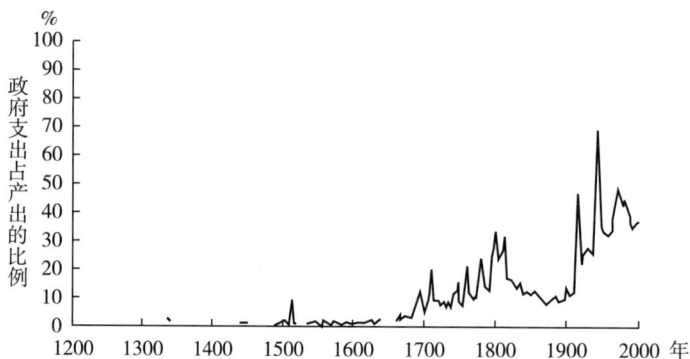

资料来源：Clark（2009）。

图 11　1285 ~ 2000 年英国政府支出占国民收入的比例

　　自工业革命以来，制度和基础设施资本也在不断积累。1950 年以来，实行民主制度的国家从 25 个增加到将近 90 个。② 全球法律体系持续改善，央行的数量也不断增加。跨国研究结果表明，这些制度和基础设施的质量往往是推动增长的关键。③

　　达龙·阿西莫格鲁（Daron Acemoglu）和詹姆斯·罗宾逊（James Kobin-

---

① 　也可参见 Tabellini（2010），Acemoglu and Robinson（2013）。

② 　参见 http：//ourworldindata. org/data/political-regimes/democratisation/。

③ 　Levine and Renelt（1992）。

son）开展了最全面的历史经验研究，进一步论证制度的重要性。他们认为，缺乏良好的制度是"国家为什么失败"的决定性原因。① 该发现表明，我们无须继续探讨制度是否与生活水平存在真正的历史联系。

增长的最后一个决定因素是智力资本，其中一些智力资本还是工业革命的源泉，如哈格里夫斯、阿克赖特、瓦特等人的发明。如果认为创新开始于 18 世纪，那就大错特错了。从 12 世纪的风车、13 世纪的机械钟、14 世纪的火炮、15 世纪的印刷机、16 世纪的邮政服务到 17 世纪望远镜和显微镜的发明，创新显然是呈阶梯式缓慢进步的，远在工业革命之前就开始推动经济增长了。②

此外，经验证据表明，技术转移具有高度的历史依赖性，或者说滞后效应。公元 1500 年的技术应用模式是公元 1800 年经济增长的很好预测因子。③这表明远在哈格里夫斯、阿克赖特和瓦特登上历史舞台之前，工业革命的科技推动力就已经蓄势待发。这再一次说明，创新是有基础和原因的，而不是来自上帝突然的恩赐。

总而言之，这意味着增长具有更广泛、更丰富的基础。与新古典增长理论相比，工业革命的萌芽更早，且源泉更加广泛。在促进增长方面，社会转变至少与技术转变发挥了同样重要的作用。

耐心是一种美德

虽然上述对经济增长的多方位解释（一部分是社会学的，另一部分是技术的）得到了认可，但依然存在有待解答的问题：为什么某些社会会在历史上的特定时点突然开始资本积累呢？什么原因促成了在技能、合作、制度和基础设施上的初始投资呢？答案之一可能存在于人的头脑之中，这些技术和社会趋势反过来也可能改变我们的大脑。

所有投资决策的基础是经济学家所说的"时间偏好率"（rate of time

---

① Acemoglu and Robinson（2013）。

② Clark（2009）。

③ 参见 Comin、Easterly and Gong（2010）。公元前 1000 年和公元 1 年的技术进步也对随后的增长模式产生影响，虽然影响没有公元 1500 年时期那么强大。

preference），非经济学家则称为"耐心"（patience）：为了未来的利益而推迟当下意愿的满足，也就是储蓄而非消费、坚持下去而非转向的意愿。对于社会耐心的测量，一个简单的经济指标是利率模式。

利率代表着一个社会储蓄或坚持的意愿，意愿越弱，表明社会的耐心越不足，于是就会要求越高的补偿。补偿形式表现为更高的利率水平。因此，对于给定的储蓄水平，在缺乏耐心的社会，利率将高于更具耐心的社会。

图 12 显示的是公元前 3000 年以来的短期利率与长期利率的走势。尽管数据有间断，但显示出在工业革命的前叶，利率发生了长期性的下降，从两位数降低到大约 3%。以土地等实物资产的收益率作为利率的替代指标，也呈现出了类似的趋势（Clark，2009）。

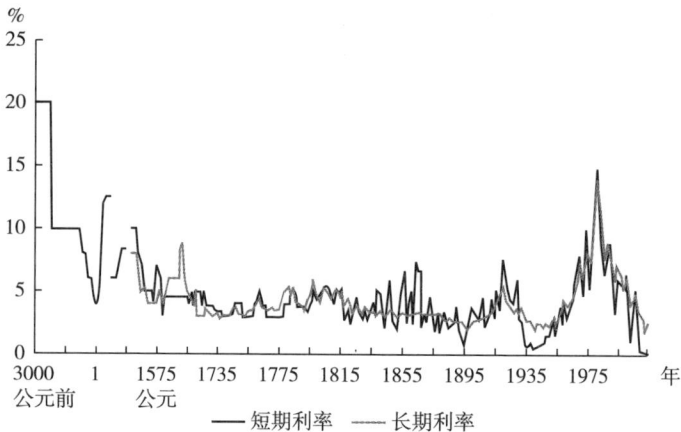

注：1715 年开始横轴的时间间隔变为每 20 年一格。以下是 18 世纪以前每类贷款率最低的国家：公元前 3000 年到公元前 6 世纪——巴比伦帝国，公元前 6 世纪至公元前 2 世纪——希腊，公元前 2 世纪至公元 5 世纪——罗马帝国，公元前 6 世纪到公元 10 世纪——拜占庭（法定限额），公元 12 世纪至 13 世纪——荷兰，公元 13 世纪至 16 世纪——意大利等国家。从 18 世纪开始，利率采用最主要货币市场的利率水平：1694～1918 年为英国，1919～2015 年为美国。利率为短期利率：1694～1717 年英国央行贴现率，1717～1823 年 6 个月东印度债券利率，1824～1919 年 3 个月头等票据利率，1919～1996 年 4～6 个月美国商业票据利率，1997～2014 年 3 个月 AA 评级美国非金融商业票据利率。长期利率：1702～1919 年英国政府长期养老金和公债利率，1919～1953 年长期美国政府债券收益率，1954～2014 年 10 年期美国国债收益率。

资料来源：Homer and Sylla（1991）；Heim and Mirowski（1987）；Weiller and Mirowski（1990）；Hills、Thomas and Dimsdale（2015 forthcoming）；Bank of England，Historical Statistics of the United States Millenial Edition，Vol. 3；Federal Reserve Economic Database。

图 12　短期利率与长期利率

关于该趋势的一种解释是，它们反映了社会时间偏好的变化。在工业革命拉开序幕前，社会变得比过去更有耐心。这反过来推动了储蓄和投资的增加，最终实现了经济增长。耐心是一种美德。然而，如果社会的时间偏好确实发生了改变，由此引发的一个问题就是时间偏好改变的原因是什么。

借助其他领域的研究成果，我们可以回答该问题。在过去 50 年中，在心理学家和神经学家的实验研究中，出现了很多关于耐心的决定因素以及耐心对行为的影响方面的研究成果。或许我们能从中得到一些关于耐心与增长的驱动因素的启示。

耐心的一个重要驱动因素是收入和财富。收入越低，决策越缺乏耐心（Wang et al. ，2011）。这是因为艰难度日占据了大量的认知能力（Mullainathan and Shafir，2014）。这会导致神经系统的决策更加关注短期事项。从储蓄不足以养老到向高利贷商人过度举借工资日贷款，都是短视思维的表现。在发展中国家，这也有助于解释贫困陷阱（Bannerjee and Duflo，2012）。

在马尔萨斯时代，大部分人口的收入水平仅够维持基本生存。实验结果表明，这种情形很可能造成严重的社会短期行为，表现为实物资本和人力资本投资的缺乏，最终阻碍经济增长。在马尔萨斯贫困陷阱中，贫困与缺乏耐心是自我强化的。

1800 年以后收入上升至温饱水平之上，逆转了贫困与耐心不足之间的恶性循环。收入上升增强了耐心，同时为储蓄与投资的提高以及最终的增长奠定了基础。换言之，在工业革命后，耐心作为一种美德给自己带来的回报就是内生增长。

人们还发现，技术创新会影响耐心（Carr，2011）。古登堡（Guttenberg）1450 年左右发明的印刷术引起了图书生产的爆炸。据估计，此后 50 年间的图书产量比此前 1000 年间的图书总产量还要多。随之而来的变化远远超过了技术变革。

书籍推动了教育、文化水平的飞跃，促进了人力资本的积累。更大胆的推测是，书籍还可能改变了我们的大脑。尼古拉斯·卡尔（Nicholas G. Cas, 2011）认为，印刷机和其他信息媒介所带来的变化可能已经重塑了我们的大脑。书籍为"深度阅读"奠定了基础，通过"深度阅读"实现了深思熟虑。

毫不夸张地说，技术可以改变思想。

有人认为，这种改变刺激了慢思考。卡尼曼发现的慢思考是指大脑用来深思熟虑的有耐心的活动方式。如果确实如此，将有助于创造力、思想、创新等智力资本的积累。技术将首先影响神经，进而塑造虚拟环路上的神经技术。慢思考有助于经济的快速增长。

这也为更早期的增长变化作出准神经性的解释提供了可能。早在大约现代智人取代尼安德特人的时期，世界的经济增长就已经开始了。这也许并非偶然。表面上是现代人的扁平额头取代了尼安德特人的发达眉脊，背后却有着重要的神经学原因。

扁平额头为大脑前额叶皮层区域的发育提供了条件。现代核磁共振成像扫描显示，除其他功能外，这部分区域还负责有耐心的活动。正如我们所见到的，数万年前耐心的智人取代急躁的尼安德特人是达尔文自然选择的结果（Hansson and Stuart，1990）。随之而来的是生活水平的不断提高。

持续创新与长期停滞，谁主沉浮？

亘古以来，创新与停滞一直此消彼长。当今的重要争议是，经济增长的前景如何？未来是如同工业革命后创新引领增长的阳光明媚的高地，还是像工业革命前长期停滞笼罩的洼地呢？创新与停滞两股力量谁主沉浮？如果未来增长将回落，它将回落至工业革命之前的水平还是之后的水平？

这些讨论对于未来的福利和公共政策至关重要。事实上，很难想象还有哪些事情比这更重要了。具体而言，央行制定货币政策，一个关键判断就是适当的"中性"利率。我们可以把"中性"利率理解为，在中期内将储蓄与投资协调一致的利率水平。

然而，当今的"中性"利率水平在哪里？持续创新可能意味着这个利率水平与2%~3%的历史平均水平持平或稍高，后者与历史增长率一致。但长期停滞则可能意味着，这个利率水平远低于过去的利率水平，甚至可能是负值。在货币政策方面，两者之间的差距相当于粉笔与奶酪、成功与失败。

从这个方面来说，过去30年来全球实际利率的演化趋势十分引人注目。

图 13 展示了近 20 年来全球主要经济体实际利率的演变轨迹。发达经济体和新兴市场经济体都表现出长期下降的趋势，每 10 年下降约 2 个百分点。现在已经降到零附近。

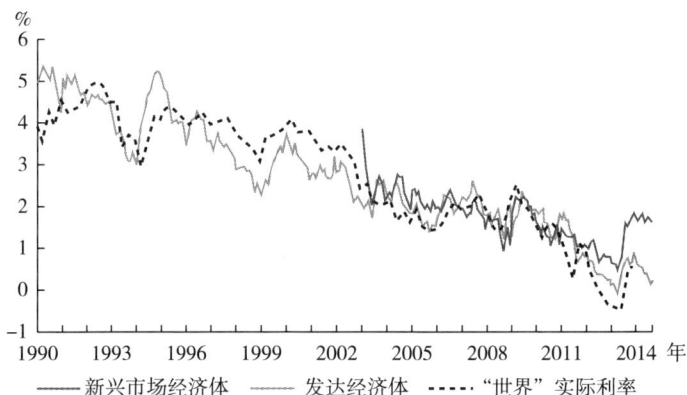

注："世界"实际利率来自 King 和 Low（2014），并基于七国集团（除意大利外）与通胀挂钩的 10 年期债券收益率均值。考虑到 RPI – CPI（商品零售物价指数—消费者物价指数）楔子，英国利率进行了调整。美国国债收益率数据仅包括 1997 年以后的数据，因此 1997 年以前用的大部分是英国数据。

资料来源：King and Low（2014），Bank Calculations。

图 13　发达经济体和新兴市场经济体的长期实际利率

对于一些发达国家，这种趋势更为明显。图 14 是未来 30 年英国和欧元区的预期实际利率的趋势。未来 30 年间，这两个区域预期的实际利率都为负值。这意味着投资者甚至愿意以倒付利息的方式借钱给政府，即时间偏好率为负数。这种情形在历史上尚无先例。

一种解释是社会变得越来越有耐心，与工业革命的前夜类似：相对于投资来说较高的全球储蓄水平将降低全球的实际利率水平。如果耐心是实际利率下降的原因，我们可以欣欣鼓舞地迎接未来。成本的降低和创新收益的提高将刺激投资，促进增长。① 实际利率的下降将预示着持续创新。乐观派将获胜。

然而，另一种解释也有可能成立。实际利率走低或许表明缺乏有利可图的

---

① 也存在关于储蓄率上升的不太乐观的解释，包括这种现象尤其反映了新兴市场经济体的"储蓄过剩"（Bernanke，2011），以及安全资产的缺乏（Caballero，2013）。

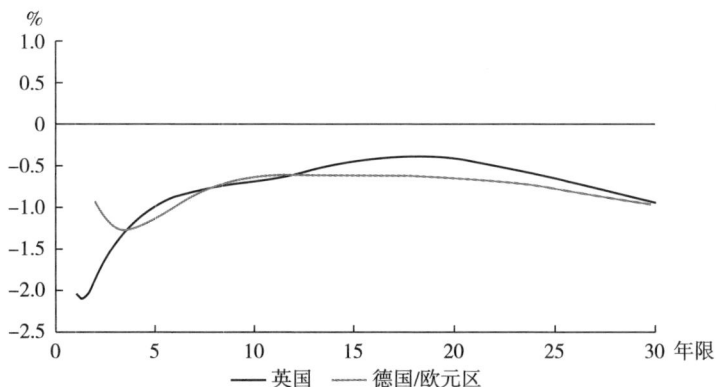

注：英国和美国的数据为通胀互换平减后的债券名义收益率。德国/欧元区数据为欧元区通胀互换平减后的债券名义收益率（作为欧元区的无风险利率的代表）。通胀以英国 RPI、美国与欧元区的 CPI 衡量。

资料来源：Bloomberg and Bank calculations。

图 14   远期实际利率收益率曲线

投资机会，因此人们更倾向于储蓄。如果原因是投资机会的缺乏，前景就暗淡了。因为这意味着较低的创新回报和低增长。实际利率的下降预示着长期停滞。悲观派将获胜。

借助于典型的"两面论"（two-handed）的经济学思维方式，我试图证明，两方面的观点都是正确的。我们有充分理由相信，在经典的新古典增长理论框架下，技术正在推动创新，进而促进增长；同样也有充分的理由相信，在内生增长模式框架内，也存在阻碍增长的社会因素。

首先我们来讨论基于新古典理论的持续创新的观点。这一方认为，数字革命的浪潮将促进未来的增长。所有的通用技术均需要一定时间才能达到熔点（Syverson，2013）。即使技术增长很快，甚至是指数式的，也仍需一段时间才能实现整个经济层面的真正变革（McAfee and Brynjolfsson，2014）。

按照过去的趋势，通用技术需要三四十年或者更长时间才能达到临界值。蒸汽机、电力等早期通用技术就是这种情况。数字技术的增长比早些时候的通用技术更快。根据摩尔定律，每 18 个月左右，计算机的处理能力将翻一番。这已经成为现在技术增长率的标准。

然而，即使根据摩尔定律，数字技术也只是最近才达到临界值。与数字技术类似，包括机器人领域、遗传学、3D 打印、大数据和物联网在内的很多重大技术，也只是最近才出现的（Chui et al., 2010；Mokyr, 2014）。虽然这些技术并非全新，但这些技术的广泛应用（从发明转变为通用技术）却是全新的。

经济学家布赖恩·阿瑟（Brian Arthur, 2011）将这次技术变革形象地比喻为从物质经济（或者说"第一经济"）向数字经济（或者说"第二经济"）的转型。他将早期的工业革命比作身体的生理或肌肉功能的发展，借着这个类比，经济系统主要通过对物质资本的投资来界定和改进其运动技能。

数字革命与工业革命不同。通过对智力资本的投资，经济系统好比在发展其神经或感知系统，从而界定和改进其认知能力。最近一波技术变革的成功源于它们建立了类似于大脑的神经连接网络。物联网通过互联网（像大脑的突触）将传感器（像大脑的神经元）连在一起，实际上创建了类似于大脑的机器。

从人工智能（Artificial Intelligence，AI）升级为人工通用智能（Artificial General Intelligence，AGI），正如同大脑的连接网络造就出了会思考和行动的机器。用布吕诺尔夫松和麦卡菲的话说，我们正迈向第二个机器时代（Brynjolfsson and McAfee, 2014）。此外，摩尔定律意味着计算机的处理能力不断上升，这预示着在未来某个时刻机器脑可能会超过人脑。

早在 1958 年，堪称"现代计算之父"的约翰·冯·诺依曼（John Von Neumann）将这一时刻称为"技术奇点"（singularity）。[1] 此后，关于技术奇点的可能性有很多推断。现在计算机的处理速度大约为每秒 10^{16} 次[2]，仍然远远低于大脑的计算能力。但如果按摩尔定律持续应验，机器的计算能力在几十年内就可能赶上人脑（Berglas, 2012；Nordhaus, 2014）。

如果达到了技术奇点，创新将永无止境。届时机器将取代人类来承担发明的使命。随着处理能力呈指数速度上升，经济将变得"超级智能"。同时，由于扩大处理能力的边际成本接近于零，经济将变得"超级高效"。

---

① 参见 Stanislaw（1958）。

② Nordhaus（2014）。注意，世界上最快的超级计算机是中国的 NUDT，每秒能进行 3×10^{16} 次运算。

这将带来第四次工业革命。与前几次革命不同的是，由定义就可以知道，人脑几乎无法想象机器将如何创新，进而促进增长。那时候世界将处于一种幸福的无知状态。乐观派的兴奋或许有充分的理由。

现在我们来讨论悲观派的论点。有哪些长期因素会阻碍增长呢？技术本身并不足以解释过去的增长，也无法确保未来的增长。增长的社会根源也很重要。与过去相比，其中的某些社会因素如今已被削弱。事实上，在某些情况下技术也在其中发挥了作用。

以社会资本为例，尽管暴力犯罪和战争都如愿以偿地处于长期下降趋势，但社会资本的其他指标却在恶化。社会不平等程度的不断扩大就是其中之一（Gordon，2012）。自 1980 年以来，在英国和美国，收入最高的 1% 群体的收入翻了一番。财富不平等的态势更加惊人（Piketty，2014）。

最近的证据表明，不平等的加剧会使社会资本贬值，进而制约经济增长（IMF，2014；OECD，2014）。IMF 和 OECD 的跨国研究表明，基尼系数作为衡量收入分配公平程度的指标，每上升 1 个百分点，经济增长速度约降低 0.1 个百分点。

自 1980 年以来美国的基尼系数上升了 8 个百分点。这意味着社会不平等的加剧对经济年均增速的拖累将近 1 个百分点。在低增长的时代，较低的社会资本水平严重阻碍了增长。

放眼未来，阻碍经济增长的社会因素可能会强化。发达经济体不平等加剧的原因之一是中等技能岗位的流失，至少相对于高技能和低技能岗位而言就业出现了"空心化"（Haldane，2014；Frey and Osbourne，2013）。技术进步促使了中等技能岗位被自动化取代，这是"空心化"趋势的主要原因。

第二个机器时代的来临可能加剧或者扩大"空心化"趋势（Brynjolfsson and McAfee，2014）。智能机器人可能代替人类从事低技能工作。如果机器的处理能力接近或超过人类的大脑，高技能工作也有被机器人取代的风险。尽管就业已形成了"空心化"趋势，但我们尚不明确不平等和社会资本将发生哪些变化。最有可能的是，人们不能盲目乐观地坐等创新的到来。

不平等的加剧也会影响人力资本，成为阻碍增长的第二个长期因素。不平等对增长的阻碍主要来自对教育投资的抑制，对贫困家庭的影响尤为明显（OECD，2014）。研究显示，父母的收入是决定儿童学习成绩的关键因素。① 如果不平等会传导至下一代并自我延续，对增长的负面影响也将一直延续下去。

美国的数据显示了不同社会经济群体之间教育程度的显著差异，这种差异还在不断扩大。1970 年以前，高中毕业率的不断上升永久性地提高了美国工人的生产率。后来，教育水平的提升出现了停滞，一段时间内甚至出现了回落。美国在国际教育水平排行榜中的排名正在下滑（Gordon，2012）。

有证据表明，英国也可能出现类似于美国的情况。英国目前的识字和算术技能低于经合组织各成员国的平均水平。② 2003～2011 年，尽管成人识字率从 44% 提高到 57%，有算术能力的比例却从 26% 降至 22%。③ 换句话说，英国大约有 1700 万成人的计算水平相当于小学生。

即使没有这些不利因素，人力资本增长也会由于人口结构的变化而减速。在 20 世纪后半叶，人口增长为全球经济增长年均贡献 2 个百分点。1980 年以来下降到年均 1 个百分点，预计到 2050 年还将减半。与此相对应，经济增长速度下降将是趋势性的。④ 1830～2050 年人口增长情况详见图 15。

阻碍增长的第三个长期因素是短期行为。短期行为部分源于技术进步。短期行为与全社会耐心水平上升的长期趋势很不协调，但社会耐心的长期上升趋势可能将发生逆转。正如在 15 世纪印刷机的发明可能改变了人们的思考方式，刺激了慢思考；21 世纪互联网的出现可能会刺激快思考。但是，这次技术的影响可能更加剧烈（Carr，2008）。

显然，我们正处于信息革命过程中，21 世纪创造的信息已经占了全部信息存量的 99%。⑤ 虽然有很多好处，但也产生了巨大的认知成本。其中一个潜在成本是关注度下降。正如信息理论家赫伯特·西蒙（Herbert Alexander Simon，

---

① 也可参见 Attanasio and Blundell（2014）、Summers and Balls（2015）。

② 参见 OECD Programme for International Student Assessment（PISA）2012 results（http://www.oecd.org/pisa/keyfindings/pisa-2012-results.htm）。

③ 参见 http://www.nationalnumeracy.org.uk/what-the-research-says/index.html。识字和算术技能的定义是具有普通中等教育证书"C"或以上等级。

④ 要视情况而定，例如退休率。

⑤ 参见 http://www.economist.com/node/15557443。

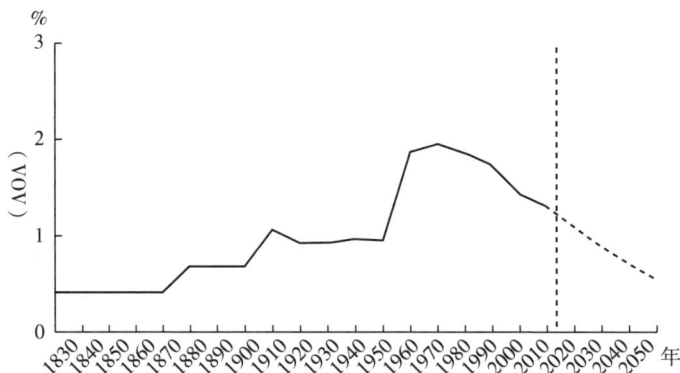

资料来源：1950 年以后的数据源于 United Nations population projections（http://esa. un. org/wpp/）；1950 年前的数据源于 The Maddison-Project（http://www. ggdc. net/maddison/maddison-project/home. htm）。

图 15 人口增长

1971）所说，一个信息丰富的社会同时也是注意力不足的社会。[1] 信息革命可能导致耐心越来越少。

社会上确实出现了类似的短期化趋势。工作任期以及各种关系的维系时间都在缩短。1994 年以来，英超足球经理的平均任期每年下降 1 个月。[2] 按此趋势，到 2020 年任期会降到 1 个季度。金融领域更是如此，目前金融资产的平均持有期限不及 1950 年的 1/10。注意力缺乏的不断加剧，以及推特（Twitter）的快速普及，为人们关注时限的缩短提供了进一步证据。

若果真如此，人们通常会作出短期行为决策。按照卡尼曼的分类，可能会导致快思考，即大脑反射性的、急躁部分的影响力将扩大。如果这样，将提高社会的急躁程度，阻碍各类资本的积累，最终可能损害中长期经济增长。快思考的结果可能是慢增长。

心理学研究表明，孩子缺乏耐心会显著降低学习成绩，进而损害未来收入前景（Mischel，2014）。缺乏耐心也会抑制个人创造力，导致资本积累的停滞（Urminsky and Zauberman，2014）。创新与科研是短期行为的潜在牺

---

[1] Simon（1971）。

[2] 参见 http://footballperspectives. org/end-season-football-manager-statistics-2013-14。

牲品。

事实证明，上市公司的投资经常为了满足股东的短期需求而被推迟或忽略。① 英国公司的研发支出已经连续 10 年下降，下滑至国际研发排名的末尾。如果短期行为呈上升之势，将给技能提升、创新和未来的增长带来风险。② 企业研发支出占 GDP 的比例详见图 16。

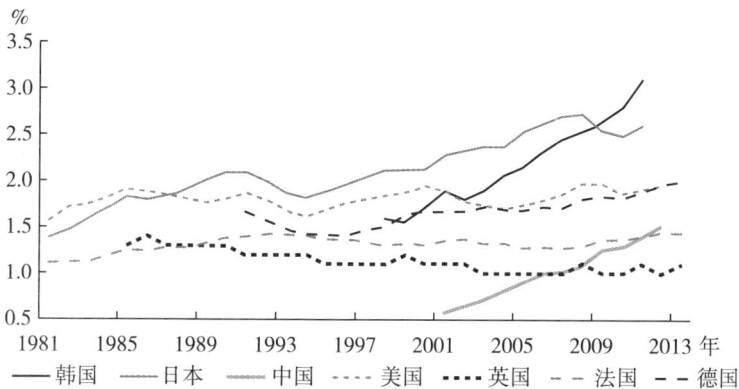

资料来源：OECD。

图 16　企业研发支出占 GDP 的比例

阻碍增长的最后一个因素是基础设施资本。在基础设施资本方面，投资趋势也不容乐观。如图 17 所示，过去 30 年中发达经济体公共投资一直处于温和下降的趋势。目前英国公共投资占 GDP 的比例是 1970 年水平的 1/3。鉴于过去公共投资在支持创新方面所扮演的重要角色，前景不容乐观（Mazzucato，2013）。

总而言之，如果参照历史和经验证据，影响经济增长的社会因素，无论单独的还是组合在一起，都可能抑制增长。第四次工业革命的承诺可能无法兑现。悲观者的担忧不无道理。

---

① 也可参见 Davies、Haldane、Nielson and Pezzini（2014）。

② Hutton（2015）探讨了企业反映长期目标的必要性。

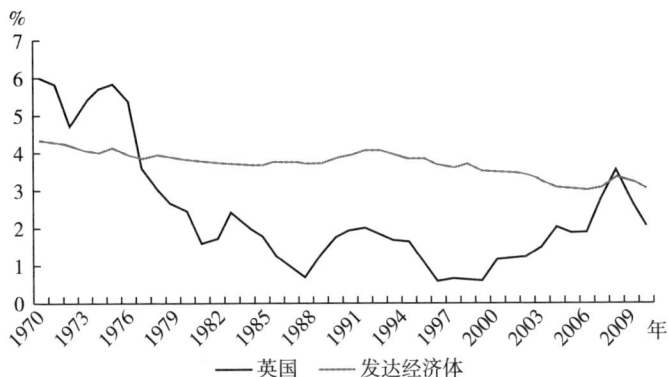

注：代表发达经济体的那条曲线表示实际公共投资占加权 GDP 的比例。该曲线与实际一般政府投资的走势类似，但仅在更长时间跨度内才成立。"公共"的定义随着时间的推移发生了变化，不同国家的变化速度也有所不同，这或许能解释英国和其他发达经济体之间的差异。

资料来源：IMF World Economic Outlook，October 2014；ONS。

图17　公共投资占 GDP 的比例

结　论

增长是天赐的礼物。然而，与流行的观念相反，上天不会持续地赐予人们礼物。尽管经历了几百年的增长，增长源泉仍然是个谜。我们应尽其所能地去探索谜底，增长源于社会因素和技术变革的结合，两者通常相伴而行。1750年以来的三次工业革命均是如此。

现在，很难对未来经济增长的前景作出清晰的判断。我们一方面担心长期停滞，另一方面又为创新的涌现欢欣鼓舞。技术进步对经济增长具有强大的促进作用，同时阻碍经济增长的社会因素也不容忽视。在两股力量的共同作用下，未来的增长将在平凡与神奇之间徘徊。

（王胜邦　郑珊珊　译）

参考文献

［1］Acemoglu, D（2009）, *Introduction to Modern Economic Growth*, ISBN：9780691132921.

［2］Acemoglu, D and Robinson, J（2013）, *Why Nations Fail：The Origins of Power*, *Pros-perity and Poverty*, ISBN：978-1846684302.

［3］Aghion, P and Howitt, P（1997）, *Endogenous Growth Theory*, ISBN：9780262011662.

［4］Arthur（2011）, "The Second Economy", *McKinsey Quarterly*, available at：http：//www. mckinsey. com/insights/strategy/the_second_economy.

［5］Arthur（2014）, *Complexity and the Economy*, ISBN：978-0199334292.

［6］Attanasio, O and Blundell, R（2014）, "Human Capital in the 21st Century", presenta-tion at the "Capital in the 21st Century" conference hosted at the Bank of England on December 19 2014. Slides available here：http：//www. cepr. org/sites/default/files/bank%20of%20england. pdf.

［7］Bannerjee, A, and Duflo, E（2012）, *Poor Economics：Barefoot Hedge-fund Managers*, *DIY Doctors and the Surprising Truth about Life on less than $ 1 a Day*, *ISBN*：978-0718193669.

［8］*Barro, R and Lee, J*（2013）, "*A New Data Set of Educational Attainment in the World*, 1950 – 2010", Journal of Development Economics, *Vol.* 104, *Pages* 184–198.

［9］*Becker, G*（1965）, "*A Theory of the Allocation of Time*", Economic Journal, *Vol.* 75, *Pages* 493–517.

［10］*Berglas, A*（2012）, "*Artificial Intelligence Will Kill Our Grandchildren（Singularity）*", *available at：http：//berglas. org/Articles/AIKillGrandchildren/AIKillGrandchildren. html.*

［11］*Bernanke, B*（2011）, "*Global Imbalances：Links to Economic and Financial Stabili-ty*", *speech given at the Banque de France Financial Stability Review Launch Event*, *Paris*, *France.*

［12］*Bresnahan, T, Stern, S, and Trajtenberg, M*（1995）, "*Market Segmentation and the Sources of Rents from Innovation：Personal Computers in the Late* 1980's", *NBER Working Paper* 5726.

［13］*Broadberry, S and O'Rourke, K*（2010）, The Cambridge Economic History of Modern Europe：*Volume* 1, 1700–1870, *ISBN*：978-0521708388.

［14］*Brynjolfsson, E and McAfee, A*（2014）, The Second Machine Age：Work, Progress, and Prosperity in a Time of Brilliant Technologies, *ISBN*：978-1480577473.

［15］*Buringh, E and Van Zanden, J*（2009）, "*Charting the 'Rise of the West'：Manu-scripts and Printed Books in Europe, A Long-Term Perspective from the Sixth through Eighteenth Cen-turies*", The Journal of Economic History, *Vol.* 69, *Issue* 2.

［16］ *Caballero*, *R* (2013), "*The Shortage of Safe Assets*", *presentation given at the Bank of England in May* 2013, *available at*: *http*://*www. bankofengland. co. uk/research/Documents/ccbs/cew2013/presentation_caballero. pdf.*

［17］ *Carr*, *N* (2008), "*Is Google Making Us Stupid?*", Atlantic Magazine, *available at*: *http*://*www. theatlantic. com/magazine/archive/*2008/07/*is-google-making-us-stupid/*306868/.

［18］ *Carr*, *N* (2011), The Shallows: How the Internet is Changing the Way We Think, Read and Remember, *ISBN*: 978-1848872271.

［19］ *Cass*, *D* (1965), "*Growth in an Aggregative Model of Capital Accumulation*", The Review of Economic Studies, *Vol.* 32, *No.* 3.

［20］ *Chui*, *M*, *Löffler*, *M and Roberts*, *R* (2010), "*The Internet of Things*", McKinsey Quarterly, *available at*: *http*://*www. mckinsey. com/insights/high_tech_telecoms_internet/the_internet_of_things.*

［21］ *Clark*, *G* (2009), A Farewell to Alms: A Brief Economic History of the World, *ISBN*: 978-0691141282.

［22］ *Comin*, *D*, *Easterly*, *W*, *and Gong*, *E* (2010), "*Was the Wealth of Nations Determined in* 1000 *BC*?" American Economic Journal: Macroeconomics, *Vol.* 2, *No.* 3.

［23］ *Cowen*, *T* (2011), The Great Stagnation: How America Ate All The Low-Hanging Fruit of Modern History, Got Sick, and Will (Eventually) Feel Better, *Penguin eSpecial from Dutton.*

［24］ *Davies*, *R*, *Haldane*, *A*, *Nielsen*, *M*, *and Pezzini*, *S* (2014), "*Measuring the Costs of Short-termism*", Journal of Financial Stability, *Vol.* 12, *Pages* 16–25.

［25］ *DeLong*, *B* (1998), "*Estimates of World GDP, One Million BC to Present*", *available at*: *http*://*delong. typepad. com/print/*20061012_*LRWGDP. pdf.*

［26］ *Eichengreen*, *B* (2014), "*Secular Stagnation: A Review of the Issues*", *in VoxEU* (2014).

［27］ *Eisner*, *M* (2003), "*Long-Term Historical Trends in Violent Crime*", Crime and Justice, *Vol.* 30, *Pages* 83–142.

［28］ *Fernald*, *J and Jones*, *C* (2014), "*The Future of US Economic Growth*", Federal Reserve Bank of San Francisco Working Paper Series, *available at*: *http*://*www. frbsf. org/economic-research/files/wp*2014-02. *pdf.*

［29］ *Frey*, *C and Osbourne*, *M* (2013), "*The Future of Employment: How Susceptible are Jobs to Computerisation?*", *Oxford Martin*, *available at*: *http*://*www. oxfordmartin. ox. ac. uk/downloads/academic/The_Future_of_Employment. pdf.*

［30］ *Gordon*, *R* (2012), "*Is US Economic Growth Over? Faltering Innovation Confronts the Six*

Headwinds", *NBER Working Paper* 18315, *available at*: *http://www. nber. org/papers/w18315. pdf.*

[31] *Gordon, R* (2014), *"The Turtle's Progress*: *Secular Stagnation Meets the Headwinds",* *in VoxEU* (2014).

[32] *Haldane, A* (2014), *"Twin Peaks", Speech given at the Kenilworth Chamber of Trade Business Breakfast, available at*: *http://www. bankofengland. co. uk/publications/Documents/speeches/2014/speech764. pdf.*

[33] *Hansen, A* (1939), *"Progress and Declining Population Growth",* The American Economic Review, *Vol. XXIX, No.* 1.

[34] *Hansson, I and Stuart, C* (1990), *"Malthusian Selection of Preferences",* The American Economic Review, *Vol.* 80, *No.* 3.

[35] *Heim, C and Mirowski, P* (1987), *"Interest Rates and Crowding-out during Britain's Industrial Revolution",* Journal of Economic History, *Vol.* 47, *pp.* 117–139.

[36] *Hills, S, Thomas, R and Dimsdale, N* (2010), *"The UK Recession in Context*: *What Do Three Centuries of Data Tell Us?",* Bank of England Quarterly Bulletin, 2010 *Q*4.

[37] *Hills, Thomas and Dimsdale* (2015 *forthcoming),* Bank of England.

[38] *Homer, S and Sylla, R* (1991), A History of Interest Rates, *ISBN*: 978-0471732839.

[39] *Hutton, W* (2015), How Good We Can Be: Ending the Mercenary Society and Building a Great Country, *ISBN*: 978-1408705315.

[40] *IMF* (2014), *"Redistribution, Inequality, and Growth",* IMF Staff Discussion Note, *available at*: *http://www. imf. org/external/pubs/ft/sdn/2014/sdn1402. pdf.*

[41] *Hall, R and Jones, C* (1999), *"Why Do Some Countries Produce So Much More Output per Worker Than Others?",* Quarterly Journal of Economics, *Vol.* 114.

[42] *Kahneman, D* (2012), Thinking, Fast and Slow, *ISBN*: 978-0141033570.

[43] *King, M and Low, D* (2014), *"Measuring the 'World' Real Interest Rate",* NBER Working Paper 19887.

[44] *Koopmans, T* (1965), *"On the Concept of Optimal Economic Growth",* Volume 28 of Pontificiae Academiae Scientiarum scripta varia.

[45] *Kremer* (1993), *"Population Growth and Technological Change*: *One Million BC to* 1990", The Quarterly Journal of Economics, *Vol.* 108, *No.* 3.

[46] *Levine, R and Renelt, D* (1992), *"A Sensitivity Analysis of Cross-country Growth Regressions",* The American Economic Review, *Vol.* 82, *Issue* 4.

[47] *Malthus, T* (1798), An Essay on the Principle of Population, *reprinted in* 2010 *as*

ISBN：978-1450535540.

［48］*Mazzucato*，*M*（2013），The Entrepreneurial State，*ISBN*：978-0857282521.

［49］*McKinsey Global Institute*（2010），"*Farewell to Cheap Capital*：*the Implications of Long-term Shifts in Global Investment and Saving*"，*available at*：*http://www. mckinsey. com/insights/global_capital_markets/farewell_cheap_capital.*

［50］*Mischel*，*W*（2014），The Marshmallow Test：Mastering Self-Control，*ISBN*：978-1469249087.

［51］*Mokyr*，*J*（2014），"*Secular Stagnation? Not in Your Life*"，*in VoxEU*（2014）.

［52］*Morris*，*I*（2010），"*Social Development*"，*available at*：*http://www. ianmorris. org.*

［53］*Morris*，*I*（2011），Why the West Rules-For Now：The Patterns of History and What They Reveal about the Future，*ISBN*：978-1846682087.

［54］*Mullanaithan*，*S*，*and Shafir*，*E*（2014），Scarcity：The New Science of Having Less and How It Defines Our Lives，*ISBN*：978-1250056115.

［55］*Nordhaus*，*W*（2015），*comments made as discussant in "The Economics of Secular Stagnation" session at the annual AEA meeting on 3 January* 2015，*available at*：*https:// www. aeaweb. org/webcasts/2015/index. php.*

［56］*OECD*（2014），"*Trends in Income Inequality and its Impact on Economic Growth*"，*OECD Social*，*Employment and Migration Working Papers No.*163，*available at*：*http:// www. oecd. org/els/soc/trends-in-income-inequality-and-its-impact-on-economic-growth-SEM-WP*163. *pdf.*

［57］*Piketty*，*T*（2014），Capital in the Twenty-First Century，*ISBN*：978-0674430006.

［58］*Pinker*，*S*（2012），The Better Angels of Our Nature：A History of Violence and Humanity，*ISBN*：978-0141034645.

［59］*Putnam*，*R*（2000），Bowling Alone：The Collapse and Revival of American Community，*ISBN*：978-0743203043.

［60］*Ramsey*，*F*（1928），"*A Mathematical Theory of Saving*"，Economic Journal，*Vol.*38，*No.*152.

［61］*Rebelo*，*S*（1991），"*Long-run Policy Analysis and Long-run Growth*"，The Journal of Political Economy，*Vol.*99，*No.*3.

［62］*Romer*，*P*（1986），"*Increasing Returns and Long-run Growth*"，Journal of Political Economy，*Vol.*94，*pp.*1002–1037.

［63］*Sachs*，*J*（2014），"*Sustainable Development Economics*"，*available at*：*http:// www. project-syndicate. org/commentary/promote-sustainable-development-economics-by-jeffrey-d-sachs-*

2014-11.

［64］ *Simon*, *H*（1971），"*Designing Organizations for an Information-rich World*", *in Martin Greenberger*, Computers, Communication, and the Public Interest, *pp.* 38–52, *John Hopkins Press.*

［65］ *Solow*, *R*（1956），"*A Contribution to the Theory of Economic Growth*", The Quarterly Journal of Economics, *Vol.* 70, *No.* 1.

［66］ *Stanislaw*, *U*（1958），"*Tribute to John von Neumann*", Bulletin of the American Mathematical Society.

［67］ *Stiglitz*, *J*, *Sen*, *A and Fitoussi*, *J － P*（2009），"*Report by the Commission on the Measurement of Economic Performance and Social Progress*", *available at*：*http*：//www. stiglitz-sen-fitoussi. fr/en/index. htm.

［68］ *Summers*, *L*（2014），"*U. S. Economic Prospects*：*Secular Stagnation*, *Hysteresis*, *and the Zero Lower Bound*", Business Economics, *Vol.* 49, *No.* 2.

［69］ *Summers*, *L and Balls*, *E*（2015），"*Report of the Commission on Inclusive Prosperity*", *Convened by the Center for American Progress*, *available at*：*https*：//cdn. americanprogress. org/wp-content/uploads/2015/01/IPC-PDF-full. pdf.

［70］ *Swann*, *T*（1956），"*Economic Growth and Capital Accumulation*", Economic Record, *Vol.* 32, *Issue* 2.

［71］ *Syverson*, *C*（2013），"*Will History Repeat Itself?*" *Comments on* "*Is the Information Technology Revolution Over?*", International Productivity Monitor, *pp.* 37–40.

［72］ *Tabellini*, *G*（2010），"*Culture and Institutions*：*Economic Development in the Regions of Europe*", Journal of the European Economic Association, *Vol.* 8, *Issue* 4.

［73］ *Urminsky*, *Oleg and Zauberman*, *Gal*（2014），"*The Psychology of Intertemporal Preferences*", *To appear in the* Wiley-Blackwell Handbook of Judgment and Decision Making.

［74］ *VoxEU*（2014），"*Secular Stagnation*：*Facts*, *Causes and Cures*", *available at*：*http*：// www. voxeu. org/sites/default/files/Vox_secular_stagnation. pdf.

［75］ *Wang*, *Mei*, *Marc Oliver Rieger and Thorsten Hens*（2011），"*How Time Preferences Differ*：*Evidence from 45 Countries*", *NHH Discussion paper*, *FOR* 18.

［76］ *Weiller*, *K and Mirowski*, *P*（1990），"*Rates of Interest in 18th Century England*", Explorations in Economic History, *Vol.* 27, *Issue* 1.

通货紧缩经济学[①]

本·布劳德本特

2015 年 2 月的消费者价格指数（CPI）低于上年同期。这是英国近 50 多年来第一次通胀率为负的记录。1959 年底和 1960 年初，通胀率曾短暂为负。在那之前，通胀率为负的记录要追溯到 20 世纪 30 年代前期的大萧条严重时期。如图 1 所示，英国消费价格（通胀率的 3 年移动均值）下降已持续较长一段时期。由于那时经济严重衰退以及日本近期的经济停滞，目前通胀降低引发了对持续通货紧缩风险的担忧。

货币政策委员会（MPC）的目标不是防止价格下跌，而是保证价格年均 2% 的上升。本文主要关注目前的负通胀，共分为两部分：第一部分将讨论基本经济学问题——如果价格长时间内下跌，其原因是什么以及如何影响经济运行，第二部分利用历史数据分析通胀的频率和启示。

第一部分中，我重点解释两个观点。第一个观点是购买价格（消费价格）和出售价格（主要是工资）之间的区别。目前下降的是消费价格而不是工资：通胀下降很大程度上由促进实际收入显著提高的事件所驱动（商品价格的大幅下跌）。这就是所谓的"好的"通货紧缩，尽管这种现象不会延续很长时间，它对需

[①]　本文为英格兰银行副行长本·布劳德本特 2015 年 3 月 27 日在伦敦帝国理工学院商学院的演讲。

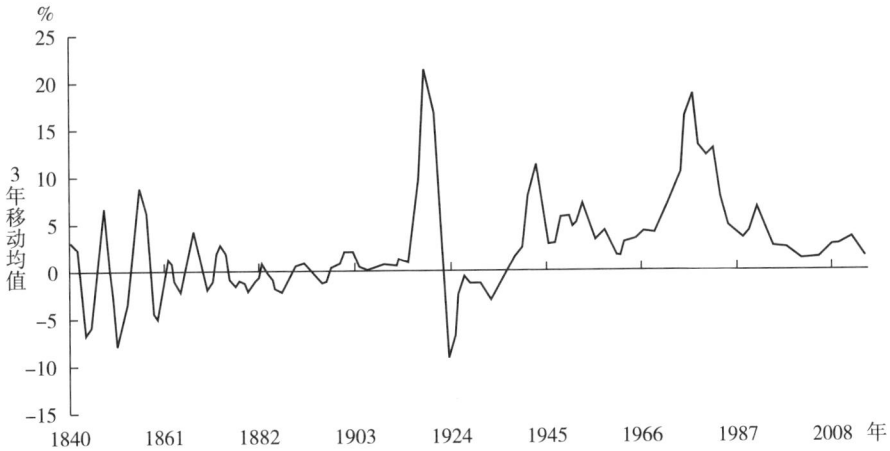

资料来源：ONS and Hills，Thomas，Dimsdale（2010）。

图1　最近的通货紧缩发生在20世纪30年代

求和产出的影响都是正面的而不是负面的。

价格普遍和持续的下降会带来风险。若果真如此，就是通货紧缩经济学的第二个观点，重要的不是通货紧缩本身，而是货币政策应对通货紧缩的能力。

在某些情形下，尤其是当合理的或"中性"的实际利率明显大于零，且并非完全不可预期时，温和的通货紧缩不会引发困境。我认为，19世纪后半叶经典金本位时期的英国就是这种情形。如图1所示，当时通货紧缩经常发生，但并未严重损害产出。由于名义利率存在着零界，如果使得货币当局无法确定一个足以维持经济稳定增长的很低的短期实际利率，通货紧缩就会成为一个问题。

经济危机之后，发达经济体一直处于这种情况：中性的实际利率被严重压低，政策利率被逼近零界，央行采用了非常规的宽松货币政策。如果这些情况现在发生，持续通货紧缩导致的风险要大于中性实际利率较高的时期。

在我看来，相对而言这些风险是可以得到抑制的。第一，有证据表明非常规货币政策是有效的：即便它们不能完全避免这些风险，资产购买也有助于缓解利率零界的约束。第二，随着金融系统逐步恢复，我猜测，中性真实利率很有可能在接下来的几年上升而不是下降。第三，也是最重要的，我认为，无论在何种情形下，发生持久且广泛通货紧缩的概率很小。

国际经验也证实了该观点。该经验非常重要：我们拥有 70 多个国家 1960 年以来超过 3000 个数据，其中只有 70 个（仅占样本的 2%）消费价格真正下降的案例，并且大多数在第二年通胀率就由负转正，只有 24 个价格下跌超过 1 年的例子，其中除 4 个（2 个发生在日本，2 个发生在巴林）以外，其他都发生在采取钉住汇率的发展中国家。事实上，在固定汇率下，通胀变化的趋势通常更加持久，至少当政策具有一定可信度时，货币政策独立性较强的国家，通胀的偏离会相对较快地消失。

一定程度上，这可能准确地反映了宽松政策即便未被钉住汇率政策所阻止，其自由度也会受制于利率零界。最起码，日本就处于这种情形，直到经济开始下行 10 年后日本才开始实施量化宽松政策。但是，我怀疑，当货币政策独立并具有可信度时，这也可能是通胀预期与目标"脱钩"（de-anchoring）使得通胀风险从一开始就很低。

正如前文所讲，英格兰银行的目标是 2% 而不是 0。即便目前价格超低主要源于大宗商品价格大幅下跌对 CPI 水平的影响，因而对 CPI 增长率仅产生短期效应。我们的中心预期是一年内通胀仍将低于目标。在其他条件不变的情况下，如果希望在合理时段内实现目标，我们也许不仅要关注大宗商品价格的稳定，而且要关注其他贸易商品，以及与国内成本加速上升等相关的因素。尽管这是 2015 年 2 月通胀报告的中心预测结果，同时货币政策委员会密切注意"好的"通货紧缩可能变坏的迹象，但是，我们不应该夸大这些风险。

通货紧缩的成本：收入和利率很重要

我们经常听说"通货紧缩是一个问题，因为它鼓励人们延迟消费"。因此，通货紧缩——更准确的描述是价格将下降的预期——会削弱需求，而且会造成价格进一步下降的恶性循环。尽管该观点有一定道理，但是，从最好的方面来说，它仅描述了问题的一部分；从最坏的方面来说，它甚至有些误导。因为它未考虑如下两个重要因素。

第一个重要因素是名义收入。假设你被告知明年价格将会下跌同时你的名义收入不变。在其他条件不变的情况下，价格下跌的预期会刺激你增加储蓄（延迟一些消费）。同时，收入的实际价值将会上升。绝大多数敏感性分析的结果表明，收入效应会大于替代效应，消费会实实在在地上升，甚至会在价格下跌之前上升。

反之，如果包括劳动价格（名义工资）在内的所有价格同时下跌，这样就没有推动实际收入上升的因素来抵消储蓄上升的趋势。不仅如此，名义收入下降还会使经济面临更严重的潜在风险，也就是"债务负担的加重"。由于债务名义值是固定的，现金收入的降低使得债务偿还更加困难，增加了金融不稳定的风险和债务人减少支出的压力。欧文·费雪（Irving Fisher）最早强调了这种"债务紧缩"渠道，伯南克等人后续进行了深入研究。"债务紧缩"被认为是大萧条时期价格和工资下跌的最主要代价。因此，我们需要了解，通货紧缩的发生只是因为我们购买商品（如石油）价格的大幅下跌，还是源于更普遍的价格下跌，包括名义收入的降低。

第二个重要因素是利率。储蓄的诱因不仅依赖于观察到的通胀本身，而且取决于（事前）实际利率，即名义利率与通胀率的差。只要名义利率高于通胀率（历史上常见这种现象，而不是反之）——今天放弃 1 美元的消费会带动明天消费超过 1 美元。所以，当预期通胀为负时，这种"推迟效应"不会突然出现：这种效应总是不同程度地存在并且取决于预期通胀率低于名义利率的程度，即实际利率。

实际上，理论上货币政策应该一定程度地可以通过短期实际利率等手段来调整储蓄的激励。如果对将来的信心突然下降（如内在地具有推高储蓄率的情形），央行为维持需求，将倾向于降低利率来拉低储蓄率。因此，适当的实际利率通常随时间推移而变化。在这种情况下，对应的问题不是人们是否预期何种类型的通货紧缩，而是通货紧缩是否正在超过当时适当的实际利率水平。若果真如此，货币政策应进入名义利率接近零界的区域，央行将发现它们转向非传统政策工具。

同样，债务的动态变化并非简单地由名义收入增长所驱动，而是受名义收入增速相对于名义利率的影响。如果二者同时上升和下降——名义利率与名义收入变动程度相当——债务积累不会受到影响：原先用来偿债的那部分收入在名义利率和名义收入同时变动后仍足够偿债。若收入增长显著落后于利率，更多的收入将用于清偿债务，麻烦就会出现。

何种情况下温和通货紧缩并不重要：较高的中性实际利率

英国早期历史和近期经验均表明该因素的重要性。19 世纪后半叶一直持续到第一次世界大战，英国和许多发达国家都采取金本位：黄金价格锁定在每盎司 3.83 英镑。通货紧缩是常见现象。金矿虽然陆续被发现，但是全球经济一直发展，对货币的需求随之增长，所以以黄金实际价格经常面临上升压力。为维持名义价格固定，唯一的途径就是降低分母（商品和服务）的价格。如图 2 所示，英国消费品价格在 19 世纪 40 年代显著下降，19 世纪 50 年代后期也下跌，19 世纪 80 年代再次下跌。尽管随着时间推移，实际工资有上升的趋势，但有时通货紧缩也严重到使名义工资下降。

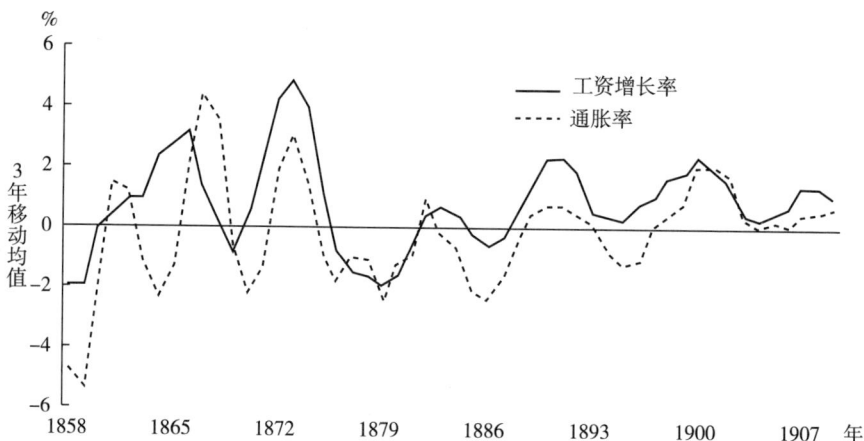

资料来源：ONS and Hills, Thomas, Dimsdale（2010）。

图 2　金本位制下通货紧缩较为常见

然而，没有证据表明这一时期经常发生通货紧缩对经济有特别严重的影响。可以肯定的是，低通胀与低 GDP 增长，以及伴随着高失业率的低工资增长有关（见图 3 和图 4）。但是，负通胀似乎并未产生特别不良的影响：根据现有信息判断，通胀率从 0 下降到 −1% 的经济成本并不高于通胀率从 5% 下降到4%的经济成本。

产生这种现象的原因之一可能是人们适应了这种制度。他们已经接受了价格（即便是名义工资）偶尔会下跌的观点。这些观点更加灵活，因而不太可能诱发特别严重的经济衰退。

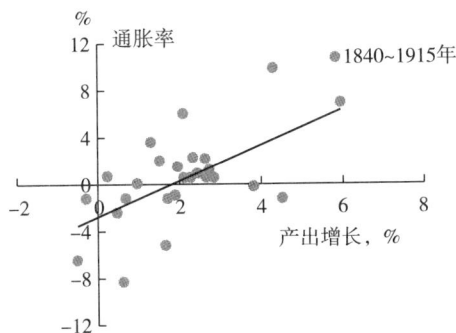

资料来源：ONS and Hills，Thomas，Dims-dale（2010）。

图3　通货紧缩成本并不高于通胀收缩

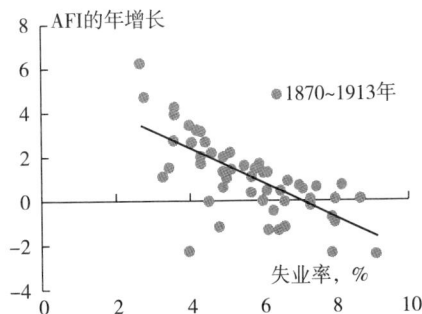

资料来源：ONS and Hills，Thomas，Dims-dale（2010）。

图4　工资增长也表现出相同趋势

但是，就我的认识而言，在货币政策无须与名义利率的零界抗衡时期，适当的实际利率应足够高，这点非常重要。图5在图2的基础上添加了银行利率图标。我们知道，在通货紧缩发生之后，实际短期利率不会显著偏离能够维持稳定增长和价格的利率水平（因为这是常态）。1850～1914年实际短期利率的均值约为4%。如果中性实际利率足够高，只有非常严重的通货紧缩才会将适当的名义利率拉近零界。当这种情况发生时，英格兰银行的政策利率不会再受制于应对（respond）低名义增长的约束，从未低于2%。

或许今天的央行足够幸运才未碰到零界。但是，我认为，该情形说明，无论何种原因使得适当的实际利率水平相对较高，即便是持久的价格下跌，成本也不一定特别高。

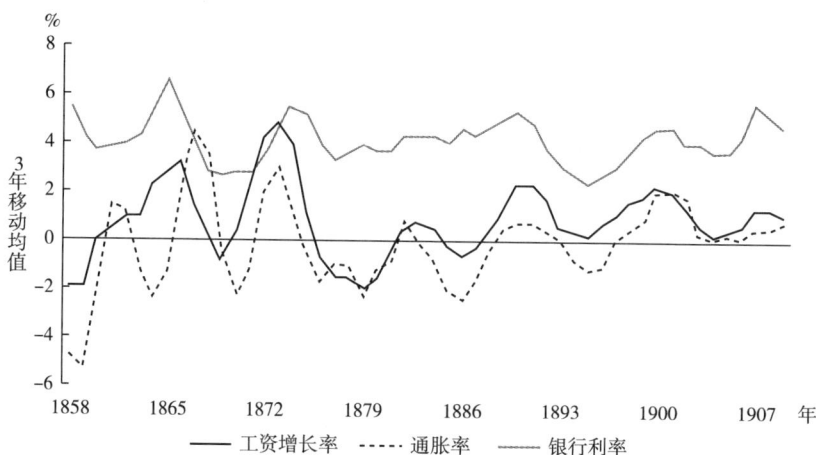

资料来源：ONS and Hills, Thomas, Dimsdale（2010）。

图5　利率不受零界的约束

当利率接近零界时，持久的通货紧缩成本更高

显然，今天的情形不同于以往。经济危机之后降低利率对于防止经济严重衰退至关重要。这压低了实际短期利率，缓解了可能发生的储蓄率大幅上升。生产率和收入增长下降大体相当（见图6，随之而来的家庭部门利率的下降，意味着去杠杆化的同时总债务偿还并未发生大变化）。如图7所示，扣除支付的利息后，与危机前10年相比，过去6年间名义收入的增长并未发生变化。

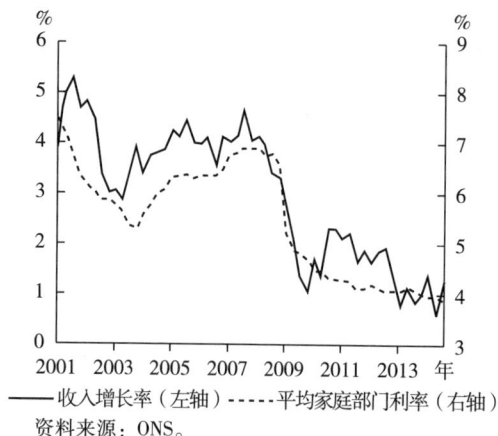

资料来源：ONS。

图6　名义利率和收入增长变化趋势大体相当

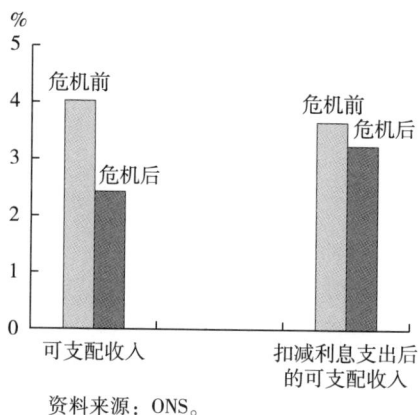

资料来源：ONS。

图7　扣减利息支出后名义收入变化不大

但是，与 19 世纪后期相比，今天的资产负债表和债务总规模大得多。生产率和实际收入增速显著放缓，部分出于这个原因，危机之后中性实际利率大幅走低，绝大多数显著低于零。所以，即便没有通货紧缩，央行也在致力于对抗零界，不得不采用非常规政策工具。更进一步的结果是，如果价格和工资通货紧缩变为长期趋势以及非常确定，央行的政策空间将显著受压。

迄今为止有益的通胀收缩

有益的通胀收缩（disinflation）出现的机会是什么？可以确定的是，过去几个月的情形不完全符合标准，但是大体上是正面的，因为通胀率下降是我们购买物品的实际价格显著下降驱动的，而不是源于我们出售的物品和劳务价值下降，按照危机前的标准，虽然包括工资在内的名义收入增长脆弱，但近期实际上有小幅上升。这可以算作被米歇尔·波尔多（Michel Bordeaux）所称的"有益的"通胀收缩。有益的通胀收缩通常源于生产率的提高或贸易条件的改善（目前的情形大体如此）。如图 8 所示，2014 年第四季度，实际人均可支配收入的增长率达到了近 7 年的峰值；2015 年第一季度实际收入增长很可能会进一步改善。

有证据表明，这已经传导至消费和家庭部门的信心。2014 年，家庭部门实际消费增速也创下 7 年来新高，尽管最近一项调查表明家庭部门的近期通胀预期明显下降，因此没有证据表明较弱的通胀预期会延迟或抑制消费支出（见图 9）。

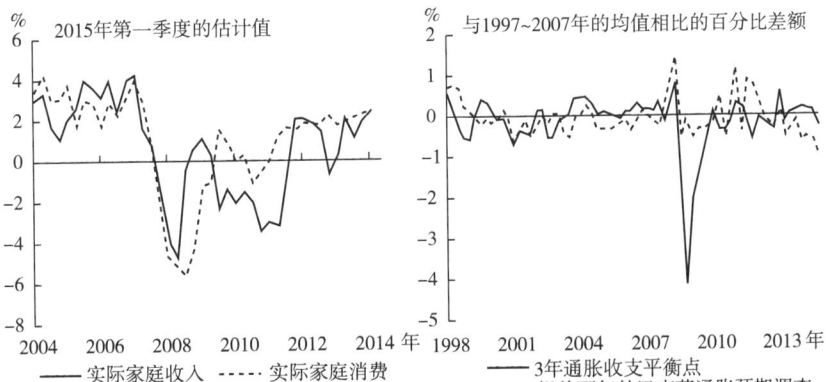

资料来源：ONS；ex income from and consumption of imputed rents。

资料来源：英国银行、巴莱克资本。

图 8　商品价格下跌提升了实际人均收入　图 9　金融市场估计的通胀预期接近均值

事实上，我们不应该对此感到很吃惊。理论表明，如果实际收入水平上升是永久性的，家庭部门消费将保持相同增幅。实际中，人们需要时间对实际收入冲击作出反应，也有可能预测最近能源价格下跌趋势将来会逆转。但是，有数据表明，不论是在英国还是在其他经合组织国家，家庭部门储蓄率和实际能源价格的变化之间没有相关性。这表明，能源价格变化对收入的影响一般会引起等量实际消费变化。此外，如图 10 所示，并非只有英国的消费者信心近几个月上升。

调查的家庭部门通胀预期下降与需求强烈并存并非异常现象。有关近期通胀预期的调查通常跟踪实际通胀。CPI 高频变动相当部分源于对名义工资没有直接影响但对其实际价值有影响的项目，如税收和进口价格变化。税收和进口价格下降，实际收入增加；反之，实际收入下降。这使得通胀与实际收入增长呈短期负相关关系；若名义工资不变，调查的通胀预期与家庭乐观程度之间呈明显负相关（见图 11）。

图 10　美国和欧元区消费者信心上升

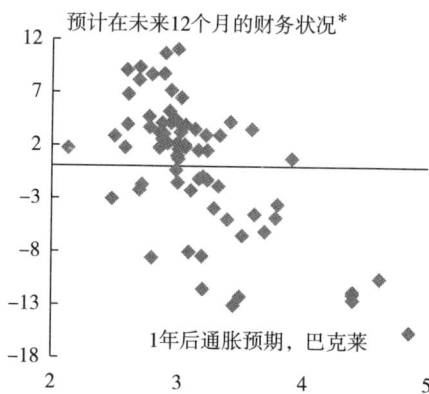

图 11　调查的通胀预期与乐观度负相关

资料来源：欧洲委员会，理事会会议。

注：＊控制目前工资增长后。
资料来源：ONS，Gfk/EC，Barclays Capital。

上述结果或许促使我们反思"延迟消费"渠道是否真的那么重要，或是调整的通胀预期是否反映了重要的事情。实证分析表明，消费和实际利率的相关性不强。衡量通胀预期的其他指标（如基于金融市场得到的计量值）并不那么低（见图9）。近期的一项研究（使用美国数据）发现，控制名义收入后，个人报告的通胀预期与消费之间存在相关性。这些结果最起码提醒我们，不能仅考虑目前通胀或家庭部门通胀预期的调查结果，还应该考虑收入和利率正在发生的变化。

国际经验：适度通货紧缩较为少见，尤其是在浮动汇率国家

这并不意味着我们可以完全放松警惕。尤其是轻率地假设无论如何名义收入正增长将会持续是错误的。在某些情况下通货紧缩将会出现，存在着价格下跌引发工资增速下滑甚至负增长的风险——"有益的"通货紧缩将变成"不利的"通货紧缩。波尔多将"不利的"通货紧缩定义为与衰退同时发生的通货紧缩，名义数量全面且剧烈下降的"丑陋"（ugly）时期，所有的这些情形通常都伴随着高债务。

然而，我认为出现此类事件的概率相对较低。之所以这么说，部分是因为基本效应能够内在地推高2016年初的通胀水平。"核心"通胀率仍然超过1%，这会阻止随后几年食品和能源价格进一步大幅下降，2016年初核心通胀率可能会大幅上升。

历史上持续通货紧缩非常少见也令人震惊，尤其在货币政策独立性很强的国家。如前文所述，金本位时期，长期的价格下降较为常见。如果商品供给是固定的，在盯住商品的货币安排下，这种现象是无法避免的。在当时的其他国家以及臭名昭著的大萧条时期，也出现了相同情形。只是在1931年英国放弃金本位后，其名义收入才开始增加。

自第二次世界大战以来，货币的商品本位被废除，正的通胀成为常态。事实上，经常被引用的日本通货紧缩案例几乎是独一无二的。

全球范围内消费价格的数据较为丰富：我们拥有超过70个国家的数据，其中大多数可追溯到1960年，加在一起，约有3300个观察值。其中只有70个——仅占样本数的2%——通胀为负（见图12）；大多数"通货紧缩"（46个）持续期不足1年，这些短期现象相当一部分伴随着油价下跌；24个通货紧缩持续了2年或更长时间，其中20个发生在固定汇率的经济体中，大多是

新兴经济体；在实行浮动汇率制的国家中，只有巴林和日本（更著名的）经
历了两次持续的通货紧缩（详见图 13）。这不是普遍现象。

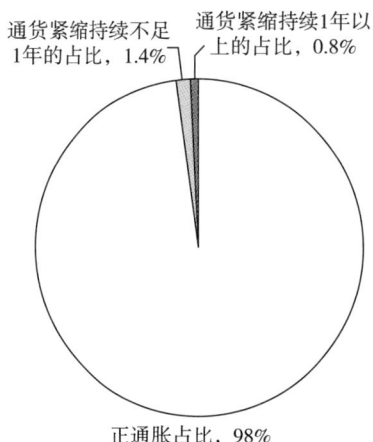

注：样本期为 1960～2010 年，3300 个观察值。
资料来源：Bordo and Eichengreen，IMF & OECD。

图 12　通货紧缩情形非常少见

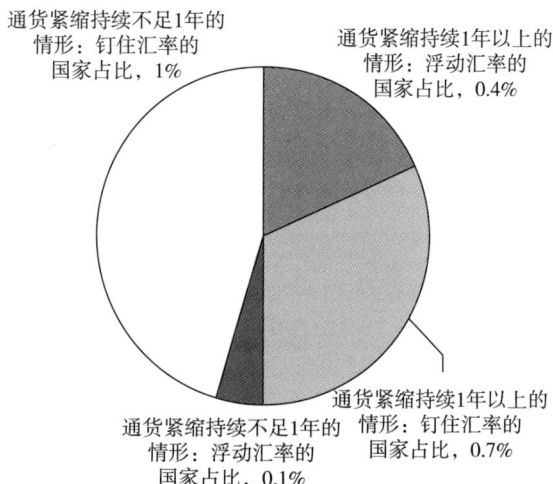

注：样本期为 1960～2010 年，3300 个观察值。
资料来源：Bordo and Eichengreen，IMF & OECD。

图 13　浮动汇率的国家通货紧缩情形更少

可信的货币政策降低了通胀变化的持续性

为什么实行浮动汇率的国家尤其是发达国家①通货紧缩相对较少？今天，
浮动汇率还能够提供如此保障吗？我认为，在一定程度上是能够的。

关于这种现象，一种似乎合理的解释是采用固定汇率的国家放弃了控制通
胀的自主权，国内通胀取决于以下两方面：（1）汇率钉住国家的通胀率（大
多数是美国）。（2）影响其实际汇率的力量。这些力量通常对新兴市场更为重
要，相对于发达国家，新兴市场贸易条件变化更大并且更容易受制于波动性的
金融跨境流动；如果汇率可以自由下跌，如贸易条件恶化或避险情绪升温和资
本外逃，这些外部因素更可能压低名义汇率，但不会出现通货紧缩。

然而，不仅波动率较高，而且事实也表明，固定汇率的国家通胀的持续性

---

① 原文为新兴经济体，可能是笔误，根据上下文，应该为发达国家。——译者注

通常更加持久［见图14，并参见 Monacell and Gali（2005）］。尽管这可能只是反映了影响实际汇率均衡的特定扰动，有一种可能是其作用仅随着时间的推移而发挥，也有一种可能就是通胀持续性可能归因于缺乏稳定的国内货币政策目标。

在我们的理论中，工资和价格的设定是前瞻性的：较高的（低的）未来通胀预期会拉高（拉低）当下的实际通胀。这就是央行关注通胀预期稳定性的原因。这也是可信的通胀目标在一定程度上能够自我调节的原因。如果中期内人们普遍预期通胀在事前确定的目标水平上，央行就不用积极干预。值得注意的是，如图15所示，1992 年引入通胀目标后英国通胀变动的持续性大幅下降。这在一定程度上反映了央行可信度的提高，进一步表明货币政策无须对一次性价格变动作出过多反应。

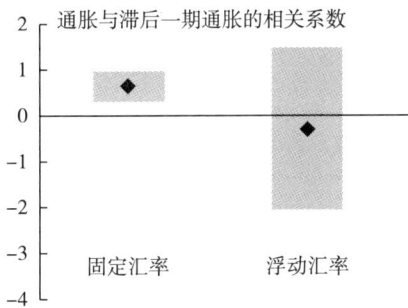

注：阴影区域表示以钻石标志为中心的 +／－2 个标准差范围面板回归，样本期为 1960～2010 年。
资料来源：Bordo and Eichengreen（1999），IMF and OECD。

图14　固定汇率制下通胀更加持续

资料来源：ONS and Hills，Thomas，Dimsdale（2010）。

图15　引入通胀目标后英国通胀的持续性下降

结论：政策应该灵活，但无须对低通胀反应过度

我们听到了很多有关通货紧缩风险的分析：通货紧缩预期使人们延迟消费。如果随后几个月的通胀转负，毫无疑问这种说法会尘嚣日上，但充其量只是一个片面的观点。在其他条件不变的情况下，增加储蓄的激励不取决于通胀预期本身，而是取决于与名义利率的偏离度有多大，即实际利率。不论采取何

种计量方法，即便使用近期居民调查数据来估计通胀预期，实际利率相当低，依旧为负值（见图16）。大量实证分析表明，这种"跨期替代"渠道不论在何种情况下均相对较弱，正如英格兰银行行长马克·卡尼（Mark Carney）最近所指出的，尤其是对于资产负债表规模庞大的发达国家而言，最重要的威胁是债务通货紧缩。在这方面，重要的是利率和名义收入增长之间的差别。值得注意的是，近期名义收入增长并未降低。

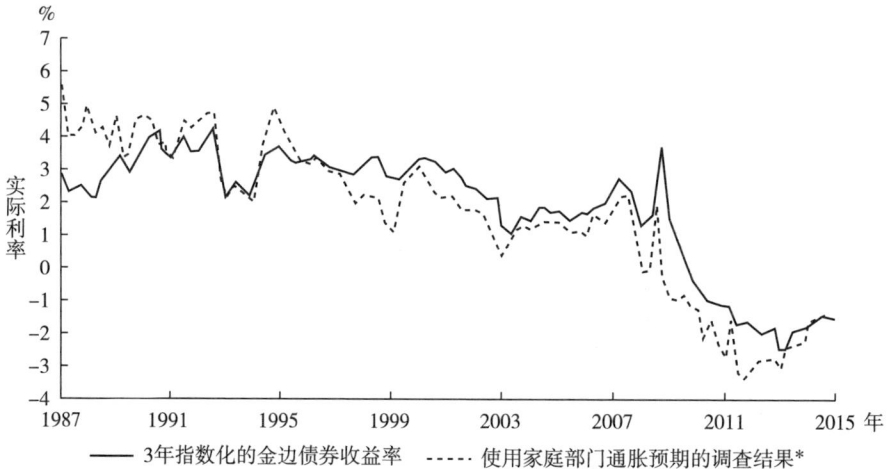

注：＊巴克莱资本。

资料来源：英格兰银行、巴克莱资本和作者计算。

图16　实际利率处于历史低位

实际利率仍需要处在低位。我们的通胀目标是2%而不是0：使我们目前处境较为"有利"的不是低通胀本身，在目前的特例中，是油价下跌导致的实际收入提高。尽管油价下跌的直接影响在2015年下半年和2016年上半年的跨年分析中将逐渐淡化，但确实存在一种风险：通过压制工资增长，低于目标的通胀持续时间将比我们预期的要长。

更重要的是，长期以来（无论金融危机之前还是之后），与稳定增长和通胀一致的"中性"利率已经显著下降。这意味着即便不存在通货紧缩预期，央行也需应对利率零界的挑战。事实上，正是利率零界放大了通货紧缩的代价。

然而，我的观点是，发生广泛持久的通货紧缩（恶化工资和价格）的可能性很低。有证据表明，资产购买对名义增长产生了积极的影响，虽然这可能无法绕过利率零界的问题，但一定能缓解利率零界的困扰。我猜测，随着金融体系的恢复，对全球经济的最坏预期的恐惧可能会消退，未来几年中，实际利率上升的可能性更大。那时，一旦食品和能源价格下跌的直接效应消退，核心通胀率将会大幅度上升。同时，英国劳动力市场继续吃紧——低通胀不是影响2015年工资增长的唯一因素——低的商品价格对实际收入的促进作用在包括英国在内的高消费国家中已经非常明显了。

　　最后，历史经验表明，通货紧缩事件并不多见——在浮动汇率的发达国家更是罕见。

（王胜邦　译）

参考文献

［1］Bachmann R，Berg T and E Sims，2015，"Inflation expectations and readiness to spend：cross－sectional evidence"，*American Economic Journal*，7（1），pp. 1-35.

［2］Bordo，M，Filardo A，Velasco，A and C Favero，2005，"Deflation and monetary policy in a historical perspective：remembering the past or being condemned to repeat it？"，Economic Policy，Vol. 20，No. 44，pp. 801-844.

［3］Borio，C，Erdem M，Filardo，A and Hofmann B，2015，"The costs of deflations：a historical perspective"，*BIS Quarterly Review*，March.

［4］Broadbent B，Daly K and S Carlson，2010，"Global economics weekly"，Goldman Sachs Global Economics，No. 10/32.

［5］Campbell J Y and N G Mankiw，1989，"Consumption，income and interest rates：reinterpreting the time series evidence" *NBER Macroeconomics Annual* 1989，Vol. 4，MIT Press.

［6］Canzoneri M，Cumby R and B Diba，2005，"Euler equations and money market interest rates：A challenge for monetary policy models"，*Journal of Monetary Economics*，No. 54，pp. 1863-1881.

［7］Carney，M，2015，"Writing the path back to target"，Speech at the Advanced Manufacturing Research Centre，Sheffield，and available at http：//www. bankofengland. co. uk/publications/Documents/speeches/2015/speech808. pdf.

［8］Eichengreen B，1996，"Golden Fetters. The Gold Standard and the Great Depression，1919-1939"，NBER Series on Long Term Factors in Economics Development，Oxford University Press.

［9］Forbes，K，2015，op－ed in Evening Standard，http：//www. standard. co. uk/business/markets/.

［10］Gali，J and T Monacelli，2005，Monetary Policy and Exchange Rate Volatility in a Small Open Economy，*The Review of Economic Studies*，Vol. 72，No. 3（Jul. ，2005），pp. 707-734.

［11］Hansen，L and K Singleton，1982，Generalized instrumental variables estimation of nonlinear rational expectations models，*Econometric*，Vol. 50，No. 5，pp. 1269-1286.

［12］Hills S，R Thomas and N Dimsdale，2010，"The UK recession in context—what do three centuries of data tell us？"，*Bank of England Quarterly Bulletin*，2010 Q4.

［13］Kristin Forbes：Zero inflation Is here——but there's no need for soulsearching -

10133157. html.

　　［14］ Miles D，2015，"What can monetary policy do?" Speech given at University of Edinburgh Business School，Edinburgh and available at www. bankofengland. co. uk/publications/Documents/speeches/2015/speech791. pdf.

第二篇

危机后的债务处理

债务、货币和魔鬼：
如何走出困境？[①]

阿代尔·特纳

距 2007 年夏季金融危机爆发已经五年半了，距 2008 年秋季危机迅速放大
业已过去了四年半，自 2008 年秋季以来危机对经济产生了巨大的影响。但是，
我们对如此巨大影响的认识却非常迟缓。2009 年春，官方预测的美国、日本、
欧盟和英国等四大发达经济体的经济复苏速度远远高于实际。如果我们继续按
2007 年之前的经济增长趋势预测，2013 年英国的 GDP 比预测值低 12%，并且
最新预测表明，2016 年或 2017 年之前英国都无法恢复 2007 年的人均 GDP 水
平。从增长的角度来看，这是实实在在"失落的十年"。

巨大的危害反映出危机之前金融混乱的规模（特别是过度杠杆化）以及
危机之后去杠杆带来的严重困境。同时，无法预测危机及危机之后接踵而来的
经济衰退的持续时间，暴露了当今主流经济学的知识缺陷，即对金融稳定与宏
观经济稳定之间的互动关系，以及对杠杆率水平和杠杆周期在宏观经济运行中
所发挥的关键作用关注不够。我们仍然在混乱的困境中举步维艰，对导致这场

---

① 本文为英国金融服务局前主席阿代尔·特纳 2013 年 2 月 6 日在伦敦城市大学 CASS 商学
院发表的演讲。

困境和抑制经济复苏的因素仍缺乏理解。

我们必须从根本上思考错误究竟出在哪里，以便在重新设计金融监管措施和宏观审慎政策时足够激进，保证不会再犯类似错误，并且我们应更具创造力地通盘思考宏观经济（货币和财政）政策与宏观审慎监管政策之间的关系，后一项政策的实施是为了抵御危机后去杠杆带来的通货紧缩。

在宏观经济管理领域，即通过总需求管理最大限度地支撑低通胀的真实经济增长，有两个关键要素，即合适的目标和适当的工具。关于这两个方面，危机之前的确定性已被广泛的争论取代。

第一，目标。危机之前，占主导地位的共识是，大多数央行的关注点是实现一个较低的正通胀率，通常被表述为正式的对称性目标。如今，争议不断。国际货币基金组织的首席经济学家布兰查德（Blanchard，2010）提出了短期内采用较高通胀率目标的可能性，美联储采取的政策取决于失业率和通胀率。马克·卡尼（Carney，2012）建议，至少名义 GDP 目标应纳入讨论的范围。危机之前传统货币政策的杰出代表伍德福德（Woodford，2012）也明确支持采用回归危机之前名义 GDP 水平的目标通胀率，该 GDP 水平是延续危机之前经济增速的水平①。显然，适当的目标是当下激烈争论的一个议题。

第二，工具。本文还要讨论与适当目标同等重要的更具根本性的议题——政策工具，即不论在什么既定目标下都能以最优方式实现目标的政策工具。该议题更具根本性，因为即使我们决定设立一个新的目标，如与名义 GDP 相联系的新目标，除非采取政策工具，否则我们无法实现该目标，即使这些政策工具可能给未来的金融和宏观经济稳定带来负面影响。

问题是我们能够以及应该采取何种措施才能刺激或者抑制名义总需求。危机前的共识是，通过政策利率变动从而影响信贷或货币成本的传统货币政策应该是主要工具，无须关注相机抉择的财政政策，也没必要采取措施直接关注信贷或货币规模。危机以来，大量政策性工具已经被实际运用或正在讨论之中。

一是利率已经下降到接近于零的水平，但央行仍能够或已经采取量化宽松措施。

---

① 参见 Woodford，*Interest and Price：Foundations of a Theory of Monetary Policy*（2003）。

二是量化宽松政策运用的范围扩大到其他资产，而不局限于政府债券，并且央行能够直接参与补贴商业银行的贷款，比如英格兰银行的贷款融资计划（Funding for Lending Scheme）。

三是德龙和萨默斯（DeLong and Summers，2012）重申了在利率水平接近于零的情况下，财政政策是影响需求的有效工具。

这些调控工具的极端形式就是财政赤字的公开货币化融资（Overt Money Finance），即通过"直升机撒钱"的方法，将政府的债务永久货币化。我认为，考虑到以下三个原因，该极端选择不应该被排除在外。

第一，对各种政策方案（包括财政赤字的货币化融资）的分析有助于澄清目前正在使用的其他非极端方案的理论基础，并识别其缺陷和风险。

第二，可能存在一些极端状况，此时极端政策就是一个恰当选择。

第三，如果我们未在事前讨论如何在极端情况下使用财政赤字的货币化融资工具，同时维护严格的规则约束和当局的独立性以防通胀风险，那么，以无约束以及危险的通胀方式使用这一工具的危险就会增加。

然而，提及财政赤字的货币化融资的可能性接近于打破禁忌。2012 年秋，我的一些观点被解读为建议考虑财政赤字的货币化融资，一些媒体文章认为这无疑将导致恶性通胀，并且在欧元区，彻底避免公共债务的货币化融资绝对是德国央行哲学的核心内容。

为解决财政赤字而印钞的确会产生如同犯了技术错误一样的道德负罪感，就像在为魔鬼工作。2012 年 9 月，德国央行行长魏德曼（Weidmann）曾援引了歌德《浮士德》第二部分的一个故事，魔鬼的化身梅菲斯特引诱国王发行纸币，增加支出能力，来减记政府债务，却"陷入愈演愈烈的通胀，摧毁了货币体系"。

担忧创造纸币和（用现代术语）电子货币的潜在危害有充分的理由。在后金本位世界中，货币是指能够被接受为货币的物品，是公共部门创造的简单的"特权"（fiat）。因此，其名义数量可以被无限地创造①。但是，如果超额发行，就会导致有害的通胀。凯恩斯曾说过"没有比使货币贬值更微妙却又

---

① 显然，货币创造的真实价值受制于名义量变化引发的内生价格变化。

可靠的颠覆社会基础的手段了"。

政府创造货币的能力就像一种潜在的毒药,我们寻求通过严格的规则、独立的央行、自我否定的条例(self-denying ordinances)以及清晰的目标通胀率限制这种能力。当这些手段不到位或未能发挥作用的时候,梅菲斯特表现出的诱惑力会引起恶性通胀,如 1923 年德国以及近几年津巴布韦所经历的通胀。

但是,在我们决定排除使用财政赤字货币化的手段之前,应先考虑经济学史上的一个悖论。在发展自由市场经济学以及确定反通胀政策方面,弗里德曼无疑是个核心人物。但是,弗里德曼在 1948 年的一篇文章中提到,不仅某些情况下财政赤字应通过发行货币来融资,而且债务融资无法发挥作用时应一直采用这种融资手段。他建议:"政府支出可以全部通过税收收入和货币创造来融资,这等同于无息证券。"他还相信,相对于债务融资和央行公开市场操作的复杂程序,赤字的货币化融资能够为低通胀率制度提供更加稳定的基础。

无独有偶,被称为"芝加哥学派之父"的亨利·西蒙斯(Henry Simons,1936)在题为《货币政策的规则和权威》的文章中认为,价格水平应受制于"实际货币的扩张和收缩",因此"货币政策的实施应受制于财政政策并且反过来决定财政政策"。欧文·费雪(1936)也提出过相同的观点。纯粹货币融资是应对极端紧缩危险的最终方案,这一观点是不同经济学思想的一个交会点,弗里德曼和凯恩斯均认同该观点。弗里德曼(1969)认为"直升机撒钱"的潜在作用是无成本地启动经济;令人惊讶的是,通常被认为并非保守人士的凯恩斯(1936)也希望至少应挖掘"装满银行票据的旧瓶子"。两位经济学家开出了同样的"药方"。现任美联储主席伯南克(2003)曾明确表示,日本应该考虑"减税……实际上是通过创造货币来融资"。

西蒙斯、费雪、弗里德曼、凯恩斯和伯南克这些经济学大师都明确阐述了政府赤字的货币化融资的潜在功能,同时相信有效控制通胀是市场经济有效运行的核心。因此,我们将该政策排除在外是不明智的。

但是,我们应该考虑是否存在财政赤字的货币化融资可以发挥作用或需要它发挥作用的特定环境;即使不存在这样的环境,也应探索货币或债务理论是否有助于我们更好地理解所面临的问题以及运用其他政策工具能够解决的问题。

本文将讨论适当的目标和恰当的工具，尽可能考虑各种可使用的工具，但我想强调的是，我们必须更切合实际地通盘考虑金融稳定和宏观经济政策而非像危机前的主流经济学那样将它们分别对待。

我将从八个方面展开我的论点。

一是讨论有关价格稳定和实际产出增长之间关系的框架，以及宏观需求管理水平——财政、货币和宏观审慎管理。

二是讨论弗里德曼 1948 年提出的建议以及宏观经济政策与金融结构和金融稳定之间的重要联系。

三是分析杠杆水平、杠杆化和去杠杆过程对金融和经济稳定的重要影响，以及危机之前主流经济学理论和政策忽略的资产负债表效应。

四是有关目标的问题：我们是否应该调整目标通胀率的目标？如果是，该怎么调整。

五是为什么利率、量化宽松、宏观审慎管理水平等纯货币政策工具不足以实现既定目标或者可能带来负面效果。

六是为什么纯粹的财政政策工具可能无效或带来负面影响。

七是为什么财政赤字的货币化融资政策在特定状况下是正确的和必要的；在使用这一政策时，如何将它赋予独立机构，并置于规则的约束之下，以防被滥用。

八是根据上述讨论，提出一些适合日本、美国、欧盟和英国的政策。

值得强调的是，本文旨在讨论一般原则并得出一般结论，而非提出具体的短期政策措施。

政策工具和总需求：价格效应和产出效应

图 1 展示了宏观政策工具、名义总需求与价格和产出之间的关系。

左侧是政策工具。政策工具可能影响名义总需求水平，从而影响名义总需求增长率。政策工具主要包括：

第一，财政政策——财政赤字和财政盈余。

第二，货币政策，包括常规（利率）和非常规（量化宽松）政策。

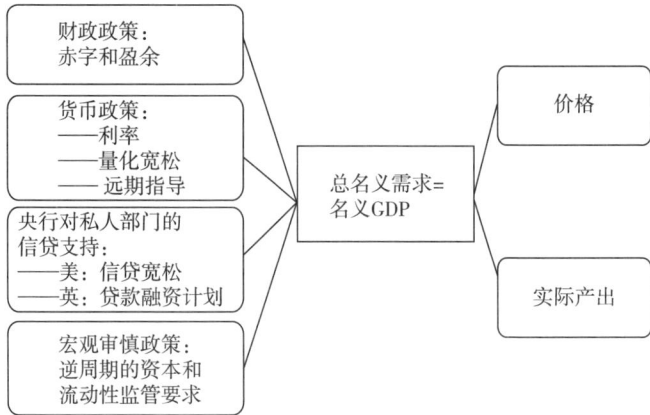

图1　工具和效果

第三，央行对私人部门提供信贷支持，包括美联储的"信贷宽松"以及英格兰银行的贷款融资计划（FLS）等。

第四，宏观审慎政策，包括逆周期的资本和流动性监管要求。

上述政策分类并非决定性的，尤其是我们可以将货币政策、私人部门信贷支持和宏观审慎框架下的政策范围进行不同的划分，并且这些政策工具之间存在重要的联系。本文第五部分将综合考虑其中的三类政策。但是，这种四分法涵盖了所有可能的政策选择，如果我们再加一类的话，就是财政赤字的货币化融资（本文第七部分将详细讨论），实际上是财政政策和货币政策的有效结合。

所有这些政策工具，在不同程度上和不同环境下都会影响名义GDP的增长率，反过来可能导致以下结果（如图1右侧所示）：或是价格水平上升，从而通胀率上升；或是实际产出增加，从而实际增长率提高。

该分析框架揭示了两个问题：一是在不同的特定条件下，每个政策工具在刺激名义总需求方面效果如何；二是对于既定的名义总需求（或名义总需求增加），如何分解出对价格和实际产出的影响。

评估这些问题时，首先应确定我们是否认为左侧的政策工具与右侧的影响分解是独立的，这一点非常重要。本文首先假设二者独立，随后考虑在某些特殊情况下（在某些特定工具发挥作用时）是否需要放松该假设。

这里提到的独立性有两方面含义。一是将给定的名义总需求水平的变化分解为价格因素和实际产出因素，这一分解取决于实际经济因子：首先是劳动力市场和实物资本的闲置程度，其次是劳动力市场和产品市场定价过程的灵活性。二是效应分解独立于为实现既定名义总需求增长所采用的政策工具。

当然，可能存在独立性假设不适用的情形，后文（特别是第八部分有关英国的分析）将讨论独立性假设不成立的影响。尤其是：

第一，图 1 左侧的不同政策工具会对未来政策预期产生不同的影响，这（与通胀预期不挂钩）可能使右侧的效应偏向于价格效应。从政治经济学的角度而不是技术角度分析，这是赤字货币化融资政策需考虑的重要风险。

第二，我们可能足够聪明，设计出既能刺激总需求又能增加供给的政策工具（财政政策工具或直接信贷支持），这可能使图 1 右侧的效应偏向于实际产出。

尽管独立性假设的例外情形是可能的，我们也首先在独立性假设基础上进行分析，然后再考虑是否存在例外情形。宏观政策领域的许多争议源于未考虑"两步走"的逻辑。因此，相同的人有时会提出不同的观点，例如：第一，有时断言需要"更多的信贷来维持经济增长"，其假设是此举对产出的影响将远远超过对价格的影响。第二，同时警示通过其他工具（不论是财政政策还是货币政策）刺激 GDP 增长都会"抬高通胀率"，即价格效应而非产出效应。第三，不说明为什么影响名义总需求的不同政策工具会导致不同的价格效应和产出效应组合。

本文第五部分到第七部分的分析基于独立性假设。这使我们将注意力放在"如果需要扩大名义总需求，哪种政策工具最有效，可以抵消负面效应、缺陷和风险"。

当然，我们也有可能面对无须刺激需求的情形，比如特定经济体面临的可能是供给约束而非需求约束。如果这样，就会出现反对采取任何刺激名义需求行动的主张，而不仅仅是反对使用何种工具。

弗里德曼、财政赤字货币化融资和狭义银行

1948 年，弗里德曼发表了《经济稳定的货币和财政框架》。其核心命题是"哪种财政和货币安排最可能产生宏观经济稳定"，这意味着可测的低通胀率，也意味着尽可能稳定的实际 GDP 增长。他也十分关心金融稳定，因为金融稳定对更广泛的经济稳定有重大影响。

他的结论是，政府应该允许财政政策发挥"自动稳定器"的作用，"运用当期收入流的自动调整至少部分抵消总需求其他部分的变化"，同时应该对由此产生的全部政府赤字进行货币化融资；而当需要用财政盈余限制需求过快增长时，应撤出这部分流通货币。因此，他认为"货币当局的首要职能应该是发行货币以弥补财政赤字，当财政盈余时撤回货币"。

弗里德曼认为，相对于政府发行带息债券为赤字融资和央行通过公开市场操作影响货币价格相结合的措施，当出现财政赤字时将其 100% 货币化融资的政策安排更有利于稳定。

下面这组数据可以简要描述弗里德曼的思想：

一是假设名义 GDP 为 100，货币供应为 50，并假设宏观政策目标为名义 GDP 年均增长 4%，其中允许 2% 的通胀率和 2% 的实际增长率。

二是均衡货币增长率（假设货币流通速度稳定）为 4%，或者第一年 2 个货币单位。

三是可以在财政赤字规模达到 GDP 的 2% 时，通过央行将赤字完全货币化融资，来实现这一增长目标。

这一描述基于两个简化假设，其中第二个假设强化了弗里德曼的核心观点。

首先，货币供应量与名义 GDP 之间存在稳定的联系，所以货币流通速度（GDP/货币供应量）为 2，如果我们希望名义 GDP 年均增速为 4%，那么必须将占 GDP 2% 的财政赤字进行货币化融资。但并非一定如此，因为货币流动速

度可能发生变化①。即便放松该假设，也不会彻底改变弗里德曼建议的适用性。名义 GDP 增长目标依然可行，使用货币为政府赤字融资也依然可行。只不过，这表明政府赤字货币化融资的规模需要根据对边际货币流通速度变化的经验观察（比如 ΔMS 与 ΔNGDP 的关系）进行调整和判断。

其次，我的解释和弗里德曼的建议都假设所有货币都是基础货币，即没有私人部门的货币创造，用格利和肖（Gurley and Shaw，1960）的话来说，就是没有内部货币（inside money）。这是因为弗里德曼的提议中不存在部分准备银行。在弗里德曼的框架下，不存在部分准备银行不仅是一个简单假设，而且是一个基本要素，弗里德曼声称："改革货币和银行体系以消除私人部门创造和破坏货币以及央行自行控制货币增长。"

早在 1948 年，弗里德曼就意识到了宏观经济政策（财政和货币）的最优方法与金融结构及金融稳定之间的重要联系。他吸收了西蒙斯和费雪等经济学家的观点，20 世纪 30 年代中期西蒙斯和费雪写的文章反思了 1929 年金融危机和随后大萧条的原因，并认为问题的关键是 1929 年之前私人部门信贷的过度扩张和之后的崩溃。

他们指出，部分准备银行拥有创造私人信贷和货币的能力使信贷过度扩张成为可能。他们的结论是部分准备银行制度具有内生不稳定性。西蒙斯指出："这一银行体系的根本特征决定了银行会在经济繁荣时期提供大量货币替代品，但在之后的萧条过程中又加剧其有害无益的行为。"因此，他认为"私人机构在决定金融结构的特点以及改变货币数量和货币替代品方面被赋予过多的权力"。

因此，从经济思想史的角度来看，西蒙斯的结论使我们面临第二个悖论。西蒙斯是坚定的自由市场派，也是芝加哥学派的创始人之一，他认为，就广义而言，金融市场尤其是部分准备银行就是这些所谓的"特殊情况"：部分准备银行制度不仅应受到严格监管，而且还应彻底废除。

---

① 当然，在弗里德曼想象的世界，也有可能所有货币都是高能货币，在那里，货币流通速度比存在部分准备银行体制的世界更稳定。部分准备银行的存在，使得私人银行信贷和货币占 GDP 的比例增长能部分解释实际观察到的货币流通速度变化（特别是从 20 世纪 50 年代以来货币流通速度的大幅下降）。见 Richard Werner（2005）关于该效应的详细分析。

那么,西蒙斯、费雪和弗里德曼(1948)的观点正确吗?部分准备银行制度应该被废止、私人银行创造和破坏私人信贷与货币的能力应该被取缔吗?我的答案是否定的,我觉得他们的立场过于激进,没有意识到私人债务和部分准备银行制度发挥的经济和社会功能。

西蒙斯不仅主张废除部分准备银行制度,还理想化地主张严格限制使用任何短期债务工具。他认为债务合约给经济关系引入了刚性和潜在的脆弱性,一个都是股权合约的经济体能够更加灵活地平滑外部冲击。该观点无疑是正确的,但他未意识到债务合约(如固定工资而不是利润股份化的工资合约)存在本身是为了满足人们对提高未来收入确定性的基本渴望①。

尽管部分准备银行制度会制造风险,但它也具备有益的创造性功能。部分准备银行的期限转换功能使家庭和企业的负债期限长于持有的金融资产的期限,这有助于支持长期投资。白芝浩(Bagehot,1873)认为,股份制部分准备银行的发展在 19 世纪中期英国经济发展过程中可能发挥了重要作用,它使得英国比其他期限转换型银行体系不发达的经济体在资本动员方面具有更多优势②。

尽管我们拒绝西蒙斯、费雪及弗里德曼早期激进的政策建议,但他们对大萧条原因的深思应该促使我们思考我们对 2008 年金融危机和随之而来的大衰退的分析是否彻底,以及我们的政策设计是否足够激进。下面三个启示值得特别关注。

第一,从理论上讲,部分准备银行制度的存在有很好的理由,但是社会最优化所要求的部分准备(无论是以资本还是以存款准备金的形式)不应是危机之前以及现在的水平③。例如,迈尔斯等人(Miles et al.,2011)和赫韦格等人(Hellwig et al.,2010)的研究显示,强有力的理论和经验论据表明,如

---

① 该观点在意大利学者 Luigi Einaudi 的一篇名为《债务》(*Debt*)的文章中有详细说明。

② 在《伦巴第街》(*Lombard Street*)的第一章,白芝浩认为英国银行体系的发展,如通过吸收存款、发放贷款,使得英国流通的现金比德国和法国多。

③ 应当注意的是,部分准备银行创造私人信贷和货币的能力受制于以下两方面:(1)存款负债与法定存款准备金的比率,西蒙斯和费雪主要研究上述工具的影响,但发达国家的央行在二战后的半个世纪以来都放弃了法定存款准备金这一工具;(2)资本充足率要求。

果我们能够设立理想的资本充足率，最优资本充足率可能显著高于巴塞尔协议Ⅲ制定的新标准。

第二，最优宏观经济政策与最优金融结构和监管之间存在必然的、紧密的联系。西蒙斯、费雪和弗里德曼清晰地指出了该事实，但危机之前的经济学传统理论很大程度上忽略了该问题。默文·金（Mervyn King，2012）指出，货币经济学中占主导地位的新凯恩斯主义模型"未考虑金融中介，因此货币、信贷和银行都未能发挥有意义的作用"。布兰查德称之为"我们以为我们可以忽略金融体系的细节"①，这是一个致命的错误。

第三，在设计未来金融监管和宏观经济政策时，一个关键问题是理解杠杆化对金融稳定的风险和去杠杆对危机之后宏观动态变化的重要性。

杠杆化和金融稳定：去杠杆和通货紧缩

导致 2007～2008 年金融危机的根本原因在于金融系统（银行和影子银行）和实体经济过度杠杆化。过高的杠杆率导致了刚性和金融稳定风险。对此，已有大量论述②，本文仅提及几个要点。

债务合同和刚性

与全部采取股本合约的经济体相比，债务合同在发达经济中发挥了重要作用，提高了企业和个人对未来收入流的确定性，但债务合同不可避免地会产生金融风险和稳定风险。这源于债务相对于股本的三个特性。

第一，投资人/债权人很可能因"局部思维"和缺乏远见签订合约，如施莱弗等人（Shleifer et al.，2010）所说，"这些合同的存在是因为忽略了风险"。

第二，如伯南克（2004）指出的刚性及违约和破产的潜在破坏，"在完全市场中……永远不会出现"，但是在现实中会引起贱卖和毁灭性风险。

---

① 见 2012 年 IMF 媒体见面会的评论。

② 参见 Bernanke（2004），Gennaioli、Shleifer 和 Vishny（2010），Schularick 和 Taylor（2009），Taylor（2010）。特纳（2012 年 4 月和 11 月）对这些论点做了更详细的论述。

第三，对短期和中期债务的需求如滚雪球般增长，这使得信贷增量的稳定成了关键的宏观经济变量。

银行与私人信贷创造

即使没有银行，债务合约的风险也依然存在，也就是说，即使所有的债务合同直接连接了最终投资者和融资者，这些风险也仍然存在。但是，部分准备银行同时创造了私人信贷和私人货币，使其能够急剧扩大债务合约的规模并引入期限转换。此外，在实际操作中并不存在一个自发机制来保证期限转换的最优规模①。

因此，银行能够显著放大金融和经济稳定风险的规模。在支出能力（如名义需求）的创造和破坏过程中，银行扮演着重要的自主性角色，因此会导致总体经济活动的繁荣和衰退。

抵押贷款、信贷和资产价格周期

当授信被用于购买资产，尤其是房地产（其自身价值取决于债务融资需求的水平）融资时，过量且不稳定的银行信贷创造的危险将进一步扩大。不可持续的银行信贷扩张会导致明斯基（Minsky）描述的信贷与资产价格周期②：正如我们从危机中了解到的，通过影子银行发放了太多无法控制的贷款。这些影子银行链条整体上履行了信贷中介功能，具有杠杆和期限转换效应（具有银行的功能，但不在银行监管范围内）。③

债务合约、银行和信贷/资产价格周期的这些内在特征共同作用使得金融体系和实体经济的杠杆水平及其变化速度成为金融不稳定的关键驱动因素。过去50年中，与1929年大危机前10年的情形类似，金融体系和实体经济的杠

---

① 正如 Jeremy Stein（2012）所述，考虑到固有的市场失灵，"不受监管的私人货币创造会导致外部性：金融中介机构发行过多短期债券，使得金融系统变得极为脆弱"。

② 明斯基的观点与芝加哥学派一些经济学家的观点之间的联系十分显著，但鲜有被人注意。参见 Charles J. Whalen "The Minsky-Simons Connection, A Neglected Thread in the History of Economic Thought", *Journal of Economic Issues*, Vol. XXII, No. 2, June 1988。

③ 参见 Turner（2012）和 FSB 报告《加强影子银行规制和监控》。

杆率水平显著上升。

危机之前，大多数经济学理论和宏观经济政策的主要假设就是增加杠杆可以被忽略不计或者具有积极效应，因为这源于理性行为人之间的私人部门合约。被忽略不计是因为金融体系的发展在货币需求、通胀和实际产出的模型中被视为中性（或者更简单地说是无关紧要的），被认为具有积极效应是因为金融深化会反映市场的完善程度，自然而然地被认为是有益的。

这些假设是广泛流传的认识误区的一部分，使得我们未能发现不断积聚的金融稳定风险。现在，它们正面临全面挑战。国际清算银行经济学家齐切第和哈罗比（Cechetti and Kharroubi，2012）重新评估了金融深化对经济增长的影响，并且认为私人信贷占 GDP 的比例与经济增长之间呈倒 "U" 形的函数关系，金融深化超过一定临界值将会对经济增长产生负面影响。施莱瑞克和泰勒（Schularick and Taylor，2009；Taylor，2012）的研究也得到了类似结论。

这表明，未来金融稳定当局应对杠杆率的绝对水平以及债务与股本之间的平衡关系进行监控，并作出反应。这要求宏观审慎工具发挥的作用应比目前预期的更大，不仅着眼于信贷增速是否偏离其趋势，而且应该考虑控制杠杆率的绝对水平，如债务与 GDP 之比。①②

这同时也表明，我们需考虑宏观需求管理（货币政策的传统领域）与金融稳定之间的关系。央行的政策目标是实现总需求增长，这样的政策会在保证

---

① 这表明机械地运用巴塞尔协议Ⅲ关于逆周期资本要求的指导原则是不恰当的。这一指导原则建议信贷增进超过历史长期趋势需提交逆周期资本要求。这表明只要信贷增速稳定并与过去的趋势保持一致，信贷占 GDP 的比例持续上升也是可以接受的，即使信贷增长持续高于名义 GDP 的增长。

② 从某种意义上说，这似乎支持了德国央行长期坚持的观点，即央行不能仅仅关注短期和中期的预期通胀率，而应关注货币总量。这一观点也体现在欧洲央行的政策框架中。尽管银行资产负债表的规模和增速很重要，但将信贷创造作为驱动力并将货币创造作为因变量结果将更富成效。这与本杰明·弗里德曼的观点一致：回溯过去，经济学一直在关注货币，这意味着许多银行资产负债表中负债项下的金融工具被证明不能为经济服务。参见 Benjamin Friedman，"Monetary Policy，Fiscal Policy，and the Efficiency of our Financial System：Lessons from the Financial Crisis"，*International Journal of Central Banking*，2012 年 1 月。参见 Adair Turner，"Debt and Deleveraging：Long Term and Short Term Challenges"，Presidential Lecture，Centre for Financial Studies，Frankfurt，2011 年 11 月。

价格稳定的同时兼顾实际 GDP 的增长：金融危机之前该政策有效地实现了目标。但是，危机之前的名义总需求增长伴随着总杠杆率的增长，并且很多国家私人部门名义债务的增长比名义 GDP 更为迅速。债务增长似乎是确保名义需求稳步增长的前提。但是，若果真如此，也就是说，如果我们的经济需要以扩大杠杆来确保需求增长，那我们的系统就会不稳定，需要重新设计，采取必要的新政策工具使系统更加稳定和可持续。

宏观经济与金融稳定之间的内在联系在危机之前很大程度上被忽略了，这可能影响正常时期和信贷膨胀时期的最优政策组合，但对危机之后通货紧缩阶段的影响更加明显。

去杠杆和通货紧缩

2007～2008 年金融危机的爆发是因为我们未能约束金融体系创造私人信贷和货币，也未能阻止过度杠杆化。当下，宏观经济面临的根本性挑战源于私人部门去杠杆带来的紧缩效应。

危机后，私人部门信贷创造体系崩溃。这部分反映了金融体系必要的去杠杆——银行杠杆从很高且危险的水平下降。金融体系的去杠杆潜在地抑制了信贷供给。但这也反映了信贷需求的下降，因为在面临资产价格降低和未来收入预期下降的情况下，公司部门和家庭部门都设法增强资产负债表①。

信贷增长的崩溃反过来压低了资产价格和名义私人需求，威胁了经济活动和收入，使公司部门和家庭部门实现预期的去杠杆目标变得更加困难。

费雪（1933）认为，在 1929 年大危机演变为大萧条的过程中去杠杆扮演了非常重要的角色。正如辜朝明（Richard Koo，2009）声称，去杠杆对理解过去 20 年间日本低增长和价格逐渐紧缩的动因十分重要。

根据辜朝明的研究，自 1990 年开始日本经历了资产负债表衰退，其中需求和经济活动受到抑制的主要动因是私人部门（尤其是公司部门）设法修复资产负债表，20 世纪 80 年代信贷膨胀期间的过度杠杆化导致资产负债表迅速

---

① 区分决定信贷增长的供给和需求因素的内在困难，参见 2012 年 6 月英格兰银行《金融稳定报告》专栏 3 中的相关讨论。

扩张。他认为，在资产负债表衰退过程中利率下调至零边界（1996 年左右）无助于刺激信贷需求，因为公司的财务决策主要出于资产负债表方面的考虑。因此，他认为，处于去杠杆周期中的经济体将面临深度衰退，除非政府部门愿意承担大规模的财政赤字。在任何情况下，只要需求和经济活动受到抑制导致税收减少或政府支出增加，赤字都自然而然会上升。

按照理辜朝明的分析，20 世纪 90 年代日本政府大规模的财政赤字是必要的和有用的，抵消了私人部门收缩的影响。他进一步声称，如果日本未采取这些赤字政策，其经济表现会更差，将面临类似于 20 世纪 30 年代的大衰退。

但是，大规模财政赤字的必然结果是整个经济的杠杆率并未降低，只是从私人部门转移至公共部门。本轮危机中的西班牙、美国和英国以及许多其他国家也出现了日本自 1990 年以来的模式。但是，当超过某个水平后，持续上升的公共债务水平本身变得不可持续，必须进行财政整顿。

虽然后危机时期的去杠杆对长期金融稳定非常重要，但对宏观经济环境带来了巨大挑战：一是以短期或长期利率调整为主的货币政策失去了刺激功能；二是财政政策的抵消效应受制于对长期债务可持续性的担忧；三是名义 GDP 的低增长使得私人部门实现预期的去杠杆目标更加困难，或者限制了公共债务占 GDP 比重的上升空间。

在这样的环境下，其他国家面临的危险不仅仅是若干年的低增长，还有持续数十年的低增长和公共债务负担上升，正如日本所经历的那样。正是在这样的环境下，我们不得不思考之前提出的两个问题：宏观经济政策的适当目标是什么？采用何种政策工具可以实现该目标？

目标：我们是否应该放弃现行的通胀目标制？

过去 30 年中，一个越来越占据主导地位的假设就是央行应该拥有独立性，以追求通胀稳定目标。具体情形各国有差异，但是理论和实践都趋于将价格稳定作为目标，并且将价格稳定定义为较低的正通胀率，比如约 2%。央行通常追求 2~3 年的中期目标。

如今，该传统受到了广泛的挑战，大量的替代规则已经被运用或者正在讨论中。布兰查德等人（2010）质疑是否需要更高的通胀率以应对高债务水平和有目的的去杠杆。美联储采取了状态依存的未来承诺（state contingent future commitment）政策，明确表示将利率水平维持在零边界附近，并且继续实行量化宽松政策直到失业率下降到 6.5% 以下或者通胀率超过 2.5%。马克·卡尼提出了包括关注名义 GDP 增长等一系列可能建议。危机之前经典货币理论家伍德福德（2012）建议央行应当采取措施，以使名义 GDP 恢复危机之前的增长趋势。

这些对危机之前传统理论的质疑反映出了过高债务水平和危机后去杠杆带来的挑战。这些挑战可能使偏离现行的中期目标通胀率显得适当，但是这些偏离都应该以保持长期价格稳定承诺为基准。

英国的经验可能是一种非根本性的变化——简单地扩大了解释通胀目标制的灵活性，以反映例外或过渡性效应对目前通胀水平的影响。过去三年间，英国通胀率持续显著高于英格兰银行设定的 2% 的目标。这在一定程度上反映了可以被解释为例外或一次性的效果，因此，它导致实际收入不可避免的（也是必要的）下降，但是并未导致偏离通胀预期或平均收入增长率的上升。这些影响包括 2008～2009 年英镑贬值、能源价格大幅上涨、增值税和学费的上升。

如果这些上升只是一次性的，只有短期效应，那么对于实施目标通胀制的央行来说，审查其中期趋势是合理的。英格兰银行事后确实也这样做了，即使通胀率显著超过预期，也维持 0.5% 的基准利率不变。因此可以说，不必调整英国的目标通胀率来保证适当的政策，正如我们所见，只需要由货币政策委员会（MPC）对目标值作出明智而灵活的解释。

但是，同样值得注意的是，只有当英格兰银行预测的通胀率低于后来实际通胀率时，MPC 的灵活性政策方能实施。一个有趣的问题是，如果在 2009 年或者 2010 年正确地预测了之后的通胀率，MPC 是否还会维持 0.5% 的基准利率？答案也许是肯定的。但是如果不是，如果我们相信（像我一样）当通胀水平高于趋势值时仍维持 0.5% 的基准利率是事后看才正确的决策，那么我们将面对一个具有讽刺意味和无法解决的事实，那就是由于不可避免的不完美预测，我们才有了适当的利率政策。这可能支持重新定义通胀率目标，以排除一些例外的一次性情形。

然而，适当处理例外或一次性通胀率效应并非根本所在。关键在于是否应该放弃2%左右的中期通胀率目标，而转向其他变量，如追求实际增长以及价格稳定效应，或者接受一段时期内较高的通胀率，因为这是实现实际增长的可接受的副产品或实现最终通胀率目标的过渡阶段。

这些变量可能包括一个更高的目标通胀率，关注价格水平而非通胀率，或者关注名义GDP增长率或其水平。

下面是关于这些变量的三个论断，其中第三个强烈支持改变正式目标。

第一，提高潜在的无通胀实际增长率。名义GDP的增长有可能导致或反映了价格上升或实际产出的增长。如果经济中存在大量闲置能力或者企业和个人对未来通胀预期较低，实际产出效应很有可能占主导地位。如果两个条件都满足，将会出现大规模的名义GDP潜在增长，同时对通胀率上升或下降的影响不大。因此，受名义GDP目标驱动的央行会更有信心刺激名义总需求，因为这将主要导致实际产出增长而非价格效应。但是，严格来讲，在这种情况下央行无须设定名义GDP目标，而只需"在一个明确的目标通胀下促进增长和就业"。美联储的法定目标已经接近于此，而且大多数央行实际上都对无通胀增长很感兴趣，虽然这并非它们的法定职责。有些国家确实可能存在刺激名义需求的潜力，对实际产出具有显著的影响，但这个事实不能作为重新定义正式目标的充足理由。

第二，通过高通胀消化过高的（公共部门和私人部门）债务。正如第三部分所分析的，我们面临的最大挑战是所积累的债务（初期为私人部门债务，现在为公共部门债务）高于最优水平。在没有合理的名义GDP增长的情况下，降低杠杆水平十分困难。虽然二战后英国和美国成功实现了公共部门的去杠杆，但当时的名义GDP增长率显著高于目前水平。高于利率（通过有效的金融抑制来实现）的快速实际增长和通胀率对去杠杆尤其重要。

这些观察可被用来支持暂时提高目标通胀率的政策，但需要清楚该方法的潜在缺点。较高的通胀率虽然有助于降低长期固定利率债务的实际价值，但对短期可变利率债务则没有效果（Bootle and Jessop，2011），并且暂时的高通胀目标显然会加剧永久性嵌入高通胀预期的风险。

需要非常小心地评估暂时提高通胀目标带来的风险以及消化过去债务负担

有效性的潜在限制。但是，去杠杆的历史经验表明，设置和实现一个正的通胀目标（如2%）是必要的。若不能做到这一点（如过去20年的日本），降低总杠杆水平（不同于将杠杆从私人部门转到公共部门）几乎是不可能的。

第三，对未来宽松政策的远期承诺。伍德福德曾特别指出，央行政策利率对名义需求的影响仅在很小程度上取决于市场利率的即期变化，在很大程度上依赖于对未来几年名义利率和实际利率的预期①。今天签订债务合约的居民和企业的决策依据是对这些合约未来实际利率负担的预期，以及支持债务偿付的可获得的名义和实际收入。

但是，在利率接近于零以及去杠杆导致通货紧缩预期的背景下，央行形成中期实际利率预期的能力将严重弱化。为保证实际产出增加符合较低的、正的通胀目标水平，负实际利率可能应持续若干年，但是如果企业和居民部门预测在任何时点上都追求前瞻性通胀率目标的央行通过立即提高利率来应对通胀，未来实际利率预期就有可能上升。

解决该难题的一个方案是提供远期指导，阐明在较长时间内利率都维持较低水平。但正如伍德福德（2012）所指出的，如果市场参与者将这种远期指导解释为央行对未来前景的悲观预期，这可能产生紧缩而非刺激效应。

为实现打破通货紧缩陷阱的目标，至少在一段时期内应寻求其他替代目标，如马克·卡尼指出"即使在经济和潜在通胀上升以后，央行仍需要作出维持非常宽松政策的可信承诺"，并且为使得承诺可信，央行需"握紧拳头"。这为一系列预先承诺的措施提供了恰当的理由，包括有关通胀和失业率的精确的数量阈值；实现特定价格水平的承诺；对名义GDP增速或水平的承诺，即使一段时期内通胀率超过目标。

上述三个论断表明，需认真考虑央行是否应该采用替代目标。但一些有力的论据表明，目标的变化只能是暂时的，并且应重点强调如何退出暂时目标，在适当情况下重回通胀目标制。

尤其是，尽管永久性名义GDP增长目标在理论上具有吸引力，但也有一

---

① 然而，Goodhart（2013）指出，在债务合同与政策利率（例如英国与利率相联系的抵押贷款）明显相关的经济体中，政策利率变化的重要性不容忽视。

些缺陷。如古德哈特（Goodhart，2013）指出，确定合理的增长速度目标应知道可持续的中期经济增长速度是多少，这本身就很不确定。在某些情况下，追求名义 GDP 目标可能导致通胀的剧烈波动，使得确保合理的通胀预期变得更加困难。

尽管一段时期内通胀水平超过政策目标有助于稳健复苏，也与稳定的中期通胀预期相容，但通胀超过目标持续的时间越长，形成未来高通胀预期的可能性就越大。前文提及伍德福德建议政策当局承诺未来的 GDP 增长水平回到危机之前的趋势，但是如果刺激作用最终形成的主要是价格效应而不是实际产出效应，这一建议可能导致较高的持续通胀率。

鉴于后危机时期去杠杆带来的严峻挑战，应当慎重评估这些替代方案。但上文提及的一些考虑因素表明，最具吸引力的方案可能是以下几种。

第一，通过事前承诺刺激经济，直到实现失业率或通胀率的数量阈值（美联储现在的做法）。

第二，承诺未来几年 GDP 增长水平，但该承诺不应确保像伍德福德建议的那样回到危机之前的名义 GDP 增长趋势。

尽管这些讨论是重要的，但后文将阐明，相对于为实现所确定的目标而使用的工具而言，这些并不那么重要。仅确定更宽松的目标并不能自动保证目标的实现，为实现目标而选择使用的一些工具可能是无效的，或者有可能产生严重的负面效果。

下面三个部分将讨论这些工具，首先是纯货币工具，其次是纯财政工具，最后是两者的结合——财政赤字的公开货币化。

实现既定目标：货币和宏观审慎工具

若希望名义需求的增长速度高于设定的正式目标，图 1 左侧的货币政策工具、信贷刺激或宏观审慎政策工具是否有助于实现这些目标呢？如果是，是否存在副作用？

利率是经典的货币政策工具。2009 年全球四大央行将政策利率降至接近于零。在某些情况下，还可以进一步小幅下调，但利率对储蓄和贷款产品的直接影响以及可能的刺激作用已显著下降。

然而，即使利率接近于零，央行，特别是履行宏观审慎职能的央行，仍有多种政策工具可供使用，包括以下几种。

第一，远期指导。在上文提及的事先承诺（状态依存、物价水平或名义GDP）的潜在支持下，未来的政策利率将维持在较低水平。

第二，量化宽松。其标准形式是央行购买政府债券。这至少通过三个紧密相关的传导渠道影响名义需求：一是降低长期无风险利率，诱使政府债券的持有人寻求投资高收益票据的机遇；二是政府债券及投资者投资的其他资产升值的财富效应可能带来额外的消费或投资支出；三是货币贬值。

第三，量化宽松着重于购买政府债券以外的其他资产。这些资产包括信用证券、股票、外汇和固定资产。传导机制包括资产增值/财富效应、货币贬值、缩小信用风险溢价、强化标准的量化宽松政策诱致的无风险利率下降对市场利率的影响。

第四，对商业银行的流动性支持，如欧洲央行以优惠利率对商业银行提供的长期再融资操作（LTRO）。

第五，直接补贴或对商业银行信贷供给提供支持，如英格兰银行采取的贷款融资计划。

第六，宏观审慎政策，例如放松资本或流动性要求，既可以是单独的措施，也可以是一揽子政策措施的一部分。例如，2012年夏天英国金融政策委员会将其作为贷款融资计划的一部分。

显然，即使利率接近于零，央行也不会"无计可施"：本轮危机以来，全球四大央行的资产负债表相对于GDP显著扩张。分析表明，这些政策能有效地提高名义GDP：英格兰银行（2011）关于量化宽松政策效应的最优估计表明，2011年夏季之前这些政策相对于未采取量化宽松政策可能促使价格水平上升0.75%~1.5%，实际产出水平增加1.5%~2%。

但是，上述对初步效果的有利评估同时伴随着两方面的担心：一是可能存在一些制约货币、信贷支持以及宏观审慎工具有效性的重要因素，二是这些工具本身也可能存在负面效应。

限制有效性的因素

本节考虑的这些政策工具通过利率、信贷和资产价格等渠道发挥作用。它们以不同的方式诱使市场主体改变行为，包括用货币替换债券，降低中长期利率来刺激投资者寻求高收益，通过直接或间接降低信贷供给成本，或是通过放松资本和流动性要求使银行扩大信贷供给。辜朝明描述的经济危机之后的去杠杆诱致的"资产负债表衰退"可能会限制这些传导渠道的有效性。

● 实体经济中寻求修复资产负债表的借款人对于任何可预见的利率降低的反应可能并不敏感。远期指导、量化宽松对长期利率产生的影响以及央行直接信贷补贴的效应可能有限。

● 长期债券的收益率越接近于零点，无风险债券和货币之间的替代性就越强，经济将陷入流动性陷阱，此时用央行发行的货币替换投资者持有的债券对经济主体的行为影响最小。

是否达到或者在何种程度上达到这些限制条件是一个经验问题。辜朝明的分析以及日本政府债券长期极低的收益率说明它们可能适用于日本。在英国，问题的关键是，居民部门信贷低增长和企业部门信贷负增长是否反映了去杠杆及对未来经济和收入水平的不利预期而导致的供给约束和需求不足。对相关证据的解释有些自相矛盾：贷款融资计划的影响将是一个关键测试，到目前为止的证据似乎表明，对于住房抵押贷款的供给水平产生了有限的影响，但对于商业借贷行为几乎没有影响。

潜在的负面影响

另一个问题是，货币、信贷支持以及宏观审慎政策工具无论对刺激名义需求是否有效，都可能产生负面影响。怀特（White，2012）的分析表明：

第一，长期维持极低的利率水平（日本过去20年的做法）将会产生长期不利影响：一是鼓励从事复杂的套利交易和资产投机活动，制造出宏观审慎当局难以识别的金融稳定风险。由于居民部门和企业部门试图通过去杠杆来增强资产负债表，低息信贷流入这类活动的规模将超过流入实体经济的投资项目。二是持续的低利率水平，伴随广泛的贷款容忍（loan forbearance），使得原本不具有持续生存能力的公司在较低生产率和低速状态下继续生存，阻碍了有助于长期供给能力改善的资本配置。

第二，货币政策、信贷补贴以及宏观审慎政策的成功很大程度上取决于对私人信贷和货币创造的刺激，促使居民增加抵押债务或者企业扩大负债。在某些情况下，由于名义 GDP 的增长高于名义债务的增长，这种刺激与长期去杠杆要求可能是相容的。但是，货币政策、信贷补贴和宏观审慎工具也可能刺激杠杆率的进一步累积，从而恶化金融的脆弱性和经济的稳定性。私人信贷和货币的过度创造使我们深陷泥潭，难以自拔：唯一的退路是否会制造未来的过剩，这点值得注意。

第三，还应该特别关注的是，这些宏观审慎工具是否通过放松杠杆约束扩大银行信贷供给。银行体系过度杠杆化和期限转换是 2007～2008 年金融危机的核心问题。强有力的论据表明，银行最优资本比率将远远高于巴塞尔协议Ⅲ设定的标准。任何放松资本和流动性监管标准以支持增加放贷能力的做法，无论对刺激短期名义需求是多么必要、多么合理，都不可避免地增加了金融不稳定的风险。

第四，如果量化宽松的传导机制通过汇率发挥作用，就会产生重要的和潜在的负面溢出效应，而其他国家（无论是发达国家还是新兴国家）不得不应对货币升值带来的后果，投机的、波动的资本流动将强化这种效应。

仅仅依赖货币政策、信贷补贴以及宏观审慎政策工具来刺激名义需求会扩大长期风险：在力图摆脱由过去的过度行为诱致的去杠杆陷阱的同时，我们可能制造出新的风险。

这并不意味着我不同意近期英国所采取的政策措施。如果我还是英格兰银行 MPC 的成员，我会投票支持将利率降至并维持在 0.5%，且维持目前的量化宽松规模。在金融政策委员会上，我强烈支持 2012 年夏天采取的放松宏观审慎政策以及贷款融资计划。这些政策优于不作为。但是，我们应该意识到，这些政策工具的有效性存在很大局限性，并且会带来长期风险。

因此，我们需要确定是否还有其他的政策工具，在更加有效地刺激总名义需求的同时产生较少负面影响。

财政政策刺激

货币政策、信贷支持和宏观审慎政策手段通过私人信贷、资产组合再平衡以及资产价格/财富效应等间接传导机制来刺激需求，但财政刺激方案是一种更直接的方式，通过减税或增加公共支出，把消费能力直接传递给家庭部门和企业。用弗里德曼的话来说，就是货币直接进入"收入流"。但"正常情况"下（尤其是当利率不接近于零时），财政刺激对名义需求的直接影响可以部分地或完全地被三个因素抵消①。

一是利率上升会产生挤出效应，降低私人部门的消费或投资，从而部分抵消财政刺激的直接影响。如果央行有权控制通胀，或者央行设定的利率水平与低通胀增长目标是相适应的，这种影响非常有可能内嵌于政策框架中。②

二是李嘉图等价效应认为，个人和企业之所以储蓄而不是消费和投资，是因为他们意识到未来必须由他们支付公共债务增加的成本（通过增税或削减公共支出）。

三是李嘉图等价效应的一个变体，就是若未来潜在公共债务水平增长很高，使人们担心债务是否可持续，从而推高政府为公共债务支付的利率，进一步增加了未来的偿债负担。

考虑到这些因素，最近30年中占主导地位的传统观点认为，财政政策不是管理宏观需求的有效工具（更谈不上是提高实体经济长期增长率的工具，但在20世纪五六十年代许多决策者持有这种观点）。德龙和萨默斯（2012）认为，这些在常规时期有说服力的论点并不适用于目前的情况。他们承认，"正常时期央行能对冲财政政策的影响"，并且"使政策乘数接近于零"，这反过来"使扩张性财政政策作为稳定政策工具没有发挥空间"。但他们认为，在

---

① 如第五部分，假设名义需求的增长是可取的，因为部分增长可能导致实际产出的增加，而不仅仅产生价格效应。如果生产能力已充分利用，即使财政政策能刺激名义需求也不可取，因为这只会导致价格的上升。在这种情况下，任何货币刺激政策都不可取。

② 参见 Thomas Sargent and Neil Wallace（1981），"Some Unpleasant Monetarist Arithmetic"，关于财政政策和货币政策的数量关系的分析。

目前条件下，一是没有利率上升带来的抵消影响，因此不会产生挤出效应。政策利率接近于零（并且仍高于政策当局追求的目标）：美联储致力于在可预见的将来维持低利率，并承诺实施大规模的量化宽松政策，购买必要的政府债券数量，以维持长期低利率①。在这种情况下，财政刺激政策有助于刺激名义需求。二是经济疲软的走势非常明显，这种刺激会在很大程度上提高实际产出而不会产生纯粹的价格效应，不仅有助于提高短期经济增速，而且由于避免了"滞后"影响，也有助于提升长期供给能力。

鉴于这些因素，德龙和萨默斯认为，当前情形下财政政策乘数远高于"正常情况"，因此"在可信的假设下，暂时的扩张性财政政策很可能会减少长期债务融资的负担"。

他们的论证说明，在某些情况下（目前美国的情形当属此类），传统财政刺激政策可能是合适的。此外，也有理由相信（这并不是德龙和萨默斯的观点），在有些情况下，李嘉图等价效应的影响可能并不重要。一般来说，李嘉图等价效应的有效性取决于其所在环境，包括公众对未来债务负担的意识；现有公共债务/GDP 的水平，以及担忧未来债务是否可持续；财政刺激受益人的收入水平，以及他们的储蓄能力②。这似乎不太可能，比如，大萧条时期一个绝望的美国工人会对财政诱致的实际收入增长作出这样的回应："最好不要花这些钱，因为未来我们须面临更重的税收。"尤其是考虑到大萧条初期美国联邦债务占 GDP 的比例只有 20% 时。

辜朝明认为，罗斯福财政支出政策能够有效刺激需求是有条件的。该观点

---

① 在德龙和萨默斯的文章发表之时，美联储正提供具体的前瞻性指导，预先设定量化宽松的数量。之后，美联储转向依环境而变的政策，不再预先审定量化宽松政策限制。德龙和萨默斯的文章的地位才因此有所提升。

② 这对如何设定预期对当前政策措施的影响（或者企图影响预期的指导政策的影响）提出了更宽泛的问题。理性预期模型假设经济行为人在信息处理过程中是理性的并拥有完备的信息。在现实中，预期会受到诸如媒体集中讨论某类信息（例如未来债务的可持续性）的影响，预期是在非完全理性中产生的。该问题也与对未来现行政策转变可能性的预期有关，不管是针对量化宽松政策还是政府赤字货币化融资政策。第七部分将会讨论这两项政策。

是令人信服的①，但似乎极有可能存在其他情形，使得李嘉图等价效应的影响同样能发挥效力。如果公共债务达到了 GDP 的 200%（比如日本），并且公众广泛讨论未来将通过增税（比如日本，几乎引入大规模营业税）来降低财政赤字和债务水平时，财政赤字的刺激作用可能会被抵消。

尽管辜朝明的观点"过去 20 年间若没有巨额的财政赤字，日本经济增长速度将更低"是有说服力的，但并未说明日本如何降低公共债务占 GDP 的比例。第八部分将说明，除非采取债务的货币化融资或债务重组/违约，公共债务占 GDP 比例不会降低。并且，他未能说明公共债务上升超过一定限度后对消费者和企业部门信心的打击，以及随之而来的对需求的影响。

因此，如德龙和萨默斯所述，虽然在某些情况下（如当下美国的情形）财政刺激政策可能有效，但仍存在使其无效的情形，或者短期有效但同时进一步加剧长期困境。如果该观点成立，且纯货币政策也将面临本文第五部分讨论的效果受限或存在其他负面影响的情形，我们需要考虑是否还有其他刺激工具可用。

潜在可用的工具是财政赤字公开货币化融资。

财政赤字公开货币化融资：优势、风险和约束条件

本节讨论 OMF 并非一个绝对不可行的政策方案。在某些情况下，OMF 是必要的，并且比其他可供选择的政策工具的负面影响要小。此外，我们必须建立必要的机制和规则来防范滥用该强效"药物"，因为过量的药物无疑会变成毒药。本节的讨论分为五个方面：一是 OMF 以及 OMF 与量化宽松之间的关系。二是 OMF 的非通胀潜力：确定的技术可能性。三是 OMF、法定通货和政治与经济风险。四是强化央行独立性来约束 OMF。五是关于 OMF 作为政策选择的争论。

---

① 还需要关注以下相关问题：罗斯福的政策是否具有财政刺激效应，以及罗斯福在竞选时对财政正统性的阐述与随后的政策执行无关。

OMF 以及 OMF 与量化宽松的关系

2003 年，伯南克发表了题为《关于日本货币政策的思考》的文章，明确描述了 OMF 如何运作以及为什么会刺激名义需求。在该文中，伯南克认为，一是"对居民和企业减税与日本央行扩大购买政府债券的规模同步进行，实际上是通过货币创造为减税融资"；二是应明确"大量或所有货币存量的增加是永久性的"；三是消费者和企业可能愿意将减税所增加的收入花出去，因为"并未制造出当前或未来的债务负担，所以并不意味着未来多缴税"（不存在理性的李嘉图等价效应）①②；四是该政策很可能导致日本公共债务占 GDP 的比例下降，因为名义债务负担保持不变，但"名义支出增加有助于提高名义GDP"；五是减税是主要手段，通过 OMF 推行的刺激政策应遵循相同的原则，即"既支持支出项目，也促进产业重组"。

伯南克关于 OMF 的描述明确表明，相对于纯货币政策或财政刺激政策，OMF 在刺激名义需求方面具备潜在的优势。

一是与第五节讨论的货币政策工具相比，OMF 在一阶效应上更加直接和确定。货币政策、信贷支持以及宏观审慎政策工具通过间接机制来改变私人部门借款人及投资者的行为，且如果这种行为发生在"资产负债表衰退期"并

---

① 伯南克在此假设基准货币，不论以票据、硬通货或者央行准备金何种形式存在，都不会产生利息，央行发行货币的账户以及铸币税也是如此。实际上，在英国，存入英格兰银行的商业银行存款准备金是以银行利率计算利息的。如果英格兰银行通过创造存款准备金来为增加的赤字融资或者继续为存款准备金支付利息，那么联合政府/央行"债券付息"的成本会等于存款准备金的利息，这一成本将随着银行利率的上升而上涨。英格兰银行制定的存款准备金利率会发生变化，这一变化自然会成为财政赤字货币化融资政策的补充。

② 要指出的是，创造法定货币的能力所带来的铸币税收益（至少）以两种会计账目的形式体现。因此，首先，政府可以发行付息债券，央行可以购买并永久持有（如果资产负债表上现有债务到期，则通过新政府的债券进行展期）。在这种情况下，政府将面临债务付息成本，但央行能从债券利息和货币负债的零成本之差中获得相应的收益，进而将收益转移至政府。其次，在央行的资产负债表达到会计平衡时，通过央行购买不付息并不可赎回的政府债券来创立一个永久的货币化融资操作是有可能的。就货币创造和政府融资的基本面来说，上述两种路径的选择没有区别。对上述路径的选择可能有信号效应或政治经济方面的影响。

由去杠杆过程引发，其效果将受到限制，因为OMF为增加财政赤字融资，直接扩大了弗里德曼所称的"收入流"。正如伯南克指出的，这意味着"银行业的健康与扩张效应的传导方式无关"，也使得有关"货币政策传导渠道断裂"的担心变得无关紧要。

二是与第六部分所述的财政刺激政策不同，OMF的刺激效应不会被挤出效应和李嘉图等价效应抵消，因为无须发行新的带息债务，从而不会形成新的债务负担。因此，OMF的刺激效应至少会比增加财政赤字更强。正如弗里德曼（1948）指出的，"发行付息证券（运用财政赤字）的理由是在失业率较高时期，相对于增加税收，发行证券引起的通货紧缩效应更小；这是真理，印发货币一定有助于克服通货紧缩"。

从本质上讲，OMF是财政政策和货币政策的组合①。OMF在财政方面的特性似乎使之截然不同于量化宽松政策；量化宽松通常并不伴随有财政赤字的增加，并且将在未来一定期限内撤回。

然而，标准的量化宽松和OMF之间的区别并非字面上的，而主要在于对未来政策的预期之中，即量化宽松政策最终有可能演变为永久性的货币化融资（可能不是公开的）。传统的量化宽松包括央行动用储备（基础货币）购买政府债券。该操作的公开目标是在未来某个时点进行逆操作，央行卖出债券，撤回储备②。事实上，它既不是必要的，也不一定会发生，原因有以下几个方面。

第一，可能没有"退出"的必要，因为央行名义资产负债表可能永久性地维持更大规模。央行决定将来是否退出，不应该基于根本不存在的必要性，而应该根据在未来某个时点退出（出售债券和撤回储备）时是否实现了央行的

---

① 默文·金在2012年10月的演讲中说："'直升机撒钱'及相关的倡导者实际讨论的是放松财政政策，对这一问题进行公开讨论更好。"他坚持认为OMF是财政刺激政策的变种，这一观点无疑是正确的，但重要的是它带来的影响可能会有差别，特别是对长期公共债务可持续性的影响。

② 需要注意的是，即使央行已对量化宽松政策进行逆操作，仍会引发财政赤字的永久货币化融资（虽然金额不大，但颇具影响力），因为银行在持有政府债券期间能获得铸币税收益，这些收益之后便会转移至政府手中。最近在英国实施量化宽松政策的过程中，从英格兰银行向英国财政部转移的资金便是最好的例证。

通胀率目标或其他目标①。

第二，退出也不必然会真的发生，量化宽松在事后转变为部分财政赤字的永久性货币化融资的可能性并不一定存在。20 世纪 40 年代初到 1951 年，美联储通过公开市场操作将长期利率维持在 2.5% 的水平上（无论财政赤字规模多大），因此基础货币增加。根据 1951 年美联储和财政部的协议，该政策停止实施，但并未"退出"，没有逆操作：名义基础货币不再增长，但并未下降，稳定而非降低基础货币的措施与当时重返低通胀的趋势相容。事后来看，20 世纪 40 年代初到 1951 年，美国很大部分财政赤字是通过发行货币来融资的。那时，美联储购买财政部发行的带息债券，今天我们称为"量化宽松"。

因此，所有量化宽松操作都有可能在事后全部或部分转变成永久性的货币化，并且这可能是一个适当的政策。日本政府的总债务（扣除日本政府持有的债券）达到了 GDP 的 200%，其中约 1/6（GDP 的 31%）由日本央行持有。这些债务的存在是否有实际经济意义以及日本过去的财政赤字是否采取货币化融资，仍是一个有争议的问题。本文第八部分将进一步讨论该问题。

在必要的时候，永久性 OMF 显然应被逆转或通过其他方式抵消。事实上，弗里德曼和西蒙斯都明确指出，同财政赤字导致基础货币发行一样，有时财政盈余会导致基础货币收回。尽管这是在弗里德曼和西蒙斯设想的 100% 准备银行体系下抵消名义需求过快增长的唯一途径，但在部分准备银行体系中，OMF 的潜在通胀效应可能会被宏观审慎政策工具抵消。这样就会存在一种风险，如伯南克所述，最初由削减税收诱致的对名义需求的直接影响，如果随后银行通过增持央行的储备创造出更多的私人债务和货币，未来将会成倍上升②。但是，如果央行/宏观审慎当局拥有最低存款准备金要求

① 若央行持有的债券在量化宽松政策实施过程中到期，那么为了维持当前的政策立场，央行必然会用到期债券的收入再买入其他政府债券。

② 当然这意味着相对于第二部分中弗里德曼的建议而言，实证分析 OMF 对名义需求的影响要复杂得多。

等政策工具①，当这种危险出现时，可以抵消其影响。莱茵哈特和罗高夫（Reinhart and Rogoff, 2013）以及斯特恩（Stein, 2012）声称，有效的宏观需求政策可能需要重新使用直接针对私人债务和货币创造数量的工具。危机之前的正统理论拒绝使用这些工具。

因此，被称作临时性的量化宽松政策有可能演变为永久性的政策；同理，被描述为永久性的 OMF 也可能是临时性的或被其他政策工具抵消。

因此，量化宽松和 OMF 之间的差异并非字面上的，而是主要体现在以下两个因素上：一是 OMF 通常伴随着财政赤字的上升，而量化宽松并非如此；二是 OMF 通常伴随着一个关于当前政策意图永久性的声明，而量化宽松的政策意图通常是暂时性的。考虑到人们对未来政策行动的预期所发挥的作用，即使当前这些政策意图的声明未能约束未来的政策行为，也是重要的。

OMF 刺激不会导致有害通胀：理论上具有可行性

OMF 无疑是刺激名义需求的手段。布特（Buiter, 2004）指出："发行不可赎回的法定基础货币，适当的货币和财政政策组合，几乎一直可以刺激总需求……"（之所以是"几乎"，是因为未来政策存在转向的可能性，如未来扭转当前的扩张性货币政策）

在某些情况下，OMF 可能是能够刺激名义总需求的唯一政策，因为有可能出现以下情况：一是由于流动性陷阱和资产负债表衰退效应，纯货币政策工具起不到相应的作用。在面对私人部门债务过度累积之后的去杠杆过程时，这种情形最有可能出现。二是由于挤出效应和李嘉图等价效应，财政刺激有时会失效，极易出现公共债务占 GDP 比例很高的情形。

另外，不存在任何固有的理论（相对于政治经济学而言）认为，相对于其他刺激政策，OMF 将导致更高的通胀，或产生恶性通胀。一是假定"独立性假设"成立，OMF 不会比其他政策工具带来更高的通胀。如果存在闲置的生产能

---

① 前注曾讨论过，资本要求的变化也能用来限制银行创造私人债务和货币的能力。其确切影响取决于银行通过融资或者股本筹资来抵消资本要求提高的能力。这便能证明利用法定存款准备金能够直接控制潜在私人债务和货币创造的数量。

力以及价格和工资形成具有灵活性，OMF 对名义需求的刺激将产生实际产出和价格效应，影响程度与其他刺激名义需求的工具相当；相反，如果这些条件不成立，无论是通过 OMF 还是其他政策工具，对名义需求的额外刺激都仅会影响价格。二是对名义需求以及潜在通胀的影响取决于政策操作的规模：以"直升机撒钱"的方式投入 10 亿英镑对名义 GDP 的影响很小，但投入 1000 亿英镑的影响将很大，同时也会导致更大的通胀风险。如果 OMF 刺激政策的效果后来被证明高于预期，它可能被未来的紧缩政策抵消，紧缩政策包括弗里德曼提及的"财政盈余导致货币收缩"的极端形式，以及调整银行资本和准备金要求等形式。

基于以上分析可知，关于"OMF 天生就比其他刺激工具更易诱发高通胀"的观点缺乏理论基础。

OMF、法定货币和政治与经济风险

尽管在理论上，OMF 的使用显然与持续低通胀相容，但弗里德曼（1948）指出，从政治经济学的角度来看，有强烈的理由认为 OMF 是一剂潜在的"毒药"。他在文章中提道："这种建议当然有危险。政府通过直接控制货币数量和货币创造来支持财政赤字为政府不负责任的行为创造了条件，并导致通胀。"

因此，尽管在有些条件下有限地使用 OMF 是有价值的和有益的，但一旦政治家和选民认为 OMF 是一种可能工具，他们想过量使用，或者在许多适合的状况下使用，就会带来风险。

政府回应选民的需求以求赢得选举。如果他们能毫无顾虑地运用货币为财政赤字融资而无视通胀的后果，这种诱惑是十分巨大的。法定货币的历史不乏由诱惑导致恶性通胀的案例，从 18 世纪早期的法国约翰·劳（John Law）印钱，到德国魏玛时期的恶性通胀，再到近几年的津巴布韦，其后果是可怕的，用货币弥补赤字在政治经济学领域已经成为一种"禁忌"，不仅在许多情况下是不可取的，而且根本就不应该考虑，更不用说提出这种建议了。这一"禁忌"得到了如下论断的支持：在某种意义上 OMF 是"不可能"的、不可取的，甚至当经济学家事实上已经提出了 OMF 的变体时，也没有人愿意公开提及 OMF。

有观点主张，OMF 操作会威胁央行的偿付能力，因此不可能取得应有的

效果。事实上，这种威胁更可能来自量化宽松的逆向操作而不是永久性的OMF①。但是，更重要的是，这种观点没有认识到，正如伯南克（2003）所说，"与商业银行不同，央行不可能破产"，以及"商业银行持有资本的原因不能直接适用于日本央行"（或其他央行）。布特（2012）指出，所有者权益为负值的央行在技术上也有可能有效运作。对央行偿付能力的约束不仅仅是技术上的限制，而是政治、经济上的"承诺策略"，该策略的目标是将法定货币的创造严格控制在一定限额内。这并非说资产对于央行不重要：尽管事实上央行可以在负资产下永久运行，但是假设央行不能这样做，依然非常有用。但我们应认识到究竟要约束什么。

对于事实上非常接近或完全等同于 OMF 的政策建议，人们通常避免说得太清楚。德龙和萨默斯认为，现在财政乘数很高，因为无论政府赤字多大，美联储都会继续将利率维持在零附近，并继续量化宽松政策。这非常接近财政赤字货币化融资的观点。但他们的文章却没有明确提及事后变为 OMF（美联储资产负债表永久地保持较大规模）的可能性。伍德福德（2012）的结论也接近于 OMF 观点，但并未明确说明。伍德福德担心本文第四部分讨论的货币政策或宏观审慎工具可能失效，因为这些政策工具通过资产组合的再平衡间接发挥作用。他声称"政策行动应立即刺激支出，不能依赖预期的渠道""不单纯依赖预期的渠道来扩大总需求最明显的机制是财政刺激"，他还讨论了清楚阐明"永久性地增加部分基础货币"的必要性。但他从不明说，实质上他是在重复伯南克公开使用货币弥补财政赤字的观点。

即便 OMF 实际上已经被采用，人们也不愿将其称为 OMF。因此，OMF 仍是一种"禁忌"，有充分的政治、经济理由说明为什么这样做。但如果出现以下情形该如何处理呢？一是 OMF 是刺激名义需求的唯一有效方法；二是相比于其他政策工具（纯粹的货币工具或财政工具），OMF 在刺激名义需求的同时，带来的负面影响更小；三是将"禁忌"绝对化是有害的。

---

① 当央行采取量化宽松政策之后又进行逆操作时，有可能面临账面亏损，但不会引发资本损失。这主要是因为如果以央行购买不付息且不可赎回的政府债券来进行 OMF 操作，那么在购买和出售债券时则会存在价格变动。

因此，挑战在于 OMF 解禁的可能性，以及是否或在何种情形下让 OMF 发挥适当的作用，同时保证我们建立适当的规则和制度化的机构限制其被滥用。在纪念挪威央行成立 100 周年的一篇论文中，乌戈利尼（Ugolini，2011）认为"货币化并不必然是魔鬼，应该将其作为一个政策选择，进行成本收益分析"。OMF 必须受制于明确的规则以防范其带来的政治、经济风险。

通过规则和央行独立性约束 OMF

央行的独立性被认为受到了威胁。汇丰银行首席经济学家斯蒂芬·金（Stephen Jen）最近在《金融时报》发表了题为《央行独立性的时代即将结束》的文章。日本安倍晋三政府不仅给日本央行强加了明确的通胀目标（其本身仍然与央行的操作独立性完全兼容），还要求日本央行承诺采取具体行动实现与政府债务货币化融资非常接近的目标。

央行的独立性，以及限制其行动的承诺策略约束（如正的会计资本）通常被认为是绝对永久固定的，不能随时间推移而变化。但最近的一项研究指出，央行独立性的程度以及它们常用的工具随着时间发生了变化（McCulley and Pozsar，2013）。他们还特别强调，央行的适当角色以及央行必须扮演的角色在杠杆化与去杠杆两个不同时期发生了变化①。

1919～1929 年，美国私人部门杠杆水平飙升，在之后的 15 年内下降，1940～2008 年的长繁荣周期内又有所上升，并在本轮危机之前的十几年间呈加速上升的趋势。我们现在正处于私人部门试图去杠杆的时代。在杠杆率上升的长繁荣周期内，潜在的私人信贷需求取决于利率变化（起码在一定程度

---

① Thorvald Moe 近期发表的文章说明了央行行长如何在其职业生涯中不断改变其政策手段，主要考察了 1934～1948 年任美联储主席的马瑞纳·埃克尔斯（Marriner Eccles）的政策行动及当时的主题。从其实施的财政和货币政策来看，埃克尔斯的行为前后矛盾。在 20 世纪 30 年代和二战早期，他坚持财政赤字以及宽松的货币政策，这实际上相当于货币化。但随后，他成为美联储独立的关键推动者并最终促成了"1951 年美联储—财政部协议"的达成。但正如 Moe 颇具说服力地说明的，埃克尔斯的行为根本就不矛盾，他的行为只是考虑了不同的环境，特别是 1945 年之后私人部门信贷迅速增加。与西蒙斯、费雪和弗里德曼的观点类似，埃克尔斯也认为理解银行创造信贷（而非仅作为中介将现有现金转化为贷款）的能动性是了解宏观经济并作出恰当的政策应对的基础。"银行系统中的自由主义与商业稳定是不相容的。"（Moe，2012）

上），利率上升（起码在一定程度上）有助于抑制信贷需求；反之，利率下降会扩大信贷需求。

在这种环境下，央行和政府之间的关系演变出了一种独特的制度化的独立性、目标设定以及政策工具的运用。

随着时间推移越来越明显的是，控制通胀需要货币纪律，有决断力的独立货币当局反过来间接约束财政纪律；否则，财政赤字的增加会直接导致利率上升。1951年美联储与财政部的协议以及20世纪80年代前期沃尔克为遏制通胀愿意将利率调整至任何水平都是该过程中的关键步骤。

越来越多的央行获得正式授权以实现"价格稳定"，并且在很多情况下追求较低的、正的对称性通胀目标。

越来越多的央行完全依赖短期政策利率管理名义需求，避开使用前几年非常普遍的以数量化为中心的工具（如准备金要求或直接信贷控制）。这种功能、目标和角色的组合似乎运行良好。事实上，有一个重要方面并非如此：它没有意识到杠杆化本身是金融和宏观稳定的一个关键因素，导致实体经济和金融部门杠杆化逐步积累，最终酿成2007～2008年的金融危机。缺乏宏观审慎监管视角是一个致命的缺陷。但至少就财政和货币当局之间的关系而言，这种安排为20世纪70年代滞胀之后同时实现稳定的低通胀和合理的稳定增长提供了支持。

但是，如麦卡利等人（McCulley and Pozsar）指出的，在资产负债表衰退和去杠杆背景下，如20世纪30年代西方主要经济体、90年代的日本以及当下许多发达国家的情形，将短期政策利率降至趋近于零并未能有效刺激信贷需求。附带未来逆向操作承诺的量化宽松也受到了边际效应递减规律的影响。在这种情况下，麦卡利等人认为，适当的政策应转向坐标图标有"直升机撒钱"的象限，即采取永久性的OMF，不仅央行会这样做，而且也应该这样做，没有这样的刺激措施将会出现衰退。

这种情况历史上曾经出现过，而且还将再次出现，该观点是具有说服力的。适当的政策和机构的角色应取决于所处的环境，长期去杠杆造成的环境与杠杆率上升时期的环境存在显著的差异。货币化并非天生是恶魔，在这些环境下它可能是一个必要的工具。

伯南克（2003）指出："重要的是要意识到独立的央行所担当的角色在通胀和通货紧缩时是不同的。在通胀的情况下，通常伴随着政府债务的过度货币化，独立的央行的天然职责是对政府说'不'；但是，（处于流动性陷阱时）过多的货币创造可能不是问题，央行需要采取更加合作的立场。在某些情况下，央行和财政当局更多的合作与央行的独立性完全不冲突"。

但是，这仍然留下了一些疑问：究竟应该如何协调？新环境下应该用什么规则来约束央行和政府？如果财政政策与货币政策的协调是必要的，同时放弃严禁永久性的债务公开货币化融资的信条，该如何约束过量的货币创造？

历史上真实货币化的案例是不受约束的，如 20 世纪 40 年代的美国。为了支付战争开支出现了大规模的财政赤字，美联储被迫购买大量的债券以使利率维持在较低水平。就战时而言，不受约束非常有必要，但这不能成为和平年代的政策框架的基础。

因此，任何运用 OMF 这种极端政策的做法都应该受到与央行独立性等同的约束，并且要划定使用现行货币政策工具的规则。默文·金（2012）曾指出，"要区别'好的'与'坏的'货币创造，'好的'货币创造是央行为维持价格稳定而创造足够的货币，'坏的'货币创造是政府为支付其开支而创造一定数量的货币"。该原则适用于暂时货币化的决策（如量化宽松），也同样适用于公开的和永久性的货币化融资。

因此，赋予央行唯一的最终权力去决定 OMF 的规模（用货币为增加的财政赤字融资）是可能的也是有益的，只要央行认为 OMF 的规模适合其追求的目标（通胀或是暂时的名义 GDP 增长）。

如布利坦（Brittan）所指出的，用一个规则来约束 OMF，其数量不能超过具有周期性特征的财政赤字的某一水平，该水平由一个完全独立的机构（比如英国预算责任办公室）来决定。这也是可能的。

另一种方法是将 OMF 的使用限定为一次性的，重点不是刺激即期名义需求，而是创造稳健的、低杠杆的银行体系。这种方法可使宏观审慎当局提出新要求，即提高银行体系的资本要求。这种方法可以与私人股本不可得时公共部门对银行体系注资这一支持措施结合起来实施，但财政支出中的特定部分不是通过发行新的付息债券来融资，而是通过永久性的央行货币化来融资。该方案与 1934 年西蒙斯等人向罗斯福建议的"芝加哥计划"①有一些共性。

然而，本文的目标不是提出使用 OMF 的具体方案，而是强调讨论这些政策选项的重要性。如果我们不讨论如何在明确的规则和权威框架下使用 OMF，我们可能会面临短期的政治压力以及在不受规则和权威约束的情况下过度使用该政策工具，如同我们需讨论如何使用这个潜在的疗效显著的药品，如何控制和约束其使用量同样重要。

OMF 作为一项政策选择

布特说过，OMF 是一种总是能够刺激名义需求的工具。政府和央行加在一起，总有办法来刺激名义需求。在极端情形下——价格水平与实际产出同时显著下降，OMF 显然是最好的政策工具，并且在一些情况下，OMF 可能是唯一能够阻止持续通货紧缩的政策。

如果胡佛总统 1931 年就知道 OMF 可行，美国的大萧条就不会那么严重；如果德国总理布鲁宁了解 OMF，20 世纪 30 年代的德国和欧洲历史就不会那么糟糕；希特勒的支持率从 1928 年 5 月的 2.6% 迅速上升到 1932 年 7 月的 37.4%，背后的原因是通货紧缩而不是通胀。虽然过去 20 年间日本经历的通货紧缩远没有 20 世纪 30 年代严重，但如伯南克所说，若 10 年或 15 年前日本就开始实施 OMF，今天日本的状况将明显改善，价格水平和实际 GDP 均高于目前的水平，政府负债占 GDP 比例有所下降，维持较低的、正的通胀。当然，在缺乏能够实现这些目标的其他政策工具的情况下，这是有可能的。

在有些情况下，采用 OMF 的理由不那么明确，其他政策选择也许足以使经济摆脱通货紧缩的困境。纯财政政策可能有效，尤其是在政府负债占 GDP 比例的初始水平较低的情况下。上述第五部分描述的货币政策、信贷支持以及

---

① "芝加哥计划"旨在专门过渡至西蒙斯等学者提到的全部准备银行体系。在国际货币基金组织于 2012 年 8 月发布的名为《重新评估芝加哥计划》"*The Chicago Plan Revisited*"的工作论文中，Jaromir Benes 和 Michael Kumhof 曾认为，向全部准备银行体系过渡是可取且可行的，并且要配以大幅减记现有的住房贷款，一举移除由高住房杠杆所带来的金融脆弱性和宏观经济不稳定。

宏观审慎工具可能都有效，特别是当长期利率尚未达到非常低的水平（如日本达到的水平）以及经济未面临绝对的通货紧缩时期。在这种情况下，鉴于使用 OMF 带来的政治与经济风险，就会得出将 OMF 排除在考虑范畴之外的观点。虽然 OMF 在理论上是有吸引力的，但政治上风险太大，除非必须，一般不予使用。

即使在不使用 OMF 工具也能使经济复苏的情况下，考虑到其他选择潜在的长期负面效应，将 OMF 排除在外也可能导致严重的问题。因此，应进一步讨论所有备选方案的利弊。下面来比较分析两种备选政策方案。

第一种方案涉及大规模的量化宽松政策，假定规模为千亿英镑量级，同时采用贷款融资计划，并放松资本和流动性监管标准。其目的是通过间接渠道刺激信贷增长（包括供给和需求两个方面），并通过资产组合再平衡，利用资产价格上升的财富效应。该方案可能承诺延续数年的低利率，并且内含一种潜在的可能性，即部分量化宽松永远不会撤回，但大部分量化宽松将不得不被撤回，或通过其他机制抵消，如提高准备金要求，以防止未来过度通胀①。其公开的意图是全部撤回。

第二种方案是 OMF。通过减税或增加公共开支，它直接将钱放入个人或者企业的口袋，以直接刺激需求。这种方案在数量上要小得多，也许只有几百亿英镑而不是几千亿英镑，其明确的政策意图是基础货币增加是永久性的，不会撤回。如果永久性刺激效果被证明过于强烈，可以通过提高存款准备金比例等手段加以抵消。如果成功了，可能比第一种方案的影响更加直接，而且可能会更快回归正常利率水平。但是，如果人们由此担心 OMF 一旦实施就会继续并升级，则有可能产生高通胀的预期，使得对名义需求的影响更多地体现为通胀效应。

哪一种方案最有可能在刺激需求的同时不引起较高的中期通胀或不对金融

① Woodford 讨论了此规模下的量化宽松政策所带来的问题。他认为，承诺永久性地扩大基础货币对传达央行的未来意图十分必要，"但是像日本的量化宽松或美联储的计划那样大幅扩大基础货币并不意味着会形成相似的对未来的预期：对于任何倾向于永久化的可行建议来说，扩张规模都过大了。而以任何明显的方式与央行未来可能极力传递的目标相联系的扩张规模也不可能形成相似的预期"（Michael Woodford，2013）。

稳定产生长期不良影响呢？采用最可行的模型详细估计一阶效应和二阶效应后才能找到答案。我不知道答案是什么，针对不同国家和不同时期，答案可能有差异，但至少我们应该提出这一问题。

对不同经济体的启示：一些初步思考

本文的目的不是提出针对特定国家的相关政策，而是探讨去杠杆和私人部门需求不振时期与政策相关的理论问题。下文简要给出了一些必须加以考虑的可能启示或因素。

1. 日本：伯南克是正确的。

2. 美国：目前的政策组合是合理的和成功的，并且可能转化为事实上的OMF，但公开承认这一点在政治上很难。

3. 欧元区：不完善的货币联盟阻碍了最优政策，财政政策和货币政策的协调需要一定程度的财政联邦主义。

4. 英国：鉴于显而易见的供给约束，最起码可以适用OMF以及其他需求刺激政策。

日本：伯南克是正确的

伯南克是正确的。过去20年里，日本应该做过一些OMF。如果确实实施过OMF，现在日本应该拥有较高的名义GDP、更高的价格水平和实际产出水平，以及较低的债务占GDP的比例。这会使日本的状况比现在要好。辜朝明也可能是正确的，在缺乏这种政策的情况下，大规模的财政赤字是避免更大程度通货紧缩和彻底衰退的核心，但使公共债务占GDP的比例不可持续。

由于日本已经处于技术前沿及其特殊的人口结构，其实际增长率放缓是不可避免的。在增速放缓和财政赤字进一步延续的情况下，日本难以偿还两倍于GDP的债务。2012年10月IMF的财政监管部门制定了整顿方案，要求不同国家在2030年达到财政可持续性的基准。与其他国家60%的基准相比，日本的基准较低（公共债务占GDP的80%），并且是净债务而不是毛债务。即便如此，该方案依然无法让人相信：要求日本从目前8%的赤字变为2020年13%

的盈余。这不可能发生，并且如果采取这种措施，将会使日本经济陷入严重的衰退。日本政府的债务最终将货币化或重组，因为在正常情况下无法偿还这些债务。

不同于该观点的相对乐观的看法是，在一定程度上债务已经货币化了。考虑到政府部门和社会保障机构持有的债务后，日本净债务占 GDP 的比例为 200%。其中，31% 由日本政府拥有的日本央行持有，还有 46% 的债务被政府拥有的邮政银行持有。在某种意义上，这部分债务通过日本客户在邮政银行的无息货币账户事实上已经被货币化了。因此，在无须改变日本私人部门持有的现金资产的情况下，日本仍有可能通过会计手段确认这些债务已经被货币化的事实。

但即使考虑了这些影响，日本非货币化融资的债务负担仍在上升，并将持续下去，除非政府实现预定的 2% 通胀目标和更快的名义 GDP 增速。实现该目标可能需要公开的货币化融资，但危险之处在于，降低债务占 GDP 比例所需的 OMF 规模可能很大，从而导致无法接受的高通胀。因此，日本需要注意三点：一是在某些情况下，OMF 在充分刺激名义需求方面发挥核心作用。二是新工具的发行与新目标的设立同等重要。如果 15 年前日本设立了一个正的对称性通胀目标，并且使用所有可用的工具去实现，那么日本现在的处境会好一些。为此，不要向非传统目标（如名义 GDP）转移。三是如果在某些条件下必须采用 OMF，相对于容忍债务占 GDP 比例累积到一个不可持续的水平之后再实施 OMF，早一些实施以及小规模实施 OMF 可能更为有效。

美国：已经实施 OMF 了吗？

过去 4 年间，美国是四大经济体中最成功的、拥有最高的名义 GDP 增速和迄今为止最强劲的实际 GDP 复苏。德龙和萨默斯的分析表明，美国大规模的财政赤字与货币政策的组合抵消了"挤出"效应，因此提高了相关政策乘数。量化宽松的货币化将被证明为永久性的，同时美联储资产负债表（1951年以后）占 GDP 的比例下降，但名义值保持稳定（并未降低）。若果真如此，部分或者全部量化宽松事后都需要用货币为财政赤字融资。同时需要指出的是，尽管这些分析增加了知识层面的确定性，但可能使得本已激烈的政治辩论更加复杂。如果这样，继续现行的政策但不公开承认是 OMF 可能是最明智的选择。

欧元区：不完善的货币联盟阻碍了最优策略

自 2009 年进入低谷以来，欧元区的表现与美国相去甚远。欧元区实际增长率很低，而名义 GDP 增长率则更低。确凿证据表明，鉴于名义 GDP 年增速只有约 2% 的水平，名义需求的快速增长是有益的，对于存在着长期结构性供给方制约因素的国家来说也很重要。

由于欧元区的特殊性，即单一货币区，同时几乎所有的财政决策和财政债务仍留在国家层面，古德哈特（2011）称为"附属主权"，即便是采取典型的量化宽松（更不用说 OMF 了）也会非常复杂。因此，欧洲央行任何量化宽松操作都会面临统一的财政/货币体系不会面临的分配和激励问题。例如，欧洲央行购买西班牙和意大利政府债券相当于美联储购买伊利诺伊州或加利福尼亚州的债券；即使有可能找到应对挑战的方法（例如欧洲央行按照事前确定的比例购买欧元区所有成员国的债券），确定合适的比例（例如相对于 GDP 规模或未清偿债务规模）也面临着去政治化的难题。

此外，欧洲央行实施货币融资的能力（无论是暂时的，还是永久性的）受到非常严格的法律约束。

实践中，这些约束条件都有弹性。从经济方面来看，央行直接从政府购买债券（一级市场融资）与在二级市场上购买现有债券都无本质上的不同。欧洲央行会决定是否以及何时购买债券进行对冲操作，但是这一操作的效应比第一次出现时要小。麦卡利（2010）曾指出："可以肯定，欧洲央行强调通过快速从体系中撤出准备金将其转换为定期存款，可以对冲准备金的创造。因此，从技术上讲，基础货币保持不变。但实际上，准备金和定期存款都是欧洲央行新创建的债务，它们是非常接近的替代品。"

即便如此，欧洲央行使用其全部能力的政治自由/意愿也受制于对有关政治、经济后果的担心。复杂的多国政体，以及不同主权国家之间的利益差异，使得 OMF 达到上文讨论的实施必要的严格条件非常困难。在欧元区的政治结构下，将 OMF 依然放在"禁忌"盒子中的理由依然强烈。

然而，危险仍然存在，欧元区结构上的制约会诱发严重的通货紧缩，这也使得高赤字/高负债国家去杠杆进程压低了名义 GDP，无法实现有效的去杠杆。德龙和萨默斯"若央行政策是外生给定的，相关政策的财政乘数很高"的观点非常适用于这些没有独立货币政策的附属国家。

因此，最佳政策的实施严重受制于欧元区的结构性缺陷。解决这些缺陷的第一步（尽管很困难）不仅需要建立银行联盟，而且需要一定程度上的财政联邦制，在联邦层面建立规模不大但重要的收入/支出，并创造欧元债券。

英国：供给面的约束与需求面一样多？

我认为，英国应谨慎使用非常规措施来刺激名义需求。首先，英国是四大经济体系中最小的，也是最开放的（英国进出口占 GDP 的比例最高），英国最有可能利用汇率波动进行调整，也最没有必要采取极端的政策工具；同时，英国也面临最严重的威胁，即预期渠道使得名义 GDP 的增量更多地来自价格效应而不是实际产出增长，如果今天的 OMF 释放了未来过量 OMF 的政治风险，将会导致汇率/通胀周期。其次，至少可以肯定的是，英国经济的根本问题是需求（名义 GDP 增长乏力）而不是供给。自 2009 年经济衰退以来，英国名义 GDP 增长中近 80% 来自价格效应，实际产出仅贡献了 20% 以上；美国价格效应和实际产出的贡献分别为 40% 和 60%；而在欧元区，价格效应与实际产出大体相当。英国面临最不利的局面，名义 GDP 的上升只是推动了价格上涨而不是实际产出的提高。

英国名义需求不足的判断具有合理性，但我们也需要关注供给面的因素。2009 年英镑贬值对英国净出口仅产生了很小的正面影响。这种现象可能是由行业之间的不平衡引起的，这些不平衡是由于英国过度依赖金融部门的增长，使非金融部门（尤其是制造业）变得脆弱进而导致整个经济难以对名义需求刺激作出强烈回应。这或许表明，选择刺激名义需求的政策工具时，我们也应该重视政策工具对供给的潜在影响。然而，在这种情况下取得成功是非常困难的。

结　论

本文的重点不是评论现行政策，而是就金融稳定与宏观需求管理政策之间的关系得出一些大概的结论，特别是为应对金融危机之后去杠杆而产生的宏观需求政策的影响。本文的结论包括九个方面。

第一，杠杆率与信贷周期有很大关系。实体经济和金融体系的杠杆率是关键变量，但在危机之前被忽略了，这是很危险的。未来宏观审慎政策应该反映对整个经济中最高的合意杠杆率水平以及信贷增长率所作的判断。很多政策工具可以用来约束杠杆率。

第二，银行是与众不同的，适用于其他行业的自由市场论断对银行业并不适用，私人信贷和货币创造是金融和宏观经济不稳定的根本驱动力，应受到严格的监管。

第三，过度杠杆化导致了金融危机，随之而来的是抑制名义需求的长期去杠杆过程，这从根本上改变了设计和实施适当的宏观需求政策的环境。

第四，在这种背景下，暂时性地偏离纯粹的通胀目标制是合理的，采用状态依存的政策规则，如美联储正在实施的政策目标，或采用一段时间内关注名义 GDP 增长率或 GDP 水平的政策，但仅改变政策目标而不改变政策工具在某些情形下并非最优选择。

第五，在去杠杆周期中，单独使用货币政策工具——包括常规的和非常规的——效用可能不够强大，还有可能对金融长期稳定产生不良影响。如果我们陷入了私人部门过度杠杆化的泥潭，应该警惕通过创造更多私人债务来逃生的策略。

第六，当利率接近于零，以及货币当局预先承诺未来采取宽松的货币政策时，财政乘数可能更高，但长期债务可持续性应被视为一个重要的约束因素。

第七，政府和央行联手就有用不完的政策手段来创造名义需求，公开的永久性货币化融资（Overt Permanent Money Finance，OPMF）往往可以实现目标，并且是能够确定地实现目标的唯一政策工具。在某些情况下，OPMF 比纯货币政策工具（传统和非传统）的副作用可能更小；从理论角度分析，OPMF 比其他政策工具导致通胀的风险也更小。

第八，OPMF 的政治经济风险是很大的。强有力的纪律和规则是确保 OPMF 不被滥用（从有效药物沦为危险毒药）的关键。基于独立央行的独立判断和清晰的通胀目标或其他目标制，能够设计出相应的纪律和规则。

第九，应该打破禁止使用 OMF 的禁忌。如果继续固守这一禁忌，会造成 OMF 工具使用太迟而无法发挥效用或带来危险，或者以不受约束的方式使用 OMF，从而加剧金融体系和宏观稳定的风险。

魔鬼、货币和债务

最后，我们应该从魔鬼、货币和债务中得出什么结论呢？对于魏德曼而言，《浮士德》第二卷的含义是显而易见的。在一段令人愉快的消费者需求上升和国家债务降低的上行周期过后，"所有这些活动将演化为通胀，货币迅速贬值破坏了货币体系"。

但是，魏德曼关于梅菲斯特货币实验消极影响的观点受到了一些权威人士的挑战。普林斯顿大学杰出的经济史学家詹姆斯教授是研究两次世界战争之间德国经济史的顶尖专家，非常熟悉德国历史与文学，在题为《德国应该重读〈浮士德〉第二卷》（James，2012）的短文中，他对此持乐观态度。他说："在帝国统治下，一切事物都因为纸币引入而有所改善。将军们很高兴，因为又一次支付了士兵的工资，司库发现可以还清所有债务，裁缝们忙于做新衣服，女士们更愿意从事回报丰厚的浪漫冒险。"

因此，尽管随之而来的是我们自己的危机，后果毋庸置疑，但我们应该将其视为一种警示——"房地产市场繁荣，笨蛋们都可以买大房子"——纸币创造的潜在收益不应被忽视。

究竟是魏德曼正确还是詹姆斯正确？实际上，他们的差异比字面意思要小得多：他们都指出了适度的货币创造能带来好处，也都表达了货币过度创造引发的通胀危险。詹姆斯的结论是"与以金银为本位的货币相比，管理良好的纸币制度使得价格更加稳定"，同时也能更好地满足潜在经济扩张的需要。货币——以纯粹的、不可赎回形式出现的法定货币——在严格约束下使用，是一剂经济良药，如果过度使用，就会成为潜在的毒药。

私人部门之间的债务合约，特别是银行贷款，创造了数量匹配的银行信贷和银行货币，歌德的《浮士德》没有提及它们，但 20 世纪 30 年代的大经济学家欧文·费雪和亨利·西蒙斯等人正确地指出，即使法定通货的创造受严格控制，同时财政赤字很小甚至不存在，且通胀率很低，不受控制的银行信贷和银行货币依然是金融体系动荡和随后的经济衰退的主要驱动力。这表明：

第一，在通货紧缩、经济周期下行的去杠杆阶段，我们可能需要更多地放松不可赎回的法定基础货币的创造，只要其未超过规定的限额。

第二，在经济上行阶段，我们要比此次危机之前更多地关注私人货币和私人债务的过度创造，应格外小心地防止将私人债务和杠杆率上升作为乱中逃生的工具，正是过度的债务创造使我们深陷危机而不能自拔。

（王胜邦　译）

参考文献

[1] Admati, Anat, Peter Demarzo, Martin Hellwig, Paul Pfleiderer: *Fallacies, Irrelevant Facts and Myths in the Discussion of Capital Regulation, Why Bank Equity is Not Expensive*, Max Planck Society, 2010.

[2] Bagehot, Walter: *Lombard Street*, originally published in 1873.

[3] Benes, Jaromir, Michael Kumhof: *The Chicago Plan, Revisited*, IMF Working Paper, WP/12/202, August 2012.

[4] Bernanke, Ben: *Japanese Monetary Policy: A Case of Self – induced Paralysis*, in Japan's Financial Crisis and its Parallels to US Experience, edited by R Mikitani and A Posen, IIE, September 2000.

[5] Bernanke, Ben: *Non – Monetary Effects of the Financial Crisis*, in Essays on the Great Depression, Princeton University Press, 2004.

[6] Bernanke, Ben: *Some Thoughts on Monetary Policy in Japan*, Tokyo, May 2003.

[7] Blanchard, Olivier, Daniel Leigh: *Growth Forecast Errors and Fiscal Multiplies*, IMF Working Paper WP/13/1, January 2013.

[8] Blanchard, Olivier, Giovanni Dell'Ariccia, Paolo Mauro: *Rethinking macroeconomic policy*, IMF Staff Position Note, February 2010.

[9] Bootle, Roger, Julian Jessop: *Does inflation offer a way out of the debt crisis?* Capital Economics, June 2011.

[10] Buiter, Willem: *Debt of Nations – Mr. Micawber's Vindication: Causes and Consequences of Excessive Debt*, Citi GPS: Global Perspectives and Solutions, November 2012.

[11] Buiter, Willem: *Helicopter Money: Irredeemable Fiat Money and the Liquidity Trap*, 2004.

[12] Buiter, Willem: *Looking into the Deep Pockets of the ECB*, Citi Economics, February 2012.

[13] Carney, Mark: *Guidance*, Remarks to the CFA Society of Toronto, December 2012.

[14] Cecchetti, Stephen, Enisse Kharroubi: *Reassessing the Impact of Finance on Growth*, Working Paper, No. 381, BIS, July 2012.

[15] DeLong, Bradford, Lawrence Summers: *Fiscal Policy in a Depressed Economy*, Brookings Panel on Economic Activity, Spring 2012.

[16] Einaudi, Luigi: *Debts*, in Luigi Einaudi, Selected Economic Essays, Palgrave Mac-

millan 2006. (First published as "Debiti" in La Reforma Sociale XLI, Vol. XLV, No. 1, January 1934).

[17] Fisher, Irving: 100% *Money and the Public Debt*, Economic Forum, Spring Number, 1936, pp. 406–420.

[18] Fisher, Irving: *The Debt – Deflation Theory of Great Depressions*, Econometrica, 1933, 1 (4), pp. 337–357.

[19] Friedman, Benjamin: *Monetary Policy*, *Fiscal Policy and the Efficiency of our Financial System: Lessons from the Financial Crisis*, International Journal of Central Banking, Vol. 8, No. 51, January 2012.

[20] Friedman, Milton, Ana Schwartz: *A Monetary History of the United States* 1867–1960, Princeton University Press, 1971.

[21] Friedman, Milton: *A Monetary and Fiscal Foreword for Economic Stability*, American Economic Review, Vol. 38, June 1948.

[22] Friedman, Milton: *The Optimum Quantity of Money*, 1969 (Transaction Publishers, 2006).

[23] Gennaioli, Nicola; Anderi Shleifer and Robert Vishny: *Neglected Risks*, *Financial Innovation and Financial Fragility*, FEEM Working Paper, No. 111, September 2010.

[24] Goethe, J. W. von: *Faust* (Part II), Wordsworth Classics of World Literature, 2007 (first published in 1832).

[25] Goodhart, Charles: *Globalisation and Financial Supervision: Where Next?* Bank of England /NBER Conference, London, September 2011.

[26] Goodhart, Charles: *Monetary Targetry: Possible Changes under Carney*, Morgan Stanley Research, January 2013.

[27] Gurley, John, Edward Shaw: *Money in a Theory of Finance*, Brookings Institution 1960.

[28] IMF: *Fiscal Monitor*, *Taking Stock: A progress report o fiscal adjustment*, October 2012.

[29] James, Harold: *Germany should re – read Goethe's Faust Part II*, Financial News, October 2012.

[30] James, Harold: *The German Slump*, Oxford University Press, 1936.

[31] Joyce, Michael, Matthew Tongand Robert Woods: *The United Kingdom's Quantitative Easing Policy: Design*, *Operation and Impact*, Bank of England Quarterly Bulletin, Q3 2011.

[32] Keynes, John Maynard: *The General Theory of Employment*, *Interest and Money*, MacMillan Cambridge University Press, 1936.

［33］ King, Mervyn: *Speech to the South Wales Chamber of Commerce*, Cardiff, 23rd October 2012.

［34］ King, Mervyn: *Twenty Years of Inflation Targeting*, The Stamp Memorial Lecture, London School of Economics, October 2012.

［35］ Koo, Richard: *The Holy Grail of Micro – economics*, *Lesson from Japan's Great Recession*, Wiley, 2009.

［36］ Kotlikoff, Laurence: *Jimmy Stewart is Dead*: *Ending the World's Ongoing Financial-Plague with Limited Purpose Banking*, Wiley 2010.

［37］ McCulley, Paul and Zoltan Pozsar: *Helicopter Money*: *Or How I Stopped Worrying and Love Fiscal – Monetary Cooperation*, McCulley and Pozsar, 2012.

［38］ McCulley, Paul: *Some Unpleasant Keynesian – Minsky Logic*, Global Central Bank Focus, June 2010.

［39］ Miles, David, Jing Yang and Gilberto Marcheggiano: *Optimal Bank Capital*, Bank of England, External MPC Unit, Discussion Paper No. 31, January 2011.

［40］ Minsky, Hyman: *Stabilizing an Unstable Economy*, Yale University Press, 1986.

［41］ Moe, Thorvald: *Marriner S. Eccles and the* 1951 *Treasury Federal Reserve Accord*, Norges Bank, August 2012.

［42］ Reinhart, Carmen & Kenneth Rogoff: *Shifting Mandates*: *The Federal Reserve's First Centennial*, forthcoming in America Economic Review, May 2013.

［43］ Sargent, Thomas and Neil Wallace: *Some Unpleasant Monetarist Arithmetic*, Federal Reserve Bank of Minneapolis, Quarterly Review, Fall 1981.

［44］ Schularick, Moritz and Alan Taylor: *Credit booms gone bust*: *Monetary policy*, *leverage cycles andfinancial crises* 1870–2008, NBER Working Paper, No. 15512, November 2009.

［45］ Simons, Henry: *Rules Versus Authorities in Monetary Policy*, The Journal of Political Economy, Vol. 44, No. 1, pp. 1–30, February 1936.

［46］ Stein, Jeremy: *Monetary Policy as Financial Stability Regulation*, Quarterly Journal of Economics, 127, pp. 57–95, 2012.

［47］ Taylor, Alan: *The Great Leveraging*, NBER Working Paper 18290, August 2012.

［48］ Turner, Adair: *Credit Creation and Social Optimality*, Southampton University, 29 September 2011.

［49］ Turner, Adair: *Debt and Deleveraging*: *Long Term and Short Term Challenges*, Presidential Lecture, Centre for Financial Studies, Frankfurt, 21 November 2011.

［50］ Turner, Adair: *Monetary and financial stability: lessons from the crisis and from some old economic texts*, speech at South Africa Reserve Bank Conference, November, 2012.

［51］ Turner, Adair: *Securitisation, Shadow Banking and the Value of the Financial Innovation*, Rostov Lecture, School of Advanced International Studies, Washington, 19 April 2012.

［52］ Turner, Adair: *What Do Banks Do? Why Do Credit Booms and Busts Occur? What Can Public Policy Do About It?* The Future of Finance: The LSE Report, Chapter 1, LSE, London, March 2011.

［53］ Ugolini, Stefano: *What do we really know abut the long – term evolution of central banking?* Norges Bank's Centenary Project, Working Paper 12, 2011.

［54］ Weidman, Jens: *Money Creation and Responsibility*, Speech at the 18th colloquium of the Institute for Bank – Historical Research (IBF), Frankfurt, September 2012.

［55］ Werner, Richard: *New Paradigm in Macro – economics: Solving the riddle of Japanese Macro – economic Performance*, Palgrave Macmillan, 2005.

［56］ Whalen, Charles: *The Minsky – Simons Connection, A Neglected Thread in the History of Economic Thought*, Journal of Economic Issues, Vol. XXII, No. 2, June 1988.

［57］ White, William: *Ultra Easy Monetary Policy and the Law of Unintended Consequences*, Federal Reserve Bank of Dallas, Globalization and Monetary Policy Institute, Working Paper, Vol. 126, August 2012.

［58］ Woodford, Michael: *Interest and Prices: Foundations of a Theory of Monetary Policy*, Princeton, 2003.

［59］ Woodford, Michael: *Methods of Policy Accommodation at the Interest – Rate Lower-Bound*, Paper delivered at Jackson Hole Symposium, August 2012.

财富、债务、不平等和低利率：
四大趋势与启示[①]

阿代尔·特纳

2008 年金融危机的危害很大，大多数发达经济体的人均产出比危机前下降了 10%～15%，而一些国家的平均实际工资甚至要低于 10 年前的水平。

但是，在许多发达经济体，一些问题在危机之前就已经显现了。美国收入最低的 25% 群体人均实际工资在过去 25 年间没有上升。虽然金融危机源于近 20 年的信贷增长过快，但是产出并未同步快速增长，只是温和地增长。我们的经济似乎迷失了方向。因此，后危机时期关注的焦点仅集中于金融体系或危机的直接原因，不足以解决一些根本缺陷。

本文将着重讨论对金融和宏观经济稳定具有深远影响的四大趋势，这些趋势本身也非常重要，对公共政策和经济理论提出了一系列挑战，它们分别是：

第一，日益扩大的贫富差距。1980 年以来，美国实际收入最低的 20% 群体实际工资并未增长，同期收入最高的 1% 群体的收入提高了 3 倍；在其他经济体中，贫富差距的发展趋势虽然没有如此极端，但方向大体相同。

第二，持续上升的财富收入比。正如法国经济学家皮凯蒂（Piketty）所言，"财富又回来了"。18 世纪和 19 世纪积累的财富约为 GDP 的 6 倍，20 世

① 本文为英国金融服务局前主席阿代尔·特纳 2014 年 3 月 26 日在伦敦城市大学 CASS 商学院发表的演讲。阿代尔·特纳，英国金融服务局前主席、经济思想研究所高级研究员。

纪中叶下降到 3 ~4 倍，目前在许多发达经济体又回到了 6 倍。

第三，不断攀升的私人部门杠杆率。莱因哈特和罗高夫（Reinhart and Ro-goff）的计算结果表明，22 个发达经济体的私人部门杠杆率从 20 世纪 50 年代初的 50% 上升到危机前的 170% 。目前，许多新兴经济体的杠杆率迅速上升，中国尤为迅猛。

第四，逐步走低的实际利率。20 世纪 80 年代后期，投资者购买与指数挂钩的英国或美国 20 年期政府债券，无风险实际回报率约为 3.5% ，而 2007 年约为 1.5% ，危机之后下降到零。图 1 反映的是逐步下降的利率。

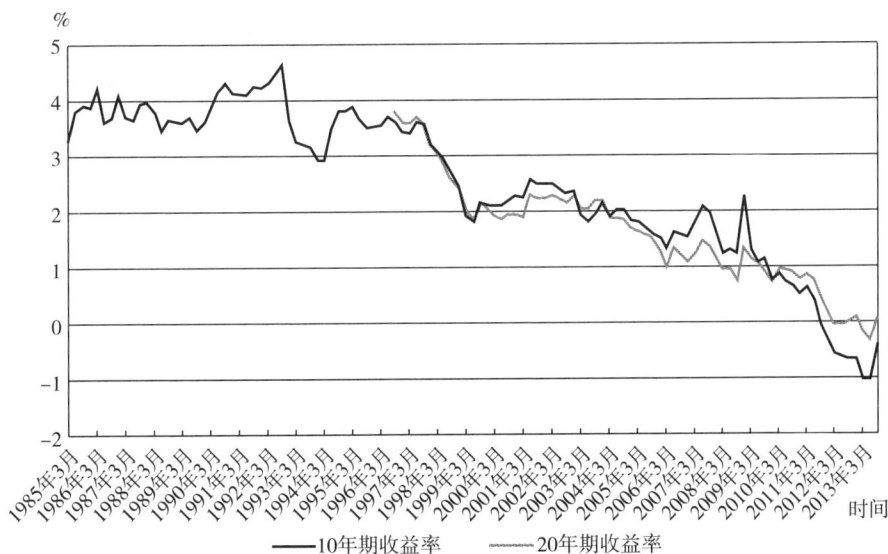

图 1　逐步下降的利率

这些趋势非常重要，本文主要观点包括：

第一，如果我们不理解这些趋势、其形成原因以及四大趋势之间的重要关联，我们就无法理解 2007 ~2008 年的危机，以及危机之后缓慢和脆弱的经济复苏。

第二，旨在遏制金融和宏观经济不稳定的政策将是无效的，除非这些政策能够应对经济生活的这些根本性变化。

第三，理解这些趋势之间的联系是回答萨默斯命题的关键所在，即除了2008 年金融危机的直接影响外，发达经济体是否还面临着长期停滞这样一个长期性命题。

本文将逐一考察每个趋势，以及它们如何共同发挥作用，也会指出这些趋势对经济理论和公共政策的启示，并在最后讨论长期停滞的问题（长期停滞是指什么？是否存在?），以及这四个趋势与长期停滞之间的联系。

这里先提出几个相关指标，有助于厘清本文的主题，我倾向于持有以下观点。

一是股权价值源于投资，财富积累源于储蓄……而事实上相当部分股权价值并非源于投资，财富积累也并非源于储蓄。

二是银行吸收储户的存款，并通过贷款为资本投资融资……而实际上，银行创造货币和购买力，大部分贷款与资本投资无关。

三是在"新经济"中实物资产的重要性下降……而实际上，土地价值在总财富中的份额不断上升。

四是经济增长将提供广泛的繁荣……但是，随着信息和通信技术的发展，可能并非如此。

因此，我们需要建构新的经济理论和公共政策方法。

日益扩大的贫富差距

税前收入差距在一些发达经济体急剧上升，总体上沿着两个维度。

首先，在几个国家，尽管不是所有国家，低收入群体的收入与均值或中位数之间的差距显著扩大，一些国家甚至未能分享到以"均值上升"表示的繁荣。

其次，几乎在所有国家中，虽然程度有所不同，但是收入最高的 10% 群体的收入与中位数的偏离度越来越大，而收入最高的 1% 群体比收入最高的10% 群体中的其他人的收入增长更快，处于塔尖的 0.1% 或 0.01% 群体更是如此。

收入差距的扩大反映了两个方面：一是工资性收入（earned income）的差

距不断扩大，二是国民收入中资本份额增加和工资份额呈现出下降的趋势。这与财富增加的重要性相关（第二节将详细讨论）。该趋势将扩大贫富差距，因为相对于工资收入分配，财富和资本的收入分配更不平等。

这些趋势为什么会出现？许多因素在其中发挥了作用。

在收入分配底端，产品市场和资本市场的全球化无疑发挥了作用，来自中国等低收入国家的竞争降低了发达国家非技术工人的市场价值。此外，工会力量的下降也是因素之一，而工会力量下降也部分归因于全球化。

在收入分配的顶端，不断变化的社会习俗非常重要且自我强化。高管薪酬是在非常不完善的市场中设定的。其中，规范、基准和比较扮演了主要角色。首席执行官的平均工资越高，给首席执行官支付高工资就越具有合理性。

在高收入群体中，发达经济体日益"金融化"也是一个主要因素。美国金融服务业占 GDP 的比重由 1950 年的 2.5% 上升到 2008 年的 8.3%（Greenwood and Scharfstein，2012）。金融部门的薪酬增速远远快于其他行业相同技术水平的工人的收入增速（Philippon and Reshef，2011）。在收入最高的 1% 群体中，金融家收入的增加起到了重要作用。

但是，足够的证据表明，发挥作用的最根本因素可能是技术，而不是全球化或"金融化"，并且该因素在未来的作用会更加突出。[1]

我们通常认为，市场经济会产生类似于水涨船高的效果。工业革命之前，经济或是不增长，或是增长非常缓慢，感知到的生活水平提高需要用几个世纪，而不是几十年；工业革命之后，每一代人的人均产出都显著提升。1000 ~ 1820 年，西欧的人均产出年增长率大约为 0.1%，而 1820 ~ 2000 年年均达到 1.5%（Maddison，2001）。

技术进步推动人均产出增加，使得生活水平上升成为可能。技术摧毁了一些工作，同时也创造了新的就业岗位。勒德（Luddite）的担心（机器将导致工人的永久性贫困）未成为现实。

一直到 20 世纪中叶，绝大多数经济学家都相信，技术进步不仅与充分就

---

[1] 随着中国实际工资相对于发达经济体的上升，全球化对贸易部门非技术工人工资的影响会下降。

业相互兼容，而且所有群体的收入均至少会有一定的上升。

但是，最近的研究表明，在工业革命早期阶段，平均实际工资的增速远远落后于生产率的增速（R. C. Allen, 2009）。在 1800～1830 年间，英国平均实际工资并未增长，许多人的工资反而明显下降。在 1830～1860 年间，工资增长仍然落后于人均产出增长，持续繁荣的绝大部分收益被资本所有者获得。只是在 19 世纪后 40 年，平均实际工资才加快增长，几乎所有人均感受到了生活水平的不断提高。

这说明，人均产出的增加与所有工人生活水平的提高之间没有必然联系。这取决于资本与不同类别的劳动力之间的"替代弹性"（elasticity of substitution）：使用资本自动替代劳动密集型工作的容易程度、生产新资本品的容易程度和成本、生产资本品需要的劳动力类型（熟练或不熟练）、是否需要熟练劳动力来操作资本品。

20 世纪中叶资本主义产生的持续繁荣几乎惠及发达经济体的每个人，这一事实可能不是资本主义的固有特征和一般成长规律，而是应用具体技术的偶然结果，尤其是机电制造技术。

现代信息和通信技术（ICT）内在地具有显著不同的特征，可能会对要素收入产生非同寻常的影响。

试想一下，30 年前，有人发现了一套咒语，使你能够与世界上任何地方的人聊天，比如咒语"急急如律令 123 约翰"，借助这套咒语，不管约翰身在何处，你都可以和他聊天，这会产生什么样的经济后果呢？

只要发现者足够聪慧，在披露该咒语之前获得了知识产权，他就会成为世界上最富有的人：他的知识产权律师、他的奢侈品供应商以及他的团队组织者都会做得很好，也会有很多人为其团队提供服务，但通话过程本身并不会雇用人，因为正如本文所述，你需要做的全部事情就是说咒语。

信息和通信技术当然不是纯粹的魔法，但它们的经济影响相对于机电技术而言更接近于魔法。通用汽车公司高峰期雇用的员工超过 80 万人，而微软员工只有 10 万人，苹果只有 8 万人，谷歌只有 5 万人。脸书（Facebook）市值高达1700 亿美元，员工仅有 5000 人，最近脸书投资 190 亿美元收购了 WhatsApp，该公司只有 55 名员工。信息和通信技术行业的财富和就业情况详见图 2。

	市场（10亿美元）	雇员（千人）
Microsoft	330	~99000
Google	404	~50000
f	170	~6000
Instagram	1*	~12
WhatsApp	19*	55

每1位工程师对应100万名用户，且这一数据稳步上升

只有32位工程师，每个WhatsApp开发人员支持1400万名活跃的用户

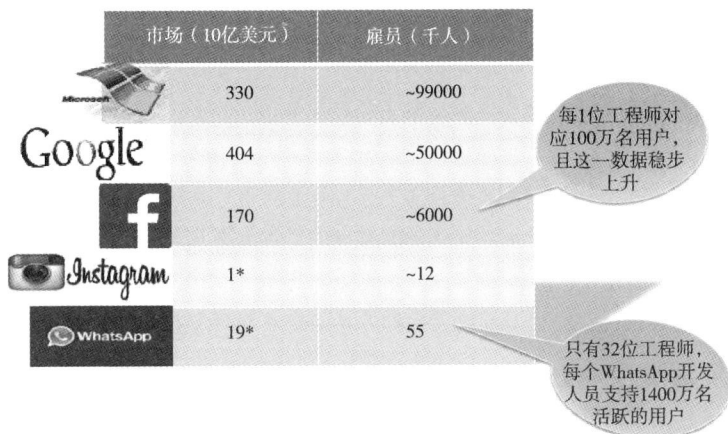

注："＊"表示由脸书付费。

图2　信息和通信技术行业的财富和就业情况

脸书的"资本资产"是确保系统运行的"机器"，该"机器"由年均500个软件工程师花费10年时间建立起来①。这种5000人/年的"资本投资"与以前的汽车产业相比简直微不足道，在汽车生产出来和汽车公司股东分红之前，汽车制造商需投资建厂，还需要投资建立钢厂以生产用于制造汽车的钢材。然而，仅仅32个工程师开发和维护的WhatsApp软件却支撑了190亿美元的市值。

信息和通信技术固有的经济特征和潜在影响都非同寻常，埃里克·布莱恩约弗森（Erik Brynjolfsson）和安德鲁·麦卡菲（Andrew McAfee）最近出版的《第二次机器革命》（The Second Machine Age）是一本非常优秀、影响很大的书，有助于解释这种现象。信息和通信技术具有三个方面的不同特征。

其一，硬件成本的直线下降。1965年英特尔的戈登·摩尔（Gordon Moore）发表了著名的论断：花费1美元购买的集成电路运算能力将每年翻番。

---

① 脸书的软件工程师的准确数量我们无从知道。但是，2010年7月该公司透露："每个工程师对应100万名用户，这一数字还在稳步上升。"当时，脸书拥有5亿名用户，说明工程师约500人。假定工程师的数量自2004年公司成立时一直增加，目前脸书用户高达13亿人，即便工程师与用户之间的比例保持不变，也意味着仅有1300名工程师。脸书这些年投入的工程师数量超过5000人的可能性不大，目前公司市值为1700亿美元，每个工程师年均3400万美元。

后来他修改为每 18 个月翻番。但是，无论间隔时间长短是否精确，显然我们面临着呈数量级变化的技术进步，比先前开发的技术的进步速度要快 10 倍。超级快的节奏不仅仅指处理能力，还体现在硬件能力的关键方面，如储存和通信带宽。

其二，软件复制的边际成本为零。事实上，一个操作系统或应用程序生产出来后，复制另一份或 10 亿份的成本接近零。这在汽车还是制造汽车的机器生产领域都是不可能的。

其三，网络外部效应的极端重要性。大家都用微软的原因是我们都使用微软，青少年都使用脸书的原因是所有青少年均使用脸书。

布莱恩约弗森和麦卡菲令人信服地指出，这些鲜明特点的经济影响很大，并且在未来将进一步增强。

他们认为，这些技术将创造出巨大的经济"红利"（bounty）：目前由不熟练或熟练劳动力操作的业务将加速被自动化取代，并且它能够提供许多超出我们想象的新产品和服务。他们认为，事实上，迄今为止我们只看到了信息和通信技术巨大经济影响的冰山一角。

但是，他们也令人信服地证明，信息和通信技术将进一步扩大贫富差距。

信息和通信技术对贫富差距的影响源于该技术对非熟练劳动力和熟练（不同熟练程度）劳动力的工资以及对资本回报率的影响。

对于非熟练或低技能工人，负面影响的可能性很大。根据布莱恩约弗森和麦卡菲的论证，自 20 世纪 70 年代以来以技能为基础的技术变化持续推进，有效机器人技术和事务性工作自动化的发展将减少对低端工人的需求。其他领域（如面对面的个人服务）可能会出现更多就业机会，但相对实际工资率可能较低。

对于技术工人，演进模式可能充满变数。按照布莱恩约弗森和麦卡菲的描述，信息和通信技术的进一步发展可能会促使目前所谓"技术工作"的自动化处理。最近的一项分析表明，审计和会计师工作被机器取代的可能性与商品零售人员和电话销售被取代的可能性大体相当。但是，在人的技艺与计算能力协同的领域，影响将是积极的，技能的回报率将持续上升。2010～2030 年自动化导致岗位流失的概率详见表 1。

表1   2010～2030 年自动化促使岗位流失的概率

职业	概率（1为确定）
治疗师	0.003
私人教练	0.007
消防员	0.17
经济学家	0.43
机械师	0.65
商品零售人员	0.92
审计和会计师	0.94
电话销售	0.99

资料来源：The Future of Employment. How Susceptible are Jobs to Computerisation? C. Frey and M. Osbrne (2013)。

特别是非常高技能的回报率可能会很高，如明星和超级巨星，或类似群体，虽然数量很小，但拥有很高的收入和巨额财富，比如我想象中的那名发现了远程聊天咒语的女子。

在顶端也越来越难以区分丰厚的回报是源于技能还是资本，信息和通信技术的快速进步对资本回报率的影响并不清晰。一方面，理论上，如果新的资本硬件价格急剧下降，相对充裕的资本的回报率会下降，而稀缺技能的回报率将上升。如果信息和通信技术硬件以非常单纯简单的形式销售出去，我们的确看到了资本回报率快速下降的情形：随着新带宽的成本快速下降，许多在最初互联网热潮中安装光纤设备的公司出现了亏损甚至破产。另一方面，该效应可能会被异常强大的网络外部性、知识产权和品牌效应抵消。只要脸书存在，以较低成本复制其硬件和软件的事实对竞争态势和股权价值创造就变得无关紧要了。比尔·盖茨（Bill Gates）、杰夫·贝索（Jeff Bezos）、马克·扎克伯格（Mark Zuckburg）以及其他信息和通信技术精英的财富是否应该被定义为高技能回报、高技术回报或是源于赢家通吃的网络外部效应的租金，这一点并不清晰。①

但是，不管用哪种最佳方式去理解，结果都是巨额财富积累并非源于较多的储蓄/投资；也就是说，企业家及其背后的资本持有者并没有延迟消费，也没有大量的长期人力投资。

因此，信息和通信技术似乎已经成为我们看到的贫富差距日益扩大的一个主要驱动因素，并且在将来还会进一步扩大贫富差距。它扩大了较高技能和低技能工人的工资收入差异，为拥有非常高技能的劳动力、运气以及市场主导地位带来了丰厚的回报。

在不受信息和通信技术直接影响的部门，受其他因素影响，差异不断扩大和巨星回报不断增加的趋势也同样存在或将进一步加速。

未来经济必将变成信息和通信技术密集型，但这并不意味着每个人都成为以信息和通信技术为基础的工人。事实上，我们可以自动处理许多工作，这本身可能使未来经济中的"高接触"和"高科技"一样重要。②

许多就业机会被自动化取代，同时出现其他工作。按照定义，新涌现的工作将履行个人化的面对面服务功能，而技术几乎无法承担此类工作。据美国劳工统计局预测，未来 10 年间增速最快的就业领域包括"家庭健康助理""食品准备和服务工作""个人和家庭护理""护理助手、勤务兵和服务员"（BLS，2012）。虽然这些"亲密接触的工作"吸纳的就业数量很大，有助于保持合理的就业水平，但大多数情况下相对工资水平较低。

同时，由于技术有助于提高平均收入，尤其是如果技术为富人提供更快速的收入增长，消费者在价值取决于主观判断的商品上花费的比例将上升，如设计、时装或品牌等。虽然只需很小的"投资"，但这往往会为高技能人群带来更高的回报，因为这些人群可以创建设计或品牌以抓住人的注意力和忠诚度。

在收入分配的最顶端，超级巨星的回报增长，不仅限于信息和通信技术领域的企业家，而且包括体育明星和艺术精英，尤其是超级名模。有些非物质、非

① 理论上的不确定性使得国民收入中"工资收入"和"资本回报"的区分也越来越不清晰，如高技能员工越来越多地被给予股票期权作为薪酬，股票期权价值上升。
② 参见特纳（2012）《危机后的经济学》，以及特纳（2011）《只有资本》的详细讨论。

自动化特征的工作回报也会大幅度上升，如体育竞技、艺术创意和健身美体工作等。

我们的经济将走向"高科技"和"高接触"，但这两个领域的贫富差距将越来越严重，并且这两个领域中的巨额财富积累并非来自高投资。

关于贫富差距的小结

当然，还有许多悬而未决的问题，如前文所述，还有其他重要的贫富差距驱动因素，包括经济的金融化，但这并不妨碍我们得出如下结论：一是贫富差距显著扩大，并且还存在一些固有的技术因素使贫富差距进一步扩大；二是这些技术因素正在形成"无须投资就创造出股权价值"的现象。

日益加剧的贫富差距本身是一个重要的社会问题，同时也与金融问题相关。本文第三部分将证明日益加剧的贫富差距是推高杠杆率的重要因素之一；反过来，杠杆率的上升又进一步加剧了贫富差距。在讨论两者之间的相关性时，第二部分将重点讨论财富收入不断上升的现象。

财富归来

过去 40 年间，在绝大多数发达国家，财富收入比（W/Y）急剧上升。托马斯·皮凯蒂的近作《21 世纪资本论》，及其与祖克曼合作的论文（Piketty and Zucman，2013）探讨了原因和影响。

这种现象在发达国家普遍存在，尽管程度有所不同。20 世纪 70 年代发达国家平均财富收入比为 300%~400%，而目前该比例约为 600%。从更长的观察期来看，法国和英国的该比例经历了"U"形变化轨迹，19 世纪该比例约为 600%，到 20 世纪中期下降到 300%~400%，目前又回到了 600% 左右。1970~2010 年法国和英国的资本变化轨迹和分解情况详见图 3 和图 4。

"资本回来了"，这是皮凯蒂和祖克曼文章的标题。这为什么会发生？在数学上可以用两个因素来解释。

解释一：净储蓄和 s/g 的关系

W/Y 上升源于均衡关系效应：$W/Y = s/g$。其中，W 是财富，Y 是收入，

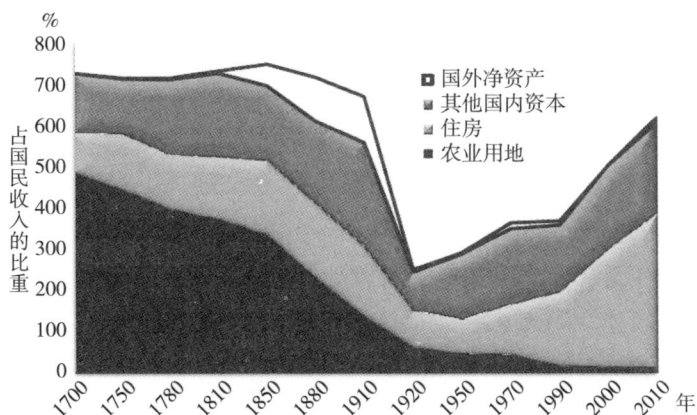

资料来源：Capital in the Twenty First Century, T. Piketty（2013）。

图 3　1700～2010 年法国的资本变化轨迹和分解

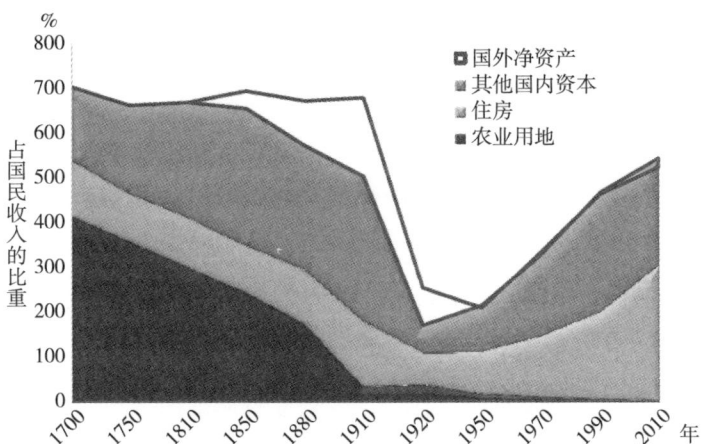

资料来源：Capital in the Twenty First Century, T. Piketty（2013）。

图 4　1700～2010 年英国的资本变化轨迹和分解

s 是净储蓄率，g 是收入增长的速度。

上式并非精确的会计表达式，不是在任何条件下均成立，但它是经济处于均衡状态下必须存在的一种关系。例如，在一个经济中，如果 W 增速与 Y 增速相同，那么 W/Y 将保持稳定。

如果 $s/g > W/Y$，财富积累的速度将快于收入，W/Y 将上升，直至达到均衡点。

因此，W/Y上升的一种解释是随着人口增速减缓，经济增长速度将趋于下降。前工业化时期财富收入比非常高的原因是人口扩张和技术进步均较慢。20世纪中叶W/Y均衡水平下降的原因是人口显著增加和技术进步，这意味着由于潜在增长率下降，现阶段该比例有可能上升。[1]

在某种意义上，这种解释看起来有些奇怪。如果经济增长潜力下降，全社会是否会自发地同比例减少储蓄率？因为积累资本的需求也会收缩。如果人口停止扩张，我们是否至少会不再建造新的房子？如果 g 下降，s 不随之下跌吗？

但是，皮凯蒂的研究基于如下事实：国民总储蓄并非人们对支持总需求的资本积累率作出集体理性决策的结果，而是个人受生命周期动机（储蓄是为了保证舒适的退休生活）或赠与动机（将财富留给继承人）驱动设定其财富积累目标的结果。

如果储蓄是由这些因素驱动的，储蓄率就独立于增长率，因此较低的增长率也会导致较高的均衡W/Y值。

财富与收入的比率可能因此增加，因为即便经济增长率和增长潜力下降，个人仍继续储蓄。如果未来增长速度进一步放缓，据皮凯蒂推测，W/Y值可能会进一步上升。

解释二：资产价格上涨速度更快

在上述解释中，财富积累源于实际净储蓄和净投资，因为当前收入的一部分用于储蓄/投资而不是消费。因此，$W_t + sY_t = W_{t+1}$，即期初的财富加上本期内的储蓄（未消费的收入）等于期末财富。

但是，即便没有实际储蓄，财富也会增加，如果构成"财富"的资产价格上升快于其他目前计入"收入"的商品和服务价格上升。皮凯蒂的计算结果表明，在许多发达经济体中（尽管并非所有发达经济体），这种效应在财富

---

[1]　即便 Brynjolfsonn 和 McAfee 的观点是正确的，即信息和通信技术对经济增长有显著影响，总生产率的增长潜力还是有可能下降，尽管信息和通信技术能显著改进自动化部门的生产率，使这些部门在经济总量中的份额上升，然而对于本质上具有面对面特征的部门而言，生产率提高却非常困难。因此，综合 Brynjolfsonn 和 McAfee 以及 Robert Gordon 的观点，可实现的总增长率有可能下降。

积累中扮演了重要角色。

实际上,没有储蓄的财富积累案例并不少见。如图 5 所示,1990 ~ 2010 年间,如果财富增长仅源于储蓄,英国的 W/Y 会从 314% 下降到 250%,但相对价格效应使得 W/Y 上升了 270%。

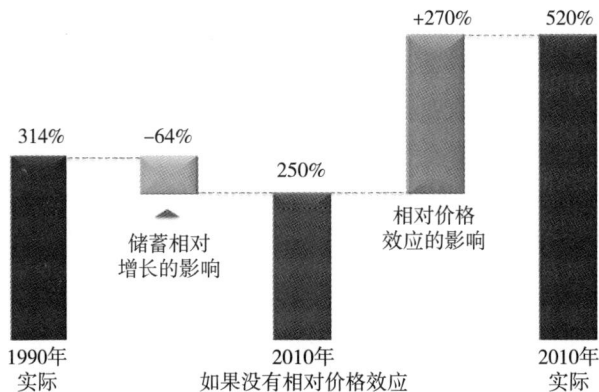

图5   1990~2010 年英国财富积累分解

根据皮凯蒂的计算,净储蓄效应和相对价格效应对不同国家 W/Y 上升的解释力有差异①。如图 6 所示,英国、美国和澳大利亚的资产价格上涨加速对 W/Y 上升的贡献度超过了 100%;也就是说,如果财富增长等于实际储蓄,W/Y 将下降。与此形成鲜明对比的是,德国和加拿大的净储蓄对 W/Y 上升的贡献度超过 100%。在法国、日本和意大利,45% ~ 70% 的增长可由净储蓄来解释,其余部分源于相对价格效应。

这是怎么回事呢?不同国家表现出明显的差异。皮凯蒂本人强调,他的研究并不能提供所有的答案,但是将激发对该问题更深入的探索。但是,这些数字表明,相对价格效应可能非常重要,而且至少三个因素有助于解释这一事实。

一种解释是,皮凯蒂称之为"反弹效应"(rebound effect)。在 20 世纪上半叶许多发达经济体的政治和社会大动荡时期,资本资产有时被战争摧

---

① 需要注意的是,未直接估计相对价格效应,但将它作为净储蓄效应的剩余项。

	净储蓄效应	相对价格效应	
美国 🇺🇸	−34	+66	超过100%可由相对价格效应解释
英国 🇬🇧	−64	+270	
澳大利亚 🇦🇺	−20	+204	
法国 🇫🇷	+170	+83	～ 60/40
意大利 🇮🇹	+150	+189	
日本 🇯🇵	+186	+72	
德国 🇩🇪	+271	−173	超过100%可由净储蓄效应解释
加拿大 🇨🇦	+155	−22	

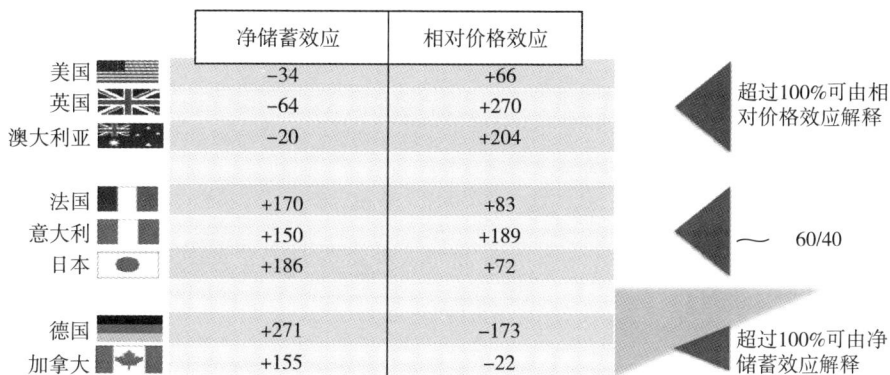

图6　不同国家财富积累贡献分解

毁，有时被没收，或被课以重税。股票及其他价格因极度不稳定受到了压制，因此，W/Y 可能被压低到其均衡值之下。20 世纪中叶以来，随着混乱消退以及财产所有权的政治环境变得更加有利，所以，如皮凯蒂分析，W/Y 恢复到 s/g 的基本面。

但还有另外两种解释，皮凯蒂自己的数字也显示，其中一个解释至少在部分国家有很强的解释力。

第一，与前述脸书的现象有关，市值为 1700 亿美元的公司的"资本投资"仅相当于 5000 个工程师 1 年的工作量。如果我们将财富创造分解为可识别的"净储蓄"要素和剩余项，剩余项将占主导地位。对于享受知识产权保护、网络外部性或品牌主导效应的其他信息和通信技术公司来说，这种情形属实。对于那些已经开发出价值不菲的基于品牌的时装公司和设计公司而言，大体也是如此。

与皮凯蒂的反弹效应显著不同的是，在现代"高科技、高接触"经济中，资本投资/储蓄对股票价值上升的解释力越来越弱。我们实现了没有积蓄的财富积累，因为我们无须投资就可以创造股权价值。

第二，城市土地价格上涨。该影响在一些国家更为显著，实际上已经发挥主导作用了。

图 3 和图 4 展示了过去 3 个世纪里英国和法国 W/Y 的变化轨迹与不同类型财富的贡献，从中可以看到两个显著的特征：一是土地作为一种财富，其重

要性在 19 世纪不断下降；二是房地产作为财富源泉之一，在过去 40 年间的重要性不断上升。

目前，这两个国家的房地产占国民财富的比例超过了 50%，而过去 40 年间 W/Y 的显著上升主要是因为房地产价值上升。

土地/房地产在总财富中的份额经历了明显的"U"形变化。但是，事实上这并非一个资产类别的重要性先降后升，而是两个完全不同的资产类别，只是碰巧都与土地相关。

第一，19 世纪的趋势反映了土地作为粮食生产的一个要素，其重要性相对下降，因为食品支出在总消费中的份额下降。①

第二，过去 40 年间房地产价值的上升反映了住宅和商业地产价值的上升，特别是城市房地产价值的上升。

但是，按照现代房地产数据，土地——特别是城市土地——扮演着非常重要的角色。虽然可得数据并不完备，但至少在英国，房屋建造成本不能解释大部分住宅房地产的价值，而是可以通过其占用的土地来解释：房地产增值的绝大部分源于土地的增值。

在座的各位想想自己的房屋或公寓，情况就清楚了。你们的房屋或公寓的市场价值与 1990 年相比，上升了好几倍，更不用说与 1970 年相比了。在大多数情况下，房屋或公寓早在 1990 年就已建成了，用于重建和翻新的净储蓄/投资只是房屋增值部分的很小比例，即便是新建的房屋或公寓，建造成本占当前市场价值的比例也很低。

与脸书的故事差不多，我们在没有资本投资/储蓄的情况下实现了财富积累，但这次所涉及的资产是特定位置的土地。

在大多数发达经济体，尽管程度非常不同，但是住宅和商业地产及其隐含的城市土地的价值增长显著快于国民收入，因此 W/Y 上升。② 在一些国家，尤其是英国，这种影响解释了绝大部分 W/Y 的上升。在一些新兴国家也一样，

---

① 此外，技术的应用范围不断扩大提升了土地产量，也压低了土地价格，对新世界广袤土地的竞争也导致欧洲土地价值的下降。

② 租金和资本价值均上升，但是由于房地产价值和租金具有特定的 W/Y，显著高于整个经济体平均 W/Y，因此，一个经济体的房地产密集度越高，总的 W/Y 就越高。

特别是中国，城市房地产和土地价格对财富积累也非常重要。

为什么会出现土地价格大幅度上升的情形？我从两方面解释：一是消费者偏好效应，二是投资资产效应。

消费者偏好效应反映的事实是随着人们总体上变得更加富裕，他们用于获得特定位置土地所有权的费用占可支配收入的比例不断提高，以获取生活在舒适区域的权利。

人们对许多商品和服务需求的收入弹性都小于1，即随着收入上升，人们用于购买更多的电视、洗衣机或食品的开支不会同比例上升。然而，人们对于特定位置住房需求的收入弹性却显著大于1。同样，对海滨酒店而不是较远的酒店、对靠近滑雪胜地的宾馆而不是山下的宾馆的需求也遵循相同的规律，同样的道理也适用于对最方便区域的写字楼的需求，以吸引高技能的员工。

但是，如果特定位置的理想土地的供应缺乏弹性，那么土地价格就是唯一的选择。

其一，物业/城市土地的租金占收入的比例通常会随时间推移不断上升。

其二，物业/城市土地的价值通常上升，有时会成比例上升（如果相关利率/折现率保持稳定）；如果相关利率/折现率下降，甚至会加速上升（历史上确实出现过，详见第四节）。

因此，在增长的发达经济体中，由于如下两个因素的相互作用，W/Y 有内在的上升趋势：（1）对特定区位的土地需求有高收入弹性；（2）特定区位的土地供给则高度缺乏弹性。

这意味着即便一个国家人口稳定，没有新建房屋，"新储蓄/投资"在住房财富积累中未发挥任何作用，房地产占总财富的比例也会越来越高，反过来促使财富收入比越来越大。

下文将探讨投资资产效应。通常，随着时间的推移，消费者偏好效应本身会使房价增速高于收入增速。然而，一旦观察到这种现象，追求资本利得的住房"投资"将进一步强化这种趋势。随着房产成为投资标的，未来资本利得预期对房价的影响不亚于消费者的实际住房需求对房价的影响。[1]

---

① 参见 Dorling（2014）有关英国住房如何成为投资资产以及该趋势的启示。

这种极端现象在伦敦、迪拜、新加坡、中国香港及其他全球性城市的高端住房市场上显而易见：购买大型豪华公寓，却很少居住；住房成为财富的主观象征，其价值上升是因为寻求资本收益的买家认为后续买家将支付更高的价格。

同时，英国还形成了快速增长的"购房出租"市场，住宅房产显然成为备受投资者青睐的"资产类别"。

然而，投资资产效应更普遍地在许多住房市场中发挥作用，而不限于高端市场和明确的商业投资。许多美国次贷借款人从租房转向购买住房，目的是追求资本收益；过去几十年中，英国年轻人购买住房，期望获得资本收益，或是担心如果住房价格涨幅过大将遭受机会损失。"搭上住房市场这班车"与住房作为投资标的相关。对于发达经济体中的很多人来说，住房兼具两种属性：它既是消费品，也是最重要的投资资产。

但是，该效应的显著程度在不同国家差别很大。几乎在所有发达经济体中，房地产占总财富的比例都比较高，且不断上升。但是，在英国和法国，财富积累中的房地产价格效应要远远大于德国，澳大利亚的房地产价格效应远超加拿大。过去几十年间，英国人通过购房来储蓄，德国人却并没有这样做。

国家之间出现差异的原因值得深入分析。人们通常认为，高人口密度将使城市土地供应更加无弹性。然而，尽管法国人口密度较德国低，但房地产对法国的重要性高于德国。澳大利亚是人口密度极低但城市地价较高的典型例子。经济地理和社会偏好的具体情况似乎很重要，包括哪些地区更理想、高收入群体倾向于集中在一个主要城市（伦敦或巴黎）还是分散居住（德国城市）等。

但是，即使房地产对财富积累的作用在所有发达经济体并非同等重要，它的普遍性也足以对全球宏观经济和金融稳定产生重要影响。

前文所述原因综述如下：（1）对特定区域的房地产需求有高收入弹性；（2）特定区域的房地产供给缺乏弹性；（3）获取资本利得的投机性欲望；（4）强烈渴望生活在理想区域；（5）未来价格趋势的预期受到近期实际趋势的显著影响，几乎所有投资类资产都有这种趋势。因此，随着时间的推移，城市房地产的价值具有高度不确定性和潜在的高波动性，特定区域的城市土地是不可再生的，实际上不能有效形成有意义的"均衡"或"理性"价格。

小结和启示

皮凯蒂的研究指出了财富和收入之间的关系的重要发展趋势。

第一，总体上看，W/Y 上升了。

第二，一定程度上反映了经济增长放缓，而这又部分地源于反弹效应。

第三，部分地反映了"无须储蓄和投资就能创造财富"的重要性日益上升，这其中包括：（1）无资本投资的股权价值创造，如脸书现象；（2）特定区域的城市房地产价格上升，特别是不可再生的土地价值上升。

皮凯蒂本人初步指出，整个 21 世纪，全球 W/Y 将延续目前的上升势头。如果我在前文强调的那些特定因素非常重要，上升的幅度可能显著高于他的推断。1870～2100 年世界资本收入比详见图 7。

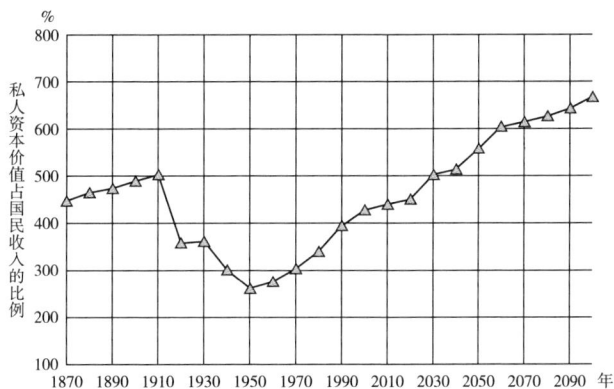

资料来源：Capital in the Twenty First Century，T. Piketty（2013）。

图 7　1870～2100 年世界资本收入比

W/Y 上升具有深刻的影响。即使 W/Y 稳定在目前的较高水平上，更不用说进一步上升，也可能会加剧不平等，并直接影响金融稳定。

几乎在所有社会，相对于收入分配不平等而言，财富分配不平等更加严重。随着财富重要性的上升，不平等将进一步加剧。

第一，W/Y 上升使得收入分配更加不平等。较高的 W/Y 并不一定意味着资本要素在国民收入中的占比较高：按照某些生产函数的设定，的确并不一定是这样，因为随着资本积累量上升，资本回报率会下降①。但皮凯蒂的研究表明，资本要素所占份额在发达经济体中有所增加。由于财富分配高度不平等，资本份额的上升加大了总收入（劳动收入＋资本收入）的不平等。

第二，正如皮凯蒂正确地强调的，如果储蓄的税后回报率超过增长率（$r > g$），财富不平等可能会自我强化。由于富裕群体的消费支出占比较低，更加容易以高于经济增长的速度积累财富，而占有财富较少的人更有可能使用资本收入以支持消费。

日趋加剧的不平等本身就值得高度关注。第三节将进一步讨论，不平等的加剧还可能推高杠杆率，并加大失稳的风险。

W/Y 的上升还会直接带来不稳定的后果。

一是私人财富水平的变化诱发消费和投资支出水平的变化，从而影响宏观经济。②

二是 W/Y 越高，任何给定比例的财富变化对支出流量乃至收入的潜在影响也就越大。

三是如果总财富增长主要由房地产驱动，由于房地产价值高度不确定且潜在波动性大，危害将被放大。

可见，即便经济体中只有股权合同没有债务合同，不断上升的 W/Y 和房地产不断上升的重要性也可能使经济更不稳定；然而，如果杠杆率很高且上升，潜在的不稳定性将进一步加剧。

私人部门杠杆率的持续攀升

过去几十年见证了发达经济体私人部门杠杆率的上升，由于不平等和 W/Y

---

① 如柯布—道格拉斯（Cobb – Douglas）函数通常使分析更加方便，但柯布—道格拉斯函数仅在基础技术条件未发生变化时方能成立。

② 这些影响有可能是严重不对称的。在经济上行期，净财富的增加不一定引起消费和投资的同比例增加；但是，在后危机的下行阶段，债务积压（debt overhang）以及为应对净财富下降而被迫去杠杆可能产生严重的紧缩效应。

的变化趋势有差异，不同国家之间的杠杆率变化也存在显著差异。

美国私人部门的杠杆率从二战结束到 2008 年金融危机持续上升，私人部门债务占 GDP 比例从大约 50% 上升至 180% 左右。美国公共和私人部门的杠杆率详见图 8。

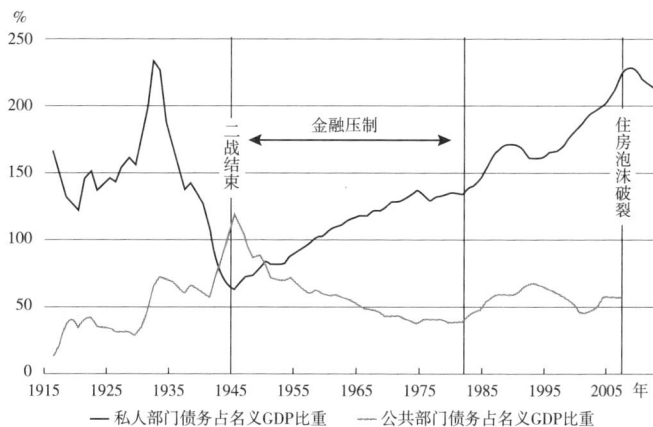

资料来源：Mcculley and Pozsat。

图 8　美国公共和私人部门的杠杆率

英国经历了家庭部门杠杆率的急剧增加，家庭部门债务占 GDP 比例从 1964 年的 15% 上升到 2008 年的 95%。1964~2009 年英国家庭储蓄和贷款情况详见图 9。

然而，在德国，至少在近 20 年中，私人部门杠杆率增长非常有限，先是缓慢地增加，然后有所下降。① 1991 年至 2010 年，第三季度德国私人部门的杠杆率详见图 10。

但平均而言，过去几十年发达经济体的杠杆率显著增加。在许多新兴经济体，尤其是中国，杠杆率也出现了快速上升。

---

①　然而，在一定程度上，德国经济增长也是信贷依赖型的，只不过信贷增长发生在其他国家。在贸易和资本市场紧密联系的世界中，相对于全球信贷密集度的提高，单个国家数据差异的意义较小。

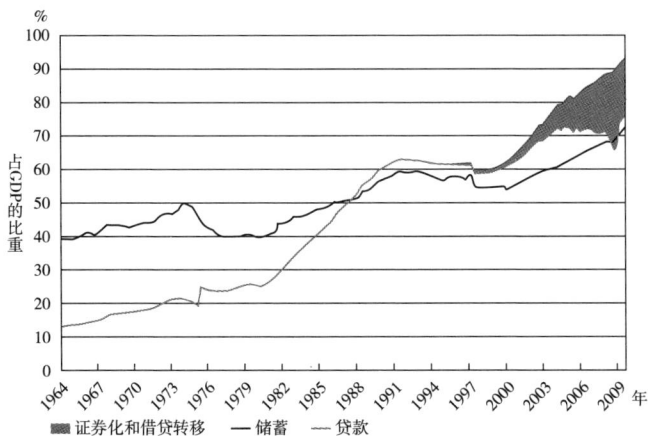

资料来源：Bank of England，Tables A4. 3，A4. 1。

图9　1964～2009年英国家庭储蓄和贷款

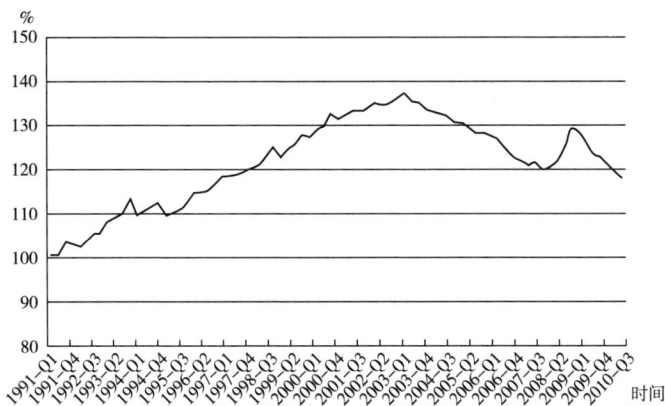

图10　1991年至2010年第三季度德国私人部门的杠杆率

　　私人信贷占 GDP 的百分比上升意味着私人信贷增长超过名义 GDP 的增长。[①] 但是，危机之前信贷快速增长并未导致通胀率超过央行的目标。从实现名义需求增长和实际产出增长更符合潜在增长率的角度来看，快速信贷增长似

---

　　① 总体而言，在危机之前的 20 年中，由于前期的通胀率较高，发达经济体名义 GDP 年均增长 5% 左右，但私人部门信贷每年增长 10%～15%，有时增长得相当快。

乎是必要的。① 这提出了一个严肃的两难问题：我们似乎需要信贷增速高于 GDP 增速，以实现最佳的经济增长，但这不可避免地会导致危机和危机后的经济衰退。

然而，危机之前的主流观点却认为，这种信贷密集型增长以及由此导致的杠杆率上升实际上是中性的或者是良性的。

央行和现代货币理论信奉的信念是：实现低且稳定的通胀足以保证金融和宏观经济稳定，实体经济部门总资产负债表和金融体系的结构等细节问题很大程度上可以忽略。

金融理论同时强调债务合同的正面效果。实证研究似乎也表明，提高银行信贷占 GDP 比例与经济增长呈正相关。

金融危机证明，危机前的信条彻头彻尾是错的。我最近在法兰克福的演讲（Turner，2014）中主张：

第一，过度的信贷增长是金融动荡和危机的关键驱动因素。

第二，一旦危机发生，私人部门的杠杆水平就显得至关重要：杠杆率越高，债务积压就越严重，影响就越持久，后危机复苏就越慢和越脆弱。

第三，超过一定限度的过高私人部门杠杆率是危险的。

私人部门杠杆率的增长是 2008 年金融危机的重要原因之一，当然也是后危机经济深度衰退以及复苏脆弱和缓慢的根本原因。本节重点讨论杠杆率上升与贫富差距加剧以及财富性质的变化之间如何相互作用。在讨论细节前，我们先来认识两个重要的现实问题：一是银行创造货币，二是大多数贷款并未履行经济学和金融学文献中描述的功能。

银行创造货币

经济学教科书和学术论文通常描述银行如何吸收储户存款和贷款给借款人，然而，对银行究竟是做什么的描述是远远不够的。它们创造了信贷货币和购买力。这个后果非常严重：它们可以创造无限的私人信贷和货币，创造多少

---

① 央行目标是名义总需求增长率与2%的通胀率一致，实际增长率与潜在增长率一致。其政策工具是利率，部分通过信贷市场发挥作用。与通胀目标兼容的信贷创造速度会超过名义 GDP 增速。如果央行提高利率以降低信贷增长，理论上名义 GDP 增速会降低，同时通胀也会下降，实际增长率将低于潜在增长率。

以及控制其创造能力的机制极其重要。①

多数信贷未用于投资

经济学教科书和学术论文也倾向于用以下语言来描述银行的作用：家庭将钱存入银行，银行借钱给企业为备选投资项目融资。金融理论认为，债务合同的正收益包括银行使资本投资的融资更加容易，保证资本在不同投资机会之间更有效率地配置。②

然而，这远远不够。发放贷款为资本投资融资只是银行职能的一部分。除此之外，银行还借钱为平滑生命周期消费融资，使人们能提前消费未来收入；银行还借钱用于购买现有资产，尤其是房地产。

估计执行每种不同功能的贷款占比是非常困难的，这是因为：（1）贷款（对商业地产公司）种类繁多，其中可能包括对新实物投资的贷款和购买现有房产作为投资的贷款；（2）贷款的影响既有直接的也有间接的，比如住房抵押贷款既驱动现有住房价格上涨，也为新房屋投资提供了激励；（3）个人贷款也同时服务于不同目的，尽管程度不同，一方面是实现生命周期消费平滑的手段，另一方面也是投资于现有资产获取资本利得的手段。

但是，在理论上区分这些不同类型的贷款是重要的，认识到在一个"投资"低或者完全用股权融资的国家，杠杆率可能会很高并且上升，这也非常重要。事实上，想象出一个没有任何新的住房投资，但住房抵押贷款很高且上升的经济体，并非不可能。

关于英国信贷分类的一个合理估计结果表明，在全部银行贷款中，执行经济学教科书和学术论文论述的"为新资本投资融资"功能的不到20%。2009年英国债务分类情况详见图11。

我在法兰克福的演讲中指出，其他类型的信贷有助于解释为什么危机之前的增长是信贷密集型的，以及为什么信贷增长快于名义GDP增长并非必要，应优化政策工具，避免再次发生。③

---

① 参见 Tuner（2013）有关该议题早期文献的讨论。
② 参见 Levine（2004）、Townsend（1979）、Rajan and Zingales（2003）、Gertler and Kiyotaki（2010）以及 Turner（2014）。
③ 三个原因，包括本文未加论述的全球失衡。

10亿英镑

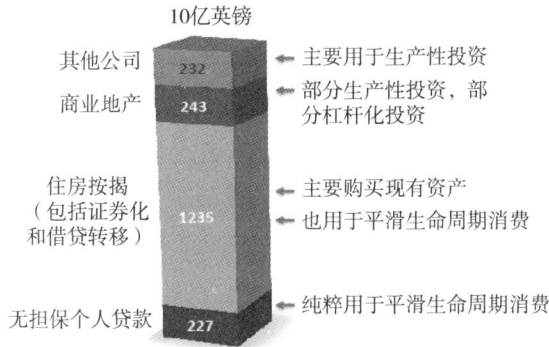

其他公司　→ 主要用于生产性投资

商业地产　→ 部分生产性投资，部分杠杆化投资

住房按揭（包括证券化和借贷转移）　→ 主要购买现有资产
→ 也用于平滑生命周期消费

无担保个人贷款　→ 纯粹用于平滑生命周期消费

图11　2009年英国债务分类

就本文而言，重要的启示包括：一是房地产贷款在扩大金融不稳定方面发挥了根本性的作用，这既是第二部分讨论的 W/Y 变化的结果，也是驱动因素；二是贷款为消费融资也不利于金融稳定，同时也是第一部分讨论的贫富差距加剧的结果和驱动因素。

对现有房地产的贷款

在所有的发达经济体（以及许多新兴经济体）中，住宅和商业地产贷款占全部银行贷款的绝大部分。泰勒等人（Moritz Schularick and Alan Taylor，即将发布）的研究结果表明，住房抵押贷款占比通常为 50%～70%，商业房地产贷款占比为 20%～25%。

这种贷款将产生三种后果：（1）金融不稳定的最重要驱动因素；（2）有助于解释无通胀的信贷快速增长现象；（3）进一步推动了房地产在总财富中的重要性的上升（如第二节所讨论的）。

房地产贷款和金融不稳定

房地产贷款部分用于为新的房地产投资融资，如建造新的住房、办公室和购物中心。但是，多数贷款，在一些国家甚至是绝大多数贷款，被用于购买现有的房地产。

虽然在西班牙和爱尔兰，危机之前快速增长的信贷促进了房地产建设市场的繁荣，并推高了现有资产的价格，英国也经历了抵押贷款和房屋价格的快速膨胀，但房地产市场净投资只有少量的增长。

信贷快速扩张甚至能够影响非房地产行业的投资繁荣和萧条。①但是，当信贷被用于为购买不可再生的资产——如特定位置的土地——融资时，自我强化循环的危险性将明显上升，唯一的选择就是土地价格。

对供给固定或无弹性的房地产提供贷款极易受到自我强化循环的冲击。在繁荣时期，信贷快速增长推动资产价格的上涨，这反过来又增加了借贷双方的净资产，并形成资产价格进一步上涨的预期，因此信贷需求和供给进一步扩大。在衰退时期，信贷和资产价格下跌也同样自我强化。

因此，对现有房地产的贷款，无论是否伴随着新房屋建设热潮，在几乎所有金融危机和危机后经济衰退时期都扮演了重要角色。

无通胀的信贷快速增长，但制造了严重的债务积压

房地产贷款（实际上是土地贷款）的重要性及重要性不断上升有助于解释无名义需求上升的信贷快速增长现象，而名义需求上升事关央行的通胀目标，央行必须作出回应。但是，各核心在于为购买现有房产提供贷款不会直接带来新投资和新消费，这一点不同于为新资本投资提供贷款。

（1）它可能通过三种渠道产生间接影响。托宾Q效应可能刺激新的房地产建设：通过资产组合再平衡和托宾Q效应投资于其他资本品，通过财富效应刺激消费。

（2）我们缺乏足够的理由相信，这些间接影响与贷款发放规模完全成比例。

（3）至少可以想象这样一种情景：高信贷、高物业价格和高货币供给量对支出增加的影响很小或几乎没有。

虽然对现有资产的信贷快速扩张在危机之前未导致名义需求膨胀，但是一旦危机发生，它将不可避免地产生债务积压效应，房地产价格走势的预期将被突然逆转，并且风险厌恶情绪上升。

因此，较高且不断上升的房地产杠杆率不是未来通胀水平的前瞻性指标，

①　参见Hayek（1929）和Minsky（1986）。这种可能性部分源于投资品生产的长周期，使得供给和需求之间缺乏现实联系，以及企业家对投资品的现行市场价值上升不可持续所作出的应对。

却是预测未来金融危机、债务积压和后危机衰退的一个强有力的指标。

贷款、房地产和财富

如第二节所述，发达经济体的大多数财富是房地产。而财富增值主要源于土地价格的上涨。如本节所论，大多数银行贷款用于房地产融资。这两个事实是关联的和自我强化的。

第二节描述了房地产/土地价格相对于收入增长的两个驱动因素：第一个驱动因素是对特定位置的住房需求有高收入弹性，住房和商业地产被视为投资资产；第二个驱动因素是杠杆率的进一步推动。

即便没有杠杆率推动，城市房地产价值/土地价值也存在一定程度的不确定性，因此潜在波动性大。杠杆率可能会有影响，也的确产生了影响。一是它可能通过房地产/土地价值的周期性波动提高均值，从而进一步推高了 W/Y。杠杆率和房地产财富的上升的确有可能自我强化：更高的资产财富支撑更高的杠杆率，并且更高的杠杆率为财富增值提供了推动力。二是杠杆作用肯定会加大房地产/土地价格的潜在波动。

事实上，综合考虑三个因素——一是消费和投资驱动了房地产需求，二是私人银行信贷的潜在无限供给，三是特定位置的城市土地供给缺乏弹性——我们可以发现，城市房地产/土地没有均衡价格，并且房地产信贷和资产价格周期注定是金融不稳定的一个主要驱动力。

澄清：房地产开发和房地产信贷肯定对社会有益

这里，我想澄清我说过以及未说过的一些观点。对我的早期观点①的一些回应都假设我主张：（1）银行不应该发放房地产贷款；（2）商业地产开发和投资对社会无益。

另外，我要非常明确地指出：我不认同上面任何一种说法。

事实上，我认为，消费者固有的偏好和技术进步将引领我们走向新的经济形态，在这种经济下，房地产占财富的比例将上升，房地产开发投资占总投资的比例将很大且不断上升。

我还认为，稳健的商业和住宅地产开发有巨大的社会价值，未来住房抵押

---

① 特纳 . 银行正在做什么？应该做什么？［J］. 比较，2010（3）. ——译者注

贷款市场可能扮演有益于社会的重要角色，即便在一个经济中没有建造也不需要新的住宅房地产投资。

经济的房地产/土地密集度提高不可避免，但我们应意识到，如果任其发展，房地产/土地密集度越高的经济越不稳定、越不平等。为了防止这种情况的出现，需要强有力的政策干预。

贫富差距招致杠杆："让他们负债"

第一节讨论了贫富差距加剧的现象。贫富差距的扩大反过来可能是经济增长信贷密集度提高的驱动力之一。

凯恩斯担心，发达经济体可能遭遇长期停滞。他认为，这是"一个根本的心理真相，从人类的先验知识和具体的经验事实，我们可以确信……一般而言，随着收入增长，人们倾向于增加消费，但消费增长不会超过收入的增长，这是一个规律"（Keynes，1937）。他认为，这种趋势将随着时间的推移适用于整个社会，并因此担心事前预想的总储蓄会抑制事前必需的或预想的总投资，进而导致总需求不足，这就需要采取政策来应对。

经验对凯恩斯的假设提出了质疑：在一个人们关心其相对地位以及绝对消费水平并且利用广告来刺激需求的经济体中，既缺乏必要的理由也没有证据表明总储蓄率会随时间推移而增加。如果说有什么会发生的话，那就是发达经济体的储蓄率倾向于降低。

但是，实际情况是，在一个社会中，相对于穷人而言，富人的平均边际消费倾向有可能较低，将较多的收入用于储蓄。因此，贫富差距的扩大会导致储蓄倾向上升，总需求紧缩，除非被其他因素抵消。

信贷可能就是其他因素。富人的储蓄倾向较高，但他们的储蓄可以通过银行和其他金融渠道转化成发放给穷人（或至少不太富裕的人）的贷款，这些人试图维持或增加消费，尽管实际收入处于停滞或下降状态。①

① 有关穷人或至少不太富裕的人（中等收入或收入较高但未能加入收入快速增长行列的人）通过借款试图维持消费超其收入水平的动机，Robert Frank 发表了一系列文章进行了讨论，见 Frank（2001），Frank（2007），Frank、Levine 和 Dijk（2010）。

事实上，这种信贷流动及其支持的消费支出并未产生超额需求；相反，它使需求维持在一个与经济增长不会扩大贫富差距相对应（无信贷增长）的水平。但是，它不可避免将导致杠杆率上升和严重的潜在债务积压效应。

因此，贫富差距扩大可能导致信贷密集型增长和金融不稳定。1934～1951年担任美联储主席的埃克尔斯（Marriner Eccles，1951）认为，贫富差距扩大确实在1929年的崩溃以及随后的大萧条方面扮演了重要角色。①

有学者（Michael Kumhof and Roman Rancière，2011）建立了一个理论模型，分析了其中的动力机制。他们认为，20世纪20年代和2008年危机前几十年数据的实证分析证明了贫富差距效应的重要性。②③

拉詹（2010）的著作《断层线》表达了相近的立场，其中一章的题目就是"让他们负债"。面对不断加剧的贫富差距，在美国政治体制无法或不愿制定其他抵消政策的情况下，向更广泛的人群发放住房抵押贷款似乎就是解决方案，但正是该解决方案导致了金融动荡。

此外，它可能进一步加剧贫富差距，而原本它是被用来应对贫富差距的。

杠杆化导致不平等：信贷获得和信贷依赖

波动的资产价格与有差别的信贷获取途径共同作用，可能会进一步加剧收入与财富分配底部和顶端之间的贫富差距。

资产价格波动必然会产生赢家和输家。杠杆率上升也会产生收益和损失。

---

① 他这样描述这个过程：1929～1930年间，一根巨大的吸管将已经创造出来的一部分财富不断输送到少数人手中，服务于他们的资本积累。但是，由于六众消费者的购买力被拿走了，储户们对产品并无有效需求，而这些有效需求是资本积累再投资于修建新工厂的必要条件。结果是，如纸牌游戏一样，随着筹码越来越集中到个别人手中，其他人只能靠借入筹码参与游戏。当信用断裂时，游戏就停止了。

② 在Michael Kumhof和Roman Rancière的模型中，贫富差距是指收入最高的5%人群和其他95%人群之间的差距。这可能充分反映了实际情况。从定量的角度来看，源于不平等的信贷强度的重要驱动因素不仅来自真正的穷人的行为，而且源于中等收入（不太富裕）群体向少数高收入群体支出模式看齐的努力。

③ Bordo和Meisner（2012）认为，总体而言，贫富差距、信贷膨胀和金融危机之间没有联系，但他们声称，贫富差距加剧确实对2008年危机的爆发发挥了作用。Van Treeck（2012）整理了相关文献并指出，在一个贫富差距问题不受欢迎且信贷可得性被视为美国梦一部分的政治环境中，危机之前永久性不平等而不是阶段性不平等的实际程度及其潜在重要性均被低估了。

但是，初始财富很少的穷人很可能面临较高的利率，尤其是在房地产市场上，可能借助更高的杠杆。此外，他们更容易受到劳动力市场疲软带来的收入损失的影响。因此，在经济下行期，他们更容易面临房产净值为负且被止赎，从而丧失了在后续景气时期挽救损失的机会。

因此，信贷和资产价格周期有产生累退式分配效应的系统化趋势，这种效应是否存在以及程度多大有待进一步分析。但是，要注意的是，在英国，全国各地最近周期性的房价上涨收益似乎均被"购房出租"的业主和未借入住房抵押贷款的自住业主获得，而不是用贷款购买自住房的人。① 2003～2013年英国住房财富的变化详见图12。

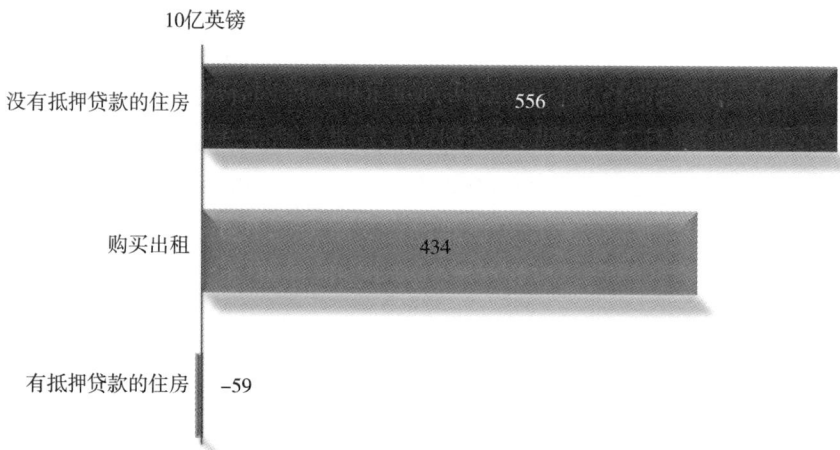

10亿英镑

没有抵押贷款的住房　556

购买出租　434

有抵押贷款的住房　–59

资料来源：Savills, Private landlords gain the most from rising property market, *Financial Times*, 18 January 2014。

图12　2003～2013年英国住房财富的变化

更一般地说，债务合同是非状态依存合同，并非取决于一个项目或借款人的经济实力，历史上债务合同加剧了初始不平等。经济状况方面微小的初始差异，如收成好坏和不同农户应对短期财务压力的资源可得性不同，导致贫富阶

---

① 绝大部分收益被那些拥有房产且又未借入住房抵押贷款的人获得，这部分反映了这些人通常出现在伦敦高端市场上，该市场的价格急剧上升。

层之间的借款合同差异，这可能会导致长期的依附关系，甚至成为债务的奴隶（Graeber，2011）。①

在今天的经济环境中，有一种危险就是，穷人对高利贷的依赖越来越强，例如"发薪日贷款"，这可能会加剧贫富差距，也是贫富差距的后果。消费信贷的好处据称是在永久性收入约束下平滑了整个生命周期的消费。但是，如果大量借入高利贷，永久性收入本身会显著下降。

杠杆也会对处于收入和财富分配顶端的人群发挥重要作用。在资产价格震荡的环境中，大部分财富增值源于相对价格效应，以优惠价格获得大量信贷是得到超级回报的关键。对于许多俄罗斯寡头，包括控制银行的寡头来说，有更优越的途径获取优惠价格信贷是他们在 20 世纪 90 年代能以极低价格购买资产的关键所在。

但是，更一般地来说，在 W/Y 不断上升、价格波动的经济中，获取低价信贷购买现有资产可能是财富贫富差距的一个自我强化的动因。其逻辑如下：

（1）财富为借贷提供了抵押品，在经济上行期杠杆提高了资产回报。

（2）因此，如果一些资产（尤其是特定位置的理想房地产）的相对价格有上升的趋势（$q > g$），那么，容易获得贷款的投资者很有可能获取超过经济增长率的回报（即使没有杠杆，r 也大于 g；若有杠杆，r 更高）。

（3）财富差距将显著地扩大。

实际利率走低

实际利率下降如何进入我们的视野？我对自己提出的结论也没有十足把握，但最起码我会提出近乎合理的假设。

自 20 世纪 80 年代后期以来，长期实际无风险利率，即指数挂钩债券（index-linked bond）的实际到期收益率显著下降。1989 年，英国的投资者购买 20 年指数挂钩金边债券可以获得超过 3% 的实际到期收益率，到 2007 年收益率下降到 1.5%，随后下降到零以下，目前约为 0.75%。

---

① 这是非状态依存合同固有的特征。公平结果是伊斯兰禁止借债的基础。

长期走势本质上难以辨识。20 世纪 80 年代之前指数挂钩债券尚未发行。因此，估计事前的必要或预期（required/expected）真实回报率只能借助于比较事后实现的名义收益率与通胀率。然而，如果某一时期通胀率经历了较大的意外变化，该方法不够稳健。大卫·迈尔斯（David Miles，2005）提出了一个可能成立的观点，今天的实际利率显著低于整个 19 世纪的水平，他运用可靠的技术方法从事后实现的收益推断出当时的通胀率波动较小。因此，目前我们面临的实际利率可能低于整个现代市场经济历史上的典型利率。

实际利率下降最容易解释的部分是目前的利率已经下降到非常低的水平，2008 年危机后有时还是负利率。债务积压和私人部门去杠杆对市场驱动的长期利率形成下行压力。理论上，大规模的公共债务发行是一种抵消力量，但利率上升苗头已经被央行行动抵消，包括短期利率处于零界、影响中长期利率预期的前瞻性指导以及采用量化宽松压低长端收益率等。

但实际上，在金融危机之前的 20 年间，实际利率已经出现了大幅度降低。那么，为什么实际利率会出现长期下降呢？理论上的原因一定是，相对于事前预想的投资而言，事前预想的储蓄增长较快。① 因此，各种解释主要探讨的是事前预想的储蓄上升还是事前预想的投资下降。

关于储蓄方面的解释通常围绕中国和其他经常账户盈余较大的国家。伯南克（2005）认为，中国的高储蓄率甚至超过中国的高投资率，导致了对美国国债的需求，由此压低了收益率。事前预想的全球储蓄率可能因此超过事前预想的全球投资率。该解释部分是可信的，中国经济再平衡无疑是全球宏观稳定的一个重要的优先政策考虑。

但中国贸易顺差足以对全球储蓄/投资产生重要影响也仅发生在 2008 年金融危机之前的 5 年前后，而实际收益率的下降在 15 年之前就已经开始了。因此，可能需要对发达国家的投资下降给出替代解释或补充解释。

萨默斯主张在他提出的"长期停滞"框架下讨论该问题。依据他的观察，实际利率在危机前 10 年已经下降到历史低谷，当时信贷快速增长，但通胀目标和增长潜力、名义和实际经济增长只达到一般水平，未出现过快增长。他认

---

① 参见第二节的观点，储蓄并非理性集体决策过程的结果。

为，原因可能是潜在投资需求较低。

麦肯锡全球研究院（2009）的报告为萨默斯的假说提供了一些支持。该报告认为，发达经济体的投资占 GDP 比例下降而不是中国的储蓄率上升推动了实际利率走低。许多发达经济体的企业投资确实有下降的趋势。许多大型企业坐拥大量的现金。事实上，许多企业已经成为金融资产的净持有人，而不是金融体系的净借款人。在英国，商业房地产行业之外的企业借款占 GDP 比重在过去 25 年间持续下降，有些部门，如制造业，已经成为银行体系的净存款人。[①] 1987～2009 年英国不同部门贷款情况详见图 13。

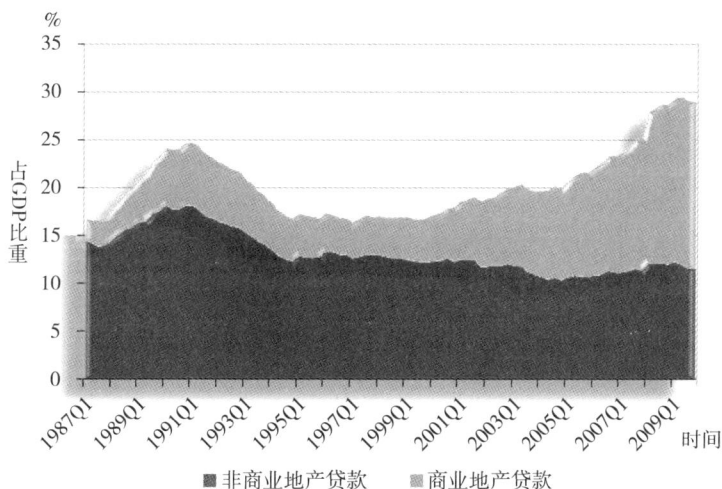

图 13　1987～2009 年英国不同部门贷款情况

资料来源：ONS，Finstats。

关于这种现象，安德鲁·斯迈泽（Andrew Smithers，2014）提出了一种可能的解释。他认为，现代薪酬惯例对经理人产生了逆向激励，有利于金融工程技术而不是实际投资。

但另一种解释是，第一节讨论的信息和通信技术导致许多资本品价格下跌，使得许多企业面临投资需求的下降。

---

① 参见 Turner（2010）在伦敦经济学院的演讲《金融的未来》（*The Future of Finance*）。

信息和通信技术方面的投资作为许多公司生产率增长的驱动因子，扮演着越来越重要的角色。

根据摩尔定律，信息和通信技术使价格持续下降，复制软件的成本为零。因此，事前预想或必要的商业投资总需求下降，带动实际利率下降。

就此而言，第一节讨论的"无须投资的股权价值创造"现象可能是 20 年来实际利率下降的一个重要原因。

低利率反过来又对第二节讨论的 W/Y、第三节讨论的杠杆率上升以及由此导致的金融不稳定产生影响。

第一，实际利率下降意味着相对于收入而言，资本价值更高。因此，进一步推高 W/Y，抬高了股票和房地产价格。[①] 统计数据表明，1980～2010 年间法国房屋租金收入占国民收入的比例由 5% 上升至 10%，反映了消费者偏好效应。租金上升对房地产价格的影响被低利率进一步放大；反过来，价格上升产生的预期带动了以追求资本增值为目的的投资。

第二，低的长期利率也促进了住房抵押贷款市场的发展，特别是那些抵押贷款参照长期利率定价的市场，如美国。因此，直接刺激了杠杆率上升。

第三，此外，低的长期利率进一步推动了"逐利行为"，创造出对抵押贷款证券、其他证券以及眼花缭乱的金融创新的需求。养老基金等长期投资者面临着仅 1.5% 的无风险实际收益率，而不是 20 世纪 80 年代后期 3% 以上的收益率，这使他们很容易受到投资银行的诱惑。投资银行家们声称，精巧的结构化（clever structuring）以及使用衍生工具创造的证券可以获得额外收益，同时又不必承担更大的风险。

因此，低实际利率放大了技术因素对 W/Y 上升的总体影响。

在"无须投资的股权价值创造"环境中，低迷的资本品需求压低了实际利率，但是，低实际利率进一步推动了资产价格（尤其是房地产价格）更快上涨，因此"无明确储蓄的财富积累"（无须延迟消费）现象被放大，并且通过杠杆率的上升进一步放大影响，刺激资产价格进一步上涨，而杠杆率上升原本是应对资产价格上涨的举措。

---

① 还包括政府和公司债券。

通过储蓄为新资本投资进行融资的需求下降，驱动利率下行，与房地产价格上涨的预期一道，为借款购买现有房地产提供了激励。

下面两个问题对该假设提出了挑战：一是为什么购买现有房地产的信贷需求上升未能抵消资本投资需求下降的影响，使均衡实际利率不变；二是发达国家投资需求是否真的减少了。

现有房地产、信贷需求和利率

我对第一个问题的回答见附录 2，这个问题最近由劳伦斯·萨默斯在一次会议中提出。我的答案本质在于这样一个事实：信贷、货币创造以及现有资产价格的上涨，对事前（或事后）的储蓄和投资平衡没有必然影响，从而对均衡利率也没有必然影响。这是因为：

第一，如第三节所强调的，银行并非借出现有的钱，而是重新创造货币和信贷；银行信贷创建自己的资本，无人被诱导去推迟消费，以使贷款成为可能。

第二，贷款购买现有房产以及房地产价格上升，对名义需求的上升（无论是投资形式，还是消费形式）都没有必然的、直接的和完全成比例的影响。

第三，因此，存在着不对称的现象：低利率能够刺激房地产信贷和资产价格暴涨，但扩大信贷并不一定会抵消利率上升的趋势。

投资需求真的下降了吗？

我们发现企业投资占 GDP 的比例下降，但许多评论家相信，发达经济体需要更多地投资于基础设施领域，如交通运输、电力供应或绿色能源。我们能够调和该观点与企业投资需求下降导致实际利率下降的假设吗？

这里的答案可能在于区分不同类型的投资，不同类型的投资受非常不同的价格趋势的影响，不同因素决定了实际投资是否符合社会最优水平。尽管存在着公共政策应给予更大支持的投资需求未被满足的情形，但是为纯粹的私人非房地产行业提供融资的投资需求可能已经下降。

因此，我提出一个初步的假设，该假设区分房地产投资、机械投资和基础设施投资。

这里的"机械"是指各种形式的设备、机器人、信息系统、软件和应用程序等，在多个行业（制造、零售、传媒）中，纯粹的私人企业需要进行投资以提供商品和服务。平均而言，由于第一节讨论的技术因素的影响，这些投资的单位成本正在快速下降，总体上这类投资不存在未满足的需求①；所需投资占 GDP 的比例正在下降，因此实际利率已经降低。

同时，房地产（住宅及商业）投资占私人企业投资的比例不断提高，建造成本并未因信息和通信技术而下降。但是，在该类投资中，私人金融体系已经充分满足了社会最优的投资需求。事实上，考虑到金融体系发放房地产贷款的强烈意愿、现有房地产和新房地产建设中的信贷与资产价格周期的相互关联性，该类投资中偶尔还会出现过度投资的危险。

但是，占比不断上升的社会最优投资主要是在基础设施领域，实现此类投资的最佳水平可能需要一些组合，包括合理设计监管框架（例如，与未来能源市场竞争和价格相关的监管安排）、公私合营，以及某些情况下纯粹的公共投资。如果这些要求落实不到位，基础设施投资可能会低于社会最优水平。

因此，我认为，信息和通信技术密集型资本品价格下跌导致纯粹私人企业投资占 GDP 比例下降，私人企业对非基础设施的投资相当充足。尽管如此，我们仍有可能面临基础设施投资不足的问题。

然而，由于不同类型投资的需求和供给平衡的变化趋势不同，以私人机械投资占全部投资的主导地位为起点，每个国家的投资的动态演化路径也将有所不同。

复杂的相互关联性、根本性因素和新旧经济

（1）信息和通信技术的非凡进展扩大了贫富差距，并导致了"无须投资的股权价值创造"。贫富差距反过来又推动了经济增长信贷密集度（credit intensity）上升，"无须投资的股权价值创造"又推高了 W/Y 值。

（2）但是，快速技术进步也推动了收入上涨（尽管分配不均），扩大了对品牌、设计以及特定位置的房产的需求，并推动了 W/Y 的进一步上升。

---

① 小企业创新报告。

（3）科技驱动的资本品成本下降导致了事前投资需求降低，进而压低了实际利率。这反过来推动了杠杆率的上升，高杠杆率推动了房地产价格上涨，房地产价格上涨又推高了杠杆率。

（4）攀升的 W/Y 反过来扩大了日益严重的贫富差距。

（5）债务契约和获取信贷以及信贷定价能力差异反过来加剧了贫富差距。

（6）经济增长的信贷密集度上升，推高了杠杆率，进而导致金融动荡、债务积压和后危机时期的经济衰退。

厘清这些多重和自我强化的关联，对识别发挥作用的根本性要素非常有用，本文提出以下四个要素。

第一，信息和通信技术。布莱恩约弗森和麦卡菲的分析是深刻的：信息和通信技术非常独特且有强大的经济效应。他们描述的趋势终点是这样一个世界，其中，自动化处理所有可以自动化的事务——由太阳能供电的机器人执行越来越多的功能，更关键的是，将建造更多机器人来执行更多的功能。这个终点也许非常长，甚至直到永远，仅存在于科幻小说。① 但是，需要注意的是，如果我们到达这个终点，对社会福利的影响是不确定的。一方面，这提供了"凤凰涅槃"（nirvana）的机会，即永久和彻底地解决生产方面的挑战。另一方面，它也可能创造出一个极不平等的社会，对不可再生资产的所有权和继承将发挥非常重要的作用。沿着这个方向走得越远，社会可能越不平等。

第二，消费者偏好。事关经济增长的消费者偏好不是未经加权的所有消费者偏好的均值，即不是一人一票，而是按照分配不均的收入进行加权平均的偏好。如果至少有一部分人非常富裕，我认为，他们花费在大品牌和设计考究的商品和服务上的费用占收入的比例将不断提高，并竞相获取"地位商品"（positional goods），尤其是特定位置的房产。他们也可能出于生命周期方面的

---

① 媒体评论认为，Jeremy Rifkin 的新书《零边际成本社会》试图描述信息和通信技术发展趋势的终点（Rifkin, 2014）。他还指出，一个可能的结果是"合作共享和资本主义陨落"（Collaborative Commons and the Eclipse of Capitalism）。在摩尔定律和零复制成本的影响下，如果资本品价格持续下跌，这将会成为现实。一个可能的启示是通过投资或储蓄积累起来的资本的回报率将消失。但是，如果仍有本质上不可再生的资产，如理想的城市土地或蕴藏关键原材料的土地，如果品牌、知识产权和网络外部性效应导致较高的资本回报率，即便相关资产在理论上能以较低的价格复制，结果不一定是资本主义的陨落，而是一个极端不平等的资本主义变形体。

动机或遗赠动机，而储蓄一定比例的收入，在其他人不储蓄的情况下，这仅能勉强维持名义需求不下降。

第三，信贷和货币。银行可以无限创造信贷和货币。其中，如果无限的信贷和货币转换为投资或消费支出，将构成名义 GDP 的一部分，仅受制于央行的通胀目标。但是，如果它被用来竞争现有资产的所有权，将导致杠杆率和资产价格的急剧上升，直到危机爆发。

第四，无供给弹性或完全不可再生的资本资产。新的资本投资难以扩大这些资产的供给。土地及土地上的房产是最重要的不可再生资产。但是，品牌和知识产权也很关键。建一个新的脸书不需要许多工程师的劳动，但脸书 1700 亿美元的市值是由其品牌、知识产权和网络外部效应来支撑的。

我认为，这四个因素对现代经济的形式和活力有非常重要的影响，其影响在未来将越来越重要。那么，现代经济是什么样的呢？

（1）高科技和高接触。在机器人、软件和应用程序无处不在地发挥作用的经济体中，品牌、设计和不可再生的土地具有很高的价值。同样，如果一个经济体中，能自动化处理的功能都自动化了，就业将集中在那些不能自动化处理的领域，如面对面服务。当然，很多情况下，工资较低。

（2）如果一个经济体中"财富又回来了"，就将看到"无须投资的股权价值创造"和无须储蓄的财富积累。

（3）除非我们有意识地采取措施，否则这些趋势将扩大贫富差距。

（4）除非我们有意识地采取措施，否则更容易出现动荡。

奇怪的是，与 20 世纪中期的经济（当时的经济得益于第一机器时代的成熟）相比，现代经济在某些方面（当然不是全部）更类似于前工业社会。财富又回来了，土地又回来了，资本继承更重要了。

对经济学的启示

现代宏观经济学和金融理论没有对 2008 年金融危机发出任何预警。更糟糕的是，主流学说仍强烈主张只要通胀低且稳定，金融体系的发展对宏观经济没有影响；或者说，金融深化和创新对强化金融和宏观经济稳定作出了巨大贡献。

支撑现代宏观经济学和金融学的许多假设和方法都应接受挑战并作出改变。本文提出的四个假设值得特别关注，并且也需要进一步整合不同领域的经济学思想。

第一，资本存量。基于皮凯蒂的开创性研究，资本存量的重要性应受到更多的关注。如皮凯蒂指出的，各国在资本存量统计方面的发展远远落后于国民收入和账户流量方面的发展。这反过来反映并导致了有关资本存量、可再生和不可再生资产组合以及相对价格变动的影响方面的研究缺乏理论内核。

第二，租金。租金的作用，如从不可再生资本获得的收入，也值得密切关注。随着房地产占总财富的比例上升，房地产租金占收入的份额上升。在高科技、高接触的现代经济中，源于品牌、知识产权以及具有网络外部性收益的市场地位的收入份额有可能进一步提高。18世纪和19世纪初，土地在总财富中的份额很高，大卫·李嘉图等经济学家认为，租金收入的确定显然是经济理论中的一个重要问题。在现代经济中，这一问题的重要性日益上升。

第三，私人信贷、货币创造以及债务合同。相当惊人的是，银行在创造信贷、货币和购买力方面的作用竟然没有写入现代宏观经济学教科书。早期的经济学家，如维克塞尔、哈耶克和费雪的见解被遗忘或忽略了，明斯基的著作被边缘化了。这种"现代宏观经济学的奇怪失忆"[1] 必须予以纠正。债务存量以及私人杠杆水平都极端重要。

第四，技术、不平等和宏观经济。许多经济学家讨论了不同技术的潜在影响。其他一些人对收入分配给予了特别关注。但是，至少直到最近，这些研究尚未与宏观经济理论结合起来，以识别技术对金融体系的动态变化、总存量和宏观稳定的潜在影响。

从方法论的角度来看，划分这些领域有两个重要意义：一是通过长期历史趋势的经验分析和抽象的数理理论，来洞察当今经济发展的动态特征；二是早期经济学家的见解也常常引发与当前经济相关的思考。经验分析、经济史和经济思想史对我们理解现代经济面临的挑战均具有重要的作用。

---

① Turner（2013）讨论了这种奇怪失忆症的思想根源。

政策启示

2008 年危机之前的政策未能阻止危机的爆发。危机期间各国启动了重大的金融改革。这些措施包括更高的资本和流动性标准、更有效的银行处置程序、应对衍生品交易风险的措施，以及诸如栅栏（ring fencing）等结构性措施。我密切参与这些改革长达四年半时间，这些改革取得了很多成果。

不过，尽管这些改革弥足珍贵，但仍不足以确保金融和经济体系的长期稳定，当然，也不足以应对本文讨论的各种趋势所带来的广泛挑战。

除了金融体系本身的改革计划之外，还需要有更全面的政策变化，以下几个方面特别需要关注：

第一，减少贫富差距，至少控制贫富差距进一步加剧的势头。贫富差距本身不仅很重要，而且对金融稳定也有重要影响。然而，面对第一节所讨论的技术发展趋势，事实证明标准的政治反应"提高人们的技能"是不够的。① 如布莱恩约弗森和麦卡菲所讨论的，可能需要更直接的再分配政策，如设定较高的最低工资来保证公民的收入。

第二，管理房地产密集型经济的动态持续。正如前文所述，事实上，现代经济中许多投资指向了房地产，房地产贷款占比持续提高。但是，我们需要认识并控制该趋势所带来的潜在不稳定。与新房供应及其税收相关的政策，很有可能与专门针对金融体系的改革一样对金融和宏观经济稳定产生重要影响。

第三，管理信贷创造的数量和结构。不同类型的信贷执行不同经济功能，自由金融体系不可避免地创造出"太多错误债务"。仅使用利率工具无法抑制这种趋势。② 使用一系列量化的宏观审慎工具，更有效地整合货币政策和宏观审慎政策是核心。最近在法兰克福演讲中，我列出了一些必备的政策工具，包括房地

---

① 提高技能之所以不够，是因为赢者通吃效应。在许多行业中，高回报被那些拥有极高技能的人获得，无论所有员工的平均水平如何。

② 参见 Turner（2014）。他认为，这取决于不同行业对利率变化反应弹性的差异。

产贷款的风险权重校准要高于纯粹从私人评估信贷风险得出的结果；对贷款人和借款人施加约束，如设定最高贷款价值比和贷款收入比等。

关于长期停滞的讨论

如何看待长期停滞？我们真的面临长期停滞吗？如何定义长期停滞？它与本文讨论的四个趋势有何关系？

我认为，当使用该术语时，区分三个不同的命题非常有用。

首先，2008 年危机之后的复苏如此缓慢和脆弱，根本原因是债务积压效应非常大，但这本身并不表明我们面临真正的长期问题。

其次，从供给端来看，我们可能面临着可实现的生产率增长必然放缓现象，这与技术驱动的贫富差距加剧共同发挥作用，将导致一些人无法享受任何繁荣增长带来的好处。罗伯特·戈登认为，放缓已经发生并将继续发挥重要作用。如第一节讨论的，布莱恩约弗森和麦卡菲的分析为新技术扩大贫富差距的观点提供了强有力的论据。尽管他们对新技术引导经济转型的能力持乐观态度，似乎与戈登对生产率平均增速的悲观观点相矛盾，但两者并不像看起来那么绝对。我们可能面临着"所有能易于自动化处理的经济功能被自动化取代的过程将加快"的情形，因此，面对面服务行业在就业和经济产出中的占比将上升，这些功能在本质上无法自动化。按照威廉·鲍莫尔（William Baumol，1967）对不平衡增长的宏观经济学所做的分析，急剧的技术变革不仅伴随着贫富差距的扩大，而且整个经济的生产率平均增速将放缓。无论给出什么答案，都涉及供给端而不是需求端，但至少在初期，"长期停滞"是一个需求端的概念。

最后，2013 年 11 月劳伦斯·萨默斯在 IMF 经济论坛上提出了一个命题：在 2008 年危机之前，"自然的均衡利率已经显著下降至零以下"，在这种情况下，货币政策在实现全部生产能力和充分就业方面实际上是无效的。他指出，低利率导致了"太多的货币、过度借贷、过量财富"，但没有通胀压力，失业也未下降到非常低的水平。因此，"即使很大的泡沫也不足以创造出超额总需求"。

我在这里提出第三个命题的一个变体：

"机械"价格的大幅下降推动企业投资需求下降，进而带动均衡利率下降。

日益严重的贫富差距若未被增加的借贷抵消，可能会导致消费需求下降。

利率下跌不仅推动了消费信贷增加，还刺激了房地产繁荣，其结果一部分是建造了新不动产（从而抵消了潜在总投资需求下降），另一部分是纯粹用于购买现有房产。

因此，按照经典的凯恩斯主义或者马克思主义的"长期停滞"定义，危机之前的数年间我们并未经历需求不足。但是，我们观察到的充足需求伴随着私人杠杆率的上升，最终必然导致危机、债务积压和危机后的衰退。

我们曾经面临"长期停滞"的可能性，但通过扩大增长的信贷密集度来抵消其影响。而眼下，我们正在由此导致的泥潭中挣扎。

（王胜邦 译）

附录 1：有关债务的问题

本附录将简要介绍涉及债务合同的经济作用和意义的几个关键问题，详细内容可参见"Escaping the debt addiction：Monetary and Macro-prudential policy in the post crisis world"（Turner，2014）。

附图 1 表明，私人部门杠杆率与 GDP 的百分比在迅速提高，然而在本轮危机之前，主流的传统理论认为这并不是什么大问题。

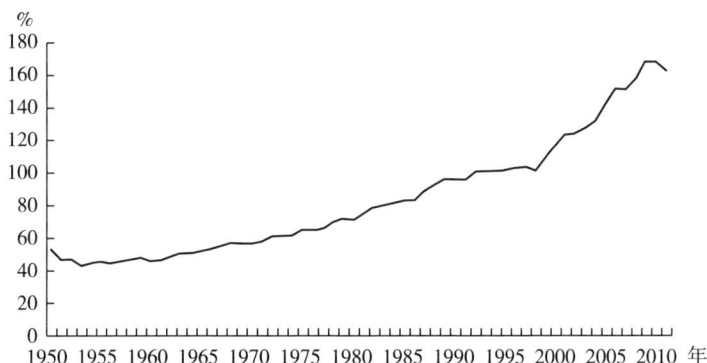

资料来源：Financial and Sovereign Debt Crises：Some Lessons Learned and Those Forgotten，C. Reinhart & k. Rogoff，2013。

附图 1　发达经济体私人信贷占 GDP 比重

央行与现代货币理论都基本相信，保持较低和稳定的通胀率就足以实现金融和宏观经济稳定，而金融体系以及实业部门总资产负债表的细节则大体上无须关注。例如，国际货币基金组织的首席经济学家奥利弗·布兰查德（Olivier Blanchard）曾在 2012 年 10 月承认，我们"认为自己可以忽略金融体系的很多细节"。英国央行行长默文·金当时也提道，主流的货币经济学新凯恩斯主义模型"没有考虑金融中介的影响，货币、信贷和银行在其中未能发挥显著作用"（King，2012）。

那时的金融学理论强调债务合同的积极作用，以解释为什么非状态依存债务合同能帮助开展资本投资，如果从储蓄者到企业家的资金流动必须采取股权融资的形式，这些资本投资可能无法实现（Townsend，1979）。① 那时的实证研究则倾向于认为，提高银行贷款占 GDP 的比重与经济增长率正相关（Levine，2004）。主要的担心是，在某些新兴经济体，银行贷款占 GDP 的比重可能过低了。

这种积极看法逐渐受到了挑战。莫利兹·舒拉里克和阿兰·泰勒（Schularick and Taylor，2009）发现，本轮危机前半个多世纪中私人部门杠杆率的提高与增长率之间没有正向关联的证据。国际清算银行前任首席经济学家史蒂夫·塞切蒂（Steve Cechetti）则认为，私人部门杠杆率同增长率之间是倒"U"形关系，在某个区间向上攀升，但超出一定水平后则下降（Cechetti and Kharroubi，2012）。

这些结论非常引人注目，很显然，正是债务合同的"非状态依存"特性使它们极具价值，也使其带有危险性。

在经济上升周期中，债务合同会蒙蔽我们，其风险低于实际风险。如明斯基与哈耶克所述，对投资具有重要影响的债务融资能够造成投资周期（Minsky，1986；Hayek，1929）。安德烈·施莱弗等人（Gennaioili，Shleifer and Vishny，2010）指出，正是由于债务合同通常能得到全额偿付，投资者们在经济形势好的时候容易忽略概率分布结果中下降的尾部，对于信贷类证券的投资往往是因为对风险的忽略而存在。如果不是因为此类效应，就不会有那么多贷款提供给美国的次级贷款借款人，然后被打包成信贷证券，再卖给投资者。

可是，到了经济下行期，一旦信心降低，贷款人对风险的警觉性提高，债务合同的存在就可能给经济带来强烈的通货紧缩效应。欧文·费雪在经典的债务—通货紧缩论文中描述了这种影响背后的三类效应。

第一，破产和违约的刚性约束会导致商业活动中断，带来低价拍卖的亏损。伯南克（2004）观察到，"在完全的市场环境下，从来不会出现破产"。而在现实世界中，违约会造成经济活动的中断。

---

① 该观点涉及股权合同面临的"昂贵状态检验"问题：投资者事前无法对项目的经济前景进行有效评估，甚至在项目完成后也无法完整评估收益，所以潜在的投资者相对于企业家和借款人处于弱势地位，而非状态依存债务则能够克服这种信息不对称问题。

第二，如果银行遭受了损失，或者银行及投资者的风险规避意识突然提高，必要的债务滚动以及新的贷款供给会遇到麻烦。

第三是债务积压效应，高杠杆率的借款人（家庭或企业）为了支付债务而减少消费或投资。

债务积压效应尤其突出，保罗·克鲁格曼等人（Eggertson and Krugman，2012）的研究指出，这种效应源自净债务人和净债权人的不对称反应，前者会感觉到有削减支出的必要性，后者则没有相应增加支出的愿望。

另外，有研究认为，该效应是对日本 20 多年来经济增长持续低迷和通货紧缩的最好解释（Richard Koo，2008）。在 20 世纪 80 年代的信贷膨胀和资产价格泡沫于 1990 年破灭后，日本的企业认为自身杠杆率过高，下决心削减债务规模，如果公共预算的赤字不能产生抵消作用，由此带来的通货紧缩压力就会造成严重衰退。实际结果是政府债务与 GDP 的比重大幅提升，总债务达到230%，净债务也达到 130%。

然而，日本的高杠杆率并未消失，只是从私人部门转移到了公共部门。

债务积压效应同样可以解释其他发达国家在 2008 年危机后的增长缓慢和虚弱现象，它们也出现了杠杆率从私人部门向公共部门转移的类似现象。

与危机前正统理论的乐观假设相反，目前有充分的证据认为：

（1）信贷的过快增长是金融不稳定和危机的一个主要驱动因素。

（2）一旦危机爆发，私人部门杠杆率水平非常关键，杠杆率越高，债务积压效应就越深入和持续，危机后的复苏也就越缓慢和虚弱。

（3）超出一定水平的过高的私人部门杠杆率很危险。本轮危机前的理论认为银行贷款占 GDP 的比重对增长有正面影响，但这只在某个区间内适用，例如 30% 肯定比 10% 更有利于经济增长。不过，理论和实证研究都不认为这种相关关系是线性的、没有限制的。

附图 1 所显示的债务杠杆率提高及其在危机后的债务积压效应，正是 2008 年危机的破坏性如此严重的最重要的原因。

附录2：房地产开发与现代经济中的贷款

在大多数发达经济体，房地产在全部财富中占有的份额都较大且仍在增长，对房地产的贷款在全部贷款中也占绝大部分。这对于金融稳定具有重要影响，尤其是需要考虑到特殊地段的房地产及其所在的地段缺乏供给弹性。因此，对房地产的贷款具有形成自我强化的信贷和资产价格周期的巨大潜力，如果以控制通胀为目标的央行对此缺乏反应，最终可能造成危机以及危机后的债务积压、去杠杆和经济衰退。

当然，这并不代表对房地产开发的贷款不具有积极的社会意义，而是说我们面临如下挑战：

第一，房地产在现代经济体中必然扮演着越来越重要的角色，其有效发展对社会福利的最优化至关重要。然而，经济体中房地产密集度提高的内在趋势会给金融和宏观经济稳定带来不可避免的消极影响，对此需要进行充分认识和有效管理。

房地产开发在现代经济中的重要性必然提高，这是因为技术和消费者偏好两方面的效应。

第二，机器对于提高生产率、创造繁荣一直十分重要，这还将继续下去。广义的机器是指软件和硬件的各种组合，如制造设备、运输设备、信息系统等，可以帮我们自动完成以前需要人工执行的经济活动，或者以自动方式完成以前从未有过的经济活动。由于摩尔定律的作用和软件复制的低成本，许多机器类型的价格大幅下跌。可是，房地产和基础设施，如住房、办公室、桥梁、公路和购物中心等，却没有显示出类似的成本下降的趋势，因此其相对重要性在提高。

第三，消费者偏好的影响。随着人们的富裕水平普遍提高，他们在如何支配更多收入方面需要作出选择。某些支出类型的收入弹性较低，某些较高。收入弹性大于1的类型包括竞购地段优越的住房，以及餐厅、宾馆等需要房地产或基础设施投资的消费服务。这种消费者偏好进一步导致随着人们走向富裕，房地产在资本资产存量和投资流量中的相对重要性提高。

第四，住房和商业地产的品质，包括创造引人入胜的城市空间、提高能源利用效率以及蕴含更多设计元素等，对人们生活的福利水平具有重要意义，尤其是在食品和基本住房等较为基础的需求已得到基本满足的社会。

鉴于房地产的重要性，对房地产的贷款必然在全部银行与非银行贷款中占有很大的比重。

对房地产开发商的贷款在房地产资本投资中具有重要作用，通常来说，金融学理论认为，非状态依存债务合同可以把股权融资无法撬动的储蓄动员起来（参见附录1）。房地产开发获得的贷款是此类对社会有益的"资本投资贷款"的一个组成部分。

房地产抵押还通常用来给银行对企业的贷款提供担保，企业会把这些资金用于非房地产的资本投资项目。各种产业部门的许多中小企业都利用房产抵押来获取贷款。

住房抵押市场虽然与新的资本投资无关，但也扮演着重要角色。

其一，假设某个人口零增长的社会已经拥有足够的住房存量来满足消费者偏好，则住房存量的总投资将等于折旧，新的净投资等于零。

其二，此类社会有可能不需要住房抵押市场，但必须依靠高度远离现实的同质性假设：如果所有人在收入分配阶梯中所处的位置都与其父辈和祖辈相同；如果所有人都把同样比例的收入用于住房服务；如果所有人都在同样的年龄去世；如果所有家庭都只有两个子女；如果同样面积和品质的住房在全国任何地区的售价都相同；如果不存在遗产税，或者至少只拥有一套住房的人免征遗产税。在这些条件下我们可以设想，住房资产的代际转移完全通过继承来实现。例如，祖辈在90岁时去世，把同等数量的住房留给30岁的孙辈。

其三，如果在家庭规模、死亡年龄、相对于继承的收入水平、相对于收入的住房消费偏好、地区分布等维度上存在异质性，那么住房抵押市场就能在代际间资产转移、同代间住房资产交易、生命周期消费水平最优化熨平等方面发挥重要的帮助作用。

其四，即使整个住房抵押市场与经济中的新投资完全无关，也可以发挥对社会有益的上述作用。

因此，把房地产开发或房地产借款进行妖魔化的任何想法，都是荒唐的。

然而，正是由于房地产在现代经济中扮演着日益重要的角色，认识和应对相关的风险也就变得至关重要。这些风险可能来自对现有房地产的过度贷款，或者给新的房地产开发提供的过度贷款。在实践中，这两类现象通常存在交织和关联。

即使新的建设活动没有增加，对现有房地产的贷款也可能带来经济不稳定，可能引起自我强化的周期现象，最终引发危机、债务积压效应与通货紧缩。即便在危机前没有更多投资或消费的加入，此类贷款也能引发上述危险，附录3将具体分析这种可能性。英国在危机前出现的信贷泡沫就主要（但不完全）是现有住房资产的价格膨胀。

然而，在现实世界中，对现有房地产的贷款往往会导致过度建设的泡沫，现有住房或商业地产的价格提高，会增强开发商启动新项目的激励。例如，本轮危机前，西班牙、爱尔兰和美国的部分地区就出现了此类情形。接下来，过多的建设项目又会加重债务积压导致的通货紧缩问题，各国经济必须应对把建筑业的劳动力转移到其他经济部门的挑战。

因此，对房地产的贷款在各个发达经济体都占全部贷款的很大比重，我们同时又必须注意到自由金融体系存在对房地产贷款过多的倾向，超出社会最优水平，这在经济上升周期特别明显，从长期的平均数来看也是如此。

关键在于，对房地产的贷款还会带来潜在的社会外部性影响，而私人部门针对贷款风险的评估对此未予以关注。所以，公共政策必须对市场体系的这种倾向加以纠正，我之前的研究讨论过可行的政策工具（Turner，2014），其中包括：

（1）把房地产贷款的资本金要求提高到以内部收益率为基础的私人风险评估之上。

（2）利用反周期的累进资本金要求和特定部门要求（只针对房地产贷款）来放慢房地产贷款与资产价格膨胀。

（3）对贷款人和借款人同时实行限制，例如采用贷款—价值比最高值或贷款—收入比最高值，或执行严格的承销标准，禁止基于未来房产价格增值部分提供贷款等。

附录3：现有房地产、信贷需求与利率

第四节讨论了实际利率的下跌，从逻辑上说这必须来自事前的储蓄意愿相对于事前的投资意愿的增加。第四节的假设是，由于资本品价格降低，事前的投资需求下降可能起到重要作用，另外还认为，利率下降可能刺激购买现有房地产的贷款数量增加。

然而，这显然会带来如下问题：为什么购买现有房地产的信贷需求增加没有被资本投资需求减少抵消，使均衡利率可以维持不变，或者至少不会下降那么多？

我认为，答案在于信贷和货币创造以及现有资产的价格提升，并不会给事前（或事后）的储蓄和投资意愿带来必然的变化，因此也并不会给均衡利率水平带来必然的影响。这是因为：

（1）第三节已强调指出，银行不是把现有的资金借出来，而是在重新创造货币和信贷：银行贷款能创造自己的资金来源，不需要任何人推迟消费就能制造出这些贷款。

（2）给购买现有房地产提供贷款，以及房地产价格抬升，并不会给投资或消费形式的名义需求扩大带来必然、直接和完全同比例的影响。

（3）存在这样一种不对称性：低利率会刺激房地产信贷和资产价格上涨，但借贷增长未必会带来促使利率提升的反向作用趋势。

本附录将对前两点提供更详细的解释。

银行贷款创造自己的资金来源

假设初期的银行体系有100元贷款、89元存款、11元股本，此时满足10%的资本金要求。再假设由于未来房地产价格的上涨预期改变，或者利率下跌，社会上用贷款来购买现有房地产（供给量保持不变）的需求增加。

假设新增加了10元贷款，使贷款余额变为110元，存款变为99元（卖家通过销售房产得到了资金），股本仍为11元。在贷款增加时，房地产的供给量不变，导致房地产价格上涨。此后，贷款继续增加会受到资本金要求的限制。

不过，到了这个时点，我们已看到贷款和存款都有扩张，而储蓄并未增加。

如果某些存款持有人打算把对银行的债权转变为股权，则这个货币创造过程还可以无限持续下去。

可见，银行贷款与存款的增加并不要求任何人把部分收入储蓄起来，并不要求推迟消费，也就不需要通过利率的提高来吸收更多储蓄。

这种情形对投资和消费也不会有任何直接影响，其直接效应只是导致贷款余额的增加、存款余额的增加，以及现有房地产价格的提高，而投资或消费并无变化。

可能的后续效应

然而，货币数量的增加及房地产价格的提高可能对投资、消费乃至利率造成连锁效应，有可能导致以下结果。

第一，现有房地产价格提高可能刺激新的房地产建设项目，这需要更多的贷款来支持。与购买现有房地产的贷款不同，新建项目会给经济中的名义总需求带来直接影响，其本质就是托宾的 Q 效应：房地产的市场价格超出了重置成本，由此促进了投资。

第二，现有房地产的价格提高及存款余额增加，可能刺激其他经济部门的投资，这是因为：（1）货币收入增加的人可以用钱来购买股权等其他资产；（2）导致其他经济部门的股权的市场价格超出重置成本（托宾 Q 值 > 1）；（3）产生新的投资激励。如果这些情形出现，名义总需求会增加。

第三，由于房地产价格上涨，居民家庭的财富增加，不管是以房屋资产形式还是变现形式存在，都会刺激消费的增加。

通过上述三种途径中的任意一种，名义需求都可能增加。此时，如果经济处于接近产能满负荷的状态，则会导致通胀率提高，以通胀率为调控目标的央行可能会相应提高利率。

尽管可能存在上述效应，却没有理由认为它们是完全同比例输出的，或者说没有理由认为对现有房地产贷款产生的连锁效应同增加的贷款数额相当。部分的贷款增加可能只会导致贷款、货币与资产价值等存量的上涨，而并不伴随着投资或消费的流量的增加。

所以，对现有房地产的贷款可以用来解释私人部门杠杆率提高却未对通胀目标带来显著威胁的现象。

然而，这种情形下的私人部门杠杆率提高虽然没有产生通胀压力，却增加了经济体爆发金融危机、债务积压和危机后衰退的可能性。

这个论点背后的关键理论基础是：（1）长期市场利率反映的是事前的储蓄意愿同投资意愿的相互作用；（2）信贷与货币创造并不要求或未必导致储蓄或投资的同比例变化。

（余江　译）

参考文献

［1］Allen, Robert C., "Engels' pause: Technical change, capital accumulation, and inequality in the British industrial revolution", *Explorations in Economic History*, 2009, http：// www. nuff. ox. ac. uk/Users/Allen/engelspause. pdf.

［2］Baumol, William, "The Macroeconomics of Unbalanced Growth: The Anatomy of Urban Crisis", *American Economic Review*, Vol. 57, No. 3, pp. 415–426. June 1967, http：//www. jstor. org/stable/1812111.

［3］Bernanke, Ben, "The Global Savings Glut and the US Current Account Deficit", Federal Reserve Board, March 2005.

［4］Bernanke, Ben, N*on-Monetary Effects of the Financial Crisis*, *Essays on the Great Depression*, Princeton University Press, 2004.

［5］Bordo, Michae and Christopher Meissner, "Does inequality lead to a financial crisis?" *Journal of International Money and Finance*, 31 (8), pp. 2147–2161, 2012.

［6］Brynjolfsson, Erik and Andrew McAfee, *The Second Machine Age: Work, Progress, and Prosperity in a Time of Brilliant Technologies*, W. W. Norton & Co, 2014.

［7］Bureau of Labor Statistics, *Occupational Employment Projections to* 2012, Table 3. http：// www. bls. gov/emp/home. htm.

［8］Cecchetti, Stephen and Enisse Kharroubi, "Reassessing the Impact of Finance on Growth", BIS Working Paper, No. 381, July 2012 (http：//www. bis. org/publ/ work381. htm).

［9］Eccles, Marrine, Beckoning frontiers: Public and personal recollections. Alfred A. Knopf, 1st edition 1951.

［10］Eggertson, Gautiand Paul Krugman, *Debt, Deleveraging and the Liquidity Trap: A Fisher – Minsky – Koo Approach*, Princeton University, 2010, http：//www. princeton. edu/ ~ pk-rugman/debt_ deleveraging_ ge_ pk. pdf.

［11］Fisher, Irving, "The Debt-Deflation Theory of Great Depressions", *Econometrica*, Vol. 1, No. 4, pp. 337–357, October1933.

［12］Frank, Robert, *Luxury Fever: Why Money Fails to Satisfy in An Era of Excess*. Simon and Schuster, 2001.

［13］Frank, Robert, *Falling Behind: How Rising Inequality Harms the Middle Class*. University of California Press, 2007.

［14］ Frank, Robert, Adam Levine and Oege Dijik, "Expenditure Cascades". Social Science Research Network. 2010. http：//papers. ssrn. com/sol3/papers. cfm? abstract_ id = 1690612.

［15］ Gordon, Robert, "Is US Economic Growth Over? Faltering Innovation Confronts the Six Headwinds", NBER Working Paper, No. 18315, August 2012. http：//www. nber. org/papers/w18315.

［16］ Graeber, David, *Debt*, *The First Five Thousand Years*, Melville House Publishing, New York, 2011.

［17］ Greenwood, Robin and David Scharfstein, "The Growth of Modern Finance", Harvard University / NBER paper, 2012. http：//www. people. hbs. edu/dscharfstein/Growth_ of_ Modern_ Finance. pdf.

［18］ Hayek, Friedrich, "Monetary Theory and the Trade Cycle". First published in 1929; reprinted in Prices and Production and Other Works; Ludwig von Miles Institute, 2008.

［19］ Keynes, John Maynard, *The General Theory of Employment*, *Interest and Money*, Mac-Millan Cambridge University Press, 1936.

［20］ King, Mervyn, Twenty Years of Inflation Targeting, Remarks at the London School of Economics, Stamp Memorial Lecture, 2012. http：//www. bankofengland. co. uk/publications/Documents/speeches/2012/speech606. pdf.

［21］ Koo, Richard, *The Holy Grail of Macroeconomics*：*Lessons from Japan's Great Recession*, Wiley, 2009.

［22］ Levine, Ross, "Finance and Growth：Theory and Evidence". NBER Working Paper No. 10766, 2004. http：//www. nber. org/papers/w10766.

［23］ Maddison, Angus, The World Economy：A Millennial Perspective, OECD Development Centre Studies, 2001. http：//www. oecd. org/dev/developmentcentrestudiestheworldeconomyamillennial pers-pective. htm.

［24］ Mian, Atiff and Amir Sufi, *House of Debt*：*How They（and You）Caused the Great Recession and How We Can Prevent it from Happening Again*. Chicago University Press, 2014.

［25］ Miles, David, "Where Should Long-term Interest Rates Be Today：A 300 Year View", 2005, Morgan Stanley Global Economic Forum.

［26］ Minsky, Hyman, Stabilising an Unstable Economy, McGraw Hill, 2008. First published by Yale University Press, 1986.

［27］ Piketty, Thomas and Gabriel Zucman, "Capital is Back：Wealth Income Ratios in Rich Countries 1700−2010", Paris School of Economics, Working Paper, July 2013, http：//piketty. pse. ens. fr/capitalisback.

[28] Philippon, Thomas, and Ariell Reshef, "Wages and Human Capital in the US Financial Industry: 1909–2006". NBER Working Paper 14644. 2009. http://www.nber.org/papers/w14644.

[29] Piketty, Thomas, *Capital in the Twenty First Century*, Belknap Press, 2014.

[30] Rajan, Raghuram, *Fault Lines: How Hidden Fractures Still Threaten the World Economy*. Princeton University Press, 2010.

[31] Rajan, Raghuram, and Luigi Zingales, *Saving Capitalism from the Capitalists: Unleashing the Power of Financial Markets to Create Wealth and Spread Opportunity*, Princeton University Press, 2003.

[32] Rancière, Romain and Michael Kumhof, "Inequality, Leverage and Crises", International Monetary Fund, 2010. https://www.imf.org/external/pubs/ft/wp/2010/wp10268.pdf.

[33] Rifkin, Jeremy, *The Zero Marginal Cost Society: The Internet of Things, the Collaborative Commons, and the Eclipse of Capitalism*, Palgrave McMillan, April 2014.

[34] Smithers, Andrew, *The Road to Recovery: How and Why Economic Policy Must Change*, Wiley, 2013.

[35] Summers, Lawrence, "Speech at the IMF Economic Forum", 8 November 2013.

[36] Taylor, Alan and Moritz Schularick, "Credit Booms Gone Bust: Monetary Policy, Leverage Cycles and Financial Crises, 1870–2008", NBER Working Paper, No. 15512, November 2009. http://www.nber.org/papers/w15512.

[37] Townsend, Robert M., "Optimal Contracts and Competitive Markets with Costly State Verification", *Journal of Economic Theory*, Vol. 21, pp. 265–293, 1979.

[38] Turner, Adair, "Escaping the Debt Addiction: Monetary and Macro-prudential Policy in the Post-crisis World". Remarks at the Center for Financial Studies, Frankfurt, February 2014. http://ineteconomics.org/blog/institute/adair-turner-escaping-addiction-private-debt-essential-long-term-economic-stability.

[39] Turner, Adair, "Credit, Money and Leverage: What Wicksell, Hayek and Fisher Knew and Modern Macro – economics Forgot". Remarks at Stockholm School of Economics Conference "Towards a Sustainable Financial System", September 2013. http://ineteconomics.org/blog/institute/adair – turner – credit – money – and – leverage.

[40] Van Treeck, Till, "Did inequality cause the US financial crisis? Hans-Böckler-Stiftung", IMK Working Paper, Nr. 91. (2012). http://www.boeckler.de/imk _ 5279.htm?produkt = HBS – 005245&chunk = 1&jahr.

[41] Wicksell, Knut, *Interest and Prices*, Macmillan, 1936. First published as Geldzins and Guiterpreise (1898).

中央银行和全球债务积压^①

赫尔威·汉农

本文主要讨论全球经济政策的一个中心问题：自国际金融危机爆发以来已近七年，许多国家的债务水平达到了历史峰值，而且仍然在增长之中。虽然目前还没有严格可靠的规则来准确判断债务何时已经过度，不过有很多迹象表明，许多发达国家的债务水平已经远远越过了安全线。金融市场的参与者大多对该风险隐患不以为然，可是他们的想法很容易突然发生变化。

更令人担心的是，债务不断增长的根源仍未得到解决。危机以来，通过加强监管和强化资本基础，金融部门在去杠杆方面已经取得了显著进步，但是债务积压（debt overhang）的宏观经济根源并未得到解决。这些根本问题部分源于 21 世纪初以来货币政策的宽松偏向和不对称操作。尽管通胀率稳定在较低水平，货币政策却未能防止债务和金融脆弱性的不断积累，同时很多国家财政政策的审慎性逐步下降。

货币政策的不对称尚未被纠正。各国央行都采取激进措施以防止危机失控

———————————

① 本文为国际清算银行副总裁赫尔威·汉农，2014 年 11 月 2 日在第 50 届东南亚央行行长会议（SEACEN）上发表的演讲。作者感谢 Fabrizio Zampolli 所做的准备工作，以及 Eli Remolona 和 BIS 亚太代表处其他同事的评论。

和升级，但是紧急状态已经结束。超低水平的利率对实体经济的影响还不确定，可能越来越弱；同时，其负面效应越发明显。

摆脱债务积压的唯一办法就是，高负债主体耐心地逐渐增加储蓄，继而持续下去。包括违约、提高通胀率和金融压制在内的所有其他方法，对于以维持价格稳定为目标的央行而言，都是难以接受的。央行的政策能够有助于平滑必要的调整过程，可是不应陷入长期低利率的陷阱。

除了少数例外，新兴市场国家的情况比发达国家更为乐观，不过这些国家也同样面临着债务积压的风险。自金融危机以来，新兴市场国家债务累积的步伐不断加速，因此避免债务积压也应当是亚洲国家央行的首要考虑因素之一。

本文讨论与此相关的三个主要问题：首先讨论全球债务积压的形成及其根本原因，其次分析解决债务积压问题的各种途径，最后说明央行在处理债务积压时所面临的诸多困境。

全球债务积压的形成及其根本原因

债务水平的长期增长

如图 1 所示，在 1999～2014 年间，发达经济体非金融债务（non-financial debt）占 GDP 的比例从 212% 上升到 279%，上升了 67 个百分点。与同时期劳动生产率的缓慢增长相比，债务增速无疑十分惊人。37% 的债务增长发生在国际金融危机之后。由图 1 可知，从 2008 年起，新兴市场经济体的债务规模迅速上升，2014 年债务占 GDP 的比例达到 157%。

如图 2 上半部分所示，日本的债务规模已经接近其 GDP 的 4 倍，大多数发达经济体则维持在 2.5～3 倍。过去 15 年间，发达经济体积累了巨额的公共部门和私人部门债务。自 2007 年起，尤其在美国和英国，私人部门开始去杠杆，但是这些债务的减少无法抵消公共债务的上升；并且，在国内债务堆积的同时，外部债务也出现了大幅增长。最重要的是，许多发达经济体还面临着与老龄化相关的日益庞大的债务，包括养老和医疗保险等。正

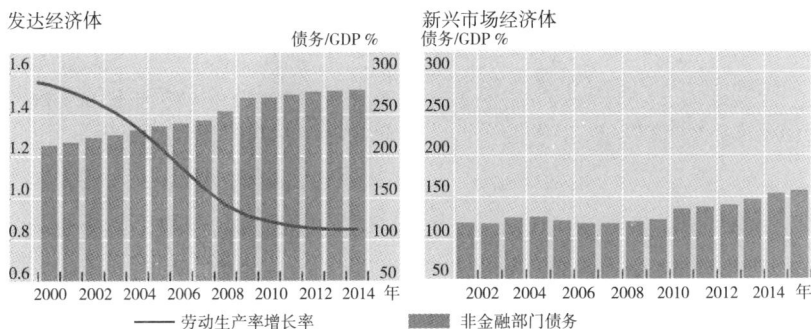

图 1　不可持续的增长模式

注：发达经济体包括美国、日本、欧元区、澳大利亚、加拿大、英国、瑞典和瑞士。新兴市场经济体包括阿根廷、巴西、中国、捷克共和国、中国香港特别行政区、匈牙利、印度、印度尼西亚、韩国、马来西亚、墨西哥、波兰、俄罗斯、新加坡、南非、泰国和土耳其。劳动生产率增长率基于 HP 滤波，该方法适用于人均产出年增长。非金融部门债务包括按市场汇率换算成美元的私人部门和公共部门信贷。

资料来源：IMF《世界经济展望》、OECD《经济展望》、国别数据以及 BIS 的计算。

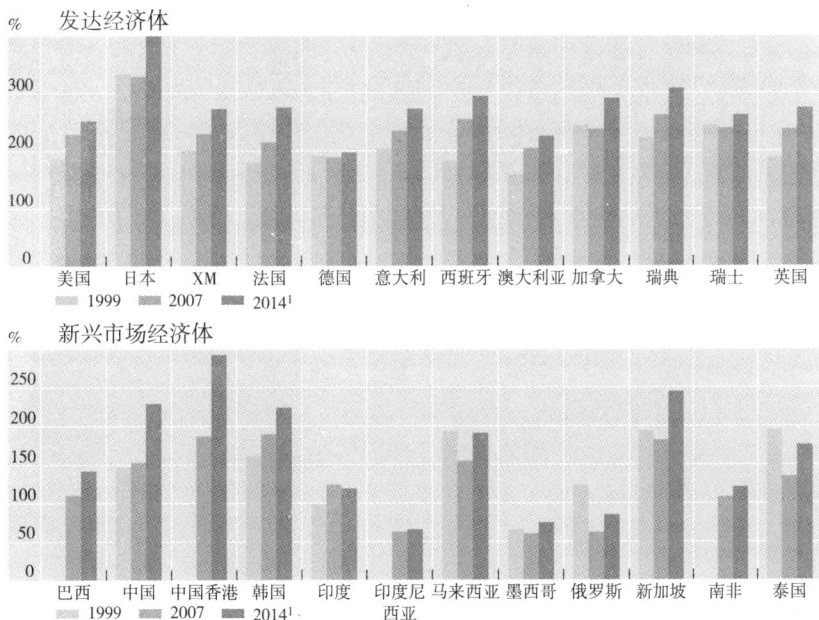

注：2014 年数据指第一季度或第二季度的数据。"XM"原文如此。——译者注
资料来源：IMF、OECD、国别数据和 BIS 计算结果。

图 2　总债务（不包括金融部门的债务）

如莱因哈特和罗高夫所言，我们面临着并非单一的而是四重债务积压问题。①

由图2下半部分可知，总体而言，新兴市场经济体的债务水平较低，但不同经济体之间差别很大。尤其是中国的债务占GDP比例高达229%，在不到6年时间里上升了76个百分点。中国公司部门的债务占GDP比例超过了150%，高于绝大多数发达国家；公共债务占GDP的比例为40%，相对较低，但是考虑到隐性的表外债务，该比例估计超过了50%。② 韩国非金融债务总量超过其GDP的220%，接近中国和其他发达国家的水平。大多数其他发展中国家特别是亚太地区的经济体，债务水平明显更低，然而自危机以来，债务的累积呈加速趋势。债务快速增长是一个值得关注的问题，尤其是当它与信用风险的过度集中以及资源分配不当等问题相关联的时候。

非常规的经济政策和债务驱动的增长模式

全球债务累积的驱动因素是什么？毫无疑问，始于20世纪70年代的金融自由化进程在过去很长时间里促进了债务的增长。不过，至少从2000年开始，另一个造成债务持续增长的关键原因是主要经济体逐步转向了不够审慎的宏观经济政策。应该说，非常规政策作为对国际金融危机的回应并非始于2009年，而是在很久以前就已出现了。政策的转变始于美国，主要因素相互紧密联系。首先是偏向宽松的货币政策产生了巨额的廉价货币；其次是在廉价货币的鼓励下银行部门采取了顺周期的杠杆行为；再次是廉价货币和宽松信贷导致家庭和公司部门广泛存在对债务（相对于权益）的偏好；最后是只有在廉价货币支持下才看似可持续的扩张性财政政策。

下面简单探讨债务驱动型增长模式的四个组成因素。

偏向宽松的货币政策

图3说明了偏向宽松的货币政策，比较了实际政策利率（actual policy

---

① 参见 C. Reinhart, V. Reinhart and K. Rogoff, "Public Debt Overhangs: Advanced-economy Episodes since 1800", *Journal of Economic Perspectives*, Vol. 26, 2012。

② 参见中国国家审计署，"全国政府性债务审计结果"，2013年12月30日。

rate）和根据简单的泰勒规则推导出的利率。明显的偏离在 2000 年上半年就发生了，当时美国的货币政策变得过于宽松，而且通过货币政策的溢出效应，世界其他国家的货币政策也呈现出同样的倾向。

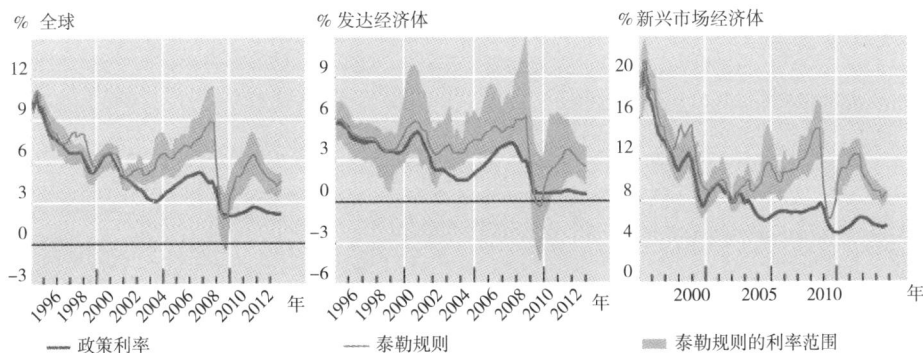

注：加权平均基于 2005 年的购买力平价权重。"全球"包括此处列出的所有经济体。发达经济体和新兴市场经济体的具体成员参见图 1。

资料来源：BIS 季度评论第 37~49 页，2012 年 9 月。

图 3　泰勒规则和政策利率

　　这一偏离在很大程度上可以反映货币政策操作上的明显不对称。国际清算银行年报（2014）强调："繁荣时期货币政策没有相应收紧，而在萧条期间却持续地过分宽松。这就导致了偏低的利率水平和偏高的债务水平，于是接下来就很难在不伤害经济的情况下提高利率，即落入了债务陷阱。"图 4 所呈现的七国集团的债务总量和实际政策利率的相反趋势，正好说明了这一点。

　　通常的反对观点认为，20 世纪 90 年代以来稳定状态的"自然利率"进入下降通道，因此依据简单的泰勒规则得出的推断不再成立。该论断十分有名。东南亚国家、中国和石油输出国的大量超额储蓄（或经常账户盈余）引发实际均衡利率的下降，导致其他国家经常账户赤字继续扩大。发达国家的央行别无选择，只有顺应这些结构性压力，以防止经济出现明显的非通胀倾向（disinflationary bias）。①

---

　　①　参见英格兰银行副行长本·布劳德本特（Ben Breadbent）2014 年 10 月 23 日在商业经济学家协会（Society of Business Economists）年会上发表的演讲《货币政策、资产价格和分配效应》。

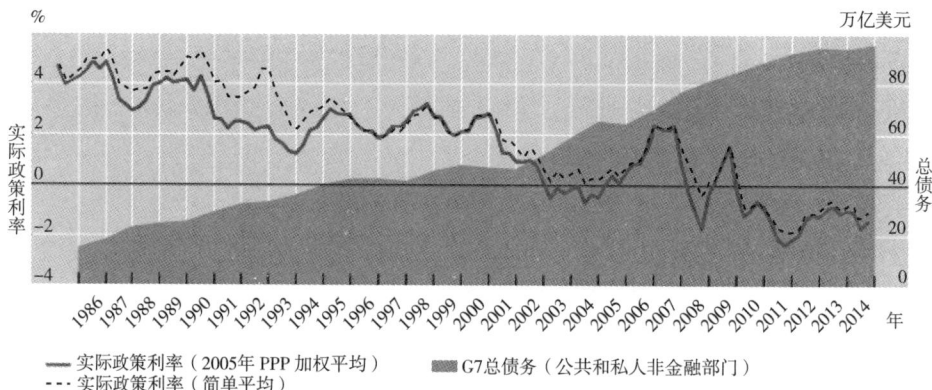

实际政策利率（2005年 PPP 加权平均）　　G7总债务（公共和私人非金融部门）
实际政策利率（简单平均）

注：2014 年的数据指的是第一季度和第二季度数据。

资料来源：BIS 季度评论，第 37 ~ 49 页，2012 年 9 月。

图 4　七国集团债务总量和实际政策利率

然而，"储蓄过剩"的假设夸大其词了，正如我的国际清算银行同事指出的，该假设遗漏了几个重要因素。①

首先，在危机之前，净资本流动的增长远不及总金融流动的增长，而且大多数总金融流动发生在发达经济体之间而不是在发达经济体与新兴市场经济体之间。

其次，流入美国的资本大部分来源于私人部门，而不是公共部门，且大多并非投资于政府债券，而是用于购买资产支持证券之类的高风险有毒资产。

最后，美国的资本流入中约一半源于英国和其他欧洲国家（这些国家的财政或处于赤字，或接近平衡状态），源于中国和东南亚其他经济体的比例较小。

"储蓄过剩"的说法无法解释上述事实，至多提供了部分解释。依笔者所见，对于上述因素以及经常账户收支不平衡的加剧，更可靠的解释应该以金融周期为重心。货币政策降低了加杠杆的价格，推升了资产价格并减少了被觉察

---

① C. Borio and P. Disyatat, "Global Imbalances and the Financial Crises：Link or No Link？" BIS Working Paper, No. 346, 2011；H-S Shin："Global Imbalances, Twin Crises and the Financial Stability Role of Monetary Policy," KIEP/CEPR 会议论文，首尔，2009 年 11 月 20 日。

到的风险，由此放大了金融周期的波动。随着信用的扩张，更多资金来源于国外，导致资本流动的增加以及经常账户收支不平衡的扩大。①

随着美国和其他主要经济体的货币政策越发宽松，宽松效应至少通过四种渠道传递到世界其他国家。首先，各国央行会设置更低的利率以防止资本流入和货币升值；其次，在全球化的债券市场上，包括新兴市场经济体以本国货币标价的债券，长期收益率倾向于和核心经济体的债券同方向运动；再次，更宽松的货币政策通常会导致更大规模的资本流动，尤其流向新兴市场经济体；最后，对非居民的离岸美元和离岸欧元信贷不断增长，已高达 11.5 万亿美元，不论这些信贷在哪里产生，均传递了宽松的效应。②

银行部门提升杠杆率的倾向

在国际金融危机的前夜，与监管不足相结合，廉价货币诱使银行大幅度提高了杠杆率。如图 5 所示，全球 20 多家大银行的杠杆倍数（资产/权益）由 2000 年的 20 倍上升到 2008 年的 30 倍，升幅高达 50%。

危机爆发以来，巴塞尔协议 Ⅲ 监管框架的实施推动了银行增加资本头寸，导致了杠杆倍数的逐渐降低，目前杠杆倍数下降到了 15 倍。随着巴塞尔协议 Ⅲ 的诸多重要条款进一步落实，包括杠杆率的校准、主权风险权重的审查以及强化资产证券化风险暴露的资本监管要求，杠杆率有望进一步下降。

经济主体普遍偏向借贷融资而非权益

毫不奇怪，在 21 世纪之初的低利率环境下，家庭和公司部门都表现出对负债而不是权益融资的强烈偏好。在美国和很多其他国家，居民都过度负债。

---

① 21 世纪之初，危机之前政府债务期限的快速缩短在压低长期利率方面也发挥了一定的作用，这可以部分解释 2004~2007 年间联邦基金利率上升未伴随着之前紧缩时期出现的长期利率同规模上升，这种现象被格林斯潘（Alan Greenspan）称为"谜团"（conundrum）。参见 Chadha、P. Turner and F. Zampolli："The Interest Rate Effects of Government Debt Maturity"，BIS Working Paper，No. 415，2013。作者发现了一个有趣的现象：在控制住美国联邦债券平均期限的前提下，外国公共部门流向美国国债的资本在统计上并不显著。

② 参见 R. McCauley, P. McGuire and V. Sushko, "Global Dollar Credit: Links to U. S. Monetary Policy and Leverage", *Economic Policy*（即将发表）。其他证据也表明，不同国家的长期利率关联性变大了。参见 P. Turner, "The Global Long-term Interest Rate, Financial Risks and the Policy Choices in EMEs", BIS Working Paper, No. 441, 2014。

倍

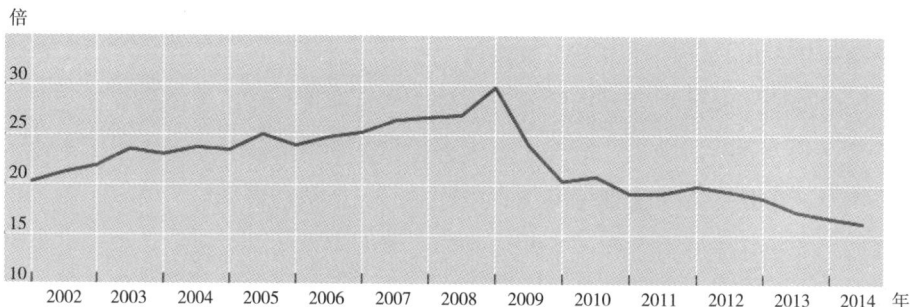

注：大银行即发达经济体的 22 家主要银行。总资产/总权益按资产规模赋予权重。
资料来源：Bloomberg 和 BIS 的计算。

图5　大银行的杠杆率

后来的经济萧条引发了普遍的债务清算，附表 2 呈现了美国为了把居民部门债务占 GDP 的比例从 2007 年的 95% 降低到 2014 年的 77% 所付出的社会代价。公司部门也更有动力通过举债而不是发行股本来融资，过去 15 年间发达经济体和新兴市场经济体的非金融公司债务规模都显著上升，目前占 GDP 的比例分别为 86% 和 82%。最大的增长发生在发展中经济体（详见附表 1 和附表 2，新兴市场经济体上升 44 个百分点，发达经济体上升 9 个百分点）。

危机之后，公司借债的动机仍然十分强烈，在超低利率的鼓励下，公司部门在国内市场和离岸市场上大量发行债券。国际清算银行的统计显示，由于货币政策压低了期限溢价，2014 年美国和欧元区以外的债务人所发行的未清偿美元和欧元债务超过了 5 万亿美元，而美国首次公开募股的规模仅 2380 亿美元，远低于 2007 年的 4380 亿美元。另外，股票回购也有所增长，2013 年 7 月至 2014 年 6 月间美国股票回购规模高达 5330 亿美元，较上年同期增长了 26%，已经接近 2007 年的最高水平。

财政政策的扩张倾向

松弛的财政纪律一直是个问题。20 世纪 70 年代中期以来，许多发达经济体的公共债务和非基金债务（unfunded liability）持续增长。到了 21 世纪初，财政纪律进一步弱化，当时美国的财政收支平衡一度得到改善，债务也有所下降，之后又开始积累赤字。在欧洲，货币联盟形成之前曾有一段时间财政纪律得到强化，而 2004 年的法德决议削弱了《稳定与增长公约》的约束力，随后财政纪律普遍放松。随后《马斯特里赫特条约》规定的公共债务占 GDP 比例不超过 60% 的上限也不再生效，公共债务比例进一步上升，2007 年许多国家已经达到了和平年代的历史最高水平。

然而，在危机开始后，随着各国政府采取了极端的相机抉择型财政刺激政策，公共债务才出现了最显著的增长。由于这些相机抉择型财政刺激政策只是部分可逆的（partially reversed），2014 年美国的公共债务占 GDP 比例达到了 106%，欧元区则高达 108%。当时 IMF 大力提倡财政扩张，但是在 2009 年 2 月吉隆坡召开的东南亚央行行长会议上发表的演讲①中，我主张，为应对 2008 年金融危机，适当的财政政策应该是一种允许自动稳定机制运行的稳定性政策，而不是刺激政策。我还预测，早已债台高筑的发达经济体采取过度的财政刺激政策迟早会导致主权债务危机。

不幸的是，在财政政策上反传统的新思维在政策决策圈中风头正盛。根据这种思想，任何旨在减少（或稳定）公共债务的审慎措施都代价巨大，甚至是反生产性的。与这种思想相呼应的另一种观点认为，只要央行采取积极措施来限制收益率，高债务水平仍然是安全的。这种观点的推论就是，一国可以长期维持高债务水平直到经济恢复强劲增长，随后债务水平就可以降下来。这就意味着"严苛纪律"不仅成本巨大，而且没有必要。

然而，这种"反对严苛纪律"的论点必须正视公共债务越来越不可持续的现实。2010 年，国际清算银行的一份工作论文分析了几个主要经济体在未来 30 年间债务占 GDP 比例的演变路径，结论令人吃惊："在基准情景②下，未来 10 年间债务占 GDP 比例快速上升，日本将超过 300%，英国高于 200%，比利时、法国、爱尔兰、希腊和美国则将超过 150%。"③ 自 2010 年以来，财政状况以及相关的债务变化轨迹有所改善，但是还不够；假如不能进一步缩减

---

① 参见 Hervé Hannoun "Long-term Sustainability Versus Short-term Stimulus：Is There A Trade-off?" 这是他在第 44 届东南亚央行行长会议上的演讲，这次会议的主题是"在新全球金融环境下维护货币和金融稳定"，吉隆坡，2009 年 2 月 7 日。

② 基准情景（baseline scenario）考虑了与老龄化相关的支出导致债务预期增加，基于 1998～2007 年间平均实际利率和当时 OECD 计算的实际 GDP 潜在增长率。

③ 参见 S. Cecchetti, M. Mohanty and F. Zampolli："The Future of Public Debt：Prospects and Implications"，BIS Working Paper，No. 300，2010。

目前的财政赤字，控制养老金和医疗支出，债务增加的趋势仍然不可阻挡①，更强劲的增长也无济于事。② 历史数据显示，高增长很少与高水平的公共负债相伴。决策者不该自欺欺人地相信，无须严格的财政纪律就可以解决债务积压问题。

总而言之，尽管金融部门的去杠杆取得了些许进展，但总体上非金融部门债务仍在继续上升，这就造就了在最近关于世界经济的一份日内瓦报告中重点讨论的这样一个简单问题："去杠杆？什么样的去杠杆？"③ 在导致国际金融危机的两个根源④中，目前只有微观层面的根源得到了处理，这是通过致力于加强银行资本基础、改善风险管理和激励的监管改革（巴塞尔协议Ⅲ）来实现的。而宏观政策层面的根源，即债务驱动型增长模式的缺点和诱发危机的宽松政策组合仍然没有得到解决。如何走出这种不可持续的债务驱动型增长模式呢？

解决债务积压问题的途径

解决债务积压的各种途径，在很长一段时期内都将是全球经济政策的一项主要议题。在债务规模仍然不断增长的情况下，决策者应当确保过度负债最终不会导向"债务紧缩"⑤，即偿付债务的努力会恶化偿付能力的情况。

目前，各国央行都采取强势措施防止债务紧缩变成现实。但是，随着危机已经接近尾声，经济正逐渐复苏，仍然持续攀升的债务水平就对当下仍然维持超低利率政策的合理性提出了质疑。的确，政策失误的风险在上升：央行可能过早或过快地实现利率正常化，从而阻碍了经济复苏，进而使去杠杆更难；央

---

① 关于"在几个发达国家必要的财政调整至关重要的讨论"，参见 *BIS 83rd Annual Report*，第Ⅳ章，2012/2013。

② 参见 C. Reinhart and K. Rogoff（2009，2012）；Cecchetti, Mohanty and Zampolli（2010）。

③ 参见 L. Buttiglione, P. Lane, L. Reichlin and V. Reinhart："Deleveraging? What Deleveraging?" *Geneva Reports on the World Economy*，No. 16，2014 年 9 月。

④ *BIS 79th Annual Report*（2009）详细讨论了国际金融危机的两方面根本原因。

⑤ 参见 I. Fisher："The Debt-deflation Theory of Great Depression"，*Econometrica*，Vol. 1，No. 4，1933。

行也可能拖了太久才实现利率水平正常化，导致债务进一步积累和更大的金融风险，因而进一步推迟促进增长的财政和结构改革。假如在超低利率的环境下债务仍然持续上升，那么未来任何政策调整的代价事实上都会增加，而债务紧缩的风险只是被推迟到未来而已。

本节首先从理论上讨论解决债务积压问题的可能选择，然后介绍各国央行目前在解决债务积压方面所作出的努力。

解决债务积压问题的选择

政府而不是央行承担解决债务积压问题的首要责任。可是政府能做什么呢？在最近的一篇论文中，莱因哈特夫妇和罗格夫提出了以下可供选择的应对方案：更快的增长、债务重组或债务违约、通胀、财产税（wealth tax）、金融抑制、私有化和严格的财政约束。① 其关注点在于减少公共债务，不过其中某些选项（特别是有关增长和通胀的）也适用于减少私人债务。下面逐一考察这些选择。

第一个选项当然是更快的增长。不幸的是，更快的增长无法通过法令实现，而是要求政府采取全面的结构和财政改革。换句话说，更快的增长并不能替代结构改革或财政改革措施，而是上述措施的产物。

第二个选项是债务违约或债务重组。假如政府不能采取措施来改善公共财政或促进增长，这个选项可能无法避免，但是该方法并非合理的解决手段。事实上，这一做法可能导致无法预期的成本和财富的再分配，最终会比通常的财政整顿措施更难被社会接受。例如，谈判时间可能被不断延长，过程中的不确定会削弱金融系统的稳健性。违约和债务重组也不能完全消除赤字这一根本的收入和主要支出之间的不平衡，因而最终还是需要采取财政整顿措施。②

第三个选项是提高财产税。这有两种可能性：第一，大笔的一次性财产税原则上可用于消除巨大的公共债务。一定程度上，其效果类似于债务违约或重

---

① 参见 C. Reinhart，V. Reinhart and K. Rogoff；"Dealing With Debt"，提交给宏观经济学国际研讨会会议论文，里加，2014 年 6 月；中文版见《比较》2015 年第 4 辑，总第 79 辑。

② 有序的债务重组可能是修复私人部门代理人的资产负债表的一种方法，尤其是金融机构。为成功清理私人部门的资产负债表，确保公共部门的清偿力无疑是一个必要条件。

组，只是成本由全体财产所有人而不是债权人来承担。然而，高额财产税在实践上很难实施，更可能的做法是将财产税视为常规财政工具的一部分。第二，假如财产税设计合理，就有助于减少不平等，让公众更容易接受必要的财政整顿措施。

第四个选项是突然的通胀。从央行的角度看，该选项不可接受，而且缺乏效率。在对金融交易没有任何限制的情况下，借款人会因为更高的通胀率寻求补偿，从而导致利率迅速上涨，因此债务积压的减轻只能是暂时的（并且与未清偿债务的期限呈负相关），但代价却是永久性的。央行将丧失控制通胀目标的声誉，从而导致更高、更持久和更不稳定的通胀率，资本外逃也会发生，结果长期来看实际利率可能会更高，平均增长率更低，而且通胀的财富分配效应（相当于对穷人的征税）也令人难以接受。

第五个选项是金融抑制，包括一系列的规则、限制和政策，其最终目的是将实际利率水平压低在自由市场决定的水平之下。央行新出台的某些新的金融管制和非常规货币政策，可以被解释为偶然出现而非人为设计的金融抑制。金融抑制在过去通常与更高的通胀率、糟糕的信贷和资源配置以及更低的平均增长率相联系。相比历史上的债务危机时期，在当今全球化的环境中，金融抑制更难实施，这要求多个经济体之间采取统一的做法或以牺牲增长为代价实行资本管制，而且各国政府往往不会坚持用廉价资金来迅速减少债务，而是代之以简单拖延不可持续的或浪费性的支出。

第六个选项是公共资产的私有化。但是，减少短期债务带来的好处会被未来预期收入的减少抵消。债务减少带来的好处取决于政府管理其资产或企业的效率。私有化可以改善政府的流动资金头寸，从而减少债务的风险溢价；不过，人们并不清楚上述获益究竟有多大。私有化至多只能部分缓解债务积压的问题。

第七个选项是严格的财政约束。这种说法或许并不准确。在政府债务的情形中，更好的说法是"保持基本盈余"。更一般地说，对于所有负债的经济主体（家庭、公司和政府），这里指的是"储蓄率的逐步提高并长期维持"，"逐步"是将多个主体同时增加储蓄对总收入的负面影响最小化，但是要求"长期维持"以确保债务可以保持在安全的较低水平。该方法不可避免地将导致一段时间内平均增长率降低。不过，由于储蓄并非决策者的敌人，因而这个选项可能是最顺理成章的了。与之相比，债务违约或制造通胀（其实是隐蔽形式的违约）对于解决债务积压问题都是下下策。

目前央行解决债务积压问题的措施

面对债务积压问题，主要国家央行倾向于选择逐步提高债务人的储蓄率、广泛支持财政整顿，同时试图刺激低负债及净储蓄的经济主体增加支出。更具体地说，央行的隐含策略包括以下三个要素。

首先，大力降低债务清偿比率（debt service ratios），以增加债务人的现金流，防止他们大幅度削减开支。同时，大幅度降低政策利率，以此来降低借贷成本，这对于英国和存在巨额可变利率债务的几个欧元区国家来说更加有效。随后的量化宽松政策和前瞻性指引（forward guidance，承诺将低政策利率保持更长时间）将进一步拉低借贷成本。

其次，坚守保持通胀率尽可能接近2%的目标承诺。美联储已经明白无误地表明其通胀目标为2%。日本央行在宣布2%的通胀目标的同时，采取无明确期限的（open-ended）量化宽松措施。为防止通货紧缩螺旋上升（deflationary spiral）的风险，欧洲央行坚持"低于但接近2%"的目标，使得长期通胀预期正好或者低于2%。各国央行没有采取学界建议的提高通胀目标①的做法，央行不能为降低实际债务负担而有意制造通胀。如上文所论，此举的长期成本很大程度上会超过暂时收益。

最后，通过压低长期利率刺激总需求，通过大规模购买资产和前瞻性指引等非常规手段绕过政策利率的零下限。如图6所示，这些措施使得美国和欧元区2011年12月的期限溢价（term premia）为负，2014年再次降到零以下。负的期限溢价长期内是不可持续的，毕竟这意味着投资者将承担更大的利率风

---

① 主要央行均将通胀目标确定为2%或接近2%是一个重大进步。正如欧洲央行前行长特里谢（Jean-Claude Trichet）所言，自布雷顿森林体系解体以来我们第一次有了一个确定的全球名义锚。这或许在稳定外汇市场方面发挥了作用，外汇市场是唯一一个金融危机以来未遭受重大扰动的金融市场。参见 J-C Trichet "Central Bevnking in the Crises: Conceptual Convergence and Open Questions on Unconventional Monetary Policy"，2013年 Per Jacobsson 讲座，2013年10月12日，华盛顿。

险，却得不到相应的补偿。

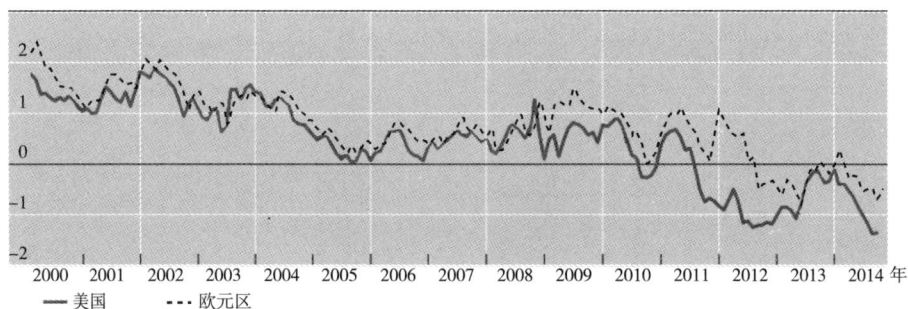

注：（1）欧元区数据基于德国和法国。（2）10年期名义期限溢价（风险溢价和通胀溢价之和），推算自经济期限结构模型。

资料来源：BIS 测算。

图6　10年期名义期限溢价

央行处理债务积压问题面临的困境

目前解决债务积压问题的方案是否正当呢？为回答这个问题，各国央行至少面临五个方面的困境。

非常规货币政策是否会鼓励更多债务？

第一个困境就是非常规货币政策的长期持续是否会刺激更多债务的产生，结果得不偿失？这种货币政策非但不能帮助债务人去杠杆，反而可能鼓励杠杆的进一步增加。最近的国际清算银行年度报告指出："低利率可能刺激债务人进一步增加负债，这样一来，当利率最终上升时偿债的代价就会更大……低利率无法解决高负债问题。"在一些国家，短期政府债券利率为负，这意味着政府可以通过借入短期债务获得收益，而不必承担任何成本。

超低利率也使债权人滋生了自满心理，如表1所示，尽管公共债务大幅度增长，利息偿付占 GDP 的比例却有所下降，造成了不受约束的债务是可持续的或（用评级机构的话说）"可负担"的假象。然而，市场纪律（market discipline）并非连续地发挥作用。长期的自满往往迎来"市场的暴怒"，于是关于债务可持续的市场信号就不可信了。在风险厌恶程度较低的时期，主权债务利差的压缩导致了安逸的错觉，即误以为高负债率具有可持续性。

表1   财政可持续性（占 GDP 的比例）   单位:%

	政府净债务利息支出			政府债务		
	1999 年	2007 年	2014 年	1999 年	2007 年	2014 年
美国	3.2	2.6	2.5	58.6	63.8	106.2
加拿大	4.1	0.6	0.4	92.2	70.4	94.2
法国	2.7	2.5	2.2	69.0	73.0	115.1
德国	2.8	2.5	1.4	61.8	65.6	83.9
意大利	6.3	4.7	4.8	125.7	116.5	147.2
日本	1.3	0.0	1.1	127.9	162.4	229.6
英国	2.5	1.8	2.9	47.9	46.9	101.7

资料来源：OECD。

央行是否应该确保不发生债务通货紧缩？

债务通货紧缩的风险是央行面临的第二个困境，央行是否要确保这样的风险不会发生？下面分两点来讨论。

首先讨论证据的问题。目前数据并没有明确表明通货紧缩风险正在显著上升。如图 7 所示，自从在 2011 年达到峰值以来，主要经济体的总体通胀率（headline inflation）一直稳步下降，不过近期的下降主要是由大宗商品的价格下跌导致的，而这类商品的价格波动性是众所周知的。核心通胀率（core inflation）更加稳定，尤其是在过去几个月。工资的膨胀普遍受到抑制，从而保持了稳定。无论如何，通胀下降会增加实际可支配收入，因而促进增长。

% 总体通胀率

英国

欧元区

美国

2007 2008 2009 2010 2011 2012 2013 2014 年

% 核心通胀率

英国

美国

欧元区

2007 2008 2009 2010 2011 2012 2013 2014 年

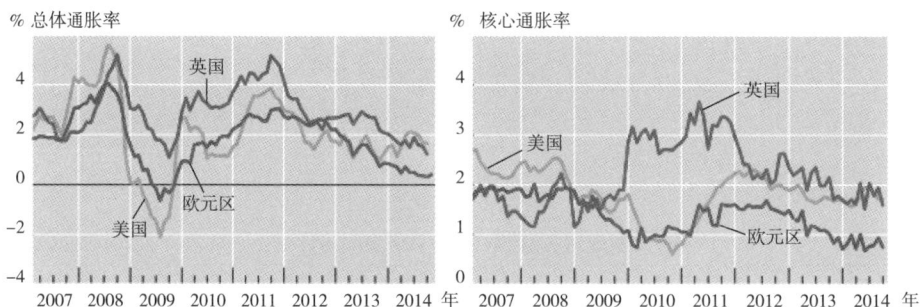

注：核心通胀率不包括食品和能源。
资料来源：Datastream、OECD、国家层面的数据。

图 7　主要发达国家的通胀率

　　如图 8 所示，两个长期通胀预期测量指标，包括从指数化债券（index - linked bond）推导出的损益平衡通胀率（breakeven inflation rates）和通胀互换利率（inflation swap rates）都清楚地表明，通货紧缩风险并未上升。长期通胀预期相对较好地锚定在目标上，目前欧元区为 2% ，美国约 2.5% 。不过，短期内这两项指标的波动性较大。

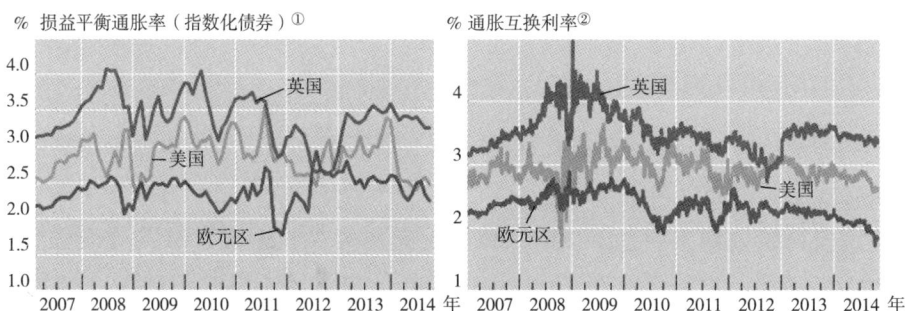

% 损益平衡通胀率（指数化债券）①

英国

美国

欧元区

2007 2008 2009 2010 2011 2012 2013 2014 年

% 通胀互换利率②

英国

美国

欧元区

2007 2008 2009 2010 2011 2012 2013 2014 年

注：①5 年，5 年远期损益平衡通胀率，月度平均。②5 年，5 年通胀互换利率。
资料来源：Bloomberg、Consensus Economics、BIS 的计算。

图 8　通胀预期

　　尽管没有令人信服的证据表明经济存在陷入通货紧缩螺旋的风险，决策者却认为"通胀率过低"可能不利于经济增长。由于公众所感受到的通胀率和

统计数据之间存在差异，该观点很难被公众接受。① 所以，恰当的表述应该是
"通胀率低于既定目标"而不是"通胀率过低"，这样"通胀目标"就不会被
误解为"目标是高通胀"了。

　　我们再转向第二个问题。假如通货紧缩的风险并不紧迫，央行是否应当先
发制人地采取措施呢，甚至在通货紧缩的证据出现之前？换句话说，央行是否应
当尽可能降低债务通货紧缩的可能性及其潜在影响？提前干预的理由取决于至少
两个条件：首先是通货紧缩的潜在成本超过进一步实行宽松货币政策的负面影
响；其次是货币政策仍然有效。依笔者所见，这两个条件目前均不具备。下面依
次讨论。

　　第一，一些市场评论员过分夸大了通货紧缩的代价，其根据仍然是基于历
史上的大萧条的简单外推。当代经济的制度性特征已经大不相同了。决策者在最
近的金融危机爆发伊始就及时采取措施，向市场提供充足的流动性，减少银行经
营失败的影响。因此，在当下的处境中，更具可能性的最坏情形也不过是温和的
通货紧缩，更类似于日本经历的情形而不是大萧条时期美国的情形。当下通货紧
缩的成本（以及滑入通货紧缩的代价）并非像许多市场评论员所认为的那
样高。②

　　同时，不确定的通货紧缩成本还应当与继续实行宽松货币政策所导致的更
确定的代价相比较。后者不仅包括可能的通胀超调，而且还包括明显的超低利
率。通过进一步压缩收益率和利差，进一步的刺激措施会诱使金融部门承担更
大的风险，从而增加了未来资产价格和信贷条件突变的可能性。即便上述措施
成功刺激了需求和通胀，如此宽松的政策也可能引发另一场金融危机，以及未
来更强有力的通货紧缩冲击。

　　第二，货币政策继续有效，然而这并不是理所当然的。虽然货币政策至今

---

　　① 参见国际清算银行第七届欧文·费雪委员会中央银行统计会议的开幕词，巴塞尔，2014
年9月4日。

　　② 参见 M. Bordo and A. Filardo，"Deflation and Moretary Policy in a Historical Perspective：Re-
membering the Past or Being Condemned to Repeat It？"，*Economic Policy*，Vol. 20，2005；C. Borio and
A. Filardo："Looking Back at the International Deflation Record"，*North American Journal of Economics
and Finance*，Vol. 15，2004；以及最近 *BIS Annual Report* 第五章的讨论。

确实显著降低了名义收益率，但对实体经济的影响却不那么确定。经济主体的反应可能与时下的货币政策模型的假定不同。① 特别是，尽管利率很低，经济增长长期乏力的预期将阻碍企业和居民进一步增加支出。当前支出的增加意味着未来支出的减少，而且经济主体跨时消费替代的意愿可能受到限制。换句话说，理性的经济主体可能明白，现在需要的不是简单地刺激需求，而是实现需求的"可持续"。在这种情况下，对决策者而言，为了恢复产出并使债务通货紧缩的风险最小化，更有效的选择是加快修复银行的资产负债表，改善信贷配置，制订可行的财政整顿计划使未来税收和消费的不确定性最小化，确保迟到的结构性改革最终得以实施。

非常规货币政策是否导致分配问题和严重的不平等？

第三个困境就是假如人们觉察到货币政策永久性地改变了收入和财富的分配，而且有利于某些群体但损害了其他群体的利益，那么如何能保持其独立性。

目前的超低利率政策实际上已经实质性地将一部分财富从债权人手中转移给债务人，从储蓄者手中转移给消费者和投资者。不过，最终的分配效果非常复杂，难以准确认定，这取决于不同年龄和收入人群的债务和储蓄比例、资产价格的反应、对失业的影响（尤其影响低收入群体），以及低利率诱发的扩张性财政政策能否以其他方式补偿债权人等等。② 例如，低利率导致的住房财富

---

① 关于这一点，参见 L. Smaghi, "Monetary Policy: Many Targets, Many Instruments, Where Do We Stand?" 国际货币基金组织主办的会议论文，会议主题是 "Rethinking Macro Policy Ⅱ: First Steps and Early Lessons", 2013 年 4 月 16~17 日。

② 货币政策，特别是非常规货币工具如何影响收入和财富分配的问题正在引起更多的关注。参见最近亚特兰大联储举办的 "货币政策和不公平" 研讨会（2014 年 4 月 3~4 日）。最近的研究表明，日本长达 10 年的非常规货币政策扩大了收入不平等，尤其是 2008 年以后采取更加激进的量化宽松手段，参见 A. Saiki and J. Frost: "How Does Unconventional Monetary Policy Effect Inequality: Evidence from Japan", DNB Working Paper, No. 423. 相反的观点参见 O. Coibion, Y. Gorodnichenko, L. Kueng and J. Silvia, "Innocent Bystanders? Monetary Policy and Inequality in the U. S.", VoxEU, 2014 年 9 月。他们认为紧缩性的货币政策扩大了不平等，但其观点是基于危机之前的样本，当时经济运行处于常态且使用常规货币政策工具。因此，他们的结论是否适用于后危机之后长期低利率和长期收益率被人为压低的环境并不清楚。

上升更多地让老年人（至少是拥有房屋的老年人）而不是年轻人受益，因此老年人的福利未必会由于低利率而恶化。显然，为了理解这些复杂的分配问题，还需要更多的研究。①

不过，有一件事是肯定的：假如财富转移长期持续，公众就会感觉到，量化宽松的主要效果是推动资产价格的膨胀，因而会考问非常规货币政策对不平等的潜在影响。最终，货币政策和财政政策可能没有区别，对其实施政治控制的需要就会自然增强。果真如此的话，央行有效实施稳定政策的能力将受到损害。

财政主导（fiscal dominance）的威胁是否增加了？

第四个困境就是央行在解决债务积压问题的同时如何避免财政风险。在寻求解决债务积压问题的简便方法时，发达国家的决策者感受到了金融市场文献和某些学术圈子都试图寻找捷径的压力。假如非常规货币政策令人失望，我们可以预见关于如何规避问题的"新观点"激增，包括"直接印钱发给居民"（helicopter money）和"公开的货币融资"（例如央行直接购买政府发行的无息且不可赎回的债券）②。公共讨论朝着越来越奇怪的建议发展的趋势表明，经济政策导向发生了偏离。

债务人能合理接受什么进度的利率正常化？

假如央行承认，将利率维持在史无前例的超低水平的潜在代价早已超过了潜在好处，那么央行所面临的最后一个困境就是如何实现利率正常化。利率的"新的正常水平"很不确定，要在退出当前政策的过程中加以确定。"正常的"利率应当能够被目前的债务人接受，同时不再鼓励进一步的债务积累及由此带

---

① 例如，在英国，老年人比年轻人从住房价格上涨中获益更多。危机之前的房地产繁荣伴随着老年阶层净财富的显著上升。老年阶层的自有住房率上升，年轻人的却下降了。年轻人购买住房的年龄明显上升。目前，后危机环境下的超低利率可能还将持续，使得财富分配更加有利于老年人（参见 M. Waldron and F. Zampolli "Household Debt, House Prices and Consumption in the United Kingdom: A Quantitative Theoretical Analysis", Bank of England Working Paper, No. 379, 2010 年 3 月）。最起码，这个例子表明，难以对非常规货币政策的分配效应得出定论，还需要更多的研究。

② 参见 B. Bossone, T. Fazi, and R. Wood, "Helicopter Money: The Best Policy to Address High Public Debt and Deflation", VoxEU, 2014 年 10 月 2 日。

来的风险。市场反应也很难预测。出于以上考虑，政策利率的正常化应该循序渐进。不过，央行所面临的挑战在于如何设计这个渐进过程以保证不再鼓励投资者沉迷于承担过多的风险。

结　论

过去 15 年间非金融债务的总规模显著扩大，公共部门融资已经失去控制，许多国家的债务明显过量且潜在风险很大。

债务积压问题部分源于 21 世纪之初发达国家宏观经济政策的不对称操作，或者说宽松偏向，这一直是债务驱动型增长模式的一部分。假如在终结"严格财政纪律"的不断呼吁下，政府稳健财政的努力受挫，那么各国央行将面临越来越大的压力而不得不维持零利率政策。

然而，任何形式的货币政策正常化的失败都将带来高风险。超低利率的持续可能会鼓励更多的债务，使投资者承担过大的金融风险，而且会恶化信贷的错误配置，诱使政策制定者推迟促进经济增长的根本改革，损害经济的供给面。从这个意义上说，持续的非常规货币政策只能带来暂时的稳定，付出的代价却是未来更低的增长率和更严重的金融不稳定。换句话说，债务通货紧缩风险并没有消除，只不过是被推迟了。

解决债务积压问题的唯一可行方法是逐渐增加高负债经济主体的储蓄。在很长一段时间内，去杠杆的努力将不可避免地影响经济增长。但是，违约、债务重组、更高的通胀和金融抑制最终将给社会带来更沉重的代价，包括预料之外的财富分配效应。假如经济增长的前景不乐观，对不断加剧的贫富差距的反应只会越来越严重。这意味着只有当政策制定者把降低贫富差距作为政策目标的关键部分时，无法避免的去杠杆对社会来说才是可以接受的。

（王胜邦　蒋怡然　译）

附表 1　总债务明细（不包括金融部门的负债）

（占 GDP 比例）

	2014 年的水平①				自 1999 年以来的变化②			
	居民	企业	政府③	总计	居民	企业	政府③	总计
发达经济体④、⑤	75	86	119	279	13	9	45	67
美国	77	68	106	252	12	6	48	65
日本	65	103	230	298	−9	−28	102	65
欧元区	64	101	108	272	15	28	29	72
法国	57	103	115	275	22	28	46	95
德国	57	57	84	197	−16	0	22	6
意大利	44	81	147	273	23	25	22	69
西班牙	75	111	108	295	33	41	39	113
澳大利亚	116	74	35	225	47	12	7	66
加拿大	94	102	94	291	32	13	2	47
瑞典	86	173	49	308	37	70	−22	86
瑞士	127	89	46	262	15	12	−10	17
英国	93	79	102	274	25	7	54	86

续表

	2014年的水平①				自1999年以来的变化②			
	居民	企业	政府③	总计	居民	企业③	政府③	合计
新兴市场经济体④⑥	31	82	45	157	13	44	-6	37
巴西⑦	38	38	66	142	20	20	—	—
中国	35	153	41	229	—	—	4	81
中国香港	64	222	6	292	6	116	—	—
韩国	82	104	38	224	36	6	21	63
印度	9	50	60	119	—	—	-10	20
印度尼西亚	17	22	26	—	—	—	—	—
马来西亚⑦	70	64	57	191	—	—	19	-2
墨西哥	15	12	48	75	6	1	2	9
俄罗斯⑦	14	55	16	85	9	35	-83	-39
新加坡	61	81	103	245	23	8	20	51
南非⑦	40	33	48	121	6	5	—	—
泰国	73	55	48	176	24	-35	-9	-20

注：①指的是第一季度或第二季度的数据。②占GDP的百分比；巴西、中国香港、印度尼西亚和南非的政府债务数据不可得。③OECD和IMF对总金融负债的估计。④此处各经济体的加权平均是基于2005年的GDP和PPP汇率。⑤经济表现。⑥阿根廷、巴西、中国、捷克共和国、中国香港、匈牙利、印度、印度尼西亚、韩国、马来西亚、墨西哥、波兰、俄罗斯、新加坡、南非、泰国和土耳其。⑦居民负债和企业负债的分解数据是基于信贷银行贷款数据的估计。

资料来源：IMF、OECD、国别数据和BIS计算。

附表 2　总债务明细（不含金融部门的负债）

（占 GDP 比例）

	2014 年的水平[1]				自 2007 年以来的变化[2]			
	居民	企业	政府[3]	合计	居民	企业	政府[3]	合计
发达经济体[4][5]	75	86	119	279	-6	1	42	37
美国	77	68	106	252	-18	-2	42	23
日本	65	103	230	293	0	3	67	70
欧元区	64	101	108	272	2	5	35	43
法国	57	103	115	275	9	8	42	59
德国	57	57	84	197	-7	-3	18	9
意大利	44	81	147	273	5	3	31	38
西班牙	75	111	108	295	-8	-18	66	40
澳大利亚	116	74	35	225	8	-8	21	21
加拿大	94	102	94	291	16	14	24	54
瑞典	86	173	49	308	17	28	0	46
瑞士	127	89	46	262	14	16	-7	23
英国	93	79	102	274	-6	-12	55	36
新兴市场经济体[4][6]	31	82	45	157	9	25	3	37
巴西[7]	38	38	66	142	16	16	1	32

203

续表

	2014 年的水平①				自 2007 年以来的变化②			
	居民	企业	政府③	合计	居民	企业	政府③	合计
中国	35	153	41	229	16	54	6	76
中国香港	64	222	6	292	13	90	2	105
韩国	82	104	38	224	10	13	11	34
印度	9	50	60	119	-1	10	-14	-5
印度尼西亚	17	22	26	66	5	6	-9	3
马来西亚⑦	70	64	57	191	17	4	15	36
墨西哥	15	12	48	75	1	3	10	15
俄罗斯⑦	14	55	16	85	3	12	7	23
新加坡	61	81	103	245	22	23	18	63
南非⑦	40	33	48	121	-4	-3	20	13
泰国	73	55	48	176	26	5	10	41

注：①指的是第一季度或第二季度的数据。②占 GDP 的百分比。③OECD 和 IMF 对总金融负债的估计。④此处各经济体的加权平均是基于 2005 年的 GDP 和 PPP 汇率。⑤经济表现。⑥阿根廷、巴西、中国、捷克共和国、中国香港、匈牙利、印度、印度尼西亚、韩国、马来西亚、墨西哥、波兰、俄罗斯、新加坡、南非、泰国和土耳其。⑦居民负债和企业负债的分解数据是基于信贷数据的估算。

资料来源：IMF、OECD、国别数据和 BIS 计算。

第三篇

危机后的货币政策

在黑暗中摸索：
危机后的非常规货币政策①

拉古拉迈·拉詹

我很荣幸应邀参加国际清算银行安德鲁·克罗克特（Andrew Crockett）纪念讲座演讲，并作为首位演讲人。1994 年 1 月 1 日至 2003 年 3 月 31 日，安德鲁·克罗克特先生担任国际清算银行总裁，带领国际清算银行经历了重大变革。尤其是，他主张将国际清算银行会员资格扩大到欧洲以外的区域。他最早提出多边国际组织应把专业化作为目标，不断改进组织和业务。最能体现其先见之明的是 2001 年 2 月 13 日发表的《货币政策与金融稳定》演讲。② 他讲道：

> 自由放任的金融体系和基于通胀目标制的货币政策的组合不足以维持金融体系的稳定。通胀通常是金融不稳定的元凶，这固然是不容置疑的。的确是……但否命题则未必成立。历史上许多案例可以证明价格回稳会滋生过度乐观的情绪……

---

① 本文为芝加哥大学布斯商学院教授拉古拉迈·拉詹 2013 年 6 月 23 日在国际清算银行安德鲁·克罗克特纪念讲座上发表的主题演讲。拉古拉迈·拉詹曾任国际货币基金组织首席经济学家，2013 年 8 月 7 日起担任印度储备银行行长。安德鲁·克罗克特曾任国际清算银行总裁。——译者注

② http：//www.bis.org/review/r010216b.pdf？frames = 0.

他接着说："如果消除通胀不足以保证金融稳定……那么，什么才能确保金融稳定呢？答案是审慎监管。但是审慎监管工具是基于对风险的感知，而这又与信贷和资产价格周期紧密相关。如果审慎监管依赖于对抵押物的评估、资本充足率等因素，那么当资产价格估值扭曲时，应对金融失衡的监管堡垒就会被削弱。"

在这短短的几段话中，安德鲁·克罗克特概括了我们许多人经历了全球危机并经过多年研究才能得到的结论。文章仅有 7 页，却是精华之作，为国际清算银行研究提供了思想上的指引，并为本次金融危机之后发表的大量研究文献奠定了基础。包括克劳迪奥·博里奥（Claudio Borio）、比尔·怀特（Bill White）在内的国际清算银行研究团队对安德鲁·克罗克特的分析框架进行了许多细致的研究。很不幸的是，在 2007～2012 年的经济危机发生以前，政策制定者没能关注到他们的研究。因此，我们一定不能再次忽略安德鲁·克罗克特及其团队的智慧了。

如今，各国央行所面临的情形使我们有理由从安德鲁·克罗克特的思想中寻找答案。本文将各国央行所使用的新工具冠以"非常规货币政策"的标题，其中很大篇幅用于梳理此前鲜为人知的观点，更多地是提出问题，而非给出答案。首先，本文将深入讨论这次美国金融危机和欧洲主权债务危机的根本原因，其本质是非常值得深思的。

危机的根源

关于这次危机的根源，涌现出两派不同的解释和相应解决方案。一派较为熟知的观点认为，危机发生前的债务积累引发了需求崩溃。消费倾向最高的居民（和国家）丧失了借款来源。为了重振增长，必须刺激其他群体提高消费：财政盈余的国家要提高财政支出，能够举债的政府应继续扩大赤字，而对于节俭的居民则以降低储蓄利率劝导其消费。在这种情形下，至少在短期内看来通过赤字刺激消费已成为理所当然的选择。在中期内，一旦恢复增长，并还清债务，金融部门的扩张将受到限制，因此刺激政策不会引发金融危机。

另一派观点认为，工业国家的基础增长能力几十年来持续弱化，但被债务支撑型需求（debt fuelled demand）模式掩盖。再靠增加此类需求，或是寄望于新兴市场的不计后果地扩大开支以增加需求，不足以维持可持续增长的步伐；相反，工业化民主国家应改善经济增长环境。

第一种观点是标准的凯恩斯主义思维在债务危机下的修正，也是政府官员、央行以及华尔街经济学家们倾向于认同的观点，不必赘述。第二种观点是增长萎缩论，在我看来更深刻地揭示了当前面临的困境，本文将详细阐释。①

　　20 世纪五六十年代是西方世界和日本强劲增长的时期。一些因素为经济增长注入了动力，包括战后重建，30 年代盛行的贸易保护主义终结后的国际贸易复兴，能源、交通、通信等领域的技术创新，教育成果的传播。但是，如泰勒·考恩（Tyler Cowan）在《大停滞》（*The Great Stagnation*）中提到的，当这些“低垂的果子”被采光后，自 70 年代开始，经济增长的动力便难以为继了。

与此同时，如沃尔夫冈·斯特里克发表在《新左派评论》（*New Left Review*）上的文章声称的，20 世纪 60 年代人们展望经济前景时，相信创新动力和增长是无限的。民主政府向选民们描绘经济增长的未来，并许诺建设福利国家。而经济增长回落后，政府开支仍要增加，即便政府收入来源已经缩减，央行被要求采取政策配合政府的庞大支出。随之而来的高通胀率引起广泛的不满情绪，尤其是通胀上升并未带来半点增长（出现了滞胀）。尽管高通胀率确实能降低实际公共负债，但对凯恩斯主义需求刺激政策的追捧逐渐降温。

央行开始将稳定的低通胀率作为主要目标，并逐渐独立于政府。自 20 世纪 70 年代起，工业国家政府赤字持续增加，公共债务占 GDP 的比重持续稳步攀升，其间没有通过通胀降低实际债务。

美国认识到了寻求新增长源泉的重要性，自卡特总统任期的最后阶段起，至里根总统的整个任期内，对工业和金融部门解除了管制。同时期英国的撒切尔也采取了此类做法。竞争和创新在这两个国家欣欣向荣。更激烈的竞争、更

---

　　①　此处的概要源自我发在《外交事务杂志》2012 年 5/6 月刊上的 “The True Lessons of the Recession：The West Cannot Borrow and Spend its Way to Recovery” 一文。

自由的贸易、新技术的应用增加了对高技术、高学历、有才干的人力资源的需求，并提高了他们的待遇，诸如咨询这类非传统的工作也涌现出来。曾经收入很高，但对员工知识和技能要求较低的传统类型的工作，逐渐被自动化流水线取代，或被外包出去。收入差距开始扩大。主要原因不是政策偏向高收入者，而是自由经济更青睐那些符合市场需求的人。

短视的政客为安抚低收入人群的焦虑情绪，放松了信贷申请标准，于是在监管和监督约束软弱的情况下，基于私人激励最能拉动经济的信念，金融体系对中低收入借款者过度发放利率极低的高风险贷款。

欧洲大陆并没有大幅放松管制，而是在一体化中寻求经济增长，但保护工人和公司的代价就是低增长和高失业率。尽管收入差距没有美国那么大，但不在被保护范围内的外围国家的年轻人和失业者的就业前景依然惨淡。

欧元的诞生看似很风光，降低了借款成本，一些国家通过债务融资性支出创造了就业机会，但经济危机终结了这种支出模式，无论是通过各国中央政府（如希腊）还是地方政府（如西班牙），亦不论是建筑部门（如爱尔兰和西班牙）还是金融部门（如爱尔兰）。不幸的是，债务融资性支出推高了工资，突出表现在非贸易部门，比如政府和建筑部门。当生产率增长低于支出增长时，依赖这种支出的国家越来越缺乏竞争力，并承担大量的债务和贸易赤字。

当然，在当时看来，政府债务和赤字较低的国家（如西班牙）并未表现为过度支出，但正如安德鲁·克罗克特看到的那样，经济增长掩盖了借款问题。西班牙政府收入在举债和税收的支撑下看上去很高，支出看起来也很正常。但是，经过经济周期修正后，过度支出的问题就显现出来了。①

德国是个例外，因为在欧元诞生之前，德国的借款成本一直保持在较低水平。德国面临的问题是联邦德国、民主德国统一带来的创纪录的失业率。在欧元开始运作的前几年，为促进就业，德国别无选择，不得不降低职工保护标准、限制工资上涨和削减退休金。与欧元区其他成员相比，德国的相对劳动成本降低了，而出口和 GDP 保持快速增长。德国出口的上升一定程度上是由欧元区外围国家的支出推动的。

①　参见 Hauptmeier、Sanchez-Fuentes and Schuknecht（2011）。

最终，2008 年爆发的金融危机给债务支撑型增长模式画上了句号。美国和欧洲陷入衰退，部分原因是债务支撑型需求的消失，同时债务支撑型需求的乘数效应又引起了其他需求的下降，共同导致了需求低迷。

采取非常规货币政策的理由

危机的破坏性影响是巨大的。整个市场崩溃了，即便是稳健的银行，存款人也对它们丧失了信心，并且随着时间推移，投资者对脆弱国家的主权债务也失去了信心。对金融经济学家来说，对困境程度最生动的描述或许是标准的套利关系（利率平价机制）被打破了。① 只要你肯借钱，那么就有无风险贷款提供给你！但没人借款。实体经济也面临巨大冲击。正如经济学家巴里·埃肯格林（Barry Eichengreen）所指出的，此次危机后经济活动的衰退仿佛重演了大萧条初期的情形。

当然，"事后诸葛亮"好当，现在看来央行当时该怎么做似乎是理所当然的，但是当时央行也是边做边调整的。幸运的是，它们采取的措施大多数是非常正确的。央行通过创新项目来增加流动性，如定期资产担保证券贷款工具（TALF）、定期拍卖机制（TAF）、不良资产处置计划（TARP）、债券购买计划（SMP）和长期再融资计划（LTRO）。通过放松长期借贷的抵押物标准、超限额的资产购买以及专注于市场修复，央行向市场注入流动性；否则，由于当时资产价格暴跌，金融体系将会破产。就此而言，央行行长们可以称得上是当之无愧的英雄，在过去只有极少数人才配得上该称号。

如果要挑出央行在救援措施上的失误，可能就是在市场修复方面的贡献过于微弱。如果从缓解流动性困难方面考虑问题，金融体系可以说已经得到了巨大的财政补贴。如果央行的担保和购买不能奏效，纳税人将遭受巨大损失。但如果从市场修复过程的角度来考虑，这次补贴数量便显得太小了。一般情况下，被援救的央行行长（或国家）会因救济者希望改变他们的行为而觉得受到了不公正对待。不过，这次大银行家看起来是喜出望外，他们的欣喜似乎意

---

① 参见 Krishnamurthy（2010）。

味着这次援救是援救者赐予他们巨大的投资机会。这也难怪银行家目前的社会声誉已经被不幸地贬至"骗子"或"皮条客"。我说"不幸",是因为当今世界恰比以往任何时候都需要好的银行业务来促进增长。

事已至此,第二步援救措施只能以极低的利率来刺激经济增长。到目前为止,央行的措施难言成功。让我们试着探究原因。

凯恩斯主义的解释与另一种观点

根据最流行的凯恩斯主义观点,持续高失业率和复苏缓慢的根本原因是实际利率过高。该逻辑很简单。① 2008 年国际金融危机爆发以前,消费者倚恃不断上涨的房价不停地扩大信贷消费,从而刺激了美国的经济需求。随着危机的冲击,高负债家庭不能再继续借款和消费了。

总需求的一个重要来源就这样蒸发了。当高负债消费者停止购买时,实际利率(通胀调整后利率)理应下降,以鼓励节俭且没有负债的居民消费。但实际利率下降有限,因为名义利率不可能下降至低于零,即存在所谓的"零下限",从而制约了经济增长。②

凯恩斯主义理论认为,后危机时期高杠杆环境中的充分就业均衡实际利率(中性利率)应是负值。这一观点成为央行采用超低利率来刺激经济的依据。一旦该办法并未立即奏效,央行只能进一步采取积极举措以降低利率。

如果低利率无论如何也不能刺激危机后的需求呢?如果贷款更容易获得,低利率能刺激支出。但是,公司和储户还是不愿意消费怎么办呢?想想即将退休的办公职员。他储蓄是为了退休后生活无忧。考虑到自 2007 年以来储蓄回报率如此之低,持续低利率预期可能会促使他把更多的钱存起来。实际上,基于凯恩斯主义的简单框架,为攒足退休存款而储蓄(凯恩斯说的预防性动机),却又遭受了储蓄损失的储户的存在,使得低利率政策呈现紧缩效应,即

---

① 例如,参见 Eggertsson and Krugman(2010)。

② 如果利率低于零,人们宁愿持有现金而不是以负利率储蓄。由于大量持有现金也是有成本的(比如,不安全),因此有些央行把名义利率降到略低于零,但这并非常规情况。

储户会在利率下降时选择储蓄更多，以实现退休存款目标。①

关键不在于论证超低利率是否存在持续的净负影响，而在于危机对总需求产生的潜在抵消效应对传统理论形成了挑战，即负实际利率是恢复需求的良药。事实上，连续多年的负实际利率对需求增长的贡献已经微乎其微了。

认为总需求是无差异的，并且通过恢复需求总量可以化解危机这一观点仍存在两方面的漏洞有待探讨：第一，债务刺激型经济繁荣之后，特定社会阶层、地区和生产部门都需求乏力；第二，债务危机之前的数年中，大量借款性开支不仅导致需求扭曲，而且扭曲了供给结构。

为此，我们重点分析居民部门的借款行为。美国经济危机以前，借款变得越来越容易，并非富人阶层支出扩大，因为他们的消费并不受收入影响；相反，实际上是那些梦想和欲望超过其实际收入能力的贫穷和年轻家庭大幅增加了消费支出。② 他们的消费倾向与富人是不一样的。

不仅如此，最容易买到的商品是那些可以用作抵押的商品——房子和轿车，而非日常消耗品。一些区域的房价上涨使贷款变得更容易，因此，在诸如婴儿食品和尿布上的日常支出也变得更宽松了。

关键在于，债务支撑型需求源于特定区域的特定阶层，并集中于特定商品。尽管这也催生了更广泛的需求，如老水管工在经济繁荣时期工作更长时间，以满足其集邮的爱好，但债务支撑型需求集中在特定行业的观点也毋庸置疑。因此，随着贷款的枯竭，借款居民不能再继续负担之前的消费，对特定商品的需求下降更为剧烈，尤其是之前增长过快的部门。

当然，需求下降也将传导至整个经济——随着人们对轿车的需求下降，对钢材的需求也下降了，钢材工人将失业。但是，正如我的同事阿米尔·苏菲等（Amir Sufi and Atif Mian）所描述的，失业、家庭深陷负债以及随之而来的需求下滑，多集中在特定地区（房价快速上升地区）。我认为，这在建筑、轿车等行业尤为突出，这些行业更依赖于债务上升。拉斯维加斯的理发师面临失

---

① 我通过引入退休储蓄，稍稍调整了 Eggertsson 和 Krugman 的模型，得到了这个结论。当利率下降的时候提高资产价格能否补偿储户？或许不能，如果储户倾向于安全的资产的话，如 CD 和银行存款，因为这些资产的溢价相对于收入非常小。

② 例如，参见 Bertrand and Morse（2012）。

业，是由于当地的居民受房地产泡沫所累，支付不起高档理发服务。即使低利率能促使年长无负债的存款人消费更多，也不足以填补年轻购房居民对理发服务需求的下降。在房价没有经历大起大落的纽约，降低实际利率能够刺激理发服务需求，因为纽约的需求原本就很旺盛，不像在拉斯维加斯，需求太少了。①

与此类似，有观点认为，即使健康的企业也不会在泡沫破灭时投资，不是因为它们面临较高的资本成本，而是因为不确定需求会在何时何地以何种方式重现。总的来说，多年负债支撑型需求增长之后的崩溃使得供给与危机后的需求类型出现错配。正常情况下的周期性经济衰退会引起需求的全线下滑，若要恢复经济也只需重新雇佣被解雇的员工。但是，从贷款泡沫引发的危机中复苏，需要这些员工在行业中转移并重新配置到新的行业中，因为过去债务刺激型需求集中的特定行业和区域短期内不可能恢复。②

关于该问题，债务驱动型需求理论与凯恩斯主义的观点存在着细微但重要的差异。凯恩斯主义认为，去杠杆（被惩戒的借款人开始存款）或债台高筑（负债累累的借款人无力再进行支出）是危机后经济复苏缓慢的原因。两者在这一点上持同样看法，即之前借款者需求下降是总需求下降的主要原因。差异在于解决方案的不同。

凯恩斯主义试图刺激总需求。他们认为所有需求都是一样的。如果我们认为债务驱动型需求是不同的，那么通过超低利率刺激需求的做法可能收效甚微。当借款人还款无望时，不论是从人道主义还是经济方面考量，都可以采取债务减免的方法。③ 减免之前借款人的债务或许能够刺激危机前的需求模式。但是，若寄希望于高负债的借款人继续借款和消费来促进经济复苏是不负责任的。新的借款人可能选择不同的消费品，因此通过增加新贷款来刺激经济以实

---

① 事实上，由于显现的需求模式已经随着借贷的难易度而改变，经济的无通胀增长率同样下降了。经济生活中建筑工人较多而珠宝加工者较少，更多的需求可能导致珠宝价格上升而非产出增加。

② 相关观点可参见 King（2013）。

③ 与过度负债有关的经典论点，理论方面可参见 Myers（1977），而实证方面可以参见 Kroszner（2008）对 20 世纪 30 年代美国拒绝黄金条款支持债务所带来的好处的讨论。

现充分就业的目标就难以奏效。①

如果危机前的差异性需求不可能也不应该再复制，那么可持续的解决办法是通过供给方调整来适应可持续的正常需求。其中一些调整是个体消费者自身的适应性调整，这只是时间问题。另外一些调整，则要求相对价格变化和结构改革，以引导可持续增长。比如，通过调整工资，使银行家、建筑工人、轿车工人能够做好调整和准备，再次适应行业发展。但是，这些都需要时间。

危机以来的 5 年已见证了许多重大的调整，这是部分国家开始复苏的原因。这些复苏进展究竟在多大程度上源自刺激政策，这还将引发长时间的讨论。许多江湖郎中将身体对感冒的自我复原能力归因于其开出的良药。我敢肯定还有经济学家在鼓吹复苏源自他们的刺激政策。

事实上，我们已经采取了足够的刺激措施。促进危机前经济繁荣的政治力量更愿意采取激进措施扭转经济下行趋势。依赖借贷消费的工业化国家希望快速见效。在财政刺激空间有限的情况下，货币政策成为恢复增长的工具选择。凯恩斯主义者认为均衡利率，即中性实际利率，应达到超低水平。这一观点已成为越来越多创新政策的理论依据。

非常规货币政策关注超低利率

如前文所述，央行的政策在修复市场与机构方面发挥了作用。欧洲央行承诺通过直接货币交易计划（OMT）支撑主权债务，为各国实施改革赢得了时间，尽管关于这些隐性担保是否包含准财政政策的因素还有待讨论。前文已经说明，正是央行在干预无效的情况下承担巨额损失的意愿，将市场推向新的交易均衡状态，在该状态下市场不会发生损失。很多注入流动性的干预含有准财政政策的因素，直接货币交易计划也不例外。

---

① 一些非常有针对性的财政支出，比如扩大受影响的特定领域的失业保险可能会非常有效，尽管可能会带来其他副作用。

让我们转向旨在压低实际利率的非常规货币政策。① 如前文所述，"充分就业均衡实际利率应明显低于零"的观点受到质疑。一旦该观点受到质疑，那么通过压低实际利率推动经济回到充分就业的计划也站不住脚。但这里我们首先重点关注利率的零界问题，然后再讨论低利率是否会传导至经济活动。

哪些利率影响经济活动？显然，长期利率对股票和债券这样的资产价格贴现及长期固定资产投资至关重要，而短期利率则影响微观主体期限转换的资本成本。利率渠道（央行通过利率影响消费、储蓄和投资抉择）、资产价格渠道（央行试图通过利率来改变资产价格并随之改变居民财富及风险容忍度）、信用渠道（央行通过影响公司估值和银行的资产负债表来改变信贷总量）、汇率渠道（央行影响汇率）都可能通过长期和短期利率组合对利率期限结构的不同部分产生影响。②

央行直接控制着政策利率，由此也控制着短期名义利率。零利率下限问题源于央行无法将短期名义政策利率降到零以下。只有当央行能提高通胀预期时，短期实际利率才能进一步被压低。

由于长期名义利率通常高于零，即使政策利率为零，央行仍可以试图在不干预通胀预期的情况下压低长期名义利率。当然，一个直接的问题是，为什么长期均衡利率低于零的时候，长期名义利率仍在零之上。一个可能的解释是，使用高于均衡预期的短期利率的滚动投资套利策略导致了长期利率高于其应有水平。

因此，出现了两种降低长期名义利率的策略。第一，承诺将短期利率在一段时间内保持在零水平，直到利率恢复的条件就绪之后。这是美联储所谓的"前瞻性指导"（forward guidance）。第二，购买长期债券，由此提升对市场中剩余债券的需求，以此来压低长期利率。美联储旨在运用它的大规模资产购买计划抽出私人资产组合中的长期债券，寄希望于在私人投资者重新平衡资产组

① 本部分的讨论参考了 Bernanke、Reinhart and Sack（2004），Borio and Disyatat（2009），以及 Woodford（2012）的观点。

② 但也有证据表明，试图影响利率（无论长期还是短期）同样会激起反应，公司试图在收益曲线较"便宜"的部分（政府没有干预的部分）借贷。参见 Stein、Greenwood 和 Hanson（2010）。

216

合时，长期债券（以及其他资产）价格上涨，收益下降。① 日本银行提高了通胀预期，但这不是美联储的明确目标。② 两个央行都没有将货币贬值作为直接目标，但并未排除产生这种负面效应的可能性。

有人会质疑这些政策在理论上是否有效。前瞻性指导依赖于央行将政策利率保持某一合适水平（如泰勒规则确定的值）之下的意愿。③ 这隐含地表明容忍未来更高通胀的意愿。但什么能保障这种承诺？对打破之前明确承诺（例如将政策利率保持为零、失业率高于 6.5%、通胀率高于 2.5% 以及钉住长期通胀预期）的担心能给美联储成员造成很大压力吗？或者他们到时候说长期预期变得难以盯住来蒙混过关吗？

有人主张，承诺的源头正是大规模资产购买计划。央行可能担心过早提升利率会导致其持有的债券发生损失。但是，同理，我们也可以说，如果央行较长时期地持有债券，更担心通胀预期上升，因为这会使其持有的债券贬值。因此，到底什么因素使得前瞻性指导在理论上可信，这一点并不明晰。这是个实证问题。

接下来我们看资产购买计划。一方面，如果市场不是分割的，莫迪格利亚尼—米勒定理或李嘉图等价定理表明，美联储不能通过购买债券来改变利率。事实上，代表性行为人将看穿美联储的购买意图。由于整个经济体被动持有的总资产组合不变，定价也不会变。另一方面，美联储的做法将被居民部门的行为抵消。④ 要使大规模资产购买计划奏效，市场必须是分割的，使某些行为人无法参与到一些市场中去。换言之，市场必须不能内部化美联储持有的资产组合。像前瞻性指导一样，大规模资产购买计划的效果也是实证问题。

资产购买计划有效性的大多数证据源于美联储首次大规模资产购买计划，这次大规模资产购买计划涉及在危机中购买机构支持（房地美、房利

---

① 资产组合平衡的另一种解释是，将固定收益投资者资产组合中有风险的长期债券抽走，他们未被满足的风险需求缺口拉大，所有风险资产，包括余下的长期债券的价格就会上升。

② 在危机之初，美联储担心通货紧缩，但由于锚定通胀预期，这个问题就不那么令人担心了。

③ 人们可能会问，这与普通货币政策有何区别。前瞻性指导可能表明政府承诺会长时间（比名誉政策时间更长）维持低利率。当然，在过去 10 年，非常态的变成了常态。

④ 参见 Diamond and Rajan（2012），或者 Woodford（2012）。

美。——译者注）的证券和按揭贷款支持证券。美联储的购买行为有助于提振部分市场的信心（包括发出政府支持机构债务的信号），显著影响收益率。事件研究结果表明，后续大规模资产购买计划对收益率的影响小了很多。[①]

姑且不论美联储购买行为对利率的影响，2013 年 5 月关于美联储将压缩其资产购买规模的推测大大抬高了国债收益率，并对风险资产的价格以及跨境资本流动产生了重大影响。基于现有的理论，这种影响非常惊人，因为影响资产组合平衡的是美联储资产组合中的长期资产存量，而非流量。只要相信美联储一直持有该存量，那么风险资产的价格就会提高。但是，市场似乎对美联储可能压缩市场流量的消息作出了反应，尽管人们原本认为这些消息不会对预期存量有大的影响。市场或是相信美联储持有其购买的证券存量的隐性承诺不可信，或是相信流量在被废弃之前持续更长时间（与合理预计的时间相比），否则就是我们对大规模资产购买计划的作用机制还缺乏应有的理解。

在日本长期名义债券收益率已经很低的情况下，日本央行将关注点更直接地放在提升通胀预期而不是降低名义收益率上。央行可以运用的巨大力量有一个好处，即动摇人们固守的通胀预期。为撬动原本顽固的通货紧缩预期，日本央行采取定性并定量的双重宽松政策引起震动和冲击可能是必要的。

日本央行希望能重塑有利的预期。对巨大的财政赤字进行直接货币融资将提升通胀预期。货币贬值的一个间接结果是汇率贬值从而引发输入性通胀。然而，日本央行任重而道远。如果它提升通胀预期的做法很成功，债券名义收益率将迅速上升，债券价格将跳水。因此，为了不激怒债券投资者，它需要提升通胀预期，使长期利率降低到市场均衡水平，此时不会使名义债券收益率发生大的变动。此外，虽然我们的确不知道中性或均衡实际利率是多少，产生多大的通胀预期仍有待猜测。

底线是非常规货币政策由修复市场和制度转至改变价格和通胀预期似乎是在黑暗中摸索。当然，央行可以争辩说，它的营生就是调整资产价格，改变通胀预期。然而，非常规政策通过不同渠道发挥作用。抛开我之前提出的通过将实际利率压低至超低水平来实现充分就业的理论问题不谈，我们仍无法确定它

---

① 参见 Krishnamurthy and Vissing-Jorgensen（2011）。

们的价值。下文将讨论非常规货币政策的意外效应。

非常规货币政策的意外效应

风险承担和投资扭曲

如果"维持较长时期的低利率"的短期政策利率与量化宽松结合政策有效，那么它将压低固定收益证券的收益率曲线。只能获得最低名义回报的固定收益投资者将转而投资高风险工具，如垃圾债券、新兴市场债券及商品交易所交易基金等，部分资本流出通过外国央行积累外汇储备流回了政府债券。某种意义上，这种对收益率的追逐恰恰是非常规政策的预期效应之一，即希望随着风险价格下降，降低公司的资本成本，公司有更强的激励来做真正的投资，从而创造就业机会，促进发展。

该计算过程中存在两方面的错误。第一，金融风险承担可能并不转化为实际投资。例如，垃圾债券和房产的价格可能飙升，加大了崩溃的风险，而并未购买新的资本品或建造新房产。在经营稳健且资本充足的银行体系或政策确定性等投资的关键支持因素缺乏时，这种情形很有可能发生。一些研究表明，过度宽松的或非常规的货币政策将激励风险承担，其中斯特恩（Stein，2013）综述了相关的经济下行风险。[①] 国际货币基金组织 2013 年春季的《全球金融稳定报告》指出，低门槛贷款的再现说明，更高的风险容忍度可能正演变为对风险的麻木。

第二，或许无须过度担心宽松的政策会大幅度降低企业的融资成本，以致公司更倾向于劳动节约型资本投资。尽管也许另有其因，但近年来的劳动力份额下降与资本成本降低呈现同步性。过多的劳动节约型资本投资可能使非常规政策功亏一篑，即无法实现扩大就业的目标。与此相关，通过改变资产价格，

---

① 参见 http：//www.federalreserve.gov/newsevents/speech/stein20130207a.htm。对于相关实证分析，还可参见 Becker and Ivashina（2013），Ioannidou、Ongena and Peydró（2009），Maddaloni and Peydró（2010）；对相关理论分析，可参见 Diamond and Rajan（2012），Farhi and Tirole（2012），Acharya、Pagano and Volpin（2013）。

扭曲价格信号，非常规货币政策可能引起对某些领域的过度投资，这些领域的资产价格或信贷对利率极其敏感，且与国际竞争之类的因素无关。例如，整个经济中会出现过量的房产和过少的机械。该后果就在眼前，我们无法忘记。

溢出效应：资本流动、汇率升值和信贷繁荣

从宽松的全球流动性到跨境大规模资本流动，再到汇率升值、股市升值及资本流入国的资产价格上升和信贷繁荣，以及最终过度放贷、经常账户赤字及资产价格崩溃，都已有大量的记录，包括危机前的欧洲市场以及危机后的新兴市场。① 该传导机制大致如下：低借款门槛推高资产价格，提高了银行资本水平，降低了感知的杠杆率，进一步降低了感知到的和测量到的风险，这些反过来放大了信贷供给和实际杠杆。当这种情况跨国发生时，资本流入国的汇率升值是使借款看起来更加安全的因素之一。安德鲁·克罗克特指出的机制反复出现。②

对于流入国来说，是否应采取紧缩货币政策来吸引资本流入或是采取宽松政策以支持信贷繁荣这一点并不清楚。缩紧财政政策是教科书上抑制总需求的标准答案，但从政治角度讲，收入增加时难以实施紧缩政策，因为繁荣掩盖了脆弱，在问题不明显的情况下采取反向措施在政治上是困难的。换句话说，工业化国家的央行行长采取非常规政策的原因是本国政治家们无计可施，因此非常规政策是唯一的选择。同时，他们又期望资本流入国在应对资本流入时按教科书指导行事，并且承认他们这样做在政治上也是有难度的。审慎措施，包括资本管制，用于抑制信贷增长是新的智慧，但它们与"资本流入隔离墙"的有效性比较尚不清晰。如西班牙逆周期拨备准则可能防止了更差的结果，但却未阻止信贷剧增和建筑业繁荣带来的损失。

即便专注于降低各种期限结构利率的非常规政策对流动性强的资本输出大国国债市场的效应有限，其产生的资本流动规模也足以对流动性较弱的接受国

---

① 例如，参见 Adrian and Shin（2010）、Adrian and Shin（2012）、BIS（2011）、Borio and Disyatat（2011）、Cetorelli and Goldberg（2012）、Chudik and Fratzscher（2012）、Schularick and Taylor（2012）。

② 对资产流入国影响的分析，参见 Barroso、de Silva and Sales（2013）。

产生巨大影响，产生价格和数量效应。现实或许是，输出国输出的资本墙（wall of capital）将远远超过大部分输入国为抵消其效应所作出的努力。理论上有效的方法在现实中也许不足以抵消顺周期性效应，即便抵消能力足够强大，在政治上也不一定可行。随着输入国的杠杆率累积，脆弱性将逐步上升，当市场感到非常规政策行将结束和资本流动逆转时，脆弱性很快就会暴露出来。

大萧条时期，人们最关心的问题是竞争性贬值。虽然输入国不久前还在抱怨"货币战争"，如中国和韩国似乎都受到了日本央行定向定量宽松政策带来的日元显著贬值的影响（虽然早些时候它们从日元升值中受益），但非常规政策更值得担心的效应是竞争性资产价格通胀。

我们已见证了全球范围内的信贷和资产价格通胀周期。工业化国家的央行吸纳了网络泡沫破灭后的全球储蓄过剩，经历了过度的信贷扩张；同时，新兴市场成了金融危机后资本追逐收益的目的地。这一次，由于出口市场的崩溃，它们比之前更愿意实行宽松的政策，结果出现了信贷和资产繁荣。巴西、印度等已接近外部平衡国家的经常账户开始出现巨额赤字。不可持续的需求转了一圈又回到新兴市场，新兴市场被迫调整。它们能够及时处理好自己的事务吗？

我们应该做什么？我们如何防止资产价格崩溃的货币反应演变为另一个地方资产价格繁荣的源头？当今世界被大规模资本流动紧紧连接在一起，大国的货币政策是全球经济的"油门"。一辆车陷入深沟，即使油门踩到底，也会逐渐慢下来，但其他国家可能被推到限速之上。如果全球各国没有办法阻止大国央行非常规政策的溢出效应，这些大国央行是否应该将溢出效应内部化？[①] 如何才能内部化并使之在政治上可行呢？

推迟改革与道德风险

当央行行长作为创新者被质疑没有发挥特有的作用时，他们的确会觉得伤

① 对此问题的反应，参见 Caruana（2012），http：//www.kansascityfed.org/publications/research/escp/escp‐2012.cfm。

221

感。他们说，"当舞台上只剩下我们时，我们还能做什么"。这正是问题所在。当央行行长成为唯一主角时，政治家们只能在差或者更差中选择，央行行长成为唯一的主角，所有人都把舞台让给央行行长，他不会承认自己的工具未经尝试且效果未知。他应该值得信赖，并被期许有许多招数，纵然实际上并没有。正是公众的信任套牢了央行行长，因为公众想知道为什么央行没有做到更多。

经济危机即将来临之际，政治家必须获得一定的空间去采取正确但不受欢迎的措施。此时央行行长面临的困境格外突出。例如，一次又一次的危机迫使欧元区的政治家坐在谈判桌前接受国内并不欢迎的政策，因为他们可以把这些政策推销给选民，这对避免更坏的结果（如欧元的崩溃）而言是必需的。陪审团仍在调查欧洲央行为履行保护欧元的承诺而宣布的 OMT 计划是不是为政治家们推行制度改革争取了时间，以及它是否能阻止国内的反对声音占据主导地位。

最后是道德风险问题。显然，当系统行将崩溃时，很难为了给后人留下教训而真的让其崩溃。系统崩溃不仅使金融机构的资本损失难以重构，也可能使未来的央行行长不再设法约束该体系。同样，没有几个央行行长愿意承担经济崩溃发生在自己手上的骂名。但同样明显的是，若明知央行会最后兜底，私人银行家们就有信心不计后果地持有极少流动性，或是随大溜而动。① 这些都是公开的秘密。不太清楚的是，该如何应对这种局面，尤其是银行家们是否在玩甩尾巴游戏，即是他们期望被救助，还是他们忽略了风险，现在尚未明晰。② 如果银行家们忽略了风险，那么关注道德风险就没有必要了！同样，我们也不知道答案。

退　出

经历了非常规政策的意外效应后，现在许多人担心的是这些政策退出的后果。问题在于，虽然该政策进入可能需要较长时间，因为央行需要树立未来政

---

① 参见 Diamond and Rajan（2012），或者 Farhi and Tirole（2012）。
② 参见 Cheng、Raina and Xiong（2013）。

策效果的可信性，退出却不需要，它是可以预见的，其后果将由市场来承担。如果进入该政策的主要目标是将资产价格推离均衡，那么退出以后，资产价格不太可能保持稳定，被压低的一定会反弹。

有人可能会想，抱怨工业化国家采取非常规政策的经济体应该乐于看到这些政策退出。实则不然，最复杂的问题在于杠杆。如果只是简单的资产价格波动，退出非常规政策后将恢复原状。但是，各部门中杠杆的积累和随之而来的资产价格上升，在下跌时能摧毁公司、金融部门甚至整个经济。[①] 说每个人都应该预期到非常规政策退出的后果是没用的。正如安德鲁·克罗克特指出的，金融中介更擅长的是评估特定时点上的相对风险，而不是预测整个金融周期内的风险演变。

全球各国都应做好准备，尤其是需要有充足的流动性供给。如果非常规政策退出影响太大，则退出这些政策的央行需要做好准备再次进入。退出是否能顺利实施？是间歇性退出还是突然退出？这是我们对非常规货币政策知之甚少的另一个问题。

总　结

丘吉尔的话可以用来很好地阐述非常规货币政策："经济政策领域的成本从未这么高，既没有足够的证据，收效也甚微。"非常规货币政策固然属于在黑暗中摸索，但同时也提出了一个尖锐的问题，即为何央行抛弃了一贯的保守主义，尽管央行可以用"创新"来掩饰。

有一种来自新兴市场的观点是，过去危机通常发生在不具备像美国或欧洲那般深度经济思想的国家。新兴市场国家的政策制定者面对来自西方的经验和建议时，往往逆来顺受，比如危机后就要承受很长时间的低消费、高失业以及银行倒闭等。毕竟，新兴市场国家的政策制定者缺乏底气，即使有人提出异议，也会被视为捣乱。多边机构借助其资金控制权，主导了经济政策的内容和规则。

---

① 有趣的片段，可参见 Rajan 和 Ramcharan（2013）针对美国农场抵押贷款危机的论证。

当危机发生在自己国家时，西方经济学家不太愿接受"痛苦是必需的"这一事实。美联储在全球最知名的货币经济学家的领导下，提出了具有创造性的解决方案，在政策圈内几乎没人反对，即便是最保守的多边机构也没有反对。毕竟，多边机构不具备与之抗衡的影响力和经济学训练优势。

然而，这并非令人满意的解释。毕竟，像斯蒂格利茨这样的诺贝尔奖得主，曾不顾众议，公开谴责多边机构强加于亚洲经济体的经济调整方案。

另一种解释认为，央行行长成功阻挡了经济危机可能诱发的金融体系崩塌，使他们获得了公众的信任，从而可以进一步推行量化宽松政策。此外，成功拯救众多濒临倒闭的银行，可能让央行行长们自认为是救世主。正是公众的信任和央行行长的自恃功高，使他们推出了危险的量化宽松政策。但这种解释也有漏洞。并非所有公众都乐于看到央行拯救银行业，大街上的许多人不理解为什么要救助金融体系，不让金融机构关门走人。

我尝试提出一种解释，或许是在花费了亿万美元拯救私人银行后，就此停止在政治上无法交代，这种想法激励央行行长创新。如果不是这个原因，政府怎么会花精力出台零利率下限（ZLB）这样带有技术缺陷的政策，费心采用类似于定期资产支持证券贷款工具（TALF）和定期拍卖工具（TAF）等所谓"创新"办法拯救华尔街。也许正是央行采取必要措施拯救银行后，它们就不可救药地与政治交织在一起，从而量化宽松政策就无法避免了。

还有一种解释就是责任意识：在破损不堪的世界上，要时刻保持责任感，央行自认应倾其全力来拯救世界，包括采取类似于量化宽松的工具。

与许多关于常规货币政策的讨论类似，许多方面我们只能靠猜测。我们唯一能确定的是，这两个政策揭开了一个幕后事实，即央行行长并非独立于政治和意识形态的技术官僚，因为他们已经沾染了政治色彩。

最后，引用安德鲁·克罗克特的警告作为结束语："失控的金融周期造成的损失巨大，一定要找到应对策略。最起码，在制定基于通胀目标的货币政策时，央行应明确将金融体系发展对风险的影响考虑在内。"

当下，这是一个非常好的建议。

（王胜邦 译）

参考文献

［1］ Acharya, V, Marco Pagano and Paolo Volpin (2013), "Seeking Alpha: Excess Risk Taking and Competition for Managerial Talent", NBER Working Paper 18891.

［2］ Adrian, Tobias and Hyun Song Shin (2010), "Liquidity and Leverage", Journal of Financial Intermediation, 19, 418–437.

［3］ Adrian, Tobias and Hyun Song Shin (2012), "Procyclical Leverage and Value – at – Risk", Federal Reserve Bank of New York Staff Report 338, http://www.newyorkfed.org/research/staff_ reports/sr338.html.

［4］ Bank for International Settlements (2011), Global liquidity: concept, measurement and policy implications, CGFS Papers 45, Committee on the Global Financial System, http://www.bis.org/publ/cgfs45.pdf.

［5］ Barroso, Joao, Luis Pereira da Silva, Adriana Sales (2013), "Quantitative easing and related capital flows into Brazil: measuring its effects and transmission channels through a rigorous counterfactual evaluation", Working Paper, Banco Central do Brasil.

［6］ Becker, Bo and Victoria Ivashina (2012), "Reaching for Yield in the Bond Market", NBER Working Paper 18909.

［7］ Bernanke, Ben, Vincent Reinhart, and Brian Sack (2004), "Monetary Policy Alternatives at the Zero Lower Bound: An Empirical Assessment", Working Paper, Federal Reserve Board.

［8］ Bertrand, Marianne and Adair Morse (2012), "Trickle Down Consumption", NBER Working Paper 18883.

［9］ Borio, Claudio and Piti Disyatat (2009), "Unconventional Monetary Policies: An Appraisal", BIS Working Paper 292.

［10］ Borio, Claudio and Piti Disyatat (2011), "Global imbalances and the financial crisis: Link or no link?" BIS Working Papers, No. 346, http://www.bis.org/publ/work346.pdf.

［11］ Caruana, Jaime (2012), "Policy Making in an Inter-connected World", http://www.kansascityfed.org/publications/research/escp/escp – 2012.cfm.

［12］ Cetorelli, Nicola and Linda S. Goldberg (2012), "Banking Globalization and Monetary Transmission", Journal of Finance 67 (5), 1811–1843.

［13］ Cheng, Ing – Haw, Sahil Raina, and Wei Xiong (2012), "Wall Street and the Housing Bubble", NBER Working Paper 18904.

[14] Chudik, Alexander and Marcel Fratzscher (2012), "Liquidity, Risk and the Global Transmission of the 2007–2009 Financial Crisis and the 2010–2011 Sovereign Debt Crisis", ECB Working Paper 1416.

[15] Diamond, Douglas and Raghuram Rajan (2012), "Illiquid Banks, Financial Stability, and Interest Rate Policy", Journal of Political Economy, Vol. 120, Issue 3, pp. 552 – 591, Jun. 2012.

[16] Eggertsson, Gauti and Paul Krugman (2010), "Debt, deleveraging, and the Liquidity Trap: A Fisher – Minsky – Koo Approach", Working Paper, Princeton University.

[17] Farhi, Emmanuel and Jean Tirole (2012), "Collective Moral Hazard, Maturity Mismatch, and Systemic Bailouts." American Economic Review 102: 60–93.

[18] Hauptmeier, Sebastian, A. Jesus Sanchez – Fuentes, Ludger Schuknecht. (2011), "Towards expenditure rules and fiscal sanity in the Euro Area." Journal of Policy Modeling, 33: 597-617.

[19] Ioannidou, V. and S. Ongena and J. Peydró (2009), "Monetary policy and subprime lending: a tall tale of low federal funds rates, hazardous loan and reduced loans spreads."

[20] King, Mervyn (2013), "Monetary policy: many targets, many instruments. Where do we stand?" remarks given by the Governor of the Bank of England at the IMF Conference on "Rethinking Macro Policy II: First Steps and Early Lessons".

[21] Krishnamurthy, Arvind (2010), "How Debt Markets Have Malfunctioned in the Crisis", Journal of Economic Perspectives. 24 (1): 3–28.

[22] Krishnamurthy, Arvind and Annette Vissing – Jorgensen (2011), The Effects of Quantitative Easing on Long term Interest Rates. Brookings Papers on Economic Activity.

[23] Kroszner, Randall (2008), "Is It Better to Forgive than to Receive? An Empirical Analysis of the Impact of Debt Repudiation," Working Paper, University of Chicago.

[24] Maddaloni, A. and J. Peydró (2010), "Bank risk taking, securitization, supervision, and low interest rates: evidence from lending standards." Working Paper, No. 1248, ECB Series.

[25] Myers, Stewart (1977), "Determinants of corporate borrowing", Journal of Financial Economics 5: 147–175.

[26] Rajan, Raghuram and Rodney Ramcharan (2013), "The Anatomy of a Credit Crisis: The Boom and Bust in Farm Land Prices in the United States in the 1920s", Working Paper, University of Chicago.

[27] Schularick, Moritz and Alan M. Taylor (2012), "Credit Booms Gone Bust: Monetary

Policy: Leverage Cycles, and Financial Crises, 1870-2008. " American Economic Review 102: 1029-1061.

[28] Stein, Jeremy, Robin Greenwood, and Samuel Hanson (2010), "A Gap – Filling Theory of Corporate Debt Maturity Choice". Journal of Finance LXV, No. 3: 993-1028.

[29] Woodford, Michael (2012), "Methods of Policy Accommodation at the Interest – Rate Lower Bound", paper presented at the Federal Reserve Bank of Kansas City Symposium at Jackson Hole, 2012.

竞争性宽松货币政策：
昔日重现吗？^①

拉古拉迈·拉詹

  金融危机持续了 5 年多以后，全球经济似乎在挣扎中重新站稳了脚跟。但是，各位仍然要高度关注全球货币政策的走势。目前不少国家都采取了非常规的政策手段，实施极度宽松的货币政策。然而，当今世界债务高悬，结构性转变亟待进行，内需受到很大制约，因此，上述政策在很大程度上产生了跨境溢出效应（部分通过汇率发生作用）。我认为，发达经济体和新兴经济体均同时或先后参与了竞争性宽松货币政策进程。总需求被扭曲且未达到预期，金融风险却有所上升。为确保全球经济稳定且可持续增长，我们需要重新审视现行的游戏规则。无论是发达经济体，还是新兴市场经济体，都需要提高适应能力，增强发展后劲，否则我们可能会进入另一个乏善可陈的经济周期。

  一般来讲，出于政治方面的考量，央行行长并不愿意公开表达担忧情绪。正因为如此，我想特别提到两位令人尊敬的央行行长的分析，即伯南克（2005）关于"全球储蓄过剩"的演讲，以及卡如阿纳（Jaime Caruana）2012 年在杰克逊·霍尔（Jackson Hole）发表的演讲。虽然视角有所不同，但两位

---

  ① 本文为印度储备银行行长拉古拉迈·拉詹 2014 年 4 月 10 日在美国布鲁金斯学会上发表的演讲。作者感谢 Joshua Felman、Prachi Mishra、Jonathan Ostry、Michael Patra、Eswar Prasad 和 Tharman Shanmugharatnam 的有益评论。本文仅代表作者个人的观点。

表达了相似的担忧。

过去几个月中，印度经历了大规模的资本流入，而不是资本流出。这被市场认为是新兴经济体进行了必要的政策调整①。虽然没有国家能够完全独立于国际体系之外，但巨额储备的确帮助我们很好地抵御了风险。本文的目的是希望我们能够建立更为稳固的国际体系，该体系对于富国和穷国、大国和小国都是公平的，而不是仅针对印度的情形。

非常规政策

本文中，非常规货币政策主要是指将利率长期维持接近于零的政策，以及与资产负债表相关的政策，如通过改变央行资产负债表来影响市场价格的量化宽松或汇率干预政策②。我始终强调，虽然发挥作用的方式有所不同，但量化宽松和持续的汇率干预同属一类货币政策。对于非常规政策的态度应取决于它们所产生的溢出效应的规模，而不是根据它们所具有的先天合法性。

我想补充一点：非常规政策也有正面作用——当市场均衡状况被打破或严重失调时，央行行长被迫创新思维方式。雷曼兄弟倒闭后，虽然当时的处理方式略显夸张，但所幸的是，其中大多数措施后来都被证明是有效的。通过实施非常规政策，包括定期资产支持证券贷款工具（TALF）、定期拍卖工具（TAF）、不良资产救助计划（TARP）、重启证券市场计划（SMP）以及长期再融资计划（LTRO）等，提高了市场流动性的可获得性；通过降低从央行长期借款的抵押品审核标准、超限额购买资产、专注于修复市场等一系列措施，全球金融市场的流动性从濒临崩溃的状况中逐渐恢复。从这些方面来看，央行行长们是当之无愧的英雄③。

问题的关键在于，当现行政策被延长到比修复市场所需要的时间更长时

---

① 参见 Mishra 等（2014）。
② 参见 Borio 和 Disyatat（2009）关于资产负债表政策的早期综合分析和评价等。
③ 当时我尚未担任央行行长，如此赞誉未有不妥之处。

（而且其潜在的收益并不确定），结果如何呢？我主要关注四个方面的问题：

（1）危机结束后，非常规货币政策还是正确的工具吗？它是否会扭曲市场行为并阻碍复苏？宽松货币政策是解决一定程度上由宽松政策引发的危机的正确方法吗？

（2）该政策是否在换取时间？或者更确切地讲，央行承担责任的信条是否阻碍了其他政策的实施？换句话说，央行行长强调非常规货币政策是目前条件下的唯一选择，实际情况果真如此吗？

（3）非常规政策的退出过程会一帆风顺吗？

（4）非常规政策对其他国家的溢出效应如何？

我在 2013 年 6 月的演讲中详细讨论了前两个问题，本文重点关注后两个问题①。

退　出

支持非常规货币政策的观点认为，若通胀保持不变，长期实施非常规货币政策的宏观经济成本较低。因此，即使收益并不明显，也值得一试。然而，延长非常规政策对金融业可能带来的风险引起了广泛关注②：在该政策退出时，资产价格可能不只是回到原位，而是发生过度下跌；同时，该政策退出还可能严重损害抵押品资产的价值。

其中原因之一是，在货币政策持续宽松的条件下，金融机构和借款人的财务杠杆都会扩大③。一种渠道是，资产流动性水平的提高使贷款人相信，出售资产可以支撑贷款的回收，这将进一步鼓励贷款人提高贷款价值比率（loan to value ratio）。然而，一旦流动性收紧，很多贷款人都将依赖出售资产来回收贷

---

① 　参见作者 2013 年 6 月 23 日在国际清算银行安德鲁·克罗克特纪念讲座上发表的题为《在黑暗中摸索：危机后的非常规货币政策》的演讲，中文版刊于《比较》总第 69 辑。

② 　参见 Borio（2014）、Borio and Disyatat（2009）、Stein（2013）的观点，以及 Chodorow-Reich（2014）的不同观点。Chodorow-Reich 认为，总体来说，量化宽松政策不会促进风险承担行为。但他的结论是源于他运用资产市场价格来估量影响，而资产价格本身就可能因风险而扭曲。

③ 　Becker and Ivashina（2013），Bruno and Shin（2014a，2014b），Ioannidou、Ongena and Peydró（2009），Maddaloni and Peydró（2010）。

款，这将会造成资产价格和贷款回收水平的大幅下跌。因为贷款人并未考虑到信贷对"甩卖价格"（fire sale price）的影响，也未考虑到其他贷款人的放贷行为，这为杠杆率累积提供了激励①。如果贷款人过分依赖出售资产来回收贷款，而不是贷前项目评估和尽职调查，假以时日，上述效应将会进一步恶化。另外一种可能渠道是，当失业率居高不下、宏观经济环境恶化时，央行可能会释放出持续干预的信号，这可能促使银行提高自身杠杆水平或获得更多的流动性差的资产②。

在非常规政策延长后，杠杆率并非退出可能不会一帆风顺的唯一原因。投资者可能担心其表现不佳，这意味着只有在风险资产的溢价水平使他们相信投资表现不差于同行时，他们才愿意持有该风险资产③。如果安全资产的预期收益非常低，使得风险资产更易达到投资者要求的风险溢价，就会吸引更多的投资者购买风险资产。"长期走低"的前瞻性指引越可信，承担的风险就会越大。然而，当投资者蜂拥购买同一种风险资产时，该风险资产价格必然上升，这将增加利率环境变化时甩卖资产的可能性。为了避免成为最后的持有人，所有投资者都会在利率反转时抛售风险资产。

因此，杠杆效应和投资者拥挤（investor crowding）都可能加剧非常规政策退出的潜在不良后果。当货币政策极度宽松时，无论是宏观审慎还是微观审慎都可能不足以抵御风险。美联储理事斯特恩一针见血地指出，货币政策已全面渗透到每个领域，包括金融系统中未受到监管的部分④。极度宽松的货币政策形成了强烈的激励扭曲效应，其后果通常只有在事后才显现出来；并且，非常规货币政策退出的影响不仅局限于单个国家，而是全球性的。

---

① Stein, Jeremy, 2012, Monetary Policy as Financial – Stability Regulation, *Quarterly Journal of Economics* 127, No. 1: 57–95.

② 参见 Diamond and Rajan（2012）, Farhi and Tirole（2012）, Acharya、Pagano and Volpin（2013）。若失业由不同于金融周期的其他周期及节奏所驱动的话，问题会更加恶化。

③ 参见 Feroli、Kashyap、Schoenholtz and Shin（2014）。

④ 参见 Stein（2013）。

溢出效应

在世界经济高度全球化的今天，面对风险，最不堪一击的或许就是国家边界了。当大国采用极端宽松的货币政策时，资本流入导致流入国杠杆率大幅上升。这不仅源于跨境银行业务的直接效应，而且还归因于以下因素带来的间接效应：汇率升值和资产（特别是不动产）价格上升造成的借款人抵押资产净值的虚增①。

在这种情况下，资金流入国汇率的弹性往往会加剧而非平抑资产泡沫。2013 年 5 月美联储开始讨论逐步退出量化宽松政策之后，新兴经济体便迎来了新一轮波动。在量化宽松政策最开始阶段就允许实际汇率升值最多的国家，其金融体系在该轮波动中遭受的损失也最为严重②。推行教科书式的金融部门自由化政策并未增强资金流入国对不利后果的免疫力。实际上，正是市场深度的扩展吸引更多资金流入，当发达经济体改变政策方向时，这些高流动性的市场往往沦为资产抛售的市场③。

宏观审慎监管对资金流入的泛滥几乎起不到牵制作用。以西班牙为例，虽然该国建立了逆周期的贷款拨备制度，但未能抑制房地产市场的价格上涨，因为虽然资本流入国应该调整，但是信贷和资金流入掩盖了需要调整的程度和时间点。例如，对新房屋征收更多的不动产税、对新销售收入征收更多的销售税、对金融资产销售征收更多的资本利得税、对更加繁荣的金融部门征收所得税，似乎都有助于稳定国家财政，并且主权债务的低风险溢价也扩大了市场稳定的情绪，同时名义汇率的升值也起到了抑制通胀的作用。

对于一些新兴市场经济体而言，由于政策承诺更弱，屈服于民粹主义"海妖的召唤"的意愿也更强，区分结构性和周期性两类因素面临的困难更

---

① 参见 Bruno and Shin（2014a，2014b），Calvo、Leiderman and Reinhart（1996），Obstfeld（2012），Rey（2013），Schularick and Taylor（2012）。

② 参见 Eichengreen and Gupta（2013），Mishra、Moriyama、N'Diaye and Nguyen（2014）。

③ 参见 Prasad（2014，p.198），Eichengreen and Gupta（2013）。

大。但是，仅将资本流入时实施亲周期政策视为穷国的问题是错误的，事实上即便是一些法制健全的富裕国家（如爱尔兰和西班牙），也同样未能避免资本流入诱致的脆弱性。

在理想状态下，资金流入国希望流入的资金是稳定的，而非源于非常规政策的推动。然而，一旦非常规政策得以实施，它们将很快意识到由延长宽松货币政策所引发的问题，即资金来源国非常规政策的退出。当资金来源国开始退出时，资金流入国便会暴露出因资金回流而诱发的杠杆率过高、不平衡和脆弱性等问题。在投资者预判到未来政策路线将产生的影响时，哪怕是经过充分考量的政策退出都可能引发严重的市场震荡和抵押品价值损失①。事实上，退出政策越透明、与市场沟通得越好，外国投资者对市场变化趋势的判断就越准确，从高风险投资中的退出就越迅速。

资金流入国一方面反对实施非常规政策，另一方面又抵制由资金来源国单方面推动的政策退出。鉴于拥挤效应以及杠杆率攀升导致脆弱性上升，资金流入国希望发达国家退出的步伐和时间表与其面临的实际状况相适应（至少在一定程度上）。

货币政策的国际协调

我们需要建立更为灵活、更多协调的国际货币政策体系。此举将对目前混乱无序的国际体系的有序化进程起到巨大的推动作用。当然，货币政策的国际协调在央行行长中是不受欢迎的，因此我必须说明我反复呼吁的理由和政策主张。

我既不是说央行行长们应该举行圆桌会议并集体制定政策，也不是要求他们定期互相联系并采取协调一致的行动。我的建议是，那些大国——包括发达国家和新兴市场国家——的央行，应当在其授权范围内，尽量对新政策或"游戏规则"改变而引起的溢出效应进行更多的内部化处理，以避免因采取非常规政策而引发大规模的负面溢出效应，或带来值得怀疑的

---

① 参见 Feroli 等（2014）。

国内"利好"①。考虑到上述建议的操作难度，我认为央行至少应该重新修订其国内授权，将其他国家在一定时间内的反应（而不是仅仅关注即时反馈）纳入考虑范畴。也就是说，要对溢出效应提高敏感度。这种"弱式协调"可以在重新审视全球安全网络体系时付诸实施。

协调机制的好处

此前经济学家们通常认为，即便每个国家都考虑了其他国家的政策，但如果每个国家仍然只想着最优化本国的政策，那么由政策协调带来的利好就并不明显。当国际货币政策领域普遍推崇"各人自扫门前雪"的信条时，"纳什均衡"就远远不是全球最优状态②。如果每个国家的宏观经济状况都保持稳定，那么国际宏观经济状况也能保持稳定。因此，国内和国际两个视角通常被认为是同一个硬币的两面。

两个方面的因素促使我们重新思考该问题。首先，降低失业率的政治压力和零利率下限的经济约束等各种制约因素，可能会导致货币政策偏离无约束条件下的最优水平。若国内政治状况混乱，则会进一步扩大偏离程度。换句话说，面对各种政治压力和体制缺陷，央行制定的政策可能会发生偏离，甚至偏离约束条件下的最优选择，转而采取第三优选择而非次优选择。其次，跨境资本流动会引发更大的政策传导效应。这种传导大多由金融机构推动，往往与资金流入国的经济状况没有必然联系。

根据上述思路，一种观点认为，如果一些大国实施非常规的、极度宽松的次优政策，则其他国家可能会选择跟进，以避免在当前低迷的需求下货币升值③。因此，政策均衡可能远低于应有的全球最优水平。另一种观点则认为，若资金流出国的利率接近零，而同时资金流入国采取主动的外汇储备积累策略来应对资金流入，双方都将从温和的政策中获益④。事实上，政策

---

① 参见 Caruana（2012）、Eichengreen 等（2011）、Jeanne（2014）和 Taylor（2013）等前政策制定者和货币经济学家的提议。

② 参见 Eichengreen 等（2011）。详见 Rose（2007）或 Taylor（2013）等对该主张的注解。

③ 参见 Taylor（2013）。

④ 参见 Jeanne（2014）。

协调可能会给政策制定者带来更多的政治空间，使之不采用次优政策。若政治瘫痪及其所造成的财政紧缩迫使资金流出国实施次优的、依赖于货币的刺激政策，则政策协调带来的需求扩大可能会促使资金流出国降低对货币刺激政策的依赖①。

国内最优接近于全球最优

IMF等多边机构发布的官方报告仍继续为非常规货币政策背书，淡化该政策给其他国家造成的负面溢出效应。事实上，在分析国际政策协调所面临障碍的文章中，IMF的奥斯特里等（Jonathan Ostry and Atish Ghosh，2013）指出，多边组织发布的所谓"公平"的国际政策评估存在偏见②。

如果评估人系统性的倾向于认为，政策变化（紧缩的财政政策、宽松的货币政策、结构性改革）一直都能在国家和全球两个层面提升福利，该结论令人怀疑，因为基本情形应当是各国必定会占有随手可得的新增福利……国家和全球两个层面的福利收益不可能始终呈正相关关系。

对非常规货币政策引起的货币跨境流动的负面效应做淡化处理使得我们忽视了后危机时代的重大问题。在此，我觉得有两个危险值得重视。其一，现存的游戏规则正在瓦解。大家支持非常规货币政策实际上是在支持以下观点：如果存在制约经济复苏的其他因素（如零利率下限），扭曲资产价格就是合理的；但是，全球共同接受的政策取决于净溢出效应，而不是那些花哨的缩写词汇。

此外，各国可以合法地推行所谓的"外部量化宽松政策"（Quantitative External Easing，QEE），以便干预汇率使其保持在较低水平，同时建立起巨额储备。过去不赞成外部量化宽松政策是因为我们认为其溢出效应会对其他国家造成巨大的不利影响。然而，如果我们不愿根据溢出效应评估政策的效果，多边机构便不能声称外部量化宽松政策违反了游戏规则。实际上，一些发达经济体的央行行长们已经私下向我表达了担心。他们认为，量化宽松政

---

① 参见 Ostry and Ghosh（2013）。
② 参见 Ostry and Ghosh（2013，p.23）。

策主要通过改变汇率起作用，它与外部量化宽松政策之间仅有程度上而不是本质上的差异。

其二，非传统货币政策的无序退出将引发新的扭曲。即便资金流出国的央行行长愿意长篇大论地去解释退出政策如何取决于国内情形，但在如何应对国外动荡方面却保持沉默。市场参与者推测，资金流入国——尤其是那些其货币不是储备货币的国家——只能依靠自己，在退出过程中杀出一条血路来。

事实上，一些新兴市场国家应该从最近的市场动荡中学到以下知识：一是不要扩张国内需求并保有巨额赤字，二是保持有竞争力的汇率水平，三是建立巨额外汇储备。因为当困难来临时，你只能靠自己。在总体需求不足的世界里，这是国际社会希望传递的信息吗？

资金被动流入或流出并非首次出现，但每一次都带来了毁灭性的后果。20世纪90年代初期，美国实行低利率政策，资金流向新兴市场国家。随后便出现了1994年的墨西哥危机、2001年的阿根廷危机以及横扫东亚至俄罗斯的新兴市场危机，其中部分原因便是发达国家利率上升导致资金回流。随后，新兴市场国家（包括中国在内）建立外汇储备一定程度上引起了全球需求不足以及工业化国家的过度消费，在2007~2009年金融危机期间达到了巅峰。然而，后危机时代实行的非常规货币政策又一次推动资金流向新兴市场，但这些都建立在脆弱的基础之上。当新兴市场国家扩大外汇储备时，我们难道要让全球性储蓄供过于求的局面再次出现吗？

因此，我们应该实行以下两项补救措施：（1）在制定政策时，应更多地考虑溢出效应的不利影响，从而尽量避免采取极端的货币政策；（2）建立更加有效的全球安全网络，以缓解一些国家通过增加外汇储备进行自保的需要。

更稳健的政策

即便在货币全球流动的世界里，各国政策的关注点仍是国内问题。各国央行已经为不考虑溢出效应做了大量辩解。证明各国央行证词中缺陷的方法之一就是，看各国央行如何为其采用外部量化宽松政策（持续干预汇率市场以保持其汇率的竞争性）辩护。

辩护一：我们是发展中国家，我们的主要职责是促进经济增长。生产率提升的制度性约束以及经济增长骤停时我们的脆弱性，都意味着竞争性的汇率以及外部量化宽松政策对于履行我们的职责至关重要①。

辩护二：如果我们的经济强劲增长，全球不会因此变得更好吗？量化宽松对我们的经济发展至关重要。

辩护三：在制定政策时，我们考虑了其他国家对本国经济的反馈效应。因此，我们没有忽视量化宽松对其他国家的影响。

辩护四：国内视角下的货币政策已经非常复杂且难以沟通。如果我们额外考虑量化宽松对其他国家的影响，情况将变得更加复杂。

那些抱怨货币操纵的人会发现上述辩解存在诸多问题。货币操纵行为可能在短期内有助于经济发展（这一点或许颇有争议），但是会引发长期扭曲，它将损害货币操纵国的经济。事实上，可以用更明智的政策来促进经济增长，而且即便一个国家央行的职能仅局限在国内，其国际责任也不允许它武断地将成本强加给其他国家。我们需要估计净溢出效应，而且不能想当然地认为，对于其他国家而言，来自资金流出国的经济增长（如通过更多的贸易）的正溢出效应能够抵消其带来的负面效应。对资金流出国的反馈效应仅代表了全球溢出效应中的小部分。如果一国央行仅仅面向国内，即使它考虑到了这些反馈效应，也无法实施全球最优政策。无论新的复杂性多大，一个国家都应该关注其政策对其他国家的影响，因为我们肩负着国际责任。

当然，读者们可能会发现每条论据都在为非常规货币政策进行辩护。然而，多边机构对持续货币干预政策进行强烈的批评（great opprobrium），同时却认为非常规货币政策具有合理性（clean chit）。难道其合理性不应该基于净溢出效应的规模及其导致的竞争性反应之上吗？在没有细致权衡的情况下，我们何以断言？

---

① 参见 Rodrik（2008）关于汇率低估严重影响新兴经济体的论述。

如何实施协调：一些建议

我们需要改变在非常规政策和竞争性货币宽松政策之间徘徊的局面。最近数月的事件证明了新兴市场重新积累外部储备的重要性，而且这一次，如果发达经济体在推进经济复苏的同时忽视了对他国的溢出效应，对此它们也没什么好抱怨的。

独立评估人

在理想状态下，非常规货币政策（如 QE、QEE）的溢出效应应该由独立评估人进行评估。① 评估程序应该是透明的：独立评估人或许可以根据受影响国的抱怨（就像 WTO 那样运作），去分析一项政策的影响，并对这些国家是否遵守游戏规则给出评判。那些利益大部分为国内所享但成本大部分由国外承担的政策，尤其会受到严格审查，而且如果评估人认为这项政策降低了全球的福利，那么国际压力将迫使终止这项政策。

这一套理想化程序的问题显而易见。谁能扮演公正的评估人的角色呢？多边机构的职员当然非常优秀，可以胜任独立评估的工作。但是，在初始评估之后，接踵而来的政治压力会发挥作用。当一个小国抱怨（没有国家喜欢独立评估）时，初始评估通常保持不变；但是，当一个大国抗议时，评估结论往往就会变得温和；当然也有例外，但在对多边机构评估的公正性建立信任方面，我们确实还有许多工作要做。

即使多边机构能够避免政治干预，它们也无法免除认知俘获（cognitive capture）的影响。它们的职员和发达国家央行职员相信相同的模型和框架。在该模型中，货币政策在提振经济活力方面是强有力的工具，而且弹性汇率制度在隔离溢出效应方面具有奇特的效果；在这样的模型下，脱钩（decoupling）是可能的，即使有证据表明模型显著低估了挂钩（coupling）的程度。事实上，很多模型并没有纳入信贷因素，有些也没有考虑债务负担较重的经济体的货币

---

① 参见 Ostry 和 Ghosh（2013）关于独立评估人的看法。

传导因素。这些缺陷降低了模型的应用价值。虽然取得了一些改进，但明显改观尚需时日。

当然，即使真正的独立评估得出某些政策违规的结论，如何实施该评估结论也是一个重要问题。事实上，这套游戏规则是在一个截然不同的时代里制定的，是为了阻止竞争性贬值以及货币操纵而产生的，未根据当今世界多变的竞争性量化宽松而更新。即便更新了，在当今环境下，评估以及后续的执行能够真正落实吗？我们仍不得而知。

更加温和的建议

更为温和的解决方案可能更有效。央行应该评估自身行动所带来的溢出效应，不仅需要依据即时的反馈，而且需要依据其他国家作出政策改变后的中期反馈。换句话说，资金流出国不应该只担心其政策所引致的即时资本外流，还应该更为关注长期影响，例如持续性的汇率干预等。这使得央行更重视溢出效应，甚至在它们仅履行国内责任的阶段。

这意味着央行退出非常规政策时，会关注新兴市场的状况；同样，在决定行动时机以及在依据国内状况保持行动的整体方向时也会如此。它们在政策陈述中应该表达这些关切。例如，2013 年 9 月美联储推迟实施退出政策，给新兴经济体留出更多的时间调整，以应对 2013 年 5 月建议的方案。无论这次推迟的内在逻辑是什么，它对 2013 年 12 月顺利开启缩减资产购买规模是有帮助的，且没有扰乱市场。与此相反，2014 年 1 月，阿根廷问题发生后，市场波动打击了新兴市场，美联储在政策声明中既没有提及关注新兴市场处境，也没有任何迹象表明将来会对这些情形作出反应。这无意间传达出一个信息，即这些市场今后只能靠自己。纽联储主席后来的演讲强调美联储的授权仅限于国内。自此之后，当政策利率开始攀升时沟通方面的挑战仍然存在，但美联储措辞已经发生细微变化①。

---

① 参见 Dudley（2014）。

国际安全网

新兴市场经济体需要降低其经济的脆弱性，从而执行灵活的汇率政策并进行适当调整（如澳大利亚），以应对资本流入。但相应机制的建立需要时间。与此同时，新兴市场经济体以一种稳定的方式快速消化大规模资本流入方面的能力不足，应被视为一种制约因素（很大程度上与利率零界相似），短期内难以改变，甚至在它们抵制资金流入诱惑时，也依赖于安全网。

因此，防止储备资产大量累积的另一个方法便是，构建更为有效的国际安全网①。正如金融危机所表明的，这不仅仅是新兴市场经济体应该考虑的问题。在国际流动性可能迅速消弭的环境中，需要双边、地区性及多边的流动性协议。多边协议已尝试过，并且经受住了考验，因此接受程度更广，而且不会像双边或地区性协议那样，面临可能的政治压力。事实上，互换协议（swap arrangement）可通过多边机构（例如 IMF）实施，而不是构建在双边的基础上，这样一来，多边机构便可以承担一些（很小的）信用风险，而资金流出国的央行也不必向国内政治当局解释协议。

从 IMF 获得流动性额度可能也同样重要。各国可从 IMF 预先获得额度资格，并被告知（可能是私下的）在现行政策下可获得的额度——每次第四条款磋商都写明经修改的限额，任何额度削减将在 6 个月之后生效②。当出现普遍的流动性短缺时（比如当资金流出国在执行了一段时间低利率政策后收紧政策，导致投资者不愿承担风险），IMF 董事会允许使用流动性额度。IMF 在一份讨论文件中提出了上述建议，这值得研究商榷，因为该安排使得各国可以获得流动性，同时免除了向 IMF 求助的"污名效应"，以及 IMF 融资安排所附加的各种条件③。

显然，只有当各国真正出现暂时流动性紧张，而不是需要进行重大改革时，IMF 的资源才是保障，而且对流动性额度的使用因国家而异，在紧急流动

---

① 参见 Farhi 等（2011）及 Prasad（2014）的全面建议。

② 以便让一个国家有时间进行政策调整以满足更高的限额标准，或者找到替代安排。

③ 参见 "The Fund's Mandate—The Future Financing Role：Reform Proposals"，IMF，June 29 2010。

性情形下延长额度的使用也必须由 IMF 安排。尽管如此，经 IMF 董事会审议过的关于建立全球稳定机制以及短期流动性限额的提议，仍然值得细致研究，因为这是最有可能帮助减少外汇储备累积的方案。

最后，在因资金流动趋势反转而导致脆弱性扩大阶段，识别那些没有自身、双边、地区性或多边流动性安排的国家对安全网的需求，或努力推动这些国家运用安全网，对 IMF 而言都是有益的尝试。当利率环境变化时，IMF 的居中协调作用极其重要。

结　论

现行国际货币政策的无序状态对经济的可持续增长和金融行业都是一种潜在的风险。这不仅是发达国家面临的问题，也不仅是新兴市场经济体面临的问题，而是需要集体行动决策解决的问题。我们正在被迫执行竞争性的宽松货币政策。

如果我使用术语"无序"（non-system）来描述大萧条时代，是因为我担心，在全球总体需求严重不足的情况下，我们可能为争取更大的市场份额而被迫进行毫无意义的竞争。在此过程中，与大萧条时代的政策不同，我们人为制造了金融业风险和跨国风险，这些风险将在非常规货币政策结束后显现出来①。说每个人都应该预见到该后果是没有意义的。就像国际清算银行的前总裁安德鲁·克罗克特所指出的那样："金融中介更善于在特定时点评估相关风险，而不是预判风险在金融周期的发展演变情况。"

开出祛病良方的第一步就是要找到病因。在我看来，极度宽松的货币政策更像是病因而非良药。我们越早认识到这一点，全球经济可持续发展的局面就会越快到来。

（王胜邦　石峰睿　译）

---

① 参见 Rajan 和 Ramcharan（2013）关于美国农场抵押危机的有趣记录。

参考文献

［1］Acharya, V, Marco Pagano and Paolo Volpin（2013）,"Seeking Alpha: Excess Risk Taking and Competition for Managerial Talent", NBER Working Paper 18891.

［2］Becker, Bo and Victoria Ivashina（2012）,"Reaching for Yield in the Bond Market", NBER Working Paper 18909.

［3］Borio, Claudio（2014）,"Monetary Policy and Financial Stability: What Role in Prevention and Recovery", BIS Working Paper 440, January 2014.

［4］Borio, Claudio and Piti Disyatat（2009）,"Unconventional Monetary Policies: An Appraisal", BIS Working Paper 292.

［5］Bruno, Valentina and Hyun Song Shin（2014a）,"Capital flows and the risk – taking channel of monetary policy", American University Working Paper.

［6］Bruno, Valentina and Hyun Song Shin（2014b）,"Cross – Border Banking and Global Liquidity", American University Working Paper.

［7］Calvo, Guillermo, Leonardo Leiderman, and Carmen Reinhart（1996）,"Inflows of Capital to Developing Countries in the 1990s", Journal of Economic Perspectives, Vol. 10, No. 2, pp. 123–139.

［8］Caruana, Jaime（2012）,"Policy Making in an Inter – connected World", http: // www. kansascityfed. org/publications/research/escp/escp – 2012. cfm.

［9］Chodorow – Reich, Gabriel（2014）,"Effects of Unconventional Monetary Policy on Financial Institutions", Brookings Panel on Economic Activity Conference Draft.

［10］Coval, Josh and Tobias Moscowitz（1999）,"Home Bias at Home: Local Equity Preference in Domestic Portfolios", Journal of Finance, 54（6）, pp. 2045–2073.

［11］Diamond, Douglas and Raghuram Rajan（2012）,"Illiquid Banks, Financial Stability, and Interest Rate Policy", Journal of Political Economy, Vol. 120, Issue 3, pp. 552–591.

［12］Dudley, William（2014）,"U. S. Monetary Policy and Emerging Market Economies", Remarks at the Roundtable Discussion in Honor of Terrence Checki: Three Decades of Crises: What Have We Learned? Federal Reserve Bank of New York, New York City.

［13］For an interesting episode, see the farm mortgage crisis in the United States documented in Rajan and Ramcharan（2013）.

［14］Eichengreen, B., M. El – Erian, A. Fraga, T. Ito, J. Pisani – Ferry, E. Prasad, R. Rajan, M. Ramos, C. Reinhart, H. Rey, D. Rodrik, K. Rogoff, H. S. Shin, A. Velasco,

B. Weder diMauro and Y. Yu（2011），"Rethinking Central Banking"，Brookings Institution.

［15］ Eichengreen，Barry and Poonam Gupta（2013），"Tapering Talk：The Impact of Expectations of Reduced Federal Reserve Security Purchases on Emerging Markets"，Working Paper，University of California，Berkeley.

［16］ Farhi，E.，Gourinchas，P. O.，Rey，H.（2011），"Reforming the International Monetary System"，http：//www. helenerey. eu/RP. aspx？pid = Policy – Papers_ en – GB&aid = 72587282480_ 67186463733.

［17］ Farhi，Emmanuel and Jean Tirole（2012），"Collective Moral Hazard，Maturity Mismatch，and Systemic Bailouts. " American Economic Review 102：60–93.

［18］ Feroli，Michael，Anil Kashyap，Kermit Schoenholz，Hyun Song Shin（2014），"Market Tantrums and Monetary Policy"，Chicago Booth Working Paper 101.

［19］ Ioannidou，V. and S. Ongena and J. Peydró（2009），"Monetary policy and subprime lending：a tall tale of low federal funds rates，hazardous loan and reduced loans spreads. "

［20］ Jeanne，Olivier（2014），"Macro – prudential policies in a global perspective"，NBER Working Paper 19967.

［21］ Maddaloni，A. and J. Peydró（2010），"Bank risk taking，securitization，supervision，and low interest rates：Evidence from lending standards. " Working Paper，No. 1248，ECB Series.

［22］ Mishra，Prachi，Kenji Moriyama，Papa N' Diaye and Lam Nguyen（2014），"The Impact of Fed Tapering Announcements on Emerging Markets"，IMF Working Paper.

［23］ Obstfeld，Maurice（2012），"Does the Current Account Still Matter"，Richard T. Ely Lecture，American Economic Association Annual Meetings，Chicago IL.

［24］ Ostry，Jonathan and Atish Ghosh（2013），"Obstacles to International Policy Coordination，and How to Overcome them"，IMF Staff Discussion Note SDN/13/11X.

［25］ Mitchell Petersen and Raghuram Rajan（2002），"Does Distance Still Matter？The Revolutionin Small Business Lending"，Journal of Finance，57（6），pp. 2533–2570.

［26］ Prasad，Eswar（2014），"The Dollar Trap：How the U. S. Dollar Tightened Its Grip on Global Finance"，Princeton University Press，Princeton，NJ.

［27］ Rajan，Raghuram and Rodney Ramcharan（2013），"The Anatomy of a Credit Crisis：The Boom and Bust in Farm Land Prices in the United States in the 1920s"，Working Paper，University of Chicago.

［28］ Rodrik，Dani（2008），"Undervaluation is good for growth，but why？" Brookings Papers on Economic Activity，Fall 2008.

［29］ Rose, A. (2007), "A Stable International Monetary System Emerges: Inflation Targeting is Bretton Woods, Reversed." Journal of International Money and Finance, 26: 663-681.

［30］ Schularick, Moritz and Alan M. Taylor (2012), "Credit Booms Gone Bust: Monetary Policy: Leverage Cycles, and Financial Crises, 1870-2008." American Economic Review 102, 1029-1061.

［31］ Stein, Jeremy (2012), "Monetary Policy as Financial – Stability Regulation". Quarterly Journal of Economics 127, No. 1: 57-95.

［32］ Stein, Jeremy (2013), "Overheating in Credit Markets: Origins, Measurement, and Policy Responses", speech at the "Restoring Household Financial Stability after the Great Recession: Why Household Balance Sheets Matter" research symposium sponsored by the Federal Reserve Bank of St. Louis, St. Louis, Missouri, February 7, 2013.

［33］ Stein, Jeremy (2014), "Incorporating Financial Stability Considerations into a Monetary Policy Framework", speech at the International Research Forum on Monetary Policy, Washington, D. C. , March 21, 2014.

［34］ Taylor, John (2013), "International Monetary Policy Coordination: Past, Present, and Future", BIS Working Papers, No. 437.

货币政策的未来①

查尔斯·比恩

　　14 年前我离开伦敦经济学院，作为英格兰银行首席经济学家加入了刚刚成立的货币政策委员会（MPC）。当时英格兰银行尚未承担决定利率的责任，同时却放弃了银行监管的职责。在我任期即将结束的当下，英格兰银行发生了很大变化：银行监管职责重新回归，并建立了新的金融政策委员会，负责维护金融体系的稳定性。

　　我在英格兰银行从事经济政策的经历可谓非常奇特，甚至可以说是独一无二的。前七年非常乐观：经济平稳增长，失业率较低，通胀率与预期目标接近，货币政策委员会偶尔将银行利率调高或调低 25 个基点，经济沿着正常轨道运行。对于经济学家来说，这段不寻常的宏观经济稳定被称为"大稳健"。

　　但是，后七年间"大稳健"突变为"大灾难"（Great Tribulation）：发生了百年一遇的国际金融危机，出现了持续时间最长的经济衰退，通胀率超过了 5%。货币政策委员会将利率降到了英格兰银行有史以来的最低点。为进一步促进需求，英格兰银行通过购买资产向市场注入了货币，规模相当于 GDP 的 1/4。尽管如此，整个经济产出还只是缓慢地向危机前的峰值接近。本文将重

---

　　① 本文为英格兰银行副行长查尔斯·比恩 2014 年 5 月 20 日在伦敦经济学院发表的演讲。文中所有标题为译者所加，以方便读者理解。——译者注

点讨论两个问题：一是金融危机以来的货币政策创新，二是危机推动的货币政策框架变化。

金融危机以来的货币政策创新

为应对金融危机，央行在许多方面进行了改革。首先，为保证金融市场功能的运作，央行的改革涉及延长央行贷款的期限、扩大合格抵押品种类以及交易对手范围。在英格兰银行，我们还通过回购市场提供长期资金，并引入特殊流动性计划（Special Liquidity Scheme，SLS），使得银行以流动性较差的按揭贷款支持证券（MBS）为抵押品借入高流动性的国债。其次，我们又出台了贷款融资计划（Funding for Lending Scheme，FLS），给银行提供低成本资金，鼓励银行扩大信贷规模。其中，部分机制已经成为货币政策框架的组成部分，将继续沿用；但诸如特殊流动性计划、贷款融资计划等新工具，因其特殊性，只能短期内发挥作用。

从货币政策角度来讲，更值得注意的是，在政策利率接近于零界的情况下，我们使用了非常规手段来进一步刺激经济，具体形式包括实施明确的引导以压低未来利率预期，通过扩大货币储备为大规模资产购买提供融资——概括起来就是"量化宽松"。

引导利率预期

学术界广泛关注央行对利率预期的引导[①]。通过实施"长期低利率"政策，央行可以借助降低未来名义利率和提高通胀的手段，实施最优但动态不一致的利率措施，以提升当期需求。其动态不一致性的原因在于，未来出

---

① 参见 Paul Krugman（1998），"It's Baaack：Japan's Slump and the Return of the Liquidity Trap"，*Brookings Papers on Economic Activity*，pp. 137–205；Gauti Eggertsson and Michael Woodford（2003），"The Zero Bound on Interest Rates and Optimal Monetary Policy"，*Brookings Papers on Economic Activity* 34. 1，pp. 139–235；Campbell，J. R.，Evans，C. L.，Fisher，J. D.，& Justiniano，A.（2012），"Macroeconomic Effects of Federal Reserve Forward Guidance"，*Brookings Papers on Economic Activity*，pp. 1–80。

现所承诺的通胀情形并非一定是合适的。从长期来看，我并不相信这种动态不一致政策能令人信服地实施，因为 MPC 的委员们不可能捆住接替者的手脚。

当然，所有央行都会提供有关经济前景和政策决定性因素方面的指导以影响预期。一些央行，例如新西兰储备银行和瑞典央行，甚至为它们自己的政策做预测。直到 2013 年 8 月之前，MPC 都没有对公众提供类似的引导，以防被误解为与经济状况无关的承诺。取而代之的是，我们更倾向于通过季度通胀报告中的前景规划和预期，为公众提供隐性引导。

然而，2013 年 8 月，MPC 认为提供更多的关于央行反应函数的明确引导是有益的。其目标并非学术界所言的提供更多刺激，我们的目的是确保经济复苏不会被市场利率过早的上升扼杀在萌芽之中，尽管经济已经明显摆脱了危机的边缘。

随后，我们说，除非出现通胀预期的迅速上升或金融体系稳定性面临风险的情形，在失业率下降到 7% 之前，MPC 不会支持政策利率上升。选择失业率是因为其与当前所面临的一项重要不确定性——生产力复苏的空间直接相关。金融危机之后，生产力一直非常脆弱，我们尚未完全理解具体原因。如果生产力复苏，随后失业率缓慢下降，在这种情形下，在通胀压力上升之前仍有较大空间维持宽松政策；相反，如果生产力依然脆弱，失业率却快速下降，提高银行利率的时间应较早一些。

自 2013 年 8 月明确引导实施以来，短期市场利率呈上升趋势，但经济指标的超预期强劲表现可以提供合理的解释；并且，具有说服力的调查结果也表明，市场不仅已经理解了引导的含义，而且企业部门已经准备扩大员工招聘并进行更多投资。

在这个过程中，失业率下降速度快于预期。公布的数据表明，2013 年 12 月至 2014 年 2 月间失业率已达到 7% 的临界水平。基于这种预期，2014 年 2 月的通胀报告提供了进一步的引导，货币政策行为不仅取决于导致 MPC 开始实施紧缩的条件，而且取决于随后可能的演化轨迹。

当失业率作为实施非紧缩政策的有用条件变量时，何时实施紧缩政策，就需要考虑经济处于萧条边缘时期的其他特征，既需要考虑劳动力市场，如暂时退出劳动力市场的失去信心的员工和原本就未充分就业的人群，又需要考虑企业内部的状况。

经济萧条的数量定义是一个模糊的概念，因为潜在产出无法被直接观察而只能间接推算。但是，考虑到政策传导的时滞，货币政策制定者们不可避免地会作出判断，如与通胀目标一致的可持续的就业水平、经济萧条的程度。

我们的中心观点是：目前萧条程度为 GDP 的 1%～1.5%，虽然该估计值存在很大的不确定性。此外，我还应强调这只是短期概念，仅与未来 1 年左右的通胀压力有关，不包含较长时期内经济快速增长过程形成的生产力内生性增长。我们的目标是在未来 2～3 年内弥补这个缺口，同时将通胀率维持在 2% 的目标值左右。

我们还说过，即便政策利率需要上升，上升过程也只能是缓慢的，并且在一段时期内将显著低于危机前 5% 的均值。这反映了以下因素：一是公共部门和私人部门去杠杆带来的阻力和欧元区持续疲软的增长，二是中国高储蓄对于全球利率下行的持续压力，三是危机之前风险溢价的过度压缩。

资产购买

在政策利率下降到其有效下限的情况下，资产购买成为经济刺激的首选工具。在该方案中，商业银行获得了 37.5 亿英镑的英国长期国债，大致相当于 GDP 的 25%，包括 2009 年 3 月到 2010 年 2 月间购买的 20 亿英镑、2011 年 10 月到 2012 年 11 月间购买的 17.5 亿英镑。通过压缩金边国债的期限溢价，资产购买显著拉低了长期安全利率，并且由于投资者重新调整资产组合，资产购买也降低了高风险资产的风险价差。此外，银行体系流动性增加也有助于扩大贷款供给。最后，资产购买也可能强化市场的观念，即货币政策会在较长时期内维持宽松，这就是所谓的"信号渠道"（signalling channel）。

英格兰银行工作人员的分析表明，第一轮资产购买使长期利率下降大约 1

个百分点①；其他的研究发现美联储的资产购买产生了相似的效果。第二轮资产购买的效应难以单独分离出来，因为部分影响在规划重新启动时已反映在市场定价中，但我们有充分的理由认为，影响会较小一些，因为当时的市场情形与雷曼兄弟破产之后市场完全崩溃的情形已大为不同。另外，对经济增长和通胀的影响也存在很大的不确定性，但是，我们目前评估的主要结论是：该规划对 GDP 的最大影响为 2.5%，并且使通胀上升略超过 1 个百分点。

尽管有证据表明，资产购买可以降低长期利率并且可以刺激需求，但是它是否应该成为央行锦囊中的一个永久性利器，或者被储备起来以备不时之需？

我认为有很多原因可以说明，它仅在政策利率达到有效下限时被作为应急武器使用。首先，与调整短期政策利率相比，我们更难把握其影响；并且，正如我刚才所讲的，当市场正常运转的时候，其影响可能比较小。其次，若央行经常参与大量国债交易，将使自己暴露在财政当局的压力之下，参与者可能担心国债会被永久性地货币化。

这自然而然地进入了另一个话题，即如何退出目前我们购买的大量资产。我们曾承诺，至少在政策利率第一次上升之前，我们会维持现有规模，包括对到期国债的再投资。但是，在此之后，随着经济部分地回归常态，我们将开始缩减资产购买的规模并回收与此相关的银行储备。

理论上，我们可以采用等待国债自然到期的方法，但由于国债的期限相对较长——资产组合的加权平均期限超过 12 年，让其整体自然到期需要相当长的时间。虽然在政策利率高到可以通过降低利率来维护需求之前，英格兰银行不会主动出售所持有的国债，但如果情况恶化，在某个时候，我们仍有可能主动出售国债以从市场回收流动性。主动出售国债将产生收益率上行的压力，尽管上行压力将小于资产购买带来的收益率下行的压力，因为市场已正常运转。

---

① 对于英国的研究，参见 Michael Joyce, Matthew Tong and Robert Woods (2011), "The United Kingdom's Quantitative Easing Policy: Design, Operation and Impact", *Bank of England Quarterly Bulletin*, 51 (3), pp. 200–212. 对于美国的研究，参见 Joseph Gagnon, Matthew Raskin, Julie Remache and Brian Sack (2011), "The Financial Market Effects of the Federal Reserve's Large – Scale Asset Purchases", *International Journal of Central Banking*, 7 (1), pp. 3–43。

此外，与过去相比，风险厌恶的上升以及监管规则的变化，也意味着商业银行希望持有的高质量流动性资产规模将显著增加。危机之前，高质量流动性资产占银行总资产的比例已下降到1%以下。这引发了对国债以及其他易于出售或回购的高流动性资产的新需求。这有助于减轻英格兰银行压缩国债规模导致的收益率上行压力。

尽管这听起来比较乐观，但是，我并不认为央行从目前非常规的刺激政策中退出的道路并不会一帆风顺，这是一项艰巨的任务。无论央行的沟通和解释工作做得多么好，新数据的起伏不定以及状态依存的反映函数将使得退出过程中市场利率更易波动。

我们已经看到2013年春季美国宣布退出量化宽松消息后市场反应的敏感度，以及随之而来的对其他国家的连锁效应，尤其但并不限于新兴市场经济体。不同国家利率曲线的移动的相关性很强，不仅长端利率如此（这点并不奇怪），而且即便是国内货币政策主导的短端利率也呈现出很强的相关性。

退出道路崎岖不平的另一个原因源于起点。近期许多金融市场的隐含波动率达到了历史最低，这与发达经济体极低的国债利率一起，推动了市场"逐利"活动的再次兴起，并刺激了套利交易。分开来说，这让人们回想起金融危机之前发生的令人恐惧的故事。类似于"突然失控"（taper tantrum）的情形，虽然其导致短期波动但不会产生致命伤害，也可能使得投资者滋生自满情绪并低估风险。

在某个阶段，市场关于不确定性的认识将不可避免地恢复常态。这很可能与高风险资产的价格下跌相关，并且会受到下列事件的推动，包括乌克兰事件的发展、中国金融体系的断裂、发达经济体的货币政策退出等。但是，它终究会在某个时点到来。

我们在退出道路上前行至少会遇到一些小的麻烦。但是，也有好消息：与危机之前相比，商业银行资本更加充足、杠杆率更低，交易对手的透明度更高，我们也能够更有效地处置陷入困境的金融机构。因此，发达经济体的主要金融风险已显著下降；然而，那些通过累积外币债务为巨额外部赤字融资的新兴市场经济体可能更加脆弱。

货币政策框架的变革

危机之前，央行传统思维是，货币稳定和金融稳定在本质上是互补的。通过锚定预期，维持价格稳定有助于促进宏观经济的稳定。随之而来的宏观经济波动下降应该有助于减少金融不稳定。这说明，银行监管者应该要求单家金融机构遵循负责任的借贷政策。

如今，有一种倾向性观点认为，将关注价格稳定性作为货币政策的最主要目标存在致命缺陷，未意识到在一些情况下它不利于金融稳定。在危机之前的若干年里，商品市场和服务市场的发展非常平稳，资产市场也保持稳定。特别是，在很多发达经济体，伴随着资产价格（包括房地产价格）的上涨，金融体系的信贷迅猛扩张。即便实体经济没有相应地上升，资产市场仍呈现繁荣的景象。对于一些人来讲，虽然相对较低的利率水平对于维持价格是必需的，但会鼓励激进的逐利行为，从而对信贷市场和资产价格的繁荣起到了推动作用。

虽然该指责有真实的部分，但我认为将货币政策视为唯一的，或者说最重要的危机诱因是不对的。许多因素同时发酵才能形成"猛药"。导致安全资产收益率降低的其他因素还包括中国的高储蓄率，在亚洲金融危机期间新兴市场经济体积累了更多的外汇储备而导致了对美国国债的更广泛需求。在我看来，同样重要的是"大稳健"自身对风险承担行为的影响，因为低波动性使得市场参与者低估了尾部风险发生的可能性和破坏性。从这个角度来看，"大稳健"埋下了自身毁灭的隐患。

当然，除此之外，还有一系列宏观经济特点加剧了危机，其中包括：（1）复杂证券市场的发展，这种债券在压力情形下难以合理估值，并且以出乎意料的方式将金融机构联系在一起；（2）证券化载体的使用"粉饰"了杠杆率，这些载体使用的首要目标就是监管套利；（3）不合理的薪酬计划鼓励冒险行为，以致在大多数时候能产生可观的利润但在某些时候却导致巨大的损失；（4）有缺陷的风险管理；（5）脆弱的融资结构；（6）用于吸收损失的高质量资本严重不足等。

这就是说，过去几年的经历确实说明货币政策应该更多地考虑金融稳定问题。危机之前，国际清算银行的比尔·怀特（Bill White）等经济学家一致认为，在杠杆率积累过度并且/或资产价格不合理的情况下，央行应该"逆风而行"，将利率维持在高于为维护短期价格问题所必要的利率水平①。就像为限制产出波动央行愿意接受暂时偏离通胀目标一样，央行也应该为了平滑信贷周期而愿意接受暂时的目标偏离。实质上，如果能因此而减少资产价格破坏和信贷危机的规模或者频率，接受稍许短期产出和通胀波动是值得的。该观点与很多央行行长的观点相反，特别是时任美联储主席的艾伦·格林斯潘，他对用先发制人的货币政策处理金融失衡的可行性持质疑态度；他认为，货币政策应关注事后效果，最小化后续负面影响——所谓的"清理"方法（cleaning approach）。②

"逆风而行"的逻辑在理论上是站得住脚的，但问题的关键所在是适度的货币紧缩能否有效地减弱已经形成的信贷繁荣。事后看来，危机之前的政策利率过低并维持了过长时间，尤其是美国，而实证分析表明，大幅度提高政策利率才能对信贷扩张速度产生有意义的影响③。为阻止未来金融调整可能导致的风险而有意识地诱发衰退，只有勇敢的央行行长才能做到这一点。

这就是人们对其他政策工具感兴趣的原因，宏观审慎政策更适合抑制危险的金融失衡和保持金融稳定。为实现价格稳定和金融稳定的目标，我们真的需要其他一个或一系列工具，来配合货币政策。在危机之后的新安排中，金融政策委员会（FPC）负责制定这些新政策。

有几种潜在的宏观审慎工具可用来应对周期性风险，大体上可以分为两类：一类用来增加金融体系的稳健性，另一类用来抑制杠杆率累积。另外，有些措施针对性更强，有些措施影响更宽泛一些。

---

① 例如 William White（2006），"Is Price Stability Enough?" *Bank for International Settlements Working Paper* 205。

② Alan Greenspan（2002），"Opening Remarks" in *Rethinking Stabilization Policy*，Federal Reserve Bank of Kansas.

③ Charles Bean，Matthias Paustian，Adrian Penalver and Tim Taylor（2010），"Monetary Policy after the Fall" in *Macroeconomic Challenges：The Decade Ahead*，Federal Reserve Bank of Kansas.

关于宏观审慎工具，我们首先想到的例子就是巴塞尔协议Ⅲ确立的逆周期资本要求。它强迫银行在信贷繁荣阶段持有额外的高质量吸收损失能力，在随后的下行阶段可用于吸收损失，从而增强了银行稳健性。由于这样做提高了银行资金的边际成本，逆周期资本要求也有助于阻止杠杆率累积。债务融资成本低于股权融资的原因还包括对"大而不倒"的金融机构的隐性补贴、对债务的优惠税收政策，并且除违约外，债务收益是固定的，但股权收益始终是变化的。这些因素使得债务对一些投资者来说更有吸引力，尤其是在经济繁荣时期，因为此时违约率较低。

通过设置不同风险权重来提高银行特定资产的资本要求的效果有所不同，因为此举改变了不同贷款的相对吸引力。如果提高风险最高的特定行业的资本要求，不仅会增加银行的稳健性，而且会鼓励人们选择发放更安全的贷款。这种做法具有事前特征。

最后，有些工具直接与借款行为相关，例如设定贷款/收入比和抵押率（贷款/价值）上限，以及限制银行资产组合中高贷款/收入比和抵押率的贷款份额，新西兰储备银行最近推出了这种措施。通过对高风险贷款的直接限制，这些工具先发制人的特征更加明显。

更重要的是，虽然货币政策较为适合处理由工资低迷和价格调整诱发的问题，但是良好的宏观审慎政策能够更有针对性地处理特定金融市场失灵问题，比如风险的低估。

货币政策与宏观审慎政策典型的结合方式参见图1。图1左半部分较为传统，描述了商品和服务市场。IS 线代表总需求，需求是 R（政策利率）和 K（宏观审慎政策）两个变量的减函数。PC 线是扩展预期的菲利普斯曲线，其中通胀预期锚定在通胀目标上①。对于任意给定总需求和总供给的一组冲击，可以通过图1右半部分中向右下方倾斜的 PS（价格稳定）线相对应的 R 和 K 组合实现通胀目标。投资倾向的增加导致的需求上升将使得 PS 线向右移动。

---

① 在文献中，信用摩擦和宏观审慎政策能够影响潜在产出，参见 Vasco Cúrdia and Michael Woodford（2010），"Credit Spreads and Monetary Policy"，*Journal of Money*，*Credit and Banking* 42（S1），pp. 3–35。为简化起见，本文对该效应进行了概述。

商品市场　　　　　　　　　　　价格稳定轨迹

通胀

TT^*

PC

IS

Y^*　　产出

K

PS

R

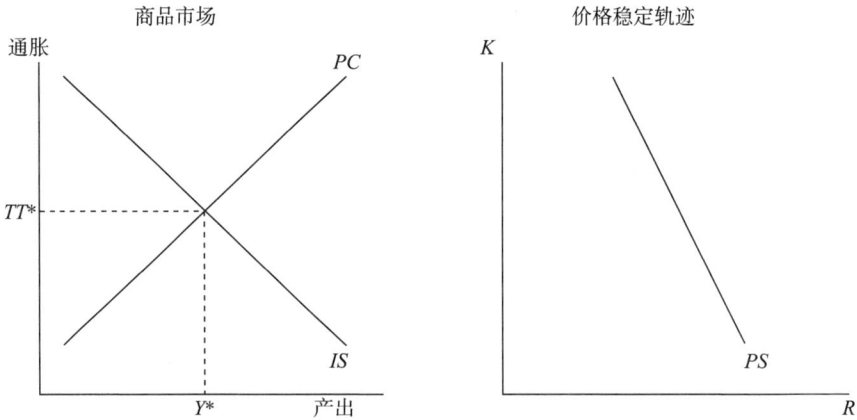

图1　商品市场均衡

关于信贷市场，传统的宏观经济分析重点关注可贷资金从家庭部门流向企业部门的资本支出。但是，统计数据表明，这类贷款在英国银行总资产中的占比很低，大部分贷款是为购置现有资产提供融资，特别是房地产。考虑信贷需求和供给时不应忽视该因素。如图2左半部分所示，CD 线代表需求，CS 线代表供给。需求随借款成本（R_B）下降而减少，供给随银行债务（包括存款）收益（R_D）增加而上升；为简单起见，R_D 随政策利率（R）变化而变化。此外，R_B 和 R_D 之间的价差表明，违约预期不仅会发生在最终借款人身上，金融

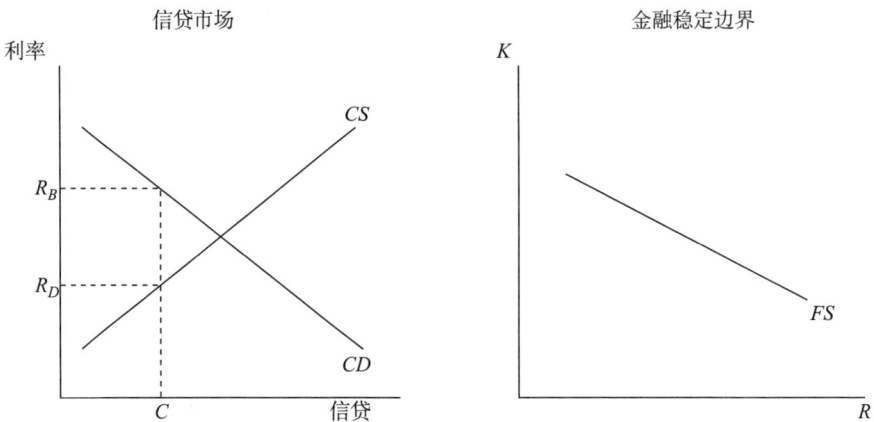

信贷市场　　　　　　　　　　　金融稳定边界

利率

R_B

R_D

CS

CD

C　　信贷

K

FS

R

图2　信贷市场均衡

中介也有可能发生。信贷繁荣时期，价差通常大幅度收缩；信贷紧缩时期，价差显著放大。我们假设宏观审慎政策（K）或者降低信贷需求，或者扩大 R_B 和 R_D 之间的价差，或者两者兼备，无论如何，都减少信贷规模（C）。

宏观经济的稳定性特征体现为只要调整了名义工资和价格并且通胀在目标值上，产出就可以维持在可持续水平；但是，不能如此简单地描述金融稳定的特征。为简单起见，我们假设政策当局心中存在一个与未来可接受的金融稳定风险一致的最大杠杆率水平。这样，我们就可以建立向右下方倾斜的 FS（金融稳定）边界线（见图 2 右半部分）。这意味着对于任何给定的宏观审慎政策，都存在一个最低的可接受的政策利率。投资人和借款人感知的风险下降①将导致过度繁荣，使得 FS 线向右移动。

将 PS 线和 FS 线放在一起，如图 3 所示，可用于分析货币政策和宏观审慎政策之间的关系。两条直线的斜率取决于政策利率和宏观审慎政策对总需求和信贷量的相对影响。经慎重选择和优化设计的宏观审慎政策对信贷规模的影响较大，但对总需求量影响较小，这使得 FS 线相对平滑。此外，政策利率的变化也通过信贷之外的渠道（例如汇率）影响总需求，因此，PS 线较为陡峭似乎具有合理性。在两条直线不平行②的情况下，价格稳定和金融稳定的目标可以同时实现。

在图 3 所示的结构下，运用货币政策工具追求价格稳定以及运用宏观审慎政策工具追求金融稳定是自然而然的事情。此外，在这种安排下，无须任何主动协调：在整个过程中，每个工具都可以独立确定，因为其他工具会自动趋于均衡点（A）。也就是说，适当的协调和信息交流能够实现效率。英格兰银行同时设置了 MPC 和 FPC，并且许多成员同时在两个委员会任职，有助于协调和信息沟通。

有些冲击会涉及两类政策的同时紧缩。例如，考虑到家庭、企业和投资者的"非理性繁荣"。乐观情绪的上升促使家庭部门和企业对商品和服务需求的

---

① 风险偏好上升。——译者注

② 原文为两条直线不重合（coincide）。译者认为，两条直线重合意味着在任何情况下价格稳定和金融稳定均能同时实现，这已经被危机证伪了。根据上下文分析，应该为不平行，因为在不平行情况下，两条直线的交点意味着价格稳定与金融稳定同时实现，也就是商品市场和信贷市场同时达到均衡状态。——译者注

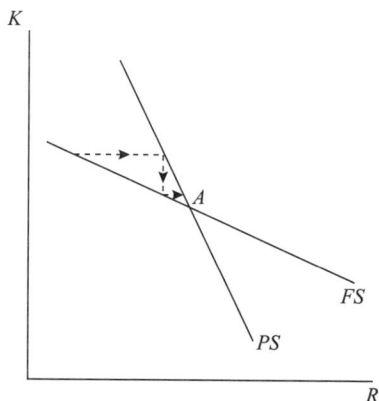

图3　货币政策与宏观审慎政策的运用

增加，以及信贷需求的上升和信用利差的减少。如图4所示，这时 *PS* 线和 *FS*
线都会向右移动，两种政策都在紧缩。

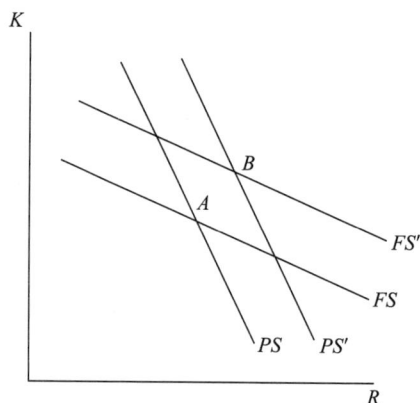

图4　非理性繁荣

在其他情况下，政策工具反向移动可能是适当的。例如，有利的供给冲击
通常会带来通货紧缩压力，在其他因素不变的情形下，会产生降低利率的需
求，所以价格稳定曲线会向左移动。但这可能鼓励信贷增加和利差缩小，导致
金融稳定曲线向右移动。如图5所示，在这种情况下，货币政策是宽松的，宏
观审慎政策是紧缩的。虽然表面看来两种政策相互矛盾，但实际上重新平衡政

策组合是完全恰当的。

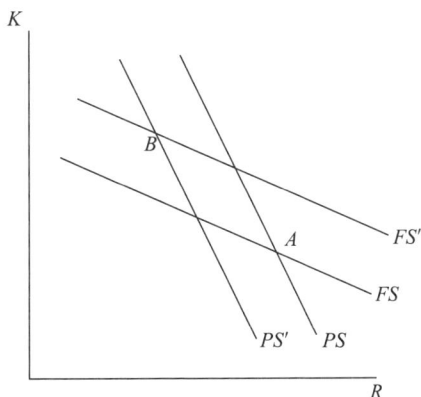

图 5　有利的供给冲击

　　然而，这种运用货币政策工具实现价格稳定、运用宏观审慎政策工具实现金融稳定的观点过分乐观，实则还有一些重要的条件。相对于利率变化的影响而言，我们在运用宏观审慎政策方面的经验却少得可怜；并且，受到政策影响的市场参与者总会想方设法地规避约束，如将业务转移至监管范围之外。美联储理事斯特恩曾指出，货币政策并非解决金融稳定问题的利器，但是它确实有"无孔不入"的优点①。所以，在金融稳定风险出现初期，货币政策很可能是用来对付它的唯一武器。在这种情况下，我们又回到了从前：为降低前行路上更严重事情的发生概率，货币政策制定者应自觉地"逆风而行"，超调短期通胀目标。

　　这种思想现已体现在财政部长设定的 MPC 规则中，用于确定每年的目标。规则明确："保持通胀处于目标值的努力可能导致出现加剧金融失衡的情形，为此 FPC 需要判断是否存在潜在的金融稳定风险。FPC 的宏观审慎政策是应对这种风险的第一道防线，并且在这种情况下，MPC 可以暂时偏离通胀目标。"规则也要求 MPC 应考虑 FPC 的行动，反之亦然。

---

　　① Jeremy Stein（2013），"Overheating in Credit Markets：Origins，Measurement，and Policy Responses"，在圣路易斯联储的演讲，2 月 7 日。

三、总结

我在英格兰银行工作的前七年经历了前所未有的宏观经济稳定，后七年经历了金融剧烈动荡和经济深度衰退。对于很多人来说，包括我在内，曾以为已经成功解决了驾驭经济过程中面临的问题，教训非常深刻，同时也受益良多。我们应该建立有效的审慎监管框架以补充货币政策。今天的政策制定要比14年前复杂得多。

旧约《创世纪》中，约瑟夫给法老解梦之后，在埃及获得了一人之下万人之上的权力，在位期间他保证在七个丰年中储备充足粮食，以备之后七个荒年之需。未来的央行行长应该记住这条格言，它讲述了未雨绸缪的重要性。

（王胜邦　译）

第四篇

重建全球金融体系

国际货币和金融体系：

基于资本账户历史的考察[①]

克劳迪奥·博里奥　哈罗德·詹姆斯　申玄松

> 1931 年流动性危机期间，当欧洲金融市场接二连三地遭遇短期资本快速撤离时，卷入过度宽松的短期国际借贷的危险骤然加剧。如果当时就知道负债增长过于迅猛，就应该采取措施来控制债务水平的上升。
>
> 国际清算银行第四份年报（1934）

前　言

国际货币和金融体系（IMFS）历史对经常账户的关注由来已久，影响广泛，最起码可追溯到大卫·休谟（Hume，1898）关于金币本位制的观点。基于经常账户的分析框架从转移问题的角度理解两次世界大战之间的经济大混乱（Keynes，1929a，1929b；Ohlin，1929a，1929b），非对称调整使得当时全球经济系统性地滑向紧缩（contractionary bias）：赤字国家被迫削减开支，同时盈余国家也不存在扩张的压力（Keynes，1941）。这种观点将 20 世纪 70 年代的困

① 本文为国际清算银行工作论文（No. 457）。克劳迪奥·博里奥是国际清算银行货币和经济部主任，哈罗德·詹姆斯为普林斯顿大学教授，申玄松是国际清算银行经济顾问，主管研究工作。作者感谢 Angelika Donaubauer 出色的统计支持，本文观点不代表国际清算银行。

境和拉丁美洲危机归结为石油输出国经常账户盈余的再循环（Lomax，1986；Congdon，1988），并进一步声称储蓄过剩（saving glut），主要体现为亚洲国家大规模的经常账户盈余，是新近这场大金融危机（Great Financial Crisis）的根源（Bernanke，2005，2009；Krugman，2009；King，2010）。全球失衡（经常账户失衡的简单描述）成为 G20 议程的最迫切和最核心的议题。

事实上，资本账户的历史也同样重要，但却未得到重视，很大程度上也还有待于进一步分析。这种历史观重视金本位下金融资本流动所扮演的角色（Bloomfield，1959；De Cecco，1974），从大规模跨境资本流动的角度理解两次世界大战之间的经济动荡（Schuker，1988），强调由于国家扮演了银行的角色所导致的偏向和不对称的重要性（Triffin，1960；Kindleberger，1965；Despres et al.，1966）。这种分析框架声称，与经常账户无关的金融膨胀（financial surge）是新近大金融危机的根源（Borio and Disyatat，2011；Shin，2012），并对 G20 未能充分关注金融失衡而过于重视经常账户失衡表示惋惜。

当然，上述两种观点应该协同。毕竟，经常账户和资本账户都是国际收支的组成部分。我们对二者刻意的区分和强调是有意为之，有些研究将二者分而论之，有些研究放在一起分析，相互交叉（Obstfeld，2010，2012）。

这说明，视角对于分析至关重要。关注经常账户意味着全球商品市场的产出和支出为零和（zeroing）且仅存在净资本流动。重视资本账户意味着资产市场为零和，强调总资本流动以及相应的存量。事实上，目前绝大多数国际金融宏观模型仅关注经常账户，将净资本流动作为消费和投资决策的残差项（residual）来处理。视角对于政策制定也非常关键，央行对经常账户的影响弱于资本账户：央行的货币政策和金融稳定政策对资产价格、资产组合以及资产负债表构成的变化具有重要影响。

本文主要讨论 IMFS 的资本账户历史，因为在高度全球化的经济中，金融市场占据支配地位，绝大多数严重的宏观经济问题都源于金融体系崩溃，即系统性金融危机。仅关注经常账户无法理解我们面临的困境，事实上，在一些重要方面，经常账户甚至分散了我们的注意力。国际货币和金融体系的致命缺陷（achilles heel）并非经济账户非对称调整带来的紧缩偏向，这种现象被称为"过度储蓄"倾向，是其放大了金融繁荣与衰退周期的倾向，制造了危机，即所谓的"过度金融弹性"倾向（Borio and Disyatat，2011；Borio，2014a）。信用扩张（无论是银行体系还是通过证券化市场）的失控和崩溃是其中的关键因素（Shin，2012，2013），尤其是伴随着资产价格（特别是房地产价格）的膨胀与崩溃（Drehmann et al.，2012）。

一旦我们关注过度金融弹性，分析视野将超越资本账户。第一，对于决策主体而言，无论是金融机构还是非金融机构或两者兼具，通常用于定义国民账户以及国际收支边界的居民原则（residence principle）就难以充分揭示该问题，为此，我们需要考虑相关参与者并表层面（consolidated）的收入和资产负债表。第二，支撑金融和实际经济交易的货币（包括商品和服务收支以及资产计价的货币）的使用范围将突破国界。在国际货币和金融体系中一些货币将扮演非常重要的角色，最突出的就是美元。国际货币体系的参与者都非常清楚这一点，然而它却被用于分析溢出效应和政策协调的标准宏观经济模型所忽略。第三，问题的关键不是一个国家资产负债表中国际头寸的规模和构成，而是该部分与国家总资产负债表的适应性。只有在这样的分析框架下，才能合理评估金融和宏观经济的脆弱性。

本文通过分析两个特殊历史阶段的经历来阐明这些观点：一是两次世界大战之间，二是新近大金融危机的前后。这两个阶段中金融市场全球化程度均相当高，非常适合我们阐明观点。本文结构如下：第一部分简要讨论分析的起点，第二部分回顾两次世界大战之间的历史，第三部分分析新近大金融危机的经历，第四部分进行总结。

分析的起点

两个分析的起点引导着本文的讨论：一是过度金融弹性假说；二是国民账户边界在理解复杂金融交易网络效应方面的不充分性，正是复杂的金融交易网络导致了严重的宏观经济脆弱性。

过度金融弹性假说

不同于陨石从太空中坠落，金融危机更像火山爆发或地震：长时间逐步累积的压力突然剧烈地释放。压力源于较长时期的金融繁荣，通常跨越商业周期地波动直到不可持续，因此埋下了恶果的种子。这种金融失衡的累积导致了繁荣和崩溃的内生过程，或者说金融周期（Borio，2013）。系统性银行危机通常发生在高峰时刻，并由此转入崩溃阶段，随后经济通常陷入深度衰退，并且复苏乏力（Drehmann et al.，2012a）。

金融周期的最显著特征是信贷扩张的急剧上升和崩塌（Drehmann et al.，2011；Haldane et al.，2011；Jordá et al.，2011a；Drehmann and Tsatsaronis，2014），通常还伴随着资产价格特别是房地产价格的同步波动（Drehmann et al.，2012）。另外，由于信贷扩张过程中，零售融资增速通常落后于信贷增速，所以批发性融资（如非核心银行存款）在总融资中的份额持续上升，批发性融资通常源于国际市场（Borio and Lowe，2004；Shin and Shin，2011；Hahm et al.，2013；Borio et al.，2011）。

目前我们尚未完全理解这些变化背后的故事，但是其中一个关键机制涉及过于乐观的价值评估与风险以及风险态度之间、流动性与融资限制之间自我强化的互动关系。用现代术语表示，"风险价格"（price of risk）顺周期性很强，放大了金融和经济波动（Borio et al.，2001；Danielsson et al.，2004；Adrian and Shin，2010；Bruno and Shin，2014）。正是这种互动关系显著加大了该过程的惯性。

博里奥和迪斯亚特（Borio and Disyatat，2011；Borio，2014）用"过度金融弹性"这个术语来描述经济体系的这种特征，该特征导致金融失衡不断累积。他们尤其关注金融和货币体系在约束这种失衡上的无能为力。一个松紧带虽然能够不断伸展，但到达某一点后必然回缩。事实上，"弹性"这个术语在经济思想史中很早就被用于解释信贷活动了（Jevons，1875）。

金融体系和货币体系非常重要。自由金融体系缓解了融资约束，从而为金融失衡的累积提供了更大空间。大量研究表明，金融自由化与随之而来的信贷扩张和价格上涨关系紧密①。即便金本位下也是如此，金本位下除非内部或外

---

① 二战以后，这种联系最初显现于 20 世纪 70 年代拉丁美洲南部共同市场国家推行金融自由化之后（Diaz‐Alejandro，1985；Baliño，1987）。

部的可兑换约束面临威胁，央行通常将利率维持在相对稳定的水平上。在盯住短期通胀控制目标的货币政策框架下也是如此：只要通胀水平较低且稳定，货币当局就没有动力采取紧缩政策。通常金融失衡的累积更容易发生在实体经济供给侧出现重大进步之后，这并非巧合（Drehmann et al.，2012）：因为供给侧的重大进步加大了通胀下行压力，同时为金融繁荣提供了肥沃的土壤，也因为其证实了最初的乐观预期——这正是被金德尔伯格（Kindleberger，2000）称为初始"错位"（displacement）的一个源头。

国际货币和金融体系在其中扮演何种角色？国际货币和金融体系通过全球范围内的相互作用放大了国内政策框架的过度弹性。

金融体系相互作用。其一，不同货币之间以及跨境的金融资本流动扩大了重要的外部（边际）融资来源，因此强化了外部信贷在不可持续的信贷膨胀过程中发挥的作用（Avdjiev et al.，2012）。如果汇率浮动，其通过相似的渠道导致汇率超调（Gyntelberg and Shrimpf，2011；Burnside et al.，2012；Menkhoff et al.，2012），事实上，该渠道与国内不可持续的资产价格繁荣形成渠道类似。其二，更为一般地说，在全球化的金融世界里，借助于套利机制对不同资产类别的风险认知和风险态度均体现在风险溢价（risk premia）中。这为反映全球风险价格的指标（如普遍采用的 VIX 指数）与全球资产定价、资本与信贷流动的高度相关提供了解释（Forbes and Warnock，2012；Rey，2013），雷（Rey）将其称为"全球金融周期"。

货币体系也相互作用。货币体系将核心国家宽松的货币条件传导至其他国家，因此扩大了不可持续的金融失衡的风险。货币体系能够直接传导，当货币使用范围超出主权边界时就是如此。设想一下美元在全球扮演的重要角色。国际货币发行国家的政策对其他国家产生非常直接的影响。更为重要的是，货币体系还可以间接传导。如果采用固定汇率，传导机制通过对抗汇率升值发挥作用，如通过政策反应模式之间的相互作用（McKinnon，1993）。① 其他国家的政策制定者需将利率保持在较低水平，或

---

① 关于汇率灵活性有限隔离特征的讨论，参见 Borio et al.（2011）；关于这些渠道的全面分析，参加 Bruno and Shin（2014）。

干预和累积外汇储备。例如，大量证据表明，自 2000 年以来至少新兴市场和小型开放发达经济体的利率低于按照传统方法纯粹考虑国内状况所对应的利率水平（Hofmann and Bogdanova，2012），并且美国联邦基金利率能够解释这种偏离（Taylor，2013；Gray，2013；Spencer，2013；Takats，2014）。

这解释了本文选择两个特殊阶段的原因。这两个阶段中，金融市场高度全球化，货币体系几乎不关注金融失衡的累积，汇率框架自不待言。原理与经典的金本位制度下经历类似的金融与经济波动一致，外围国家（包括挪威）更是如此（Goodhart and De Largy，1999；Gerdrup，2003）。

计量资本流动：采用何种边界？

一旦将关注的重点转向金融不稳定及其宏观经济成本，经常账户的意义就被弱化了。

从行为角度分析正是如此。确实，大规模的经常账户赤字可能会扩大系统性银行危机的成本。经常账户赤字是不可持续扩张的一种表现方式，反映了国内需求超过国内产出。但是，历史上最具破坏性的银行危机通常爆发于经常账户大规模盈余国家的金融繁荣阶段。[①] 设想 20 世纪 80 年代和 90 年代早期的日本，以及下文将讨论的 20 世纪 20 年代的美国。此外，在写作本文时，中国已经经历了长达若干年的金融繁荣。[②]

同样重要的是，从计量和核算的角度来看，经常账户也显得不再重要（Borio and Disyatat，2011）。按照构成，经常账户和净资本流动性几乎不反映融资活动。它们仅能捕捉源于真实商品和服务贸易的一个国家对另一个国家的净债权，仅反映净资本流动，但排除了总资本流动的变化以及这些变化对存量的贡献，目前的存量包括所有涉及金融资产交易的活动，这些交易是跨境金融活动的最重要的组成部分。因此，经常账户无法揭示出一个国家在国际借款、信贷和金融中介活动中扮演的角色，其用于实际投资活动的资金源于境外的程

---

① 也可参见 Jordá et al. （2011b）、Gourinchas and Obstfeld （2012）。他们认为，信贷增长与银行危机密切相关，但它们与经常账户状况无关。

② 关于该观点以及对经济账户盈余导致储蓄过剩和拉低实际利率观点的批评，参见 Borio and Disyatat （2011）。

度，以及跨境资本流动对国内金融状况的影响。在识别可能诱发银行困境的金融中介模式方面，经常账户无能为力。①

此外，即便总资本流量和相应的存量也只能揭示部分问题。为此，我们必须理解一些意义清楚的简单分析工具普遍存在的扭曲效应，应回到并考虑国民账户核算方法。

计量资本流动的传统方法基于国民收入核算体系确定的边界。国民收入边界的目标是计量一个"经济区"（economic territory）明确定义边界内的总产出。这种计量方法基于居民原则。如果一个经济主体（公司）的主要经济活动在该边界内，就被视为该经济区的居民。国民收入核算方法将根据其业务的性质将其活动划入不同的行业和子行业。

国民收入核算所采用的经济区边界通常与国家边界雷同，但并非必然如此。计量原则基于居民，而不是国籍（nationality）。因此，即便一个公司总部设在其他国家，只要其业务位于该边界内，仍被视为该经济区总经济活动的一部分。②

在标准的国际金融宏观经济模型中，国民收入核算采用的边界还服务于其他两个目标，因为其使得加总界内所有经济主体的活动非常方便。

第一，国民收入边界通常被用于定义决策主体（decision making unit）。边界内的居民可以被加总并视为一个代表性个体（representative individual），其行为被认为遵循总消费函数。尤其是，国民收入核算的边界决定了该决策主体的资产负债表。通过核对边界内外决策主体的资产负债变化，可以得到国际收支和资本流动的信息。由于该模型通常进一步假定资产负债可以完美替代，因此仅需考虑净资本流动，如经济账户的变化。因此，资本流入被定义为居民对非居民负债的增加，并采用净额的方式，即

_____

① Borio 和 Disyatat（2011）声称，错误地将重点定位于经常账户实际上未充分清晰地区别储蓄和融资。根据国民收入核算中的定义，"储蓄是未用于消费的收入（产出），而作为现金流概念的融资是以可接受的支付中介（货币）获得购买力，包括借款。投资和更广义的支出需要的是融资而不是储蓄。金融危机反映了融资渠道的中断，包括以借贷方式的融资，储蓄和投资流量很大程度上与此无关。

② Irving Fisher Committee（BIS，2012）最近的一篇工作论文介绍了计量国际金融头寸的理论差异。

资产的变化减去负债的变化。一个代表性个体的假设使该限制条件更接近中性。

第二，在简化的经济模型中，国民收入边界也被用于定义与一个特定货币相关的货币区。因此，两个国民收入区之间的实际汇率被定义为这两个区的价格比例；反过来，名义汇率被定义为一种货币对另一种货币的相对价格。这隐含地表明，该边界内央行的货币政策首先影响边界内的居民。一定程度上，货币政策也有溢出效应，可以通过居民的经常账户和贸易余额，或资本流入和流出来分析溢出效应。

总而言之，在国际经济中经济区的边界服务于三重目标：一是该边界与国民收入核算相关；二是用于定义决策主体，包括其资产负债表；三是用于区分本国货币与外国货币。

国民收入边界三种角色的重合是简单经济模型所遵循的传统，并非计量金融交易产出的逻辑结果，这可能是因为在这些模型建立和完善的时期资本流动尚未成为一个核心问题，之后其重要性不断上升，简化处理有助于目标的实现。也就是说，在二战之后的较短时期内，国民收入边界三种角色的重合总体而言是合理的。

理由非常简单。其一，决策主体跨越了国家边界。在企业跨国经营不断扩大的世界中，并表收入和资产负债表数据的信息价值更高，因为正是这些主体决定了在哪里经营、以何种价格生产何种商品和提供何种服务，以及如何管理风险。重要的是，这些主体最终将承受压力，反映公司并表资产负债表而非居民资产负债表的国籍通常涉及多个经济区。① 的确，20 世纪 70 年代建立的国际清算银行并表银行统计体系就是为了解决该缺陷（Borio and Toniolo，2008；McGuire and Wooldridge，2005）。其二，如前文所述，国际货币的使用范围远远超过该货币发行主体的边界。② 市场参与者的国籍与其所使用的货币之间的相互交叉对于理解货币和融资来源、脆弱性以及金融困境的动态特征至关

---

① 在本文中，"国籍"通常是指公司总部所在的国家。许多不同的标准可用来确定一个决策主体属于哪个国家，但并表原则不受其影响。

② 例如，McCauley et al.（2014）发现，超过80%的对居住在美国以外借款人发放的美元贷款不在美国簿记。

重要。

基于这些分析的起点，下文详细讨论两次世界大战之间和大金融危机期间的经历。

两次世界大战之间的经历

两次世界大战之间有一段时期出现了经常账户失衡。当时德国经常项目的逆差和美国经常项目的顺差引起了大量关注，然而，公共政策并未关注德国与其保持中立的邻国荷兰和瑞士之间的资本流动以及返程投资。直到 1931 年，德国的短期借款冻结，金融危机爆发，其影响才充分显现。德国的私人部门和公共部门从国外借入的外币借款，包括在美国发行的以美元计价的债券和借款、在英国发行的以英镑计价的债券和贷款。同时，德国机构对小型中立国以外币计价的债权也不断增加，这部分资金又转借给德国公司，流回德国。金融危机发生之前，德国资本加速外流，德国不断地从美国和英国银行借入资金。1931 年，法国、瑞士和荷兰黄金出现净流入（7.71 亿美元），而德国、美国和英国黄金出现净流出（Allen and Moessner，2012）。20 世纪 20 年代资本流动的方向如图 1 所示。

20 世纪 20 年代，现代版本的"过度金融弹性"现象已清晰显现。在经典的金本位框架下（1914 年以前），许多外围国家（包含美国）经常出现金融不稳定，英国、法国、德国等核心国家相对稳定，1873 年以来从未发生过系统性危机。美国的国家货币委员会（National Monetary Commission，NMC）对此非常羡慕，特别是美国经历了 1907 年的恐慌之后，美国 NMC 将这种稳定归功于欧洲的特殊制度安排，这也是美国选择设立欧洲风格的央行的原因之一（Mitchell，1911）。

通过比较银行的贷款数据，可以发现核心国家战前温和的波动与战后出现的过度波动之间存在鲜明的对比。战前，银行贷款相对于 GDP 逐步增长，即便 1907 年爆发了严重的危机，也只是短暂中断了该趋势。与之相对的是，20 世纪 20 年代很多国家（不是全部）经历了明显的银行过剩（"过度金融弹性"），并在大萧条中崩溃。法国和英国的过剩迹象并不明显，但是奥地利、德国、美国、荷兰和瑞士（未包含在本文使用的 Taylor/Schularick 数据中）的

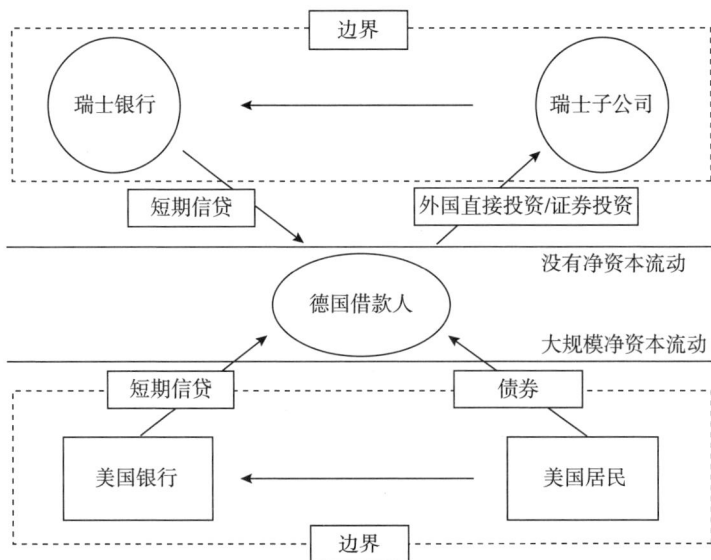

图1　两次世界大战期间资本流动的方向

周期性则非常明显。1896～1913年和1924～1938年部分国家银行贷款占GDP
比例详见图2。

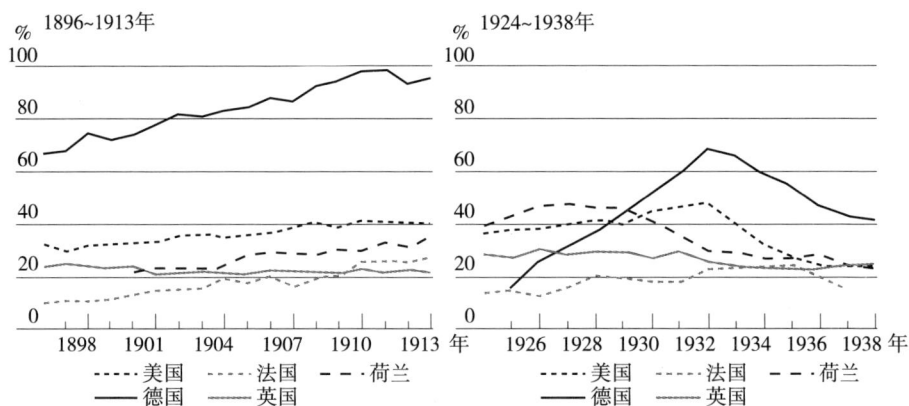

资料来源：Taylor/Schularick 数据库。

图2　银行贷款占 GDP 比例

泰勒和舒拉里克收集了 14 个国家的长期银行贷款数据，用于研究在大萧条之前（1924～1929 年）银行的信用扩张与大萧条时期（1929～1932年）产出下降的关系。研究发现，治疗组（treated group，GDP 下降高于平均值）和对照组（control group，GDP 下降低于平均值）之间存在显著差异，1929～1932 年 GDP 降幅大的国家，1929 年之前的贷款扩张也更为迅猛。研究者通过计量产出、工业产值以及失业率等传统指标反映大萧条的严重程度，结果表明，危机之前存在银行过剩的国家，危机也更加严重。阿科米诺蒂和埃肯格林（Accominotti and Eichengreen，2013）认为，主要出口国（美国）巨大的周期性驱动了跨境资本流动。

银行过剩与资本流动相关，但值得注意的是，它们不一定与经常账户头寸相关。美国经常账户顺差，德国经常账户逆差，但两个国家都经历了信贷扩张和房地产的繁荣①。与之相比，法国经常账户顺差较大，英国却出现贸易逆差，但两国均未出现上述情形（详见图 2）。德国和美国通过发债和银行贷款出现大规模的资本流动。金融脆弱性在系统脆弱性累积以及危机扩散过程中扮演了重要的角色。

与此类似，仅从汇率制度选择的视角也不足以解释两次世界大战之间的危机。法国和英国均回归到金本位，英国按惯例确定汇率，认为币值被低估了；而法国政策制定者认为应该恢复到 1914 年之前的平价，认为币值被高估了。这两个国家的银行都从事国际借贷，一些规模较小的伦敦商业银行过度涉足南美和中欧的业务，导致其在大萧条时期面临流动性不足，甚至破产威胁（Accominotti，2014）。但是，英国的商业银行和清算银行是隔离的，这使得英国银行业不存在普遍过剩，因此，1931 年夏天中欧经济崩溃后，英国并未发生大面积的银行危机。

因此，原理很简单：之前的理论主要试图通过金本位制度及其约束（Temin，1989；Eichengreen，1992；Eichengreen and Temin，2010），以及经常账户非对称调整（Keynes，1940）来解释两次世界大战之间的金融体系脆弱性，但是这些论述都忽略了两次世界大战之间导致金融脆弱性的一个重要因素，即

---

① 关于美国信贷扩张更加详细的讨论，可以参见 Persons（1930）、Robbins（1934）、Eichengreen and Mitchener（2003）。

总资本流动。

1914 年以前与 20 世纪 20 年代恢复金本位制或黄金交易标准之后，资本流动的构成存在巨大差异：一战之前，资本流动以发行债券为主；在此之后，银行信贷占据主导地位。对该现象最常见的解释是，20 世纪 20 年代试图回归和平时期的常态，常态下债券的预期收益率将下降。因此，在回归常态、降低收益率和融资成本之前，银行短期贷款成为较有吸引力的临时过渡方式。此外，欧洲国家（特别是中欧）经历了战时及战后的通胀甚至恶性通胀后，需要重建它们的金融体系，这也成为银行信用扩张的重要驱动力。事实上，恢复战前状况的承诺为最初乐观情绪或金德尔伯格所称的"错位"提供了土壤，正是这种"错位"产生了资本流动并推动了银行过剩。

此外，主要债权国（美国）经历了巨大的金融创新浪潮，为外国债券服务的新市场发展成为为本国债券服务的旧市场的重要补充（landreau et al.，2009）。虽然传统的发行机构（尤其是 J. P. 摩根公司）对新兴的欧洲市场非常谨慎，但是一些新成立的激进的发行机构，比如说波士顿银行，将其视为赢得市场份额的好机会。图 3 显示了美国一些活跃的跨国银行资产负债表的扩张。相比之下，未经历银行过剩的国家金融创新较慢。

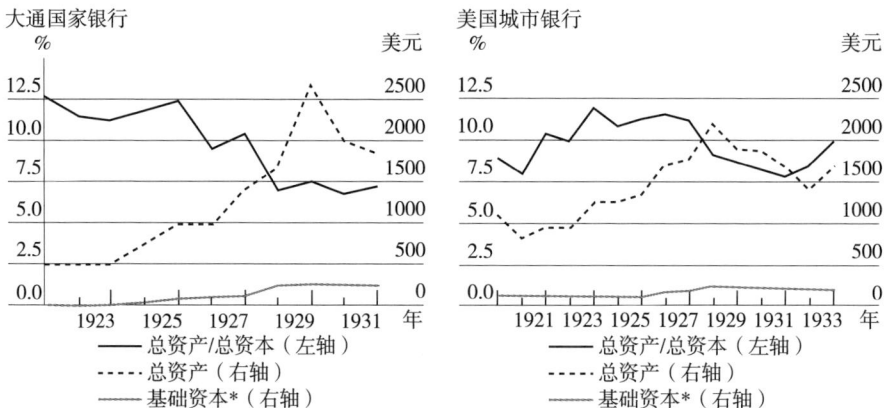

图 3 美国银行的杠杆率

注：资本、盈余和未分配利润。

图 3　美国银行的杠杆率

对于债务国来说，金融创新为它们提供了重新回到被战争摧毁之前状态的机会。在通胀过程中，德国银行的资本基础已被严重侵蚀，20世纪20年代中期，德国银行在资本水平显著低于战前水平的基础上重新起步。德国银行发现筹集新资本成本很高，因此，新发放的贷款建立在非常薄弱的资本基础之上。同时，德国银行发现，与战前相比，吸收存款变得更加困难，因此其通过国内以及国际银行间的借款来筹集资金。外部资金来源推动了德国银行的扩张。在信贷扩张达到峰值时，银行贷款占 GDP 比例才回到了战前的水平（高于国际平均水平）。一种似是而非的观点认为信贷扩张实际上只是追赶（catch up），并未过度。这种观点使得债权人相信他们的债权可能是安全的（Balderston，1993）。

战前德国长期存在着"央行是最后贷款人"的传统思维，该观念加剧了德国金融体系的脆弱性，是其国内政策框架最根本的缺陷。德国央行（Reichsbank）提供的安全网，使得资本基础非常薄弱的银行依然得以生存，并给银行及其债权人提供了错误的信心（James，1998）。银行似乎不受流动性约束，但实际上 1924 年之后的后稳定时期（post-stabilisation world），央行受到了金本位制度下可兑换性要求的制约。

信息或统计上的漏洞掩盖了中欧银行不断增加借款的行为（BIS，1932，1934）。尽管债券是公开发行的，即债券融资的程度众所周知，但并不能有效识别对外借款的程度。德国按照法律要求发布的每月或每两个月的银行资产负债表，未对国内和国外的负债加以区分，尽管两者在借贷条款以及期限方面都存在差异。1931 年年初，也就是金融危机的前夕，德国央行对短期债务规模进行评估，评估结果比实际规模低了 1/4（Schuker，1988）。直到 1931 年夏天，流动性逆转，无法履行外汇偿付义务，银行的商业短期债务的规模才为人所知，随后才开始准备统计概览。1931 年 8 月，Wiggin-Layton 协会对德国短期债务规模进行了最初估计（Wiggin，1931），但是随后几个月内估计的短期债务进一步上升（Special Advisory Committee，1931）。

尽管政府、银行和监管当局大致了解该现象，但它们均忽略了短期债务的程度。这种忽视对这样一个观点产生了怀疑。该观点认为，国际债务的大规模扩张是债务人精心设计、处心积虑的结果。也就是说，赔款债务人（reparation debtor)（尤其是德国）尽可能扩大外债以故意造成偿付危机，由此会导致赔款债权人与一般债务人（包括商业债权和银行债权）的索偿产生冲突。按照该逻辑，当债务接近不可持续的水平时，商业债权人会首先主张其债权，从而引发危机，进而产生赦免或大幅削减赔偿债务的压力。该主张可以通过这样一种方式来实现："沙赫特（Schacht，德国央行行长）让德国的银行全额使用英国和美国银行的短期授信，这样一来，为避免德国银行的违约造成英美银行的流动性危机，英美银行将游说本国政府放松赔款要求。"（Schuker，1988）

一些贷款人接受了该观点，并成为提高债权人信心的一种方式。米特兰银行（Midland Bank）行长麦克纳·雷金纳德（Reginald McKenna）具有广泛的政治人脉，他认为"当政治和商业力量同时在外汇市场为获取外币偿债展开竞争时，实践中商业力量总会获得优先权并获得成功，导致政治力量陷入困境。每家银行为其客户兑换英镑，扮演清算所的角色。每笔交易均动态地反映了对两种货币其中一种的供求关系。银行在将这种需求释放到公开的外汇交易市场之前，会先在银行内部对两种货币进行内部清算"（Johnson，1978）。

国际资本流动遵循一种复杂的关系网络，决策单位常常跨越国界。20世纪20年代，主要借款人德国与其近邻荷兰和瑞士之间存在的错综复杂关系为这种说法提供了有力的证据。尤其是，一战刚结束时，许多德国公司（包括银行和非金融公司）开始收购荷兰和瑞士银行的股权，或是建立亲密的关系。为建立这些外部的关系，初期德国出现了资本外流。随后，在荷兰和瑞士的子公司被用作借款的通道，再转借给德国，通常是其母公司。从国外借入的国际信贷，进而引发的资本流入反过来又推高了德国的杠杆率。尽管当时美国市场的钱还在不断涌入德国，德国国内已有大量的关于资本外逃的讨论（James，1986）。

德国资本外流的动机非常复杂。其一，源于购买外国子公司并通过其大规模业务运作的税收优惠，起初许多财务上的收益与能够节省印花税和股票交易税有关。其二，战争时期荷兰和瑞士是中立国，一战期间，德国公司通过这种方式得以掩饰德国所有权。其三，20世纪20年代德国通过非德国的公司进行借款，可以大幅降低借款成本，通过在美国以及中立国进行套利交易（carry trade），使借款利率大幅低于德国。

开展此类运作的最著名的一个例子就是财务公司 IG Chemie（AG 染料工业集团子公司），该公司 1928 年在瑞士巴塞尔注册，并由德国化工巨头 IG Farben（染料工业利益集团）控制。1929 年，通过增资 2.9 亿瑞士法郎，IG Chemie 成为当时瑞士最大的企业之一。其明确目标就是为母公司开展国际并购，包括在挪威、美国和瑞士本土。瑞士的业务主要通过一家瑞士小型私人银行（Eduard Greuter）管理的 IG 财团（IG Consortium）来运作。一战之前，Greuter 银行就与 IG Farben 的前身之一 Metallgesellschaft（德国金属公司）有业务上的合作，开办了名为"Metallwerte"的公司，该公司某种程度上是 IG Chemie 的前身。

一战之后，Greuter 银行的业务几乎全部是为德国提供资金。1929 年，Greuter 银行从 IG Farben 借款，开办 IG Chemie。德国公司提供了全部资金的 70%，另一小部分的资金来自瑞士大型银行，这些银行也为 IG Farben 提供了大量的信贷。其中，两个最大瑞士银行的代表成为新公司的董事，其薪酬特别高（是瑞士大型银行董事会成员薪酬的 4 倍）。1929 年夏天，《苏黎世报》（Neue Zürcher Zeitung）评价说"巴塞尔控股公司的结构非常复杂且不透明，只能从无法自身直接筹资来满足其资金需求的法兰克福公司来理解"（König，2001）。对于德国当局来说，其目标似乎是为了降低 IG Farben 的税收负担，但财政部的报告指出"如果国际资本流动不受到干扰，这样的交易不会终止"（James，1986）。1930 年，Polyphonwerke 开展了类似的交易，名为 Vereinigte Glanzsto AG 的综合纺织公司和国有企业普鲁士电力公司也进行了相似的操作。

一些贷款的循环特征非常明显。1931 年 7 月 28 日，当贷款被冻结时，来自于瑞士和荷兰的对德国工业、商业或农业的直接贷款总量分别不低于 45% 和 67%，而源于美国的直接贷款占比只有 28%。瑞士和荷兰的中介作用明显，这些国家的公司和个人持有 32.2% 的德国短期债务和 29.2% 的长期债务（Statistisches Reichsamt，1932；Schuker，1988）。

在金融危机中，德国银行和瑞士银行同时出现了困境。随着德国经济形势恶化，政治脆弱性加剧，大量资本外逃。这涉及德国偿还瑞士银行的借款。此外，德国银行存款下降，并处置它们持有的一些外国资产。当 1931 年 7 月银行危机爆发时，Wiggin-Layton 委员会估计德国银行持有的短期外国资产萎缩了

40% 。如图 4 所示，1931 年，瑞士银行对其他银行的债权收缩了 52% 。

百万瑞士法郎

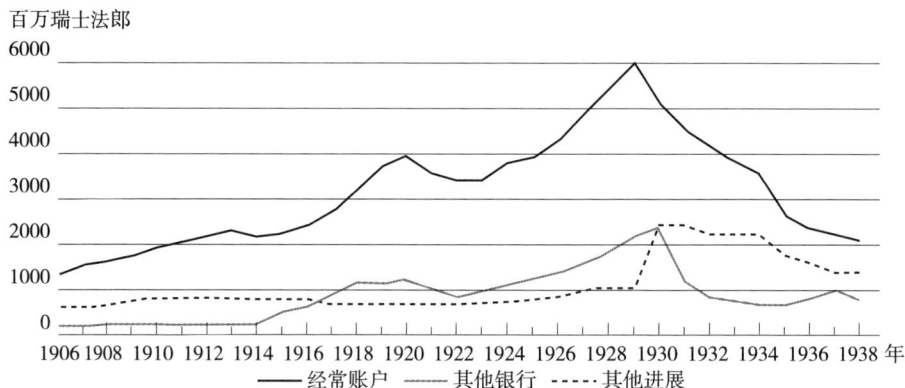

资料来源：Statistisches Handbuch des schweizerischen Geid und Kapitalmarkles 1944；Das schwei-zerische Bankwesen，Vol. 1953，1973 and 1992.

图 4　1906～1938 年瑞士银行的资产

在美国主要银行降低对德国的授信额度之前，德国的资本已经开始外流了。例如，1931 年 6 月 23 日美国信孚银行（Bankers Trust Company）降低了对德意志银行（Deutsche Bank）的授信额度。7 月 6 日（一家大型德国银行倒闭的前一周），担保信托公司（Guaranty Trust Company）宣布撤离。与卷入德国—荷兰—瑞士资本循环的内部银行相比，这些外部银行信息更不对称，也更不愿意去引发将导致它们遭受更大资产损失的恐慌。

关于德国银行危机到底是一场银行业危机，还是由于德国政府 1931 年 6 月 6 日签订的赔款协议而引发的货币和政治危机（Ferguson and Temin，2003），人们还存在相当大的争论。然而，对单家银行头寸的观察结果表明，并非全部德国银行都经历了同等的资金撤离，那些声誉较弱的银行经历了更加严重的资金外流（Schnabel，2004；James，1984）。如图 5 所示，声誉最差的达纳特银行（Danat，Darmstädter und Nationalbank）的短期（7 天～3 个月）存款几乎全部流失，而声誉较强的德意志银行和贴现银行（Disconto Gesell-schaft）虽然也出现了存款流失，但流失率明显较低。

达纳特银行　　　　　　10亿德国马克　德意志银行和贴现银行

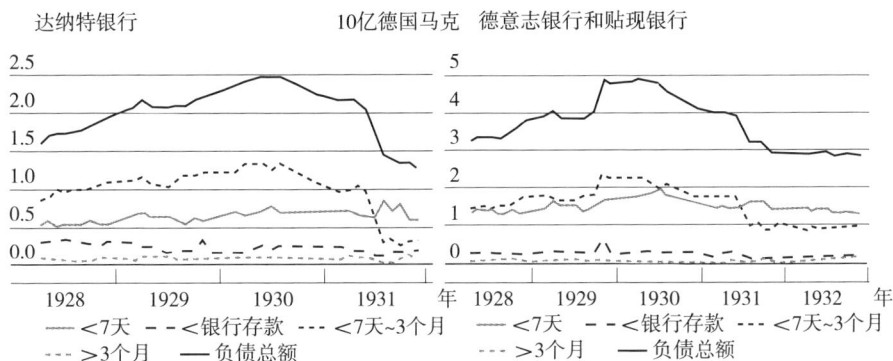

资料来源：Die Bank。

图5　1928~1932年德国银行的存款

德国银行资金的不断流失，意味着德国银行需要从央行获得更多的贴现便利，但遭到了德国央行的拒绝，因为德国央行面临着英格兰银行和纽约联邦储备银行通过限制其信用进而抑制德国货币持续贬值的压力。德国央行持有的货币储备无法满足信贷撤离时所需的外国货币的兑换需求。德国央行操作的独立性受到了制约，它必须遵守金汇兑本位体系下的协议，依赖于其他国家央行参与互换的意愿或其他形式的支持。

简而言之，银行过剩引发的脆弱性是导致信心逆转以及1931年夏天中欧地区金融危机爆发的主要原因。即便从现象层面分析，也是"过度金融弹性"在发挥作用。

新近大金融危机的经历

回顾最近的大金融危机，我们依然可以发现其背后也有相似的推动因素。众所周知，源于美国的这场金融危机很大程度上源于过度金融繁荣。强劲的金融创新和宽松的货币政策推动了危机之前的几年间信贷与房地产价格在的飙升。

与其他信贷繁荣相比，大部分信贷扩张源于国内需求因素的扩张。如图6所示，按照常规模式，外部信贷超过了国内信贷。但是，如若以国际收支统计数据来衡量的话，与同期经历了信贷繁荣的西班牙与英国相比，美国的外部融资占比远远低于这两个国家。

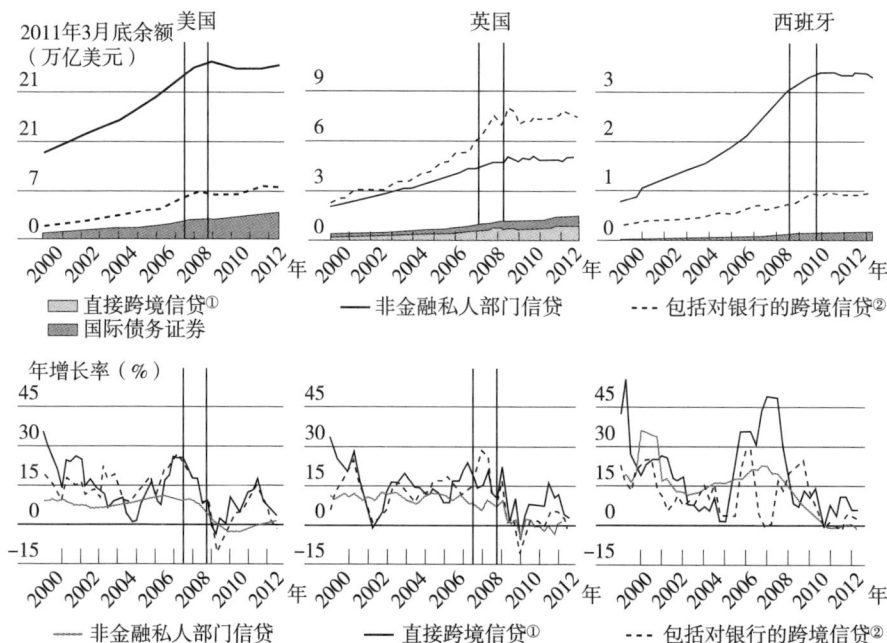

注：①指境外银行提供的对非金融私人部门信贷。②除境外银行提供的对非金融私人部门信贷外，还包括本国银行的跨境借款。

资料来源：Borio et al. （2011）。

图6　部分国家的信贷繁荣和外部信贷

即便如此，图6这张汇总图掩盖了外资银行特别是欧洲银行在这一时期的跨境资本流动发挥的关键性作用。事实上，次贷危机表明了正确划定边界对分析资本流动的重要性。特别是，欧洲的全球性银行在美国批发市场筹集美元资金然后通过购买证券化资产向美国居民提供贷款，维系了美国影子银行体系的运转（Shin，2012）。

图7描述了资本流动的方向。该图表明，欧洲的全球性银行作为中介机构将其在美国批发市场上吸收的大量美元资金（例如从美国货币市场上吸收的资金）最终投向了美国居民发行的抵押资产支持证券。资金初始从美国流出又流入，如此循环，由欧洲全球性银行推动的跨境资本流动表现为净流出，并不会反映为经常账户失衡。

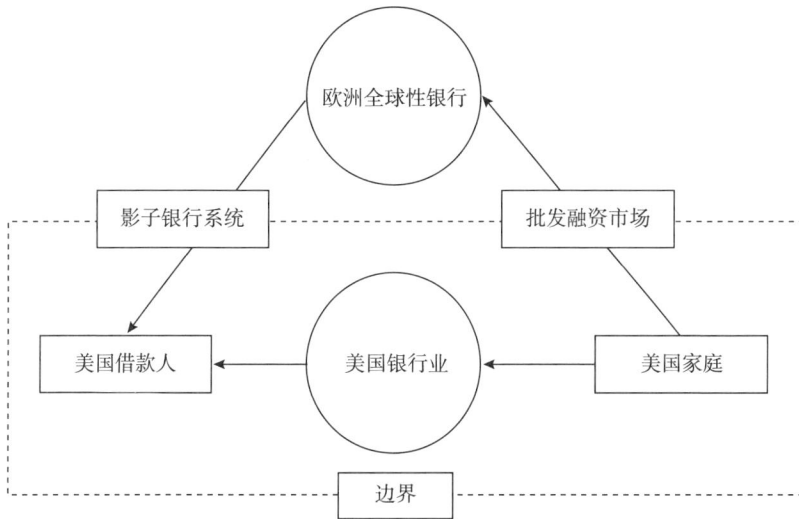

图7　欧洲银行在美国影子银行体系中的角色

　　金融危机发生之前，美国货币市场基金是美国影子银行体系的基础，银行特别是欧洲全球性银行通过调整资产负债表使批发融资资金得以在美国借款者之间循环流转。

　　图 8 源于 2011 年 10 月 IMF 发布的全球金融稳定报告。图中显示了以国别

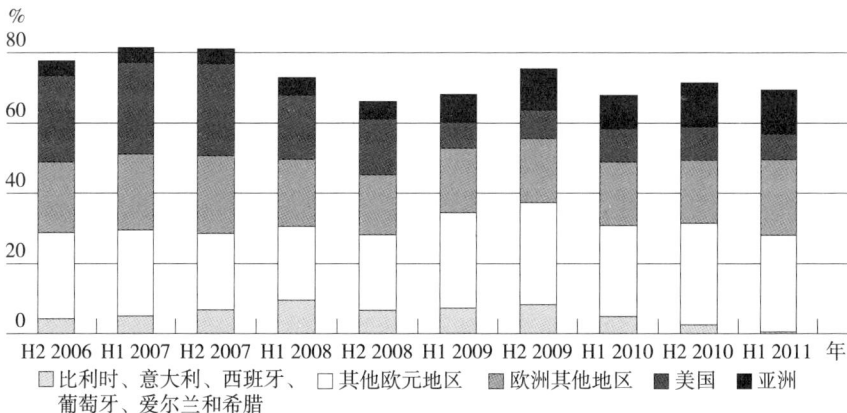

注：H1 和 H2 分别表示上半年和下半年。

资料来源：IMF 全球金融稳定报告（2011 年 10 月）。

图8　银行持有的美国货币市场基金资产（按银行国别分类）

分类持有美国货币市场基金资产规模排名前十位的银行，这些银行持有了美国货币市场基金 1.66 万亿美元总资产中的 7550 亿美元。根据经验法则，80% 的货币市场基金资产为银行债务，其中一半为欧洲银行的债务。

图 9 所示的总资本流动的网格化反映在美国总资本流动的不同项目中。图 9 是根据美国经济分析局发布的年度数据绘制的美国不同类型资本流动数量。正数（柱状图）表示总资本流入（外国居民对美国居民的债权增加），负数表示总资本流出（美国居民对外国居民的债权增加）。

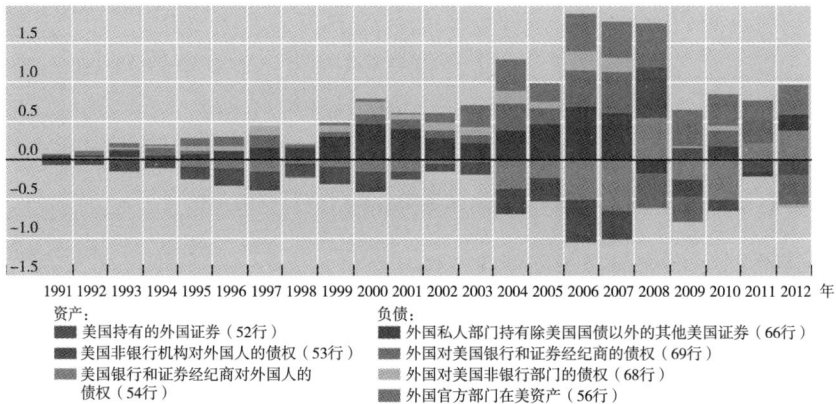

资料来源：Shin（2012）；US Bureau of Economic Analysis。

图 9　美国不同类型的资本流动

图 9 中，官方债权包括中国以及其他累积外汇储备的国家的债权。官方资本流动规模很大，然而私人部门的总资本流动更大。2008 年之前柱状数字为负表示大量资本流出美国（主要通过银行部门），这些资金继而通过购买非国债资产重新流回美国。

图 7 中通过欧洲银行进行的资本循环流动对于理解总资本流动无疑是非常有益的。欧洲银行在美分支机构或子公司在资本流出过程中起到了重要的驱动作用，它们通过银行部门在美国货币市场上募集大量资金，然后输送至母公司。由于国民收入和国际收支平衡表是基于居民原则计算的，即国际收支平衡的计算原理是基于居民而非国别，因而国际收支中在美外资银行分支机构及其子公司被视为美国银行。

次贷危机之前，经影子银行体系媒介的欧洲银行贷款是美国资本流入的主要表现形式，这对美国信贷状况无疑具有重要的影响。然而，由于欧元区经常账户大体平衡，而英国经常账户为赤字，因而整体上它们与美国的经常账户头寸（净资本流动）未能反映它们的银行对美国总体信贷状况的影响。

此外，这一段时期的资本流动清晰地表明了银行国别与其经营所在国的外币之间的互动关系。因此，当欧洲金融机构的美元资金来源冻结时，政策制定者也感到措手不及。为什么需要巨额的美元资金？前文所述的经常账户平衡提供了一个解释。但更为重要的是，国际清算银行的数据显示，2008 年欧洲银行的美元资产曾达到 8 万亿美元，这些美元资产包括零售贷款和企业贷款，以及持有的各类美国证券——国债、机构发行的证券及结构化产品（Borio and Disyatat，2011）。8 万亿美元的资产中，有 3000 亿~6000 亿美元通过短期外汇掉期交易来融资，掉期交易的币种主要有英镑、欧元和瑞士法郎。相关估计（McGuire and Von Peter，2009）表明，期限错配的资产为 1.1 万亿~6.5 万亿美元。因此，突如其来的美元资金冻结，势必会重创这些银行（及其他机构）的美元头寸，并导致外汇掉期市场的严重紊乱，即所谓的"美元短缺"（Baba and Packer，2008）。美国货币市场基金在其中扮演了重要的角色。特别是，雷曼兄弟的倒闭再次凸显了全球银行间市场和外汇市场的重要性，作为对非美国银行的最大资金提供者，雷曼兄弟的倒闭引发了货币市场基金挤兑，反过来又进一步加剧了银行融资困难（Baba et al.，2008，2009）。美元对全球银行体系的支撑作用并未因此而削弱。最近的研究（McCauley et al.，2014）指出，超过 80% 的对居住在美国以外借款人发放的美元贷款不在美国簿记。

综上所述，欧洲银行在美国次贷危机中的作用再次验证了确定合理的国际金融边界的重要性。长期以来，资本流动都被视为投资—储蓄决策博弈的最优结果，资本流动遵循从低利率的资本充裕国家流向高收益的资本贫瘠国家的原理（Lucas，1990）。从这个角度看，净资本流动仍然是我们关注的重点，因为它计量了一个国家为满足借款需求进行的外部融资。然而，在欧洲银行作为中介机构进行的美元融资交易中，国民收入核算所使用的边界被来回跨越两次，因而通常的净资本流动并不能捕捉到金融机构在抵押品市场上从事期限转换。此外，金融机构的合并资产负债表中包含了它们在美国的运营情况，提供了大量的额外信息。因此，当我们计量总体信贷状况及全部金融体系的脆弱性时，经常账户的作用非常有限。美国次贷危机的罪魁祸首并非全球储蓄过剩，而是全球银行过剩。

国民收入的边界、资产负债表的决策主体边界以及货币区雷同被视为"三重巧合"，其缺陷随后再次显现出来（Shin，2013），表现为2010年以后新兴市场借款人在离岸市场发行的债券快速增加。这使得原来已经历过强劲金融繁荣的国家再次经历金融繁荣（Caruana，2014）。依据借款人的国别（基于借款人的总部所在地）和居民原则计量的私人部门借款人的国际债务总量之间呈现出巨大差异。2013年末，根据居民原则，新兴市场国家的私人部门借款人的国际债务总量为9700亿美元，而根据发行人的国别划分，债务总量为1.73万亿美元，两者之间存在7580亿美元的差距①。

此外，新兴市场经济体企业在境外发行的债券，通常更倾向于采用美元计价（McCauley et al.，2013）。因此，新兴市场经济体的借款人对美元资金状况和美元利率更加敏感，尽管在地缘上他们远离美国。

如果借款通过明确的资本账户交易回到母公司，那么国际收支账户的余额将显示为资本流入，即母公司对海外子公司负有更多的债务。但是，这种情况有可能被误认为是外国直接投资。然而，如果跨国公司选择将交易划分为商品和服务贸易的一部分，例如通常做法是通过"高报货价"的方法使得出口货物的价值增加，那么传统的国际收支账户将不能捕捉到表现为母公司负债增加的资本流动。

图10显示了如果借款以本币短期金融债权的形式持有此类交易对流入国金融体系的影响。综合来看，跨国公司的资产负债表中存在着货币错配，即海外子公司拥有美元负债，而母公司拥有本国货币。货币错配一方面是为了对冲以美元计价的现金流的汇率风险；另一方面则是基于投机需求，从本国货币对美元升值中投机获利。实际上，套期保值与投机是很难区分的，甚至事后都难以辨别。不管动机如何，公司持有的本币金融资产都将转贷非本国金融机构，从而影响国内总体金融状况（Shin，2013；Turner，2014）。

---

① http：//www.bis.org/statistics/secstats.htm.

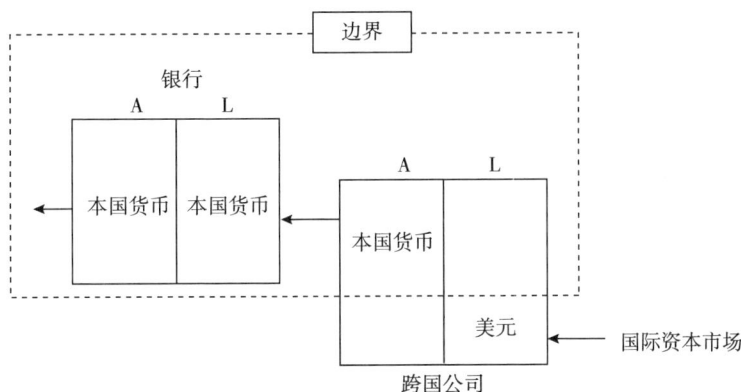

图 10　跨国公司的离岸市场借款

结　论

大金融危机之后，我们再次认识到金融与宏观经济之间存在密不可分的联系。国内市场与国际市场紧密交织。在当前历史背景下，实体经济与金融市场均高度全球化，大萧条之前的几十年间全球化进程从未中断。我们需要构造全新的分析框架来研究金融与宏观经济之间的关系，这必然会从国内背景延伸到国际舞台。

我们需要转换思考问题的角度。我们不应该关注谁是实体经济的金融交易对手，应该考虑谁是金融交易的实际交易对手。也就是说，无论在国内市场抑或国际市场，我们考虑问题的出发点均应基于金融市场的角度而非商品市场；否则，就会忽视金融风险。而这恰恰是一直以来我们不断重复的工作。因此，我们有必要重新寻求平衡。通过不同的视角，世界也会变得不同。

本文沿着这个方向进行一些探索，主要关注了国际层面的问题，并强调了以下三个观点。第一，在高度一体化的全球经济中，国际货币和金融体系更容易增强单个国家的"过度金融弹性"，扩大宏观经济成本巨大的金融危机的风险。第二，经常账户中并未包含这些风险的信息，相关信息包含在资本账户以及与之密切相关的经济体的广义资产负债表中。第三，研究国际收支问题时，有必要超越居民企业与非居民企业的划分，应该将跨国公司决策主体合并资产负债表中的货币因素考虑在内。换言之,在标准的国际金融宏观经济模型中设置"经济区"边界,居民被定义为在某地生产与消费,拥有金融资产和负债,以及使用本国货币。该概念不能充分揭示风险。

两次世界大战之间以及新近大金融危机的经历充分说明了该分析角度的意义。在本文分析的两段历史中,国内与跨国的金融膨胀与崩溃都是危机发生的根源。经常账户头寸变化的信息价值非常有限:经常账户的盈余国与赤字国都发生了金融膨胀。在本文分析的两个案例中,要理解金融脆弱性的累积,需要观察资本账户的情况,两次世界大战之间,应超越资本账户进一步研究跨国经营的决策主体的行为;在新近大金融危机中,需要厘清欧洲银行与美国货币市场基金在美国次贷危机中的关系。此外,近几年,新兴市场经济体的非金融企业在离岸市场上发行了大量债务,而基于居民原则的国际收支统计数据未能充分捕捉该问题,这将是另一个潜在的脆弱性。

这种分析方法对央行具有重要影响。由于央行的主要责任是维护货币与金融市场的稳定,一旦焦点转移至资产价格、资产负债表和金融危机,那么央行也就不可避免地立于聚光灯之下。然而,如果关注的焦点仅是经常账户,那么央行的作用必然会边缘化。这不是货币政策能够大有作为的领域(Borio,2013b,2014a,2014b;Caruana,2012a,2012b,2014b)。然而,毫无疑问,应强化政策框架以系统地纳入金融体系的膨胀与崩溃。同时,在高度全球化的世界中,我们应该寻求对本国总体状况以及其他国家政策溢出效应更合理的解释方法。

(王胜邦　张晓利　译)

参考文献

［1］Accominotti, O（2014）：" London merchant banks, the Central European panic and the Sterling crisis of 1931", *Journal of Economic History*.

［2］Accominotti, O and B Eichengreen（2013）, "The mother of all sudden stops: capital-flows and reversals in Europe", 1919–1932, *CEPR Working Paper*.

［3］Avdjiev, S, R McCauley and P McGuire（2012）: "Rapid credit growth and international credit: Challenges for Asia", *BIS Working Papers*, No. 377, April.

［4］Baba, N, R McCauley and S Ramaswamy（2009）: "US dollar money market funds and non – US banks", *BIS Quarterly Review*, March, pp. 65–81.

［5］Baba, N and F Packer（2008）: "Interpreting derivations from covered interest parity during the financial market turmoil of 2007 – 2008", *BIS Working Papers*, No. 267, December.

［6］Baba, N, F Packer and T Nagano（2008）: "The spillover of money market turbulen-ceto FX swap and cross – currency swap markets", *BIS Quarterly Review*, March, pp. 73–86.

［7］Balderston, T（1993）: *The origins and course of the German economic crisis: November 1923 to May 1932*, Berlin: Haude & Spener.

［8］Baliño, T（1987）: "The Argentine banking crisis of 1980", *IMF Working Papers*, No. WP/87/77.

［9］Bank for International Settlements（BIS）（1932）: *2nd BIS Annual Report*, Basel.

—— （1934）: *4th BIS Annual Report*, Basel.

—— （2012）: "Residency/local and nationality/global views of financial positions" *IFC Working Paper* No. 8, Irving Fisher Committee on Central Bank Statistics, http://www. bis. org/ifc/publ/ifcwork08. htm.

［10］Bernanke, B（2005）: "The global saving glut and the U. S. current account deficit," the Sandridge Lecture, Richmond, March 10.

—— （2009）: "Financial reform to address systemic risk," Speech at the Council on Foreign Relations, Washington, D. C, 10 March.

［11］Borio, C（2013a）: "The financial cycle and macroeconomics: what have we learnt?" *Journal of Banking & Finance*, in press. Also available as *BIS Working Papers*, No. 395, December.

—— （2013b）: "On time, stocks and flows: understanding the global macroeconomic challenges", *National Institute Economic Review*, August. Slightly revised version of the lecture at the Munich Seminar series, CESIfo – Group and Süddeutsche Zeitung, 15 October, 2012, which is also available in *BIS Speeches*.

—— (2014a): "The international monetary and financial system: Its Achilles hee land what to do about it", *BIS Working Papers*, No. 456, September.

—— (2014b): "Monetary policy and financial stability: what role in prevention and recovery?" BIS Working Papers 440, February. Forthcoming in Capitalism and Society.

[12] Borio, C and P Disyatat (2011): "Global imbalances and the financial crisis: link or no link?" BIS Working Papers, No. 346, May. Revised and extended version of "Global imbalances and the financial crisis: Reassessing the role of international finance", Asian Economic Policy Review, 5: 198–216.

[13] Borio, C and P Lowe (2004): "Securing sustainable price stability: should credit come back from the wilderness?" *BIS Working Papers*, No. 157, July.

[14] Borio, C, R McCauley and P McGuire (2011): "Global credit and domestic credit-booms" *BIS Quarterly Review*, September, pp. 43–57.

[15] Borio, C and G Toniolo (2008): "One hundred and thirty years of central bank cooperation: A BIS perspective" in C Borio, G Toniolo and P Clement (eds.) *The past and future of central bank cooperation*, Studies in Macroeconomic History Series, Cambridge, UK: Cambridge University Press.

[16] Bruno, V and H Shin (2014): "Cross – Border Banking and Global Liquidity", *BIS Working Papers*, No. 458, September.

[17] Burnside, C, M Eichenbaum and S Rebelo (2011b): "Carry trade and momentum in currency markets", *Annual Review of Financial Economics*, Vol. 3, pp. 511–535.

[18] Caruana, J (2012): "International monetary policy interactions: challenges and prospects", Speech at the CEMLA – SEACEN conference on "The role of central banks in macroeconomic and financial stability: the challenges in an uncertain and volatile world", Punta del Este, Uruguay, 16 November.

—— (2014a): "Global liquidity: where it stands, and why it matters", IMFS Distinguished Lecture at the Goethe University, Frankfurt, Germany, 5 March.

—— (2014b): "Global economic and financial challenges: a tale of two views", lecture at the Harvard Kennedy School in Cambridge, Massachusetts, 9 April.

[19] Congdon, T (1988): *The debt threat: The dangers of high real interest rates for the world economy*, Oxford: Basil Blackwell.

［20］ Danielsson，J，H Shin and J Zigrand（2004）：“The impact of risk regulation on price dynamics”，*Journal of Banking and Finance*，Vol. 28，pp. 1069–1087.

［21］ De Cecco，M（1974）：*Money and empire：the international gold standard*，Oxford：Blackwell. Despres，E，C Kindleberger and W Salant（1966）：*The dollar and world liquidity：a minority view*，Brookings Institution，Washington D. C.

［22］ Diaz – Alejandro，C（1985）：“Good – bye financial repression，hello financial crash”，*Journal of Development Economics*，Vol. 19，pp. 1–24.

［23］ Drehmann，M，C Borio and K Tsatsaronis（2011）：“Anchoring countercyclical capital buffers：the role of credit aggregates”，*International Journal of Central Banking*，Vol. 7（4），pp. 189–239.

—— （2012）：“Characterising the financial cycle：don't lose sight of the medium term！” *BIS Working Papers*，No. 380，June.

［24］ Eichengreen，B（1992）：Golden fetters：*The gold standard and the great depression*，1919–1939，Oxford：Oxford University Press.

［25］ Eichengreen，B and K Mitchener（2003）：“The Great Depression as a credit boom gone wrong”，BIS Working Papers，No. 137，September.

［26］ Eichengreen，B and P Temin（2010）：“Fetters of gold and paper，” Oxford Review of Economic Policy，Vol. 26（3），pp. 370–384.

［27］ Ferguson，T and P Temin（2003）：“Made in Germany：the German currency crisis of 1931，” *Research in Economic History*，21，pp. 1–53.

［28］ Flandreau，M，Flores，Gaillard，Nieto – Parra（2009）：“The end of gatekeeping：underwriters and the quality of sovereign bond markets，1815 – 2007，” *NBER Working Paper*，No. 15128.

［29］ Forbes，K and F Warnock（2012） “Capital flow waves：surges，stops，flight and retrenchment”，Journal of International Economics，Vol. 88（2），pp. 235–251.

［30］ Goodhart，C and P De Largy（1999）：“Financial crises：plus ça change，plus c'est lamême chose”，*LSE Financial Markets Group Special Paper*，No. 108.

［31］ Gourinchas，P – O and M Obstfeld（2012）：“Stories of the twentieth century for the twenty – first.” *American Economic Journal：Macroeconomics*，4（1）：226–265.

［32］ Gray，C（2013）：“Responding to the monetary superpower：investigating the behavioural spillovers of US monetary policy”，*Atlantic Economic Journal*，Vol. 41（2），pp. 173–184.

［33］ Gyntelberg，J，and A Schrimpf（2011）：“FX strategies in period of distress.” *BIS*

Quarterly Review, December, pp. 29–40.

［34］Hahm, J – H, H Shin and K Shin（2013）: "Non-core bank liabilities and financial vulnerability", *Journal of Money*, *Credit and Banking*, Vol. 45（1）, pp. 3–36.

［35］Hofmann, B and B Bogdanova（2012）: "Taylor rules and monetary policy: a Global Great Deviation?" *BIS Quarterly Review*, September, pp. 37–49.

［36］James, H（1984）: "The causes of the German banking crisis of 1931", *Economic History Review*, Vol. 38, pp. 68–87.

—— （1986）: *The German slump: politics and economics* 1924–1936, Oxford: Oxford University Press.

—— （1996）: *International monetary cooperation since Bretton Woods*, Washington DC and Oxford, IMF and Oxford University Press.

—— （1998）: "Die Reichsbank 1876 bis 1945, in（ed.）Deutsche Bundesbank, *Fünfzig Jahre Deutsche Mark: Notenbank und Währung in Deutschland seit* 1948", Munich: C. H. Beck, pp. 29–89.

—— （2001）: *The end of globalization: lessons from the Great Depression*. Harvard: Harvard University Press.

［37］Jevons, W（1875）: *Money and the mechanism of exchange*, New York: D Appletonand Co.

［38］Johnson, E（1978）: *Collected writings of John Maynard Keynes XVIII*, *activities* 1922– 1932, *the end of reparations*, Cambridge 1978: Royal Economic Society.

［39］Jordá, O, M Schularick and A Taylor（2011a）: "When credit bites back: Leverage, business cycles and crises". Federal Reserve Bank of San Francisco Working Paper Series 2011–2027.

［40］Jordá, O, A Taylor and M Schularick（2011b）: "Financial crises, credit booms, and external imbalances: 140 years of lessons", *IMF Economic Review*, Vol. 59, pp. 340–378.

［41］Keynes, J（1929a）: "The German transfer problem", *Economic Journal*, Vol. 39, pp. 1–7.

—— （1929b）: "The reparations problem: a discussion. Ⅱ. A rejoinder", *Economic Journal*, Vol. 39, pp. 179–82.

—— （1941）: "Post – war currency policy", memoranda reproduced in D Moggridge（ed.）（1980）: *The collected writings on John Maynard Keynes*, *Vol.* 25, *Activities* 1940–1944, *Shaping the post – war world: the Clearing Union*, MacMillan/Cambridge University Press.

［42］Kindleberger, C（1965）："Balance – of – payments deficits and the international market for liquidity", Princeton Essays in International Finance, No. 46, May.

—— (2000): Manias, panics and crashes, Cambridge: Cambridge University Press, 4th edition.

［43］King, M（2010）: Speech delivered to the University of Exeter Business Leaders' Forum, 19 January.

［44］König, (2001): Interhandel: Die schweizerische Holding der IG Farben und ihre Metamorphosen – eine Affäre um Eigentum und Interessen (1910–1999), Zurich: Chronos.

［45］Krugman, P（2009）: "Revenge of the glut," The New York Times, 1 March.

［46］Lomax, D（1986）: "The developing country debt crisis", London: Macmillan.

［47］Lucas, R（1990）: "Why doesn't capital flow from rich to poor countries?" American Economic Review 80（May）, pp. 92–96.

［48］Ma, G and R McCauley（2013）: "Global and euro imbalances: China and Germany", BIS Working Papers, No. 424, September. Forthcoming in M Balling and E Gnan（eds.）, 50 years of money and finance: Lessons and challenges, Vienna and Brussels: Larcier.

［49］McCauley, R, P McGuire and V Sushko（2014）: "Global dollar credit: links to US monetary policy and leverage" paper prepared for the 59th Panel Meeting of Economic Policy, April 2014.

［50］McCauley, R, C Upper and A Villar（2013）: "Emerging market debt securities issuance in offshore centres", BIS Quarterly Review, September, pp. 22–23.

［51］McGuire, P and G von Peter（2009）: "The US dollar shortage in global banking and the international policy response," BIS Working Paper, No. 291, October.

［52］McKinnon, R（1993）: "The rules of the game: International money in historical perspective", Journal of Economic Literature, Vol. 31（1）, pp. 1–44.

［53］Menkhoff, L, L Sarno, M Schmeling, and A Schrimpf（2012）: "Currency Momentum Strategies." Journal of Financial Economics, Vol. 106（3）, pp. 660–684.

［54］Mitchell, W C（1911）: "The Publications of the National Monetary Commission," Quarterly.

［55］Obstfeld, M（2010）: "Expanding gross asset positions and the international monetary system," Remarks at the Federal Reserve Bank of Kansas City symposium on "Macroeconomic Challenges: The Decade Ahead," Jackson Hole, Wyoming, August 26–28.

—— (2012): "Does the current account still matter?" American Economic Review, 102

(3), pp. 1–23.

[56] Ohlin, B (1929a): "The reparation problem: a discussion", *Economic Journal*, Vol. 39, June, pp. 172–183.

—— (1929b): "Mr. Keynes' views on the transfer problem. II. A Rejoinder from Professor Ohlin", Economic Journal, Vol. 39, pp. 400–404.

[57] Persons, C (1930): "Credit expansion, 1920 to 1929, and its lessons", *Quarterly Journal of Economics*, Vol. 45 (1), pp. 94–130.

[58] Rey, H (2013): "Dilemma not trilemma: the global financial cycle and monetary policy independence", paper presented at the Federal Reserve of Kansas City. Economic Policy Symposium "Global Dimensions of Unconventional Monetary Policy", Jackson Hole, 22–24 August.

[59] Ritschl, A (2002): *Deutschlands Krise und Konjunktur 1924–1934 : Binnenkonjunktur, Auslandsverschuldung und Reparationsproblem zwischen Dawes – Plan und Transfersperre*, Berlin: Akademie Verlag.

[60] Robbins, L (1934): *The Great Depression*, New York: Macmillan.

[61] Schnabel, I (2004): "The twin German crisis of 1931", *Journal of Economic History*, Vol. 64, pp. 822–871.

[62] Schuker, S (1988): "American 'reparations' to Germans, 1919–1933: Implications for the Third World debt crisis", Princeton Studies in International Finance, No. 61, July.

[63] Shin, HS and K Shin (2010): "Procyclicality of monetary aggregates", *NBER Working Paper*, No. 16836, February.

[64] Shin, HS (2012): "Global banking glut and loan risk premium" *Mundell – Fleming Lecture*, *IMF Economic Review*, Vol. 60 (2), pp. 155–192.

—— (2013): "The second phase of global liquidity and its impact on emerging economies", Keynote address at the Federal Reserve Bank of San Francisco *Asia Economic Policy Conference*, November 3–5.

[65] Special Advisory Committee (1931): *Report of the Special Advisory Committee*, *issued at Basel*, 23 December.

[66] Spencer, M (2013): "Updating Asian 'Taylor rules'", *Deutsche Bank*, *Global Economic Perspectives*, 28 March.

[67] Statistisches Reichamt (1932): "Die deutsche Auslansverschuldung," *Wirtschaft und Statistik*, August, pp. 490–493.

［68］Taylor，J（2013）：“International monetary policy coordination and the great devia-tion”，*Journal of Policy Modelling*，in press.

［69］Takats，E（2014）：“How does US monetary policy affect policy rates in emerging market economies?”，*BIS Quarterly Review*，March，pp. 6–7.

［70］Temin，P（1989）：*Lessons from the Great Depression*，Cambridge：MIT Press.

［71］Triffin，R（1960）：*Gold and the dollar crisis：the future of convertibility*，Yale Uni-versity Press：New Haven.

［72］Turner，P.（2014）：“The global long – term interest rate，financial risks and policy choices in EMEs” *BIS Working Papers*，No. 441，February.

［73］Wiggin，A（1931）：*Report of the Committee Appointed on the Recommendation of the London Conference* 1931，Basel，August 18.

管理全球金融：
系统性的视角[①]

安德鲁·霍尔丹

这次国际金融危机值得吸取的教训很多，最重要可能也是最简单的教训是抵御系统性风险，金融体系需要以系统化的方式运作（Haldane，2009）。目前该论断似乎显而易见，甚至不证自明，但是在危机之前该道理并非理所当然。当时的主流观点认为，维护单家金融机构的稳定是保证整个金融体系稳定的充要条件。金融稳定领域似乎也遵循"抓小放大"的思路，并且在危机之前很长一段时间里全球也呈现出以稳定的经济增长和稳定的银行体系为特征的"大稳健"时期（Bernanke，2004）。

危机的出现改写了该理论。危机表明，单个银行的安全既不是维持金融系统稳定性的必要条件，也不是充分条件。不必要是因为在一个稳健运行的系统中单家银行可能而且应当倒闭，不充分是因为在金融网络中链条整体的强度恰恰取决于最脆弱的环节。

当注意力放在单家银行时，政策当局可以说"小事聪明，大事糊涂"，所以"大稳健"让位于大衰退（Gai and Kapadia，2010）。这也正是系统性风险进入公众视野、危机之后金融监管重新定位于监控和管理系统性风险的原因

---

① 本文为英格兰银行执行董事、首席经济学家安德鲁·霍尔丹2014年10月29日在伯明翰大学Maxwell Fry全球金融年度讲座上发表的演讲。

所在。

　　有趣的是，该教训在金融领域之外并不新鲜，许多人熟悉具有动态和相互联系特征的网络机制。人们已知任何网络系统，不论是自然的、物理的、社会的还是经济的网络，对其稳定性的评估需要综合考虑整个系统，并且系统的保护机制应当根据总体特征进行校准（Goldin and Mariathasan，2014）。金融系统当然也不例外。金融危机的历史表明这一规则同样适用。

　　新的认识重塑了危机以来的监管改革日程。所以，所谓的宏观审慎政策才日益重要，未来那些在全球范围联系最为紧密的银行应受制于更高的资本和流动性监管要求，未来场外衍生品要采取集中交易和清算。这也是大型跨国银行的处置成为优先改革项目的原因所在。对于全球银行体系来说，我们已有一个蓝图，并且已经制定了一系列国际规则。

　　然而，如果我们进一步拓宽视野，关注国家的金融财富而不是银行，关注跨境资本流动而不是银行同业风险暴露，关注国际货币体系而不是国际银行监管，我们远未吸取的新教训，在国际规则改革方面差距更大。

　　可以说，目前全球金融体系的规则与全球资金流动日益增长的规模和复杂性不相适应，因此有人将全球货币体系称为"非系统"或"反系统"（Treman，2012；De Laeosiere，2014），目前全球金融的规模和程度已超出其基础设施的承载能力。

　　本文将探讨全球金融发展趋势及其对公共政策的启示。首先，回顾国际货币网络的发展历史，包括近年来显著的金融全球化；其次，讨论金融全球化对于金融稳定性的两面性；最后，探讨强化国际性公共设施和更加有效地管理全球金融的系统性措施。

全球金融发展的历史演进

　　回顾过去一个世纪金融全球化的进展令人着迷。衡量金融全球化的一种方法是观察外部资产与债务的存量，即过去跨境资产流动（和估值变化）的累计结果。图 1 和图 2 描绘了过去 140 年间全球总外部资产占 GDP 的比例以及全球贸易量占 GDP 的比例。

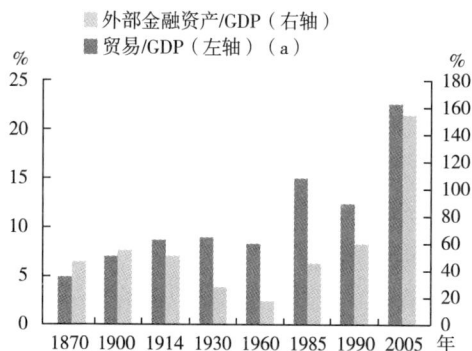

注：（a）贸易 = 以国际价格计算的出口量。
资料来源：Maddison（1995，p. 227、239），IMF International Financial Statistics，World Bank WDI，National Bureau of Economic Research，Mckeown（2004，p. 184），以及英格兰银行的计算。

图 1 资本存量和贸易规模

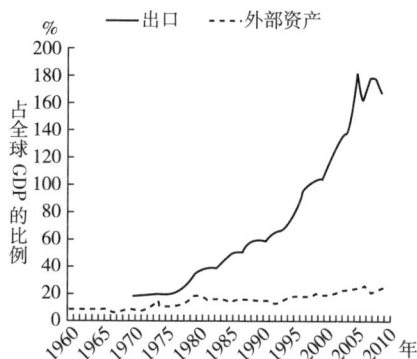

资料来源：IMF International Financial Statistics，World Bank WDI，以及英格兰银行的计算。

图 2 资本存量和贸易规模

由图 1 和图 2 可知，贸易和金融全球化大体遵循了同样的模式：第一次世界大战前金本位的全盛时期，随着贸易和资本自由化的进展，贸易和外部资产占 GDP 的比例均呈上升趋势；随后，两次世界大战期间，由于各国贸易保护主义抬头并设置金融壁垒，两个比例均下降；1960 年以来，随着各国放松对跨境贸易和资本流动的限制，两个比例开始回升（Broadbent，2014）。

尽管金融全球化和贸易全球化发展历程大体相似，但金融全球化的起伏程度远高于贸易全球化。1960 年，全球外部资产占 GDP 的比例大约只有 1914 年的 1/3。但 2010 年，该比例变成了 1914 年的 3 倍。换句话说，1980 年全球贸易和外部资产占 GDP 的比例大约都为 25%。2010 年金融占 GDP 的比例却高达贸易占 GDP 比例的 9 倍。当全球贸易停滞不前时，全球金融逐渐壮大。

如今，全球跨境资本存量达到了前所未有的规模，同样情形也出现在跨境商品和服务贸易领域，跨境信息流动更是如此（Haldane，2013）。虽然人们习惯于谈论信息技术革命，但是却未注意到全球金融体系在某些方面的革命性变化。

　　尽管这些趋势有助于我们了解全球关联性模式的相对变化，但全球金融是否真正实现一体化仍是一个有待回答的问题。为了验证该问题，思考另一个衡量全球资本市场一体化的指标——各国储蓄率与投资率之间的相关性。费尔德斯坦和霍里奥克（Feldstein and Horioka）的研究表明，该相关性可以作为资本市场一体化程度的代理变量。例如，一国储蓄/投资的相关性为1说明该国资本账户是封闭的，该国用于投资的资金全部源于国内储蓄，这在全球层面上类似于金融自给自足的情况；与之相反，相关性为0表明国内投资完全来自国际资本市场。所以，储蓄/投资的相关性从0到1定义了全球资本市场一体化的外部限制大小。

　　过去140年间储蓄/投资相关性的变化轨迹如图3所示。比较图1和图3可以发现，总体而言，图2与图3展示的两条曲线走势相当接近；但是，图3清晰地显示了资本市场一体化的绝对程度，以及如过山车般跌宕起伏的变化轨迹。在第一阶段，从1880年到大萧条，全球金融一体化水平处于两条边界的中间，一体化水平很高，但远没有达到最佳。此后的约50年间（20世纪30～80年代），全球金融进入冬眠期，费尔德斯坦—霍里奥克系数长期徘徊在1的水平上。这表明全球金融系体系长期以非系统化的方式运行，使得费尔德斯坦和霍里奥克在20世纪80年代前期提出了资本市场一体化水平低下的"费尔德斯坦—霍里奥克之谜"。

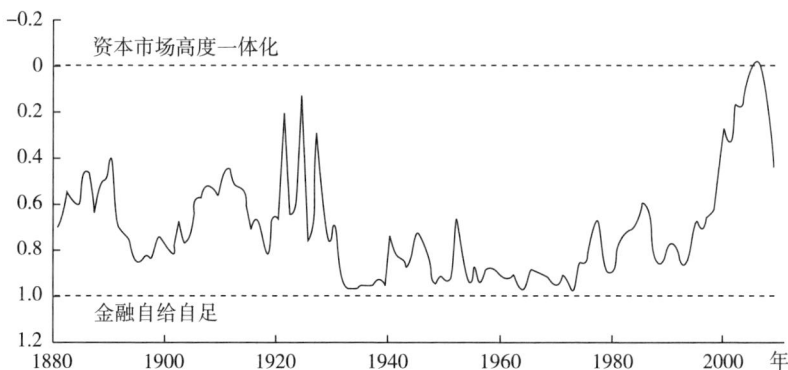

注：全球资本市场一体化程度表现为15国国内储蓄和投资的相关系数（各期样本有细微变化）。
资料来源：Taylor（2002）、IMF WEO、Obstfeld and Taylor（2004），以及英格兰银行的计算。

图3　全球资本市场一体化程度

然而，该谜团在尚未被深入理解之前就已被人遗忘。相关系数很快就从 20 世纪 80 年代前期接近于 1 提升到 21 世纪初期接近于 0 的水平，全球金融以令人惊叹的速度从一个接近于自给自足的状态迅速变革为金融一体化的极乐世界。虽然新近的全球危机使得全球资本市场一体化程度有所下降，但仍维持在历史较高水平。总体来说，在 20 世纪的大多数时间里，全球金融与其说是一个网络不如说是东拼西凑的大杂烩，但过去 30 年间全球金融发生了惊人的变化。现在，全球金融是一个相互联系、紧密交织同时又乱成一团的网络，一个真正的系统。

金融资本市场全球化是把"双刃剑"

金融全球化程度的显著提升有哪些启示？大量研究采用跨国和时间序列对该趋势发展及其福利效应进行实证分析（Rey，2013）。这些研究只是表明了该问题的复杂性。虽然资本一体化有助于扩大全球范围内的风险分担，但令人惊讶的是，不仅几乎没有证据显示该趋势会带来的宏观经济收益，而且资本一体化有时候会导致宏观经济成本。对一些经济学家来说，该结论令人困惑又富有争议。长期以来，国际贸易领域的证据压倒性地表明一体化有积极影响，这更加剧了人们的不解。但是，在经济和金融领域之外，这一结论却没有遭遇如此困惑和争议。

在其他学科中，众所周知，网络一体化程度增强会对其稳定性带来负面影响（Watts，2002；Haldane and May，2011）。这一结论不仅适用于物理网络，如公用电网，或者自然网络，如生态系统，还包括社会性网络，如万维网。原因很简单：网络就像一个缓冲器，但是有其局限性。系统关联性以相互保险的机制运作，从而分配和分担风险，此时系统有助于更加稳健地应对外部冲击。但是，当冲击达到一定程度时，系统关联性反而会成为冲击的传导器，风险分担变成风险扩散。系统关联性像一个相互引爆装置，使得风险加剧，从这个角度看，系统也是"脆弱"的。因此，相互关联的系统既稳定又易波动，既保持平静又容易失控，既稳健又脆弱。换句话说，金融全球化是把"双刃剑"，在增强稳定性的同时也可能制造更大的混乱。简而言之，任何自然、物理或社会性网络的规律同样适用于全球经济和金融系统。

为描述方便，图 4 是假想的金融机构网络效应的模拟结果。x 轴表示财务实力，可以用一国官方储备或银行流动性资产水平来表示；z 轴衡量该系统的内在关联性，如跨境资产规模或银行同业风险暴露；y 轴表示系统性风险——该网络内国家或银行违约事件。

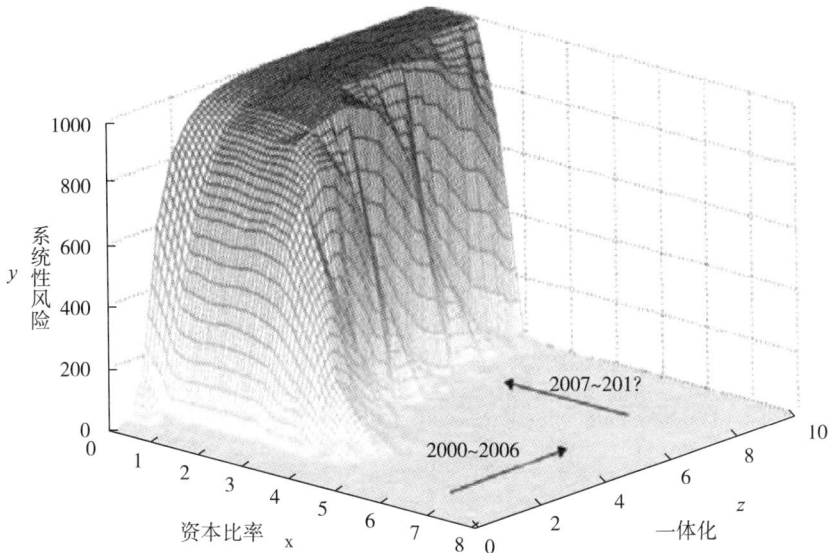

注："2007 ~ 201?" 目的是说明，2007 年危机以来全球系统性风险明显上升。

资料来源：英格兰银行的计算。

图 4　金融网络的传染效应

在既定财务实力水平上，随着系统一体化程度提高，系统性风险仍维持在较低水平，整个系统处于稳定区域，因为此时的网络结构相当于缓冲器，是分散风险的保险机制。这也是危机之前的情况。但冲击足够大时，情况会发生根本性变化，突变到系统不稳定区域，因为此时的网络结构是冲击传导器和风险导火索，一体化程度越高，影响就越明显，危机期间的情形正是如此。

相互关联的网络本身兼具稳定与脆弱的特征，国际金融危机是最好的例子。从"大稳健"时期的畅通无阻到大萧条时期的不堪一击，风险分担让位于风险扩散，风险分配变成了风险蔓延。这样的事情在历史上屡见不鲜。图5展示了全球资本市场一体化程度（对外负债/GDP）与金融危机之间的相关性（Reinhart and Rogoff，2011）。过去几十年间，随着一体化程度提高，危机（特别是银行危机）发生概率也在上升。不仅如此，危机的规模和溢出效应也同步增长。图6提供了一些佐证，其内容主要考察IMF实施救助的项目数量和救助规模。有两个特点值得特别关注：一是被救助的国家数量不断增长，二是救助资金的规模急剧增加。

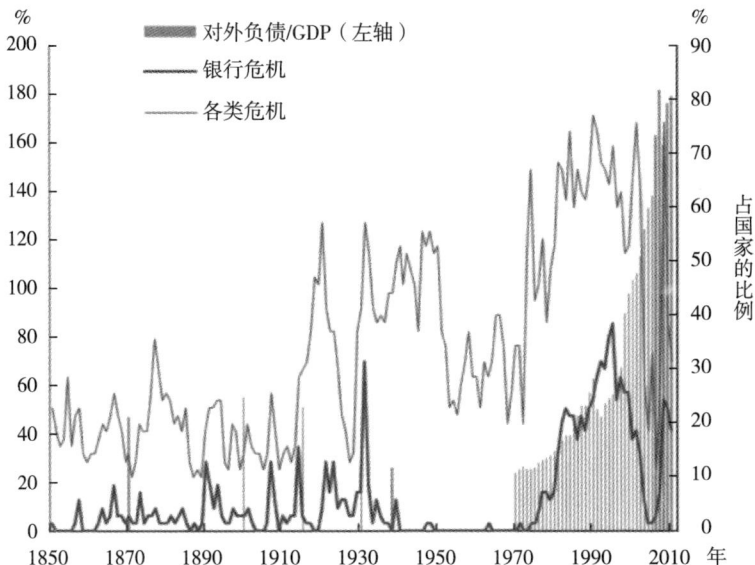

资料来源：Reinhart and Rogoff（2011）、Lane and Milesi-Ferretti（2007）更新并扩充的数据库，以及 Maddison（1995）。

图5　外部资产和危机可能性

学术界对于国家间动荡产生的溢出效应早有研究（Obstfeld and Rogoff，1995；Forbes and Warnock，2012；Fratzscher，2012）。最近的研究表明还存在更强大的蔓延渠道。例如，雷（Rey，2013）发现，在发达国家或新兴市场经济体中存在着驱动资产价格和跨境资本流动的全球共同风险因子。全球金融市场相关性模式的变动，尤其是最近一段时期的变化尤其值得仔细研究。图7到图9分别展现了美国、英国和欧元区过去几十年间长期债券收益率、股票价格和投资级公司债券间的相关性。

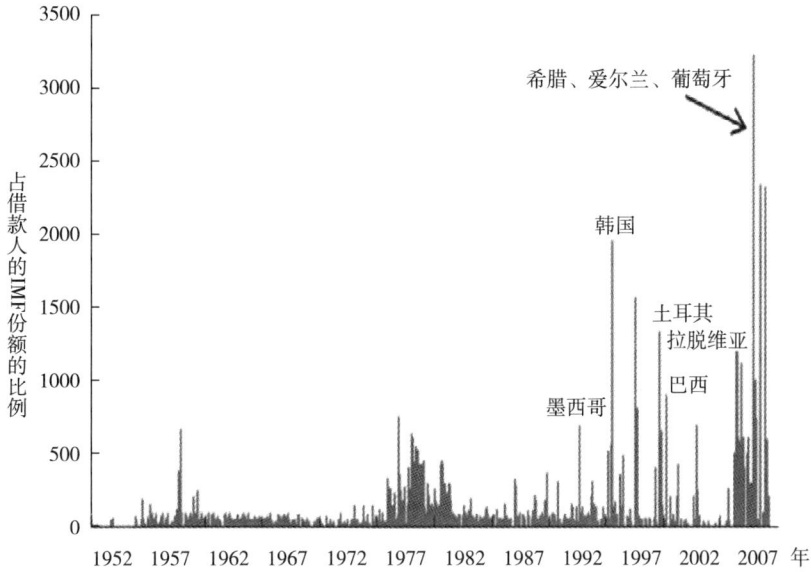

资料来源：IMF。

图 6　IMF 项目规模占借款人的 IMF 份额的比例

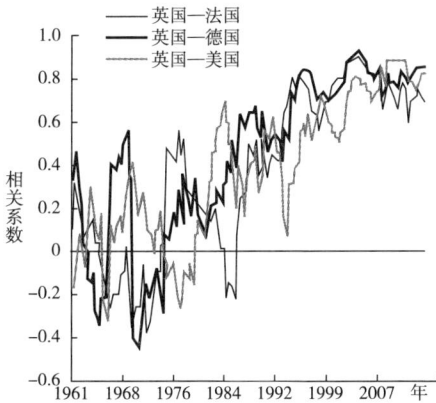

注：即期收益率月度变化的 3 年交叉滚动相关。

资料来源：Global Financial Database 和英格兰银行的计算。

图 7　10 年期国债即期益率的相关性

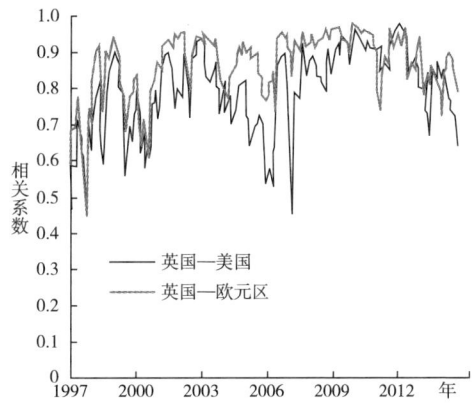

注：股价对数周变动的 26 周交叉滚动相关。包括 FTSE 所有股票、标准普尔 500 以及 EuroStoxx 50。

资料来源：Bloomberg 和英格兰银行的计算。

图 8　股票价格的相关性

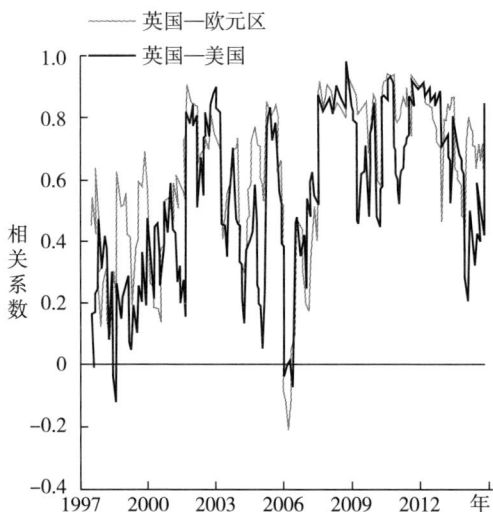

资料来源：BofA Merrill Lynch Global Research、Datastream 和英格兰银行的计算。

图9 投资级公司债券信用利差的相关性

有两大特征值得注意。首先，资产价格的联动程度呈现稳步上升趋势。如图7所示，以过去50年间政府债券收益为例子，在第一个25年间（1960年到20世纪80年代中期），平均每对债券收益相关系数都在0.1左右波动。随后的25年间，这些系数呈现尾部上升趋势，最近时期达到了0.7。其次，更令人惊讶的是这些系数在样本最后一个阶段所达到的水平。如图8和图9所示，不论是较安全的政府资产还是高风险的公司债券和股票，其相关系数均处于0.7~0.9。在其他条件相同的情形下，全球公共因子解释了70%~90%的发达国家资产价格变动。

总体而言，自20世纪90年代中期以来，这些相关性不仅保持在较高水平，而且随着时间的推移呈不断上升的趋势。同时，在特定阶段这些相关性也表现出较强的差异，这些阶段通常与全球金融市场动荡，如国际金融危机和2013年美国削减债券购买相关。在样本的后期阶段，几乎全部收益率曲线（极短端的除外）出现同步变化。类似地，现阶段全球收益率曲线大致相同。

以上证据均指向一个方向：全球货币体系的运行如同其他紧密联系的网络一

样，兼具稳定性和脆弱性的双重特点，并受到强有力的且日益增强的溢出效应和全球共同因子的驱动。简而言之，必须从系统化的视角来理解和管理全球金融体系。

全球金融网络的特点

接下来的问题是建立何种机制才能增强紧密交织的金融网络的稳健性。首先讨论评估全球金融网络稳定性时需关注的几个关键特征。积极方面的特征包括：

第一，国际资本流动呈现多样性的趋势。资本流动通常包括外国直接投资、股权投资和债务融资三种形式。表 1 展示了 1980 ~ 1994 年以及 1995 ~ 2012 年发达经济体和新兴市场经济体的不同资本流动的占比，存在两个突出的特点：（1）债务融资的占比不断下降；（2）与之相对应，股权投资特别是外国直接投资的占比不断上升。例如，1995 年以来，新兴市场经济体资金来源已经从负债型融资迅速转变为外国直接投资，2012 年股权和外国直接投资占2/3。从金融稳定的角度看，这一转变十分重要。实证研究表明，相对于向银行借贷，股权投资是更稳定的外部融资来源，外国直接投资更是如此（Kose et al., 2009）。这部分归因于后者期限更长，而且具有更强的风险分担特征。至少对于部分新兴市场经济体而言，其国际收支平衡表呈现出更加稳健的特点。

表 1 　　　　　1980 ~ 2012 年资本流动的构成 　　　　　单位:%

	1980 ~ 1994 年	1995 ~ 2012 年
发达经济体		
外国直接投资	15.65	20.90
股权投资	6.22	11.11
债务融资	78.13	67.99
新兴市场经济体		
外国直接投资	39.00	56.80
股权投资	10.86	9.33
债务融资	50.14	33.86

第二，国家自我保障程度特别是外汇储备快速增长，呈现出良好发展势头。如图 10 所示，二战后特别是亚洲金融危机以来，外汇储备的绝对规模及其占全球 GDP 的比例均出现显著的增长。全球官方外汇储备的规模从 1995 年的 1.5 万亿美元增长到 2013 年的 11 万亿美元，同期占全球 GDP 的比例由 5%增长到约 15%。

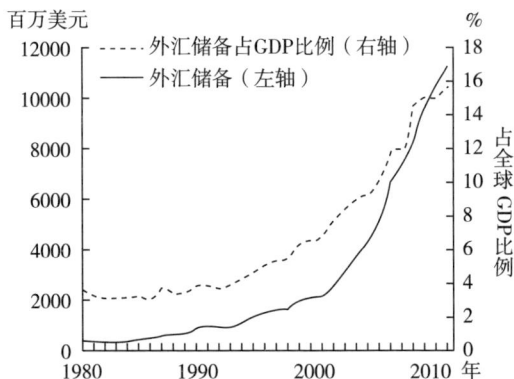

资料来源：IMF IFS、IMF WEO 和英格兰银行的计算。

图 10　1980～2012 年外汇储备占全球 GDP 比例

第三，应对外部融资冲击的多边官方机制也不断强化。如图 11 所示，1980 年以来，国际货币基金组织的认缴份额从不足 800 亿美元增长到约 3700 亿美元，占全球 GDP 比例从 0.7%上升到约 2%。当然，增加主要源于 2009 年金融危机发展到顶峰时期的新借款安排（NAB），各方达成临时增加国际货币基金组织资源的协议。

第四，除上述多边机制外，近年来地区性和双边融资机制也快速增长。如图 12 所示，近年来产生了许多区域性融资安排，包括 2000 年亚洲国家发起的"清迈倡议"、2012 年成立的欧洲稳定机制（ESM）、1991 年成立的拉丁美洲储备基金、1976 年成立的阿拉伯货币基金以及最近（2014 年）成立的金砖国家开发银行。这些区域性机制的融资规模约 13 万亿美元。

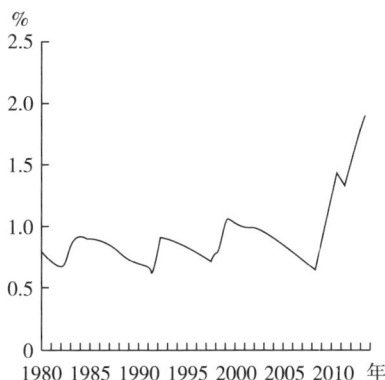

注：IMF 资源包括基金份额、GAB（11 个工业国提供）、NAB（25 个国家提供）和双边借款。
资料来源：IMF 国际金融统计数据库、IMF WEO，以及英格兰银行的计算。

图 11　IMF 资源占全球 GDP 比例

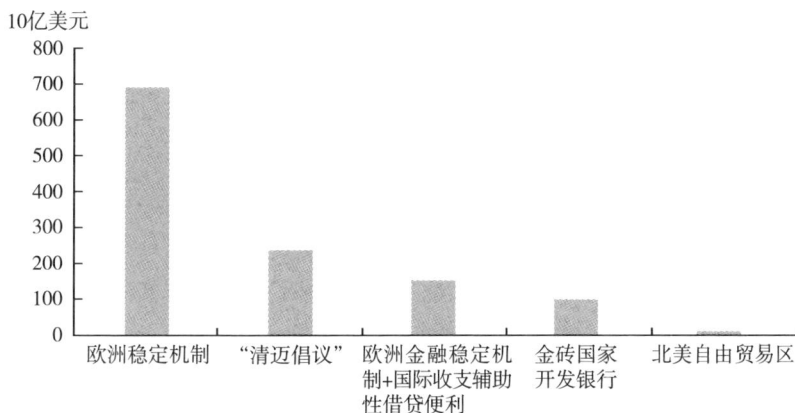

注：许多其他 RFA 包括 FLAR、AMF、EurAsEC ACF。
资料来源：ESM，ABD，FLAR，AMF，BRICS Fortelleza declaration，NAFA，EFSM，EurAsEC ACF。

图 12　五大区域性融资安排

　　此外，危机期间约 14 国央行间达成双边外汇互换协议（foreign currency swap lines），范围涵盖了发达国家和新兴市场经济体。尽管这些互换协议是暂时的，但 2013 年 10 月，美国、加拿大、英国、欧元区、瑞士和日本等主要发达经济体的央行已经达成长期且很可能无限额的货币互换协议，以替代现有的临时双边流动性互换协议。

上述四个方面的发展趋势总体上增强了国际金融体系的流动性保障能力，对应对外部融资冲击具有重要作用，但问题在于其保障程度与日益加深的全球资本市场一体化程度是否匹配。

第一，衡量保障程度的一个指标是外汇储备占外部资产的比例。如图13所示，尽管全球外汇储备持续增长，但其占外部资产的比例却从1980年的10%下降到了目前的8%。

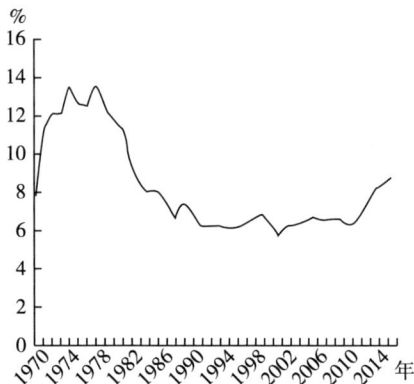

资料来源：IMF IFS 及 Lane and Milesi-Ferretti（2007）更新并扩充的数据库。

图13 1970～2014年外汇储备占全球外部资产的比例

第二，不同国家的官方储备增长极不平衡，从2000年起，外汇储备的集中度扩大了3倍之多。那些资本外逃风险最高的国家往往没有最高的外汇储备。图14为各国外汇储备占其短期外债比例，其结果显示国家间发展相当不平衡，有些国家所有的外汇甚至不足以覆盖一年的资本外流量。

第三，在国家自我保障方面，从外汇储备到官方融资安排都呈现出同样的特征。图15显示了IMF资金来源占全球外部资产的比例。

第四，即使通过区域性官方融资安排扩大了多边融资来源，总官方资源占外部资产比例也低于1980年的水平。

综上所述，目前的国际货币体系的图景和结构已经发生了根本性的变化，规模更大，联系更加紧密。但是国际金融体系运行的基础设施却未同步跟进。因此，潜藏着关键的断层线（fault-line）。

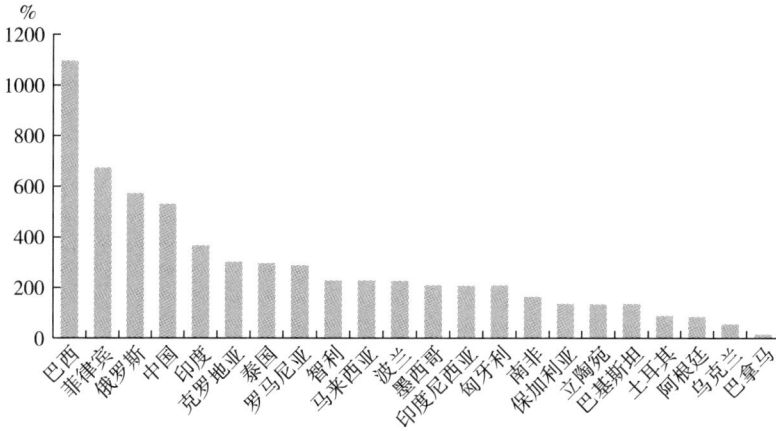

资料来源：IMF IFS、World Bank QEDS 和英格兰银行的计算。

图 14　2012 年底外汇储备占短期外债的比例

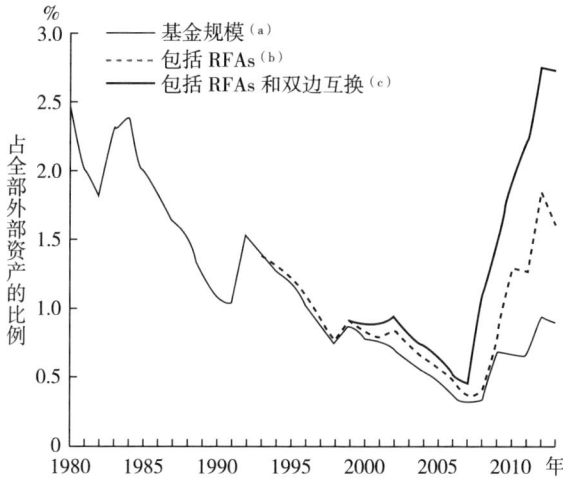

注：（a）IMF 资源包括基金份额、NAB、GAB 和双边借款。

（b）包括 EFSF 2010 ~ 2013 年，ESM 自 2012 年，CMIM 和 EFSM 自 2010 年，FLAR、AMF 自 2011年、BOP 辅助自 2002 年，NaFa 自 1994 年，EurAsEC ACF 自 2009 年。

（c）对没有正式限定的互换额度，（图形绘制）采用的是其过去的最大值。

资料来源：IMF International Financial Statistics、IMF WEO、Lane and Milesi-Ferretti（2007）更新并扩充的数据库，以及英格兰银行的计算。

图 15　官方资源占全球外部资产的比例

强化全球金融体系

采取哪些措施才能减少目前系统中存在的缺陷，改善国际货币体系的稳健性？一种观点是对资本流动重新设置障碍，阻碍金融全球化浪潮，以使全球金融网络联系不再如此紧密。历史上大萧条后曾采取类似做法，但最后也只是惨淡收场。

我们需要更有效的方法来保证金融全球化稳定运行，同时防范最不利的后果，既增强稳健性同时克服脆弱性。这需要基于整个系统视角的新工具和方法，甚至需要重新构建强大的全球金融体系的基础设施，以应对规模和范围日益扩大的系统性风险。下面讨论四个方面的改进措施：金融监管、债务结构、宏观审慎和资本流动管理政策、多边融资，每个方面都是构建全新金融体系的关键一环。

加强全球金融监管

俗话说得好，凡事预则立。理解国际货币体系的动态特征、其转折点和突变是实施有效管理的前提条件。在这一方面目前 IMF 已经开展了尝试。例如，2012 年以来 IMF 发布的《全球金融稳定报告》开始对国际金融发展趋势作出大致判断；2011 年 IMF 发布了《溢出效应报告》，在正确的道路上又前进了一步。然而，上述措施效果有限。IMF 监管的核心措施是对成员国开展第四条款磋商（Article Ⅳ consultations）。但由 1944 年《国际货币基金组织章程》确定的国别导向机制能否适应已经高度全球化的金融体系还不得而知，需要进一步讨论。2014 年 IMF 的三年监督检查可能为转向多边监管机制提供了机遇。

是否还有更为可行的措施呢？我有一个梦想，它有些幻想成分，但也具有可行性。该设想包括一把《星际迷航》（*Star Trek*）的椅子和布满监视器的屏幕。人坐在椅子里观看监控屏幕，就可以像全球天气预报系统或交通指挥系统一样，实时追踪全球资金流动（Haldane, 2011）。其核心是展现全球资金流动情况，并画出溢出效应和相关性的图表。该全球金融监测系统可以服务于多重政策目标：可以使决策者实时监控金融系统的发展、收缩和规模变化等动向，还可以对系统进行模拟和压力测试，预测即将到来的剧烈变化。IMF 是进行该全球性金融监控与压力测试的最佳人选。

基于许多国家（包括发达国家和新兴市场国家）一系列资产（包括低风险资产和高风险资产）的相关性而模拟的热图（heatmaps）表明，随着时间的推移，相关性不断增强，并在危机时期突然爆发，相关性强度再一次凸显了金融全球化是大势所趋。

进一步观察按照资产类别和国别进行分组的相关性时，可以发现另一个更加显著的特征，那就是按照资产类别分组的相关性要远高于按国别分组的相关性。换句话说，不同国家间同类资产相关性的变化趋势要比同一国家不同资产的变化趋势同步性更强，即按照资产组合画一条对角线要比按照特定国家画对角线更能解释全球金融发展的动态特征。

如何解释这种相关性模式呢？一种解释是由全球资产管理者的行为所致，IMF 的 2014 年度报告显示，金融市场日益受到市场行为的驱动，对资产管理者来说，选择资产组合的关键因素是不同资产类别的风险高低而不是其国别属性。当然，这种解释符合相关性模式。

无论如何，相关性模式说明，在评估全球和一个国家的金融系统风险时，与 IMF 第四条款规定的针对特定国家的监控相比，多边的和基于溢出效应的分析更加重要。同时，这些发现对实施宏观审慎监管也具有重要启发。

改善债务结构（债务重组）

债务流动是导致国际货币体系不稳定的重要因素，而债务契约设计中的矛盾往往会加剧不稳定性，其中一个矛盾之处在于债务工具的内在顺周期性。例如，如果一个国家的收入预期受到负面冲击，那么债务可持续性就会受到质疑，从而导致借贷成本提高，使得债务可持续性进一步恶化。另一个矛盾之处在于，一旦国际性债务变得不可持续，由于缺乏全球范围内通行的法律框架，债务重组往往会十分困难。因此，出现问题的国家倾向于拖延对不可持续债务的处理。但是，当债务彻底不可持续时，延迟处理只会恶化债务结构，最终使债权人和债务人的成本上升（Krugman，1988）。

这些合同上的矛盾使得债务问题更确定。随着债务可持续性的恶化，债务人敷衍搪塞的问题也越发严重，由此导致投资者在问题征兆刚显现时选择退出，即俗称的"紧急刹车、突然暂停"（Calvo，1998）。这样的矛盾在历史上的主权债务重组事件中多次上演，最近发生在阿根廷等新兴市场国家的债务违约再次显现了这种内在困境。

然而，人们普遍认为，上述债务问题可以通过合同方式来解决。一种观点主张发行合约不再具有内在顺周期特征的债券，如与 GDP 挂钩的债券。这种债务的偿付结构随着一国的偿债能力进行调整，因此具有逆周期特点，自动地降低偿付风险（Shiller，1993，2003；Barr et al.，2014）。

发行这种债券对于改善债务结构具有重大意义。英格兰银行最近开展了一项研究，比较了在既定增长和实际利率冲击的情形下，七国集团成员国传统债券和与 GDP 挂钩债券的债务—收入比例。结果表明，后者使得七国集团的债务收入比例下降了一半。尽管具有这些优点，但目前只有为数不多的几个国家发行了与 GDP 挂钩的债券。

应急可转换债券（CoCos）也是备选的债券类型。近年来，应急可转换债券在银行体系中非常流行。对于国家而言，如要发行应急可转换债券，则应当设计一种自动延期机制，当该国触发某个提前确定的压力条件时，如是否向 IMF 借款等，债券期限会被自动延长（Brooke et al.，2012），这会自动减轻短期流动性的压力。但目前尚未有国家发行这类债券。

目前已出现了通过改进债务合同条款协助进行主权债务重组的案例。特别是在亚洲金融危机之后，国际社会致力于推动在国际债券契约中纳入集体行动条款（collective actions clauses）。最近阿根廷债务危机表明，仅这一点还不足以解决主权债务重组的问题。现有的集体行动条款只是针对特定类型的债券，如果其他类型的债权人否定重组协议，就会引发潜在的加总问题。

加总的集体行动条款包括一种选择权，即债券的重组基于债权人对所有相关债券的一次投票结果。最近 IMF 的报告建议这些条款应当被包括在依据外国法律发行的债券中（IMF，2014），该建议似乎得到了国际社会的支持。哈萨克斯坦最近发行的债券就纳入了上述条款。

未来，国际社会可以通过发行与 GDP 挂钩的债券、应急可转换债券以及含集体行动条款的债券等方式为国家债务重组提供更多动力。一种可行的方式就是使 IMF 融资计划能更多地适用于主权债务重组。

强化宏观审慎和资本流动管理政策

过去10年间，全球在宏观审慎政策和资本流动管理政策的设计和实施方面取得了不少进展。主流理论在分析框架和操作层面都发生了显著的转变。10年前，IMF和国际社会在对资本流动采取积极调控的政策上均持反对态度。然而，今天，这些措施作为防止资本流动剧烈波动的有力工具已被广泛接受（IMF，2012），2009年以来40多个国家选择采取资本流动的监管措施。

但是，仍有许多理论和实践问题亟待解决。例如，资本管理措施应当处于什么地位，最初手段还是最后工具？什么样的措施最有效率，是控制资本流入还是资本流出，管理价格还是控制数量？这些政策如何与其他政策，包括货币政策、宏观审慎政策、微观审慎政策等监管手段配套适用？

目前尚未有充足的理论和实践回答上述问题，但是针对跨境资本流动潜在的负面溢出效应的案例研究正如火如荼地进行（Forbes et al.，2013；Magud et al.，2011）。放眼未来，很有可能出台更加明确的、具有更高国际认同度的统一资本流动监管规则。

近年来，运用宏观审慎政策已是大势所趋。许多国家已经实施宏观审慎监管，一些国家虽然刚起步，但出台了明确的政策框架（Nier et al.，2011）。与之配套，不同宏观审慎监管工具效果的案例和实证研究也在不断发展。

新出台的巴塞尔协议Ⅲ使得该趋势更具国际影响力。巴塞尔协议Ⅲ在国际层面上引入了明确的宏观审慎资本要求，例如建立逆周期资本要求（Counter-cyclical Capital Buffer），使得资本监管要求随着信贷周期变化作出相应调整，以增强应对外部冲击的弹性，平滑信贷周期性波动。

由于互惠条款的存在，逆周期资本要求规则也发挥了一定的国际协调机制的作用。如果一国调整逆周期资本要求，那么贷款银行所在国也需作出相应的回应。通过该机制，资本流动对国内宏观审慎监管措施可能产生的不利影响会得到缓解。由此可见，在高度关联的全球金融体系中，互惠条款对跨境银行借贷风险控制是十分必要的。如图16所示，跨境信贷具有明显的周期性特征。表2进一步说明，过去10年间跨境信贷流动性的关联度更加显著。不仅跨境信贷具有周期性和关联性，而且全球范围内的总信贷供给的周期性和关联性也在增强。由图 17 和表 3 可知，全球信贷总量呈现明显的周期性，且这一趋势在不断加强。所以，信贷周期更多地是一个国际概念。

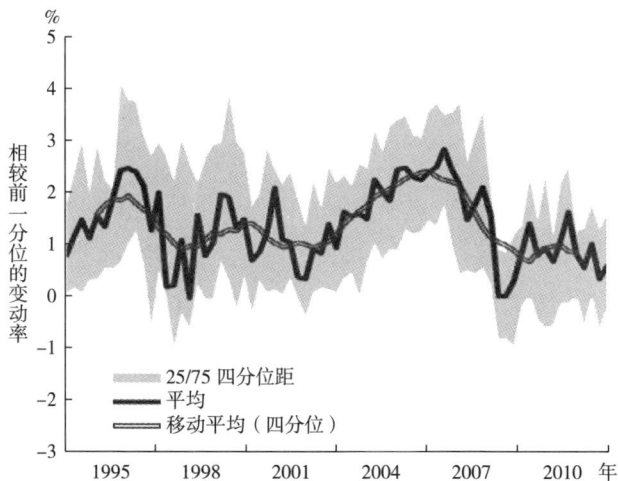

注：数据涵盖 46 个国家的银行的国际金融资产和负债。名义值（以美元计）以美国 CPI 进行平减。

资料来源：BIS 和英格兰银行的计算。

图 16　跨国银行对所有部门的债权

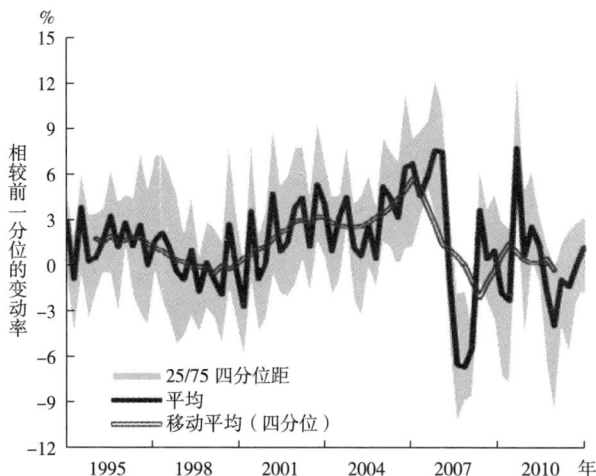

注：数据涵盖 35 个国家的信贷和债券。名义值（以本币计）以当地 CPI 进行平减。

资料来源：BIS 和英格兰银行的计算。

图 17　对私人部门的信贷总量

表 2 不同国家的跨国银行资产的两两相关性均值

	跨国银行资产	
	1995~2003 年	2003~2012 年
水平值	0.45	0.67
季度增长率	0.03	0.17

注：数据涵盖 46 个国家的银行的国际金融资产和负债。名义值（以美元计）以美国 CPI 进行平减。

资料来源：BIS 和英格兰银行的计算。

表 3 不同国家信贷总量的两两相关性均值

	信贷总量	
	1995~2003 年	2003~2012 年
水平值	0.12	0.45
季度	0.11	0.29

注：数据涵盖 35 个国家的信贷和债券。名义值（以本币计）以当地 CPI 进行平减。

资料来源：BIS 和英格兰银行的计算。

如果信贷周期本质上是全球性问题，未来各国制定宏观审慎政策时需纳入全球性的风险因子，这有助于从源头上控制全球信贷周期风险。首先，应在国际范围内协调宏观审慎政策。尽管存在实际运作方面的困难，但是未来要尽可能地提供切实可行的政策选择，而不仅是不同国家的货币政策。其次，宏观审慎政策还应纳入非银行部门。由上文可知，关联模式的变化与资产管理人在全球金融市场日益增强的影响力有着密切联系。但是，目前宏观审慎政策仍停留在国家层面上，并且仅针对银行部门。

未来宏观审慎政策应在两个方面作出改进：一是除针对银行部门外，还需出台针对非银行部门的监管措施；二是除针对特定国家外，还应研究针对特定市场的相关措施。宏观审慎监管更需要在全球而不仅仅是国家层面进行决策。

改进国际流动性提供机制

这是最棘手的一点。15 年前，时任 IMF 副总裁的斯坦利·费希尔（Stanley Fischer）曾声称 IMF 应承担起准国际最后贷款人的职责（Fischer，1999）。他认为，IMF 的财务实力已经不适应日益增长的跨境资本流动。当时，本人对该建议的可行性和前景持怀疑态度。

从那时到现在，跨境资本流动急剧增长，IMF 的资源根本无法与之相匹配，且全球金融风险与全球金融资源间不匹配的问题更加突出。15 年间陆续发生的金融危机表明费希尔的观点是正确的。

美国批准第十四次 IMF 总份额检查有助于缓解不匹配问题，但其本身不能从根本上解决问题。近年来许多主张 IMF 增加资金的提议都因政治原因而搁浅（Lachman，2006；Farhi et al.，2011）。因此，作为部分替代，区域性的融资安排迅速发展，其总规模与多边机制大体相当。

但是，金融系统本质上是全球性而非区域性的，区域性机制可以补充但无法替代多边保证机制。换句话说，仅依靠区域性机制无法在全球范围内提供充足的公共物品，用于抵御金融不稳定的风险。实际上，IMF 项目本身也是这些区域性机制运行的条件之一。

结　论

在金融全球化的推动下，过去 30 年间国际货币和金融体系经历了"微型革命"，已演变为一个真正的系统。这种变化深刻地改变了金融决策者所面临的风险回报机会集：前所未有的机遇，同时伴随着前所未有的风险。

应对新的风险意味着必须改革非系统化的金融体系，建立新的体制和结构。为实现这一长远目标，需要采取新的措施，包括改进对私人资本流动的监控和管理、加强公共部门融资机制的建设等。

（王胜邦　蒋怡然　译）

参考文献

［1］Acemoglu, D. , Ozdaglar, A. and Tahbaz-Salehi, A. （2013）, "Systemic Risk and Stability in Financial Networks", NBER Working Paper, No. 18727.

［2］Barr, D. , Bush, O. and Pienkowski, A. （2014）, "GDP-linked Bonds and Sovereign Default", Bank of England Working Paper, No. 484.

［3］Berg, A. and Krueger, A. （2003）, "Trade, Growth and Poverty: A Selective Survey", IMF Working Paper WP/03/30.

［4］Bernanke, B. （2004）, "The Great Moderation", remarks at the Eastern Economic Association, Washington, DC, 20 February.

［5］Broadbent, B （2014）, "The UK Economy and the World Economy", Speech delivered at the Institute of Economic Affairs State of the Economy Conference, London. Available at: http: // www. bankofengland. co. uk/publications/Pages/speeches/2014/708. aspx.

［6］Brooke, M. , Mendes, R. , Pienkowski, A. and Santor, E. （2013）, "Sovereign Default and State-Contingent Debt", Bank of England Financial Stability Paper, No. 27, November.

［7］Calvo, G. （1998）, "Capital Flows and Capital-Market Crises: The Simple Economics of Sudden Stops", *Journal of Applied Economics*, 1, pp. 35–54.

［8］De Larosiere, J. （2014）, "The International Monetary 'Anti-System'", *Central Banking Journal*, May.

［9］Dell'Erba, S. and Reinhardt, D. （2013）, "Not All Capital Waves Are Alike: A Sector-Level Examination of Surges in FDI Inflows ", Bank of England Working Paper, No. 474.

［10］Farhi, E. , Gourinchas, P. O. , and Rey, H. （2011）, "Reforming the International Monetary System", CEPR Report.

［11］Feldstein, M. and Hoioka, F. （1980）, "Domestic Savings and International Capital Flows", *The Economic Journal*, Vol. 90, No. 358, pp. 314–329.

［12］Forbes, K. , Fratzscher, M. and Straub, R. （2013）, "Capital Controls and Macroprudential Measures: What Are They Good for?", MIT Sloan Research Paper, No. 5061–13, December.

［13］Forbes, K. and Warnock, F. E. （2012）, "Capital Flow Waves: Surges, Stops, Flight, and Retrenchment", *Journal of International Economics* 88, pp. 235–251.

［14］Fratzscher, M. （2012）, "Capital flows, Push versus Pull Factors and the Global Financial Crisis", *Journal of International Economics* 88, pp. 341–356.

［15］Fratzscher, M., Lo Duca, M. and Straub, R. (2013), "On the International Spillovers of US Quantitative Easing", Deutsches Institut für Wirtschaftsforschung Discussion Paper 1304.

［16］Gai, P. and Kapadia, S. (2010), "Contagion in Financial Networks", *Proceedings of the Royal Society A*, Vol. 466, No. 2120, pp. 2401–2423.

［17］Goldin, I. and Mariathasan, M. (2014), *The Butterfly Defect: How Globalization Creates Systemic Risks, and What to Do about It*, Princeton University Press, July.

［18］Haldane, A. G., Penalver, A., Saporta, V. and Shin, H. S. (2003), "Analytics of Sovereign Debt Restructuring", *Journal of International Economics*, Vol. 65 (2).

［19］Haldane, A. G. (2009), "Rethinking the Financial Network", Speech delivered at the Financial Student Association, Amsterdam. Available at: http://www. bankofengland. co. uk/archive/Documents/historicpubs/speeches/2009/speech386. pdf.

［20］Haldane, A. G. (2011), "To Navigate Economic Storms We Need Better Forecasting", *New Scientist*, No. 2842, December.

［21］Haldane, A. G. (2013), "Why Institutions Matter (more than ever)". Speech delivered at Centre for Research on Socio-Cultural Change (CRESC) Annual Conference, School of Oriental and African Studies, London. Available at: http://www. bankofengland. co. uk/publications/Documents/speeches/2013/speech676. pdf.

［22］Haldane, A. G. and May, R. (2011), "Systemic Risk in Banking Ecosystems", *Nature*, Vol. 469, No. 7330.

［23］Nier, E., Osiński, J., Jácome, L. I. and Madrid P. (2011), "Toward Effective Macroprudential Policy Frameworks: An Assessment of Stylised Institutional Models", IMF Working Paper, WP/11/250.

［24］IMF (2011a), "Modernizing the Framework for Fiscal Policy and Public Debt Sustainability analysis", IMF Staff Paper.

［25］IMF (2011b), *World Economic Outlook*, Available at: http://www. imf. org/external/pubs/ft/weo/2011/02/pdf/text. pdf.

［26］IMF (2012), "The Liberalization and Management of Capital Flows: An Institutional View", Available at: http://www. imf. org/external/np/pp/eng/2012/111412. pdf.

［27］IMF (2014a), *Global Financial Stability Report*, Available at: http://www. imf. org/external/pubs/ft/weo/2011/02/pdf/text. pdf.

［28］IMF (2014b), "Strengthening the Contractual Framework to Address Collective Action

Problems in Sovereign Debt Restructuring", Available at: http://www.imf.org/external/np/pp/eng/2014/090214.pdf.

[29] Kose, M. A. , Prasad, E. , Rogoff, K. and Wei, S-J. (2006), "Financial Globalization: A Reappraisal", IMF Working Paper, WP/06/189.

[30] Krueger, A. O. (2002), "A New Approach to Sovereign Debt Restructuring", IMF, April.

[31] Krugman, P. R. (1988), "Market-based Debt-Reduction Schemes", NBER Working Papers 2587, National Bureau of Economic Research.

[32] Kuttner, K. and Shim, I., (2013), "Can Non-Interest Rate Policies Stabilise Housing Markets? Evidence from A Panel of 57 Economies", BIS Working Paper, No. 433.

[33] Lachman, D. (2006), "How should IMF Resources Be Expanded?" in Truman, E. (ed.), *Reforming the IMF for the 21st Century*, Special Report 19 (Washington DC: Institute for International Economics), pp. 471–482.

[34] Lim, C. H. , Columba, F. , Costa, A. , Kongsamut, P. , Otani, A. , Saiyid, M. , Wezel, T. and Wu, X. (2011), "Macroprudential Policy: What Instruments and How Are They Used? Lessons from Country Experiences", IMF Working Paper 11/238.

[35] Lim, J. J. , Mohapatra, S. and Stocker, M. (2014), "Tinker, Taper, QE, Bye? The Effect of Quantitative Easing on Financial Flows to Developing Countries", World Bank Policy Research Working Paper, No. WPS 6820.

[36] Magud, N. , Reinhart, C. and Rogoff, K. (2011), "Capital Controls: Myth and Reality—a Portfolio Balance Approach", NBER Working Paper, No. 16805.

[37] McKinsey Global Institute (2014), "Global Flows in a Digital Age: How Trade, Finance, People and Data Connect the World Economy", April.

[38] Obstfeld, M. and Rogoff, K. (1995), "Exchange Rate Dynamics Redux", *Journal of Political Economy*, Vol. 103, No. 3.

[39] Rey, H. (2013), "Dilemma Not Trilemma: The Global Financial Cycle and Monetary Policy Independence", Paper presented at the 25th Jackson Hole symposium, Wyoming, August.

[40] Shiller, R. (1993), *Macro Markets: Creating Institutions for Managing Society's Largest Economic Risks*, Oxford University Press.

[41] Shiller, R. (2003), *The New Financial Order: Risk in the 21st Century*, Princeton University Press, Princeton.

［42］Truman, E. （2012）, "The International Monetary System or 'Non-System'", in *Global Economics in Extraordinary Times*: *Essays in Honor of John Williamson*, edited by Bergsten, C. F. and Henning, C. R. , Peterson Institute for International Economics.

［43］Watts, D. （2002）, "A Simple Model of Global Cascades on Random Networks", *Proceedings of the National Academy of Sciences of the United States of America*, Vol. 99, No. 9.

国际货币体系：
与不对称相伴前行①

莫瑞斯·奥伯菲尔德

　　2007～2009 年的国际金融危机让世人再次反思国际货币体系以及自布雷顿森林体系崩溃以来国际金融一体化而形成的全球金融框架。各国金融监管结构与国际金融监管结构的差异是导致 1929 年大萧条以来这场全球最严重的金融危机的一个显著因素。各国宏观经济政策的相互影响是造成危机的重要因素，也是导致区域经济复苏不平衡的持续因素。危机期间以及危机之后暴露出了全球货币体系面临的压力，并且这种压力还将持续。

　　本文主要分析深受危机影响、与原布雷顿森林体系相关的两个重点领域：国际流动性和汇率管理。除二战引发的金融市场环境的根本性变化以外，流动性和汇率管理仍然是国际宏观经济政策协调方面的重点话题。举两个具体的突出例子：一是许多国家采取累积外汇储备的办法进行自我保护，来实施流动性管理；二是近年来新兴市场国家尝试限制货币实际升值，仍主要依赖于名义汇率管理。这透露出一个关键而明显的信息——预测国际货币体系存在任何压力的起点——就是不同国家和地区存在着大量的潜在不对称性，使得各种政策协调失效。

　　① 本文选自《危机年代的全球化：21 世纪的多边经济合作》（罗伯特·C. 芬斯特拉、艾伦·M. 泰勒编，芝加哥大学出版社 2013 年 12 月出版），第 301～336 页。译文得到芝加哥大学出版社和作者莫瑞斯·奥伯菲尔德先生的授权和支持，在此特别致谢。

除了科技进步、金融创新、全球化和经济发展的因素之外，明显的国际不对称依然存在，这使得历史上发生的政策协调失败重新出现。改革国际货币体系的早期努力，试图实现单个国家对国内经济稳定的需求与平稳的国际调整体制之间的协调。这些早期措施效果并不明显，其中最雄心勃勃的，也可以称得上最成功的措施就是建立了布雷顿森林体系——该体系在其内在矛盾状况下运行了 25 年之后崩溃了。本轮国际金融危机再次凸显了具有 21 世纪特征的系统性压力。有些问题变得更为严峻，或以新的形式出现。国际经济关系压力使得改革再次被提上日程。

本文结构如下：第一部分讨论目前存在的与国际流动性提供相关的或新或旧的两难困境，即一方面要维护快速增长的外汇储备安全；另一方面要在长期内提供国际流动性，即所谓的"特里芬难题"。第二部分描述金融全球化是如何扩大各国对国际流动性需求的，并尝试描绘流动性供给的结构，防止各国通过大量的外汇储备积累而进行自我保护产生的负外部性。第三部分讨论汇率和全球不平衡，并着重考察政策协调问题。第四部分为结论。

国际流动性和"特里芬难题"

如同家庭和公司部门一样，政府也需要持有流动性——容易销售的资产（当然包括现金），用于购买货物或者其他资产（尤其是在经济危机时期）。在封闭经济体中，原则上政府（通过其央行）通常能够满足所有的流动性需求。在开放经济体中，情况就不同了。由于本国央行不能印刷外国货币，政府的能力就受到持有储备总量和可使用外币额度的限制，无论是为满足市场流动性需要（如进行外汇干预），还是直接向市场提供流动性（如向银行提供紧急贷款）。

纵观历史，国际储备已经成为流动性的一个重要来源。那么，一种有吸引力的国际储备资产应具备哪些特征呢？广义上，这种资产可以在支付过程中（甚至在事前不知情的情况下清算头寸）以可预测的价值被广泛接受，以何种计价单位来衡量价值呢？仅仅指出"价值的可预测性"不能作为一种绝对的标准，除非这种计价单位是一种特殊的货币，如某种国际货币、美元或者某种特殊商品，如黄金。在购买力平价严重偏离的情况下，真实价值（以综合消

费篮子的形式）必须依赖于旁观者的判断。在全球经济中它可能与流动资金
相关，但不是流动性。如果在国际上几种货币同时作为交易媒介和计价单位被
广泛使用，那么一个主权国家可能持有这几种货币作为其流动性，而忽略它们
之间相对价值的温和波动。

导致价值波动的原因是多方面的（依赖于估值使用的记账单位）。汇率和
通胀风险是显著的影响因素，此外还有违约风险、主权风险、个体风险和政治
风险。一方面，卡特政府发行的以外币标价的美国政府债券（在那个时期）
违约风险最小，相当于以美元计价的传统国库券的违约风险。另一方面，在伦
敦市场上，欧洲银行持有的高流动性美元债务（特别是计入货币当局持有的
储备资产）存在交易对手风险（由于没有政府部门紧急援助机制），但不存在
货币风险。因此，在旁观者看来是安全的。那些正在经历或者考虑与美国之间
政治关系紧张的国家，如伊朗、伊拉克、俄罗斯、利比亚和叙利亚等，相对于
资产存在美国可能被冻结的风险，它们更愿意将资产放在管制较松的离岸中
心，即便交易对手风险较高。

二战后初期，全球资本市场几乎停滞，多数工业国家经济瘫痪，国际流动
性的主要形式是黄金和美元（小部分是英镑）。20 世纪 50 年代美元在储备资
产中占绝对主导地位，埃肯格林（2011）提供了详细的数据。美元的主导地
位延续到 20 世纪 70 年代早期（事实上远远超出这个时间）布雷顿森林体系崩
溃的阶段，但也形成了紧张态势。

这种紧张源于所谓的"特里芬难题"。"特里芬难题"出现在这样的情况
下：对储备资产的需求增加，要求储备资产发行国具有提供充足流动性的能
力，同时发行国应能够确保和稳定储备资产的价值。

经典的"特里芬难题"：主要是财政问题

在布雷顿森林体系下，各国将本国货币钉住美元，而美国则信守长期承诺
（可以追溯到 1934 年 1 月 31 日）：按一盎司黄金等于 35 美元的价格，赎回其
他国家央行和政府持有的美元。尽管美国财政部对于黄金与美元挂钩的保证使
得美元的外国官方持有者确信"美元储备资产与黄金"等价，但其至少导致
了两个方面的潜在冲突。

第一个冲突与经典的金本位制相似。如果世界商品的产出增长超过世界黄金的生产，黄金的相对价格就可能上升，意味着 35 美元与 1 盎司黄金之间的固定兑换价格将导致通货紧缩，除美国以外的其他国家可以通过本国货币对美元贬值来保持它们的内在价格水平，但是美国自己却不能采取该方法。20 世纪五六十年代期间，几个偶然机会拖延了贬值的威胁。例如，南非矿业开采能力的发展和俄罗斯黄金销售等（到 1966 年为止）。最后，1968 年 3 月该冲突通过双层黄金市场（two-tier gold market，即官方市场和私人市场。——译者注）得以解决，在双层黄金市场下私人市场上的黄金价格可以浮动，然后由美元和其他货币钉住黄金，作为法定货币。

第二个冲突在双层黄金市场启动后依然存在。官方的美元与黄金挂钩（设计而成的）要求美国有义务用黄金以原有的官方价格赎回美元外汇储备，然而，全球经济产出的增长和与之相随的世界美元储备的增长，超过了全球黄金的产出量。一方面，美国财政部要保持与黄金 35 美元兑换的价格；另一方面，美国的黄金储备却无法增长。特里芬（1960）指出，即便用光所有的黄金储备，美国也无法以平价来赎回所有官方美元储备。储备货币的发行方将面临其他央行的挤提，变得脆弱不堪。如果其他国家不希望本国货币对美元升值，这个问题就可以得到控制，因为对于央行来说，放弃收益比承担损失更容易。但是，到 20 世纪 60 年代后期，要求美元下调的呼声渐高，最后出现了1971 年 8 月的《史密森协定》。

图 1 描述了这种趋势。1948 年，美国持有世界上最多的黄金储备，到1960 年，美国黄金储备大幅缩减，但是依旧超过不断增长的外国持有美元储备资产。然后曲线交叉，美国开始面临特里芬挤提的脆弱局面（该事件以伦敦黄金市场的投机为标志，引起黄金总量的重新分配）（Eichengreen，2011）。当世界货币黄金的储备落后于增长的外汇储备时，之前的趋势将延续。图 2 表明在 1966 年由于俄罗斯黄金销售停止（Cooper，1969），世界黄金生产趋向平稳。回想一下，放弃单层黄金市场体系丝毫不会使人感到惊讶。1970 年，伴随着对美元投机行为的盛行，全球美元储备开始剧烈攀升。为维护自身利益，德国马克和瑞士法郎等强势货币的发行方都大量买进美元。由于不需要用黄金赎回，全球美元储备资产不仅没有下降，反而出现爆发式增长。

10亿美元

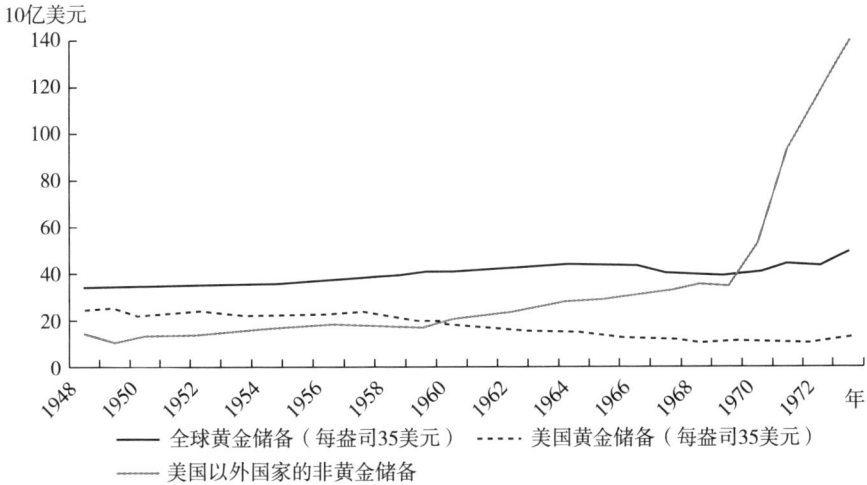

资料来源：IFS。

图1 非美国政府持有的黄金储备和非黄金储备

10亿美元   美元盎司

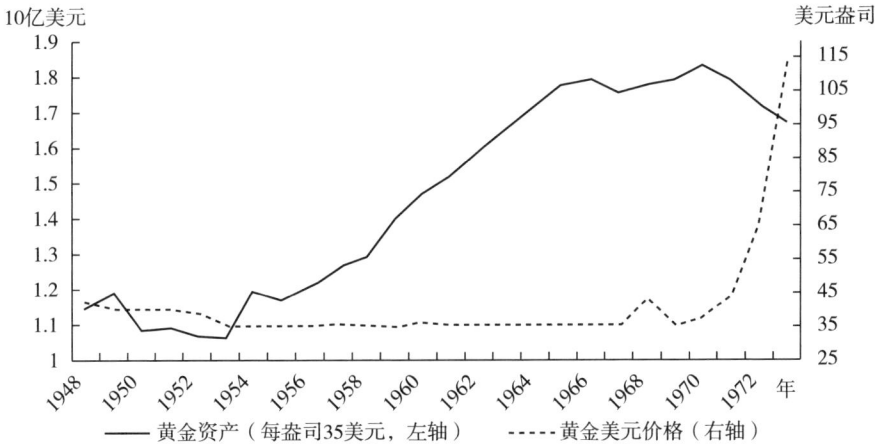

图2 全球黄金产出与黄金的美元价格

表面上，特里芬点非常明显。但是，从更深层次来看，经典的"特里芬难题"反映了实实在在的财政问题。为什么美国政府不能够在市场上购买更多的黄金，在需要时支付给外国央行？是什么限制了美国的财政状况？

1970 年底，在美国总统尼克松宣布停止美元与黄金官方兑换（1971 年 8 月）之前，美国的黄金储备相当于 110 亿美元，而其他国家的美元储备为 530 亿美元，也就是说美国现有的黄金储备将会出现 420 亿美元的潜在官方兑换要求无法得到满足。420 亿美元相当于当年 GDP 的 4.2%，当时美国联邦政府债务占 GDP 比例为 28%。这是一个庞大但并非无法克服的财政成本，即使按今天的标准来看也是如此。

然而，先前的计算是假设美国财政部能够在全球市场上按照每盎司 35 美元的价格购买到所需要的黄金，但事实并非如此。1970 年（以 35 美元计算）全球黄金产量相当于 18 亿美元，而美国之外的全球黄金总储存量为 290 亿美元，两者相加约为 310 亿美元，远远小于美国 530 亿美元的债务（随后几年中该债务规模迅速攀升）。即使美国财政部不按之前的协定价格能够购买到全球所有的黄金储备和现有产量（实际上这是不可能的），它仍然存在 110 亿美元的缺口。美国财政部以任何有限价格购买所有黄金很显然是不可能的事情，财政部试图在私人市场上购买一定数量的黄金必然会推高黄金价格，导致无法承受的财政负担。

潜在的财政破产是"特里芬难题"内在的核心威胁。如图 1 所示，1970 年，当市场上将美元转换为其他货币的投机行为加速，甚至一些央行用美元来兑换美国黄金时，该问题迅速恶化。结果就是 1971 年 8 月出台的康纳利—尼克松（Nixon-Connally）政策，直接导致 1971 年 12 月《史密森协定》的重新调整。

现代的"特里芬难题"

1973 年工业化国家开始转向浮动汇率制后，全球储备出乎意料地继续增长。全球非黄金储备已经增长至 1971 年的 3 倍（以名义美元计算），自 2002 年开始，在新兴市场经济体的需求和增长带动下，全球储备每年以两倍的速度快速增长，只有 2008 年增长缓慢，当年增长率为 9.7%。但 1972～1980 年，全球储备才增长了两倍。学术界已广泛讨论了对国际储备持续性需求的动力。本文第二部分研究说明了这样一个强有力的事实：近几十年全球资本市场的演进产生的需求为迅速的和大量的主要货币流动性提供了支持，无论是储备资产或是其他资产，当前这种需求甚至比固定汇率时期更加旺盛。

基本的"特里芬困境"并未消失。法伊、古兰沙和雷（Farhi、Gourinchas and Rey，2011）对"特里芬难题"的现代版本进行了清楚的诊断。相对于布雷顿森林体系的转换，这是更为细微的问题，因为不再存在关于储备资产物理价值的承诺，不再要求以某种稀缺的计价单位和固定的价格去赎回债务。"特里芬难题"不是因为潜在的全球增长动力的不对称性所带来的储备体系的不可持续，而是在几种储备货币并存的多极世界中依旧存在。

这个问题并不简单，在浮动汇率制下，储备资产面临贬值风险：储备持有者被证明愿意忍受汇率波动，只要不是持续性的剧烈贬值。因此，对于美国来说，外国积累美元储备资产，并非内在地要求美国经常账户赤字，而可能预示美元未来的大幅贬值。美元储备资产的增长可能主要源于美国资本外流，就像20世纪60年代中期那样（当时美国拥有大量的贸易顺差和净债务赤字）。

今天的"特里芬难题"着眼于央行持有储备的本质。储备资产的重要特征之一就在于它的流动性和价值的可预测性。的确，汇率的波动是不可预测的，但对于经历区域性危机的经济体来说，相对于主要外汇储备货币来说，本国货币的移动趋势是向下的。但在全球危机中，美元至少呈现出"避风港"（safety heaven）的趋势，继续升值。这说明了美元作为储备资产的吸引力（Gourinchas、Rey and Govillot，2010）。

因此，央行倾向于持有高信用国家发行的债务工具，或者其他资产，例如美国政府部门发行的债券，由于存在政府担保也受到青睐。这些资产可能包括某些高信用国家重要金融机构发行的债务工具。

所以，全球储备增长需要政府持续发行债务工具。这反过来又要求政府有持续性的财政赤字，或者其发行债务以购买比相应的债务风险更高的资产。如同经典的"特里芬难题"一样，全球储备的增长由大量赤字驱动——不是国际收支平衡赤字，而是政府赤字驱动。

现代"特里芬难题"的动力特征还源于两个不平衡。第一，新兴市场经济体和发展中国家的增长速度超过了高信用的工业化国家。如图3所示，2009年整个新兴市场经济体和发展中国家的GDP总额（按购买力平价计算，包括新兴工业化的亚洲国家）超过发达经济体，并且IMF预测发达经济体将会远远落后一段时间。第二，主要发达国家的信用普遍高于发展中国家。老牌发达国家能够更容易地从全球资本市场上融资，相对于那些容易出现经济突然停滞的国家而言，它们需要较少的国际储备。此外，它们更倾向于进行较少的外汇干预，不需要强大的对冲能力。上述这些因素组合起来意味着对富裕国家政府债券的需求很可能会超过与政府债务安全边界相对应的政府债务供给水平。图4描述了这种趋势。如果发达国家确实能够顺利实现正在实施的财政整顿目标，那么如何满足这些储备需求呢？

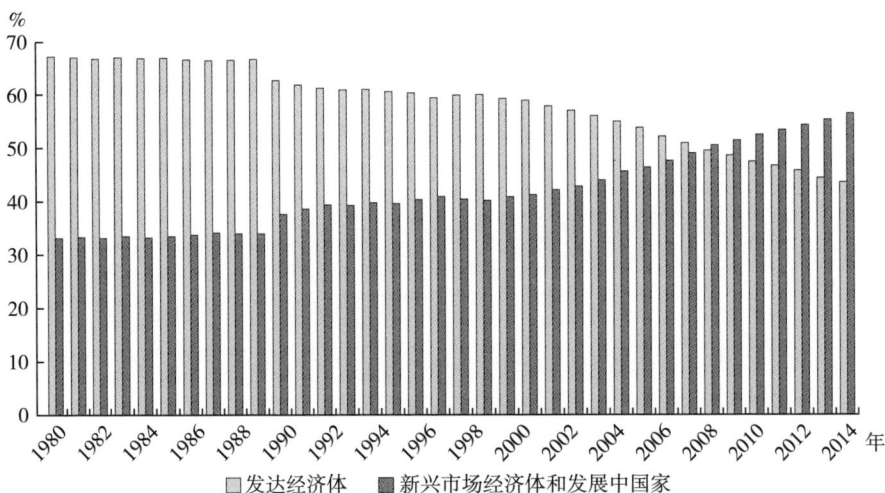

图3　发达经济体、新兴市场经济体和发展中国家的产出份额（按购买力平价计算）

　　某些方面的发展可能会缓解这种不稳定的动态特征，但是短期内其能够发挥的作用还比较有限。首先，一些国家财富通过主权财富基金的方式投资于风险较高的资产，政府对储备的需求可能稳定下来。但是，一定程度上储备需求主要受金融体系的规模所驱动，由于金融体系增长率较高，对储备的旺盛需求将延续。其次，新兴市场经济体和发展中国家经济增长减速而发达国家经济增长加速。这种发展可能没有考虑到多数工业化国家正在受到财政和其他负担的困扰。最后，一些主要和快速增长的新兴市场经济体可能很快确立其自身的信用，降低其对储备资产的需求，并使自身变为储备资产的提供者。中国（其货币还不能完全可兑换）最具有这种可能性。但该现象的进一步发展也存在巨大的障碍。因此，若不进行改革，"特里芬难题"的新

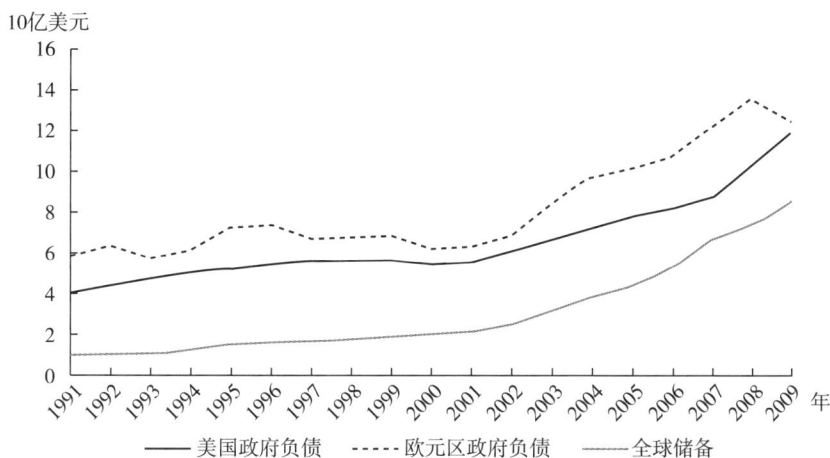

图 4　政府负债与全球非黄金储备

图例：美国政府负债　⋯⋯⋯ 欧元区政府负债　—— 全球储备

化身可能会使现行的国际流动性提供体系在一段时间内受到挑战。危险信号已经显现，在发达国家主权债务面临压力的情况下，新兴市场经济体的央行增加购买黄金的现象丝毫不令人奇怪。

　　这个问题仍然主要是财政问题。但是，该问题与国际流动性供给数量相关，因为现实中不存在类似黄金的实实在在的储备资产。

改革流动性体系

　　1973 年全球范围内固定汇率制度的终结，浮动汇率、国内货币政策独立性与金融账户自由化之间的"三元悖论"为开放经济体宏观经济政策提供了解决方案（Obstfeld and Taylor，2004）。该进程始于 20 世纪 70 年代的工业化国家。一段时间以后，新兴市场经济体，尽管彼此间存在较大差异，也走上了这条路。国内金融自由化与对外开放进程结伴而行，二者具有较强的双向因果关系，共同推动了国内和国际金融的自由化。鉴于最近的国际金融危机，上述进程是否会继续、如何继续，是一个关键的未解之题。

　　金融全球化一直以来都是扩大全球经济金融脆弱性以及流动性需求的主要原因，同时还带来了国际资产总头寸的快速扩张。国际资产总头寸扩张源于很多因素，包括扩大风险承担、金融深化以及非善意的监管与税收套利。在每一个时点，一国的国际投资净头寸决定了跨期偿付所需的支出与收入现值之间的缺口，而一国国际投资总头寸从本质上决定了其在金融危机发生时的脆弱性——与单个经济主体的情形类似。进一步地，给定外部资产和负债总头寸的规模，非对称的估值变动可以轻易地引起净资产的变动，且远大于经常账户余额上的零星增加。

图5展示了一些国家外部总资产的趋势，包括这些国家2007年（资产＋负债）/GDP比例（使用了 Lane 和 Milesi-Ferretti 更新的数据）。相对而言，开放程度高且是金融中心的工业化国家，其总对外头寸的乘数（前面提到的比率）特别大。在这类情形下，经常账户赤字可能是过度金融化的结果，且与国内过度信贷有关，但它本身并非金融脆弱性的主要原因。主要威胁是所谓的资产负债表危机。所以，当爱尔兰在此次危机中出现对外赤字时，瑞士、德国这类盈余国家也因为资产负债表上的有毒外国资产而陷入麻烦，甚至把政府拖下水。

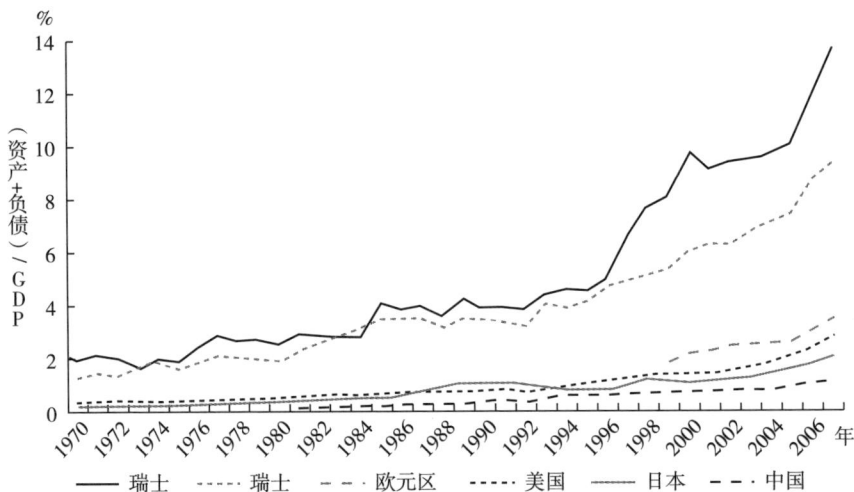

图5　外部总资产占 GDP 的比例

图6显示了新兴市场经济体和发展中国家对发达国家的总债权，无论是作为储备的债权还是作为非储备（主要为私人部门）的债权，都远超经常账户净额，反映出总资本从工业国家大量流出。资本流动不断增加，占工业化国家

GDP 的比例达到相当高的水平，2007 年达到 6%。相对落后国家的高经济增长率与其在世界金融市场中的重要程度并不匹配。不过，与日渐下降的发达经济体的规模相比，前者的重要性还是有所上升。

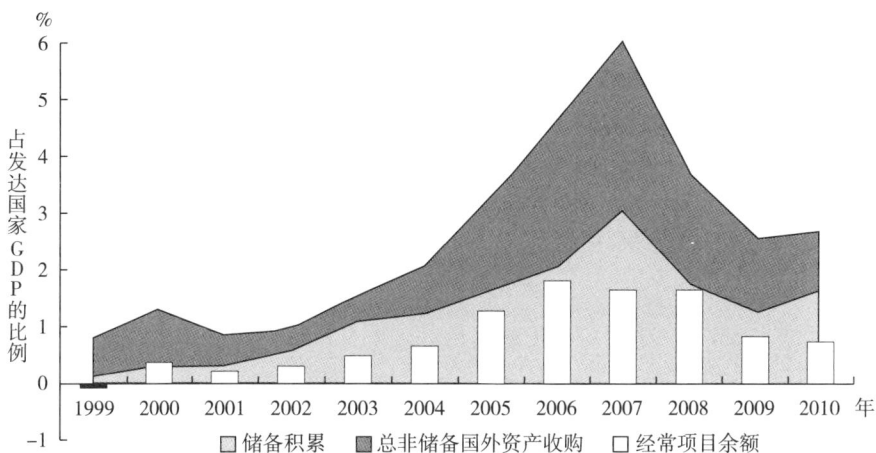

注：2010 年为预测值。

资料来源：IMF，WEO 数据库（2011 年 4 月）GDP deta and online table B18。

图 6　新兴市场经济体/发展中国家的总资产积累和经常账户

　　凭借持续增长的总资产头寸，新兴市场经济体和发展中国家尤其是新兴市场经济体成为金融全球化越来越重要的参与者，并且其金融稳定与全球金融体系之间的关系越来越紧密。然而，与大部分发达国家相比，新兴市场经济体对国外贷款的"突然停止"的脆弱性更大，虽然部分发达国家也出现了突发性的主权债务问题。长期以来，具有传染性的金融渠道随着上述总头寸的增加而扩大。如果政策制定者希望重构国际流动性体系以增强金融稳定性，这些因素都是必须重点考虑的。

全球最后贷款人角色

　　20 世纪 70 年代后期，英国、意大利、西班牙和葡萄牙都与 IMF 协商订立了备用援助条款。从 1983 年葡萄牙与 IMF 的接触到 2008 年的冰岛求助，这期间没有工业化国家为实现国际收支平衡向 IMF 求援——过去只有新兴市场经济体和发展中国家被认为是 IMF 的客户。20 世纪 90 年代和 21 世纪前 10 年，高收入国家表现得很有信誉，不太可能需要 IMF 的资源，甚至不需要动用大规模的国际储备。同时，高收入国家的央行被认为有能力也有意愿在其国内金融体系出现问题时充当最后贷款人。

然而，2007 年 8 月以后发生的事情改变了这一图景，金融全球化所带来的更复杂、在某些方面也更危险的情形被广泛关注。全球尤其是在富裕的欧洲，银行面临紧急外币流动性需求——这种流动性是本国央行无法用笔简单写写（或者点一下鼠标）就能创造出来的。因此，由央行货币互换协议构成的复杂网络诞生了，该协议的雏形是 2007 年 12 月美联储的货币互换协议，随后扩展至欧洲央行和瑞士央行（SNB）。最后，该协议的互换规模改为无上限。接着，希腊、爱尔兰和葡萄牙步冰岛破产之后尘，政府陷入资金困境，到目前为止只得到了来自欧盟、欧洲央行和 IMF 的支持，而西班牙和意大利正处于得到外部援助的关键时刻，甚至法国也出现了压力。这些发达国家的危机反映了许多重要问题，如常见的财政挥霍（希腊情形）和政府对崩溃的银行体系的救助（主要是爱尔兰）。但在所有情形下，全球化的金融市场为大规模对外举债打开了方便之门。不仅如此，全球化允许主权风险通过欧洲和全球银行以及影子银行网络向外扩散，这在某些情况下增加了外部救助的风险，并因此进一步削弱了国家主权。

我们从中学到了什么？至少有两方面的主要教训值得我们吸取。

首先，IMF 拥有的资源不足。虽然 2009 年 IMF 融资规模扩大，但仍远低于那些公共债务水平较高的富裕国家用于应对具有自我实现特征的债券市场冲击所需要的水平。不仅如此，由于发达国家全面参与高速全球化的金融市场，IMF 的反应速度和灵活性也比较有限。发达国家巨大的总资产负债头寸——考虑爱尔兰、冰岛或瑞士的外债，尽管瑞士持有大量的跨境债权——非常有可能传染至政府的资产负债表，从而导致财政危机。通常情况下，这些国家的银行体系的资产规模高达 GDP 的数倍。爱尔兰危机被称为是"欧元区的危机"，其更像是一场全球化金融的危机。事实上，坚持固定汇率制对于爱尔兰来说是有问题的。即使是希腊等国，政府挥霍导致主权债务问题，金融全球化也导致对其有较大风险暴露的金融机构陷入困境。

其次，即使私人参与者对其外汇暴露采取相应的对冲安排，传统的最后贷款人（央行）也缺乏足够能力去满足国内金融部门资产膨胀的需求，这是全球多极货币体系的重要特征之一。例如，欧洲的银行在 2007 年和 2008 年曾是美国按揭贷款支持证券的主要持有人，这些资产是通过借入短期美元购买的。信贷市场的崩溃迅速抬高了短期美元信用展期的成本。同时，以偿还美元贷款为目的的欧元与美元掉期交易成本急速上升，远远超过利息平价所对应的水平。尽管欧洲央行可以自由印制欧元并将其借给银行，但把它们兑换成美元的能力则非常有限（当然，一些国家的央行有能力这么做）。欧洲央行本身借入美元并在即期和远期外汇市场上干预，可能已经付出了"准财政成本"，因为当前欧元区国家（甚至包括大国）的财务状况也受到了债券市场的质疑，因此被迫付出较高的成本。在这种环境中，直接向美联储借入美元更为有利，后者在任何情况下都可以通过扩张其资产负债表满足全球市场上美元流动性的需求。结果，美联储变成了美元的国际最后贷款人，若没有美联储的存在，欧洲的银行可能已经抛售那些难以卖出的资产，进一步恶化资产价格下跌循环以及银行体系的清偿力。当然，美联储也向外国银行在美国的分支机构直接发放大量贷款，只要这些机构有合格的抵押品。与此同时，其他央行——包括欧洲央行、瑞士央行、日本央行（BOJ）、瑞典央行（Sveriges Riksbank）——也纷纷加入了本国货币的全球最后贷款人行列。

自 2007 年危机开始，基于新兴市场经济体的经验，人们开始关注外币最后贷款对金融机构的有用性（Jeanne and Wyplosz，2003；Calvo，2006）。但成熟经济体并不认为这是一个明显的最优选择，它们普遍认为外汇储备（如果有）的主要用途是进行外汇干预。美联储从 2010 年春季开始在整个欧元区债务危机期间维持了货币互换的正常运转。

假设全球和国内审慎监管均不可避免地存在空白，以货币计价的资产总头寸的扩张表明了对全球最后贷款人的需要，无论是对于政府和央行而言，还是对于通过政府和央行向私人金融部门而言，这种需要比过去都要更加强烈。

通过储备积累进行自我保险

当然，日益上升的金融脆弱性是新兴市场经济体和发展中国家积累大量预防性、硬通货外汇储备的部分原因。储备积累的趋势没有出现放缓的迹象。图7 显示了各国储备总量的情况，储备资产大部分是美元和欧元，占外汇储备持有国 GDP 的比例如今已快接近 1/3，而在 1990 年该比例只是 10%，且当时的GDP 远小于今天。

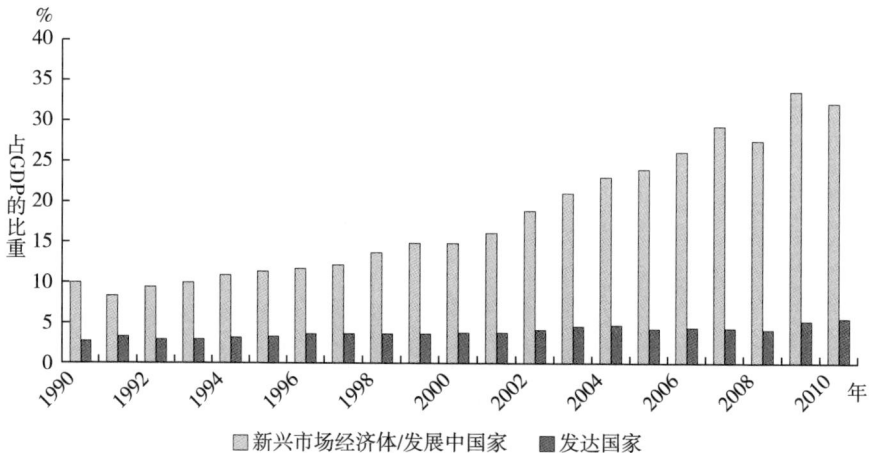

图7　全球外币储备

就储备持有国家和国际货币稳定性而言，上述做法不是没有成本的。对于持有国来说，储备的巨大吸引力是它们提供了即时而又无条件的流动性。但即便对个人持有者来说也是有缺点的：储备可能有较高的"准财政成本"（储备货币贬值所产生的成本），即使储备的边际流动性价值消失后，这些成本仍可能存在（因为获得储备资产的同时产生了一笔等量的短期私人外币债务，作为本国资产负债表上的一个抵消项目）。对储备流量的对冲操作可能产生金融抑制成本。

除了上述个人成本，国家通过持有外汇储备进行的自我保险也存在显著的潜在系统性成本。储备积累可能影响储备货币发行国的利率，从而导致国际上对那些未能认识到系统性过剩问题根源的"过度特权"国的不满。不仅如此，这种利率效应可能使储备货币发行国的货币政策目标复杂化。官方资产组合可能通过多种方式在不同币种或货币区域内的不同资产之间转换（如中国有关欧元区主权债务的交易），也可以改变汇率和债券价格。

　　单个国家增加储备可能具有战略意义，但是一国储备的增加会使其邻国的金融稳定性被认为相对下降了，这反过来又提高了积累储备的边际收益。在这种情况下，非合作均衡意味着所有国家进行过度积累。而当各国竞相保持它们的货币弱势并限制国内需求以制造经常账户盈余时，还会引起另一个协调问题。最后，在全球性危机中，一国可能因为使用其储备而加剧问题的严重性。例如，从外币中心国银行中取出银行存款可能会恶化那里的流动性问题。

　　另外，系统负外部性还与上文所述的法伊、古兰沙和雷伊的现代"特里芬难题"有关。每个国家都购买更多的储备可能迫使其他需求者购买边际风险更高的资产，或者加剧它们所持有的储备的边际风险。

　　我们的基本观点是，那些有助于在表面上提升单个国家金融稳健性的措施，可能同时会削弱国际金融体系的弹性。正如对一国金融监管中的宏观审慎方法的讨论那样，国际流动性研究领域也充斥了不少谬论。

　　即使有这些缺陷，新兴市场和发展中经济体仍可能继续积累储备，并且毫无疑问，虽然从纯经济学的角度看是不确定的，但这些国家发现储备在危机中的确有用。当然，如前文所述，危机也显示出了积累储备的系统性问题。许多国家不愿让它们的储备急剧下滑，准确来说是因为较小的储备规模可能意味着与邻国相比，金融体系更为脆弱（Aizenman and Sun，2009）。例如，韩国就不愿意让其储备降得太低，因此尽管韩国仍保持着相对较大的储备规模，但其使用了与美联储 300 亿美元的货币互换（这本身可能就包含了重要的信号效应）。

　　为避免储备资产下降过多，新兴市场经济体寻求新的方法来积累储备。一些经济体进行非常规的外汇操作，即主动盯住私人外汇头寸中所暗藏的某些金融脆弱点，同时限制那些非系统性机构的正常外汇需求（Ishi，Stone and Ye-houe，2009；Brazil，Stone，Walker and Yasui，2009）。例如，一些国家不是向市场注入储备资产来抵消国内资本的外逃以及由此造成的货币贬值，而是以短期外汇债务的形式向国内主要银行和公司提供优惠利率的外汇。在此次全球危机中，韩国在没有造成过去那种大范围金融衰退的情况下成功地让韩元大幅度贬值。

IMF 和全球流动性

原则上，一个全球央行，正如凯恩斯为国际清算联盟最初设计的蓝图里预见的那样，将会在全球范围内为陷入财务困境的机构和主权国家提供流动性支持，前提是这类贷款不受当地法律的束缚，如欧洲央行。事实上，并没有很好的理由限制全球央行发放或管理某币种。在理想世界里，健全且具有包容性的央行可以在多国货币的组合中进行交易，并且允许汇率自由浮动或通过管理使汇率达到最优的水平。然而，从政治角度来看这个想法并不可行。

IMF 正是凯恩斯宏伟计划的产物，它被证明在政治上是可行的，其功能尽管有用，但非常有限且存在争议（Fischer，1999；Goodhart，1999）。历史上，IMF 确实是某些国家的最后寄托，尤其是经济危机无法避免时，有时候当权者需要强力抵抗国内反对者，IMF 则能助其一臂之力，但是这种援助可能会使得该国政治和社会的自主权下降。IMF 的贷款仅仅是给政府的，并不直接给央行或金融机构。按照目前的架构，IMF 完全不适合在危机时期对银行或其他金融机构发放贷款，尽管这种援助在全球危机时期至关重要。同样，它也无法模仿欧洲央行的职能，在欧元区发生危机时对欧元区银行发放贷款。

2009 年，IMF 的资金来源明显扩大。能否灵活地贷出资金取决于事先确立的合格标准。随着条件的放松，通过设计"灵活的与预防性的信贷额度"（FCL 和 PCL），其灵活性增加。但是，FCL 和 PCL 并不比之前的方法更有效。无论是向基金申请信贷额度还是 IMF 执行委员会拒绝了申请，各国都担心所谓的"污名效应"（stigmatization）。因此，FCL 和 PCL 的使用受到了很大限制：仅墨西哥、波兰和哥伦比亚使用了 FCL，仅马其顿使用了 PCL。2011 年 11 月，IMF 宣布将会用一个新的方案来代替 PCL——预防性与流动性额度（PLL），该方案扩充了 PCL 的功能，允许 IMF 成员国在发生危机的情况下，只要申请额度被批准便可立即申请援助（之前 PCL 只允许在危机可能出现的情况下使用）。

IMF 的工作人员还提出了一个替代建议，即建立全球稳定机制（GSM）。在该机制下，一旦执行委员会发现系统性事件，IMF 就可以作出积极反应提供援助。然而，这个方法同样有争议，各国金融体系关于系统性事件触发点的建议差别很大，现阶段的 GSM 有好几种版本，在细节上差别很大，而目前看来这几种方案中没有一个能够实施。最明显的问题就是 IMF 将根据哪些准确的标准来判断系统性事件，而且无法预测在宣布系统性事件后市场的反应。

IMF 提高全球流动性的一个非常较好的方法是发行特别提款权（SDR）。但是，SDR 现阶段不能用于私人交易，并且私人 SDR 市场的发展也存在巨大障碍（Eichengreen，2011）。尽管 SDR 并不是货币，但是已有人（周小川，2009）呼吁建立一个以 SDR 而不是美元为中心的国际储备体系。这些呼声与 IMF 协议条款的第二次修订版不谋而合，早在 1978 年该版本就设定了这样的宏伟目标，将 SDR 变成"国际货币体系的主要储备资产"。

经过了长期的国际协商，SDR 于 1970 年 1 月 1 日发行，当时主要有两个方面的考虑。首先，政策制定者担心，长期来看美国的国际收支赤字不能提供充足的国际流动性来满足全球经济增长的需要。其次，政策制定者担心，基于美元的黄金兑换标准将由于"特里芬难题"而更加不稳定。SDR 在那个时代被赋予了"纸黄金"的特征，是狭义上的无条件流动性，政府之间可以用 SDR 来兑换硬通货储备。

自其创立以来，SDR 的分配比例很少发生变动，只在 1970 ~ 1972 年以及 1979 ~ 1981 年发生过。本轮金融危机发生后，2009 年 8 月和 9 月进行了大幅度调整，所有这些调整，即使是最近这一次，都没有使得 SDR 成为全球外汇储备的主要部分。图 8 中的具体数据是根据 IMF 的国际金融统计分析（International Financial Statistics）计算的结果。

SDR 从未超过全球储备的 6%，并且从 1979 ~ 1981 年调整之后到 2009 年，其在全球储备中的占比持续下降。到本轮危机前夕，SDR 占比下降到 0.5% 以下，并且占新兴市场经济体和发展中国家储备资产的比例更低。2009 年 4 月 IMF 发行了价值 2500 亿美元的 SDR 来应对全球危机，同年 9 月又特别发行了 340 亿美元的 SDR 给从未接受过 SDR 的成员国家。除这些特别发行外，SDR 的配置与 IMF 配额成正比，使得全球储备平衡增长。事实上，大部分 SDR 都流向了发达经济体（这些经济体持有更少的外汇储备）。虽然 2009 年全球 SDR 名义上进行了大调整，但贫穷国家的储备份额也仅恢复到 20 世纪 80 年代末的水平（贫穷国家的占比约为 2%）。

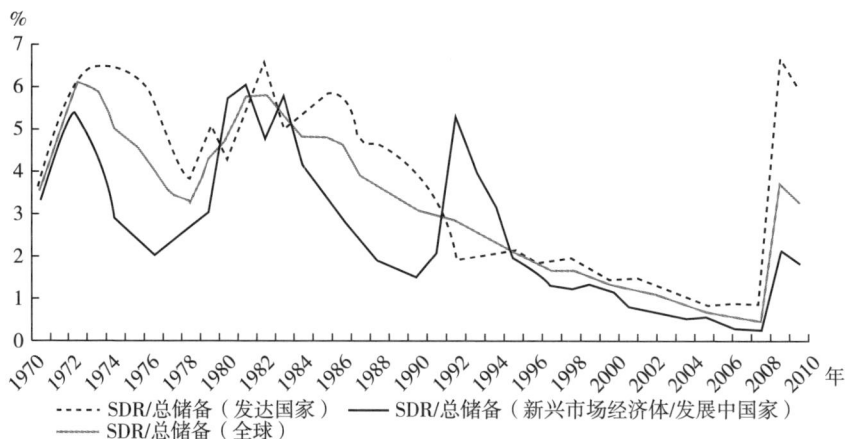

图 8 SDR 占储备资产的比例

SDR 是以储备资产池形式建立的。因此，用 SDR 代替美元和欧元等真实储备货币的设想先天不足。因为 SDR 不能用于私人目的且仅能以储备资产池的名义发挥作用，所以其本身无法取代实际储备资产。

尽管在现行框架下 SDR 无法成为主要储备资产，但设计"替代账户"的目的就在于用 SDR 在更大规模上取代货币储备。1979～1980 年各国曾讨论了该建议，虽然它未被采纳，但最近该建议又被重新提出（Kenen，2010）。图 8 展示了替代账户将会在很大程度上取代货币储备。

在替代机制下，中国等国家有可能会转移一部分美元储备给 IMF，换成等额的 SDR（这些 SDR 不属于按配额比例分配的，而是特别设计的），结果是两个组合发生了变化。中国买入 SDR，并且希望（也可能不会）重新调整它在私人市场上的投资组合。总体而言，这类国家加入该替代机制的意愿将反映出它们将储备货币分散化的目标。更重要的是，IMF 主要卖出 SDR 买入美元，如果美元贬值，替代账户将面临偿付能力风险。中国等国家有可能会将其部分美元储备转移给 IMF。

如果美元相对于 SDR 贬值，那么哪些国家能够补偿 IMF 投资组合的损失呢？IMF 赚得的美元利息和发行新 SDR 所支付的负债利息之间存在一个差额，那么 IMF 如何为该"过度特权"差额进行融资呢？在 1979～1980 年的讨论中，一些国家认为美国应该承担大部分费用，但是美国方面并不愿意承担该成本，还有一些国家保持沉默。贫穷国家不愿意看到 IMF 用黄金储备支撑该账户——它们希望可以通过出售黄金来资助贫穷国家。因此，协商以失败告终。美国如今在这方面并没有表现出更强的意愿，甚至更加反对该做法，缺乏集中性财政当局的欧元区国家将更愿意开立欧元/SDR 的替代账户。

需要再次强调的是，财政方面才是核心。在全球范围内缺少一个财政当局，使得通过合作与集中的模式创立 SDR 体系面临更多协调上的困难，即使该体系在稳定性上更有优势（例如减少大量官方组合的转换）。

全球最后贷款人

IMF 向主权国家政府贷款的传统功能很难发挥国内最后贷款人直接干预金融市场的效果。即使是最近开发出的灵活贷款工具，原则上也只能在政府间传导所需的资源，并且还将受制于时间延误和信息摩擦。此外，这些贷款工具规模有限，也不利于向市场传达政府干预金融市场的能力与信心。因此，2007 ~ 2009 年金融危机爆发后，美联储发现取消部分互换额度的数量限制是有益的。

另外一个不同的思路是对 2007 ~ 2009 年金融危机期间以特定方式设立的央行间互换网络进行制度化。各国央行可以向主要国际机构，比如 IMF（一些央行行长可能有此偏好）或国际清算银行扩大互换额度，其他央行当需要外币支持处于困境的金融部门时，能够通过互换网络获得支持，如同最近欧洲央行从美联储获得美元的安排那样。该体系可以基于 SDR，也可以基于其他货币。特鲁曼（Truman，2008，2010）建议修改现有规则，允许国家直接将 SDR 交至央行用于获得央行发行的货币。奥伯菲尔德（2009），以及法伊等（2011）建议该体系基于明确的信贷额度。

与现行互换网络不同，永久性的制度安排和机制不能靠临时安排，并且应向所有国家开放。但是，该体系可以避免由于大量积累储备的自保行为所引发的外部性。例如，为管理货币风险，官方储备货币的互换应该不受限制。对储备的需求也不应该压低储备货币发行国家的利率水平。

进入信贷网络是有条件的。例如，参与的央行可能需要满足独立性的标准与监管水平的要求。与普拉萨德（Prasad，2011）提议的流动性保险池的费用类似，差异化的参与费用可以覆盖潜在的经济损失。为鼓励构建健全的宏观经济、金融政策，费用结构可以调整。例如，在出现不寻常、不合理的信贷泡沫时提高费用。IMF、国际清算银行，甚至参与的央行可派遣人员开展必要的监督，也可以通过调整信贷限额来改变激励机制。

分等级的参与条款和国际监督都能部分降低道德风险，即流动性便利的扩大会鼓励金融体系中的核心参与者不审慎的行为，但可以通过明确政府激励机制的配套改革方案进一步降低道德风险。

强化国际流动性提供机制可能会鼓励政府不审慎的行为，从而扩大全球负外部性，主要通过两种途径：推行过量的财政赤字（甚至在货币联盟之外）和放松对国内私人部门融资活动的审慎监管。如普拉萨德（2011）建议，若任何互换网络的参与费都取决于财政因素，政府将更有动力限制赤字。更具普遍意义的是，无论国际流动性制度安排的状况如何，主权债务甚至那些发达经济体债务的重组方法将更好地协调私人激励与社会利益，通过递增的边际成本限制政府过度举债。

然而，如果政府希望建立可信赖的主权债务重组机制，它们就应该完善对银行系统未对冲的主权债务风险暴露的限制。由于主权债券是最重要的抵押品，在缺乏共同的"安全"欧元区债券的情况下，很难在欧元区采取类似限制措施。

强制遵循共同的监管标准和程序将有助于限制单个国家在审慎监督方面的国别自裁权。这些准则如果包含了对机构规模的指引，将更加有效地限制私人部门追求高风险，进而缓解"大而不倒"的问题，同时为系统重要性金融机构提供涉及多个国家的实际可靠的解决方案。如前文所述，这些方案的执行情况要接受国际监督，违背规则的国家将支付更高的参与费用。

最近的经验告诉我们，应对流动性不足的体系需要考虑到失去偿付能力引发市场恐慌的可能性。流动性不足与偿付能力不足之间没有明显的界限，一定程度上因为市场预期是借贷成本乃至偿债能力的主要决定因素，当然有时也会有国家或机构破产的情况发生。

破产的可能性提高了强化全球流动性国际安排的潜在财政成本。古德哈特（1999）强调，丧失清偿力后最后贷款人的支持来自财政部门。因此，在欧元区的债务危机愈演愈烈之际，采取集体行动促进金融的稳定，必须通过财政部门的集体行动才能为促进金融稳定的集体行动筹集资金。不幸的是，当今世界庞大的银行部门存在一个重要问题，即它们是如此的庞大以致影响到政府的信誉，唯一的救命稻草就是央行的印钞机了。

汇率和全球失衡

1973 年布雷顿森林体系瓦解后，主要的工业国家无序地退回到浮动汇率制度。尽管这个体制变革是人们未预料到也不想看到的，但许多杰出经济学家，比如弗里德曼和约翰逊，他们一直以来就支持把浮动汇率作为协调国际政策主权的方式，同时浮动汇率对经济全球化也颇有益处。在相当大的程度上，浮动汇率是成功的，这也解释了为什么越来越多的新兴市场经济体选择更具灵活性的汇率安排。然而，弗里德曼和约翰逊大部分的理论还没有被充分证实，但在经济政策上，浮动汇率还很大程度上是政治层面的争论，这一点也越来越清楚。

浮动汇率能够降低单个国家的流动性需求的判断已经被证明是完全错误的。作为一个整体，新兴市场经济体积累了大量的外汇储备，同时它们大多数在调整体制，使汇率更趋灵活。

另外，根据经验判断，认为浮动或灵活的汇率能毫不费力地帮助应对实际冲击（产出市场），或者能确保经常账户失衡的快速调整也是有问题的。从最根本上看，双边汇率通常不能保证实现双方都认可的最优水平。由于经济结构的不对称，新兴市场经济体和发展中国家对于汇率变化的调整更加困难，这些国家出现了"货币战"的争论，并且在政策上重新将资本管制作为管理汇率的方式。

短期中的汇率、资源配置和协调

在金融市场变化的驱动下，汇率的剧烈变动给资源配置带来了不利的影响，对于较为贫困的国家尤其如此。这些不利影响导致了卡尔沃和莱因哈特（Calvo and Reinhart，2002）模型中提到的"流动性恐慌"行为，也引发了一些新兴市场经济体对美联储应对衰退而采取的适应性货币政策的批评。

图9反映了后危机时期许多新兴市场经济体的典型结构。假设国内名义工资和非贸易货物价格是黏性的，尽管可贸易货物价格完全受到汇率影响；可贸易货物是在全世界范围内定价的，贸易部门是竞争性的；资本和劳动力在短期内属于特定部门，无法在贸易和非贸易部门之间自由流动。

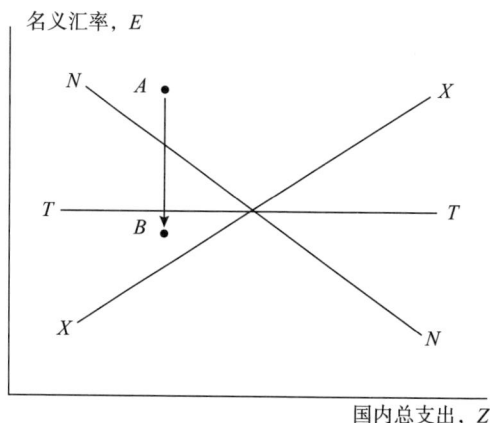

图9　内部与外部平衡

在图9中，向下倾斜的 NN 线是名义汇率 E（外汇的价格）和国内总支出 Z 的关系，这时的国内总支出使得非贸易部门的劳动力恰好完全（不是过度）就业（在某一汇率水平上，Z 的上升将会带来非贸易货物的超额需求，但是货币增值降低了可贸易货物的价格，使得需求向后者移动）。水平的 TT 线给出了在给定名义工资水平下，可贸易部门劳动力被充分雇用时的汇率水平。向上倾斜的 XX 线是在经常账户平衡时支出和汇率的关系。

经济体起初在 A 点上，产出高于非贸易部门的潜在产出，经常账户出现盈余。由于可贸易部门工资较低，产出同样高于潜在产出。两个部门都存在向上倾斜的成本压力，非贸易部门存在向上倾斜的价格压力。

在某一支出水平下，考虑名义汇率的大幅升值将使经济体移动到 B 点。可能是因为别的大国采取宽松的货币政策，也可能是因为市场预期国内货币政策要从紧，无论出现哪种情形，两个部门的产出都会下降，可贸易部门会出现非常大的资本收入下滑。这表明，通胀压力会得到缓解，代价是两个部门的失业率上升。随着经济体向 XX 线靠近，经常账户盈余将会缩小。

这些影响是令人伤脑筋的，以至于许多处在 A 点的新兴市场经济体倾向于
选择抵制汇率上升，这些国家积累大量的外汇储备并压低汇率以应对国内的通
胀。图 10 展示了样本新兴市场经济体在 2010 年实际汇率上升和外汇储备的情
况。随着外汇市场压力的增大，这些国家允许更大的升值，但同时也进行了更
多的市场干预，在某些情况下甚至是大规模干预。

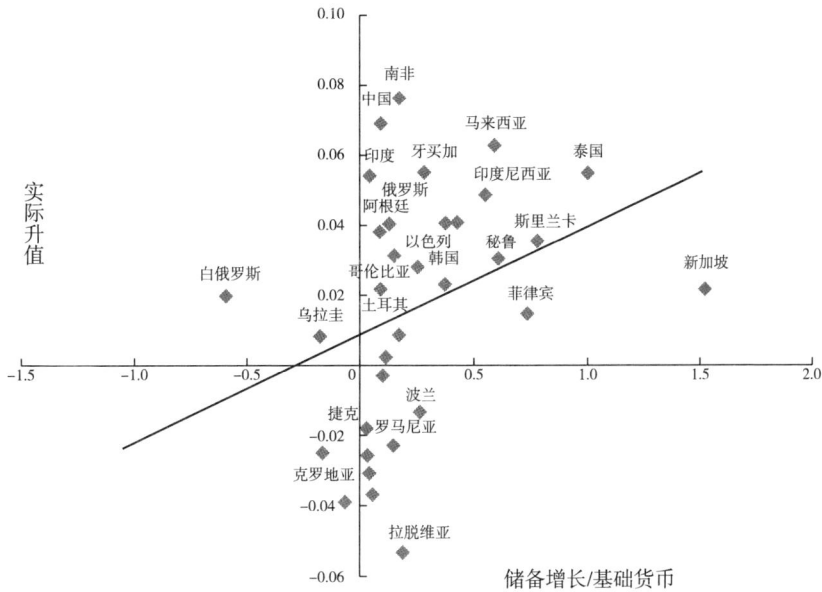

图 10　2010 年样本新兴市场经济体外汇储备增长和实际升值

当新兴市场经济体面临源于工业国家全球扩张性的货币冲击时，由于没有
良好的协调导致了失败，让人想起之前的竞争性贬值，至少是没有升值，但不
像大萧条时期的货币竞争。近期的种种措施都推高了通胀水平。新兴市场经济
体之间的内部贸易，在很大程度上扩大了该问题的重要性。缺乏协调而导致的
失败是如何发生的呢？

比如，人民币相对于美元的弱势，让巴西更加不愿意提升实际汇率（反
之亦然），因此两个国家都进行更多的干预，增加了更多的美元债权，债权的
增加可以是无限制的。在外汇对冲操作不完美的情况下，导致了资产价格上升

和通胀，让人想起了 20 世纪 70 年代初期布雷顿森林体系崩溃的情形（图 1 描绘了近年来外汇储备资产爆炸性增长的情形）。

假设全球存在三种货币：雷亚尔（R）、人民币（Y）和美元（U），该问题可以容易地用"囚徒困境"来表达。如果 α 是新兴市场经济体之间贸易的比重，运用外汇市场的三角套利，我们可以用下式表达雷亚尔和人民币之间的双边名义汇率（对数表示）：

$$e_R^{eff} = e_{R/\$} + \alpha e_{\$/Y}$$
$$e_Y^{eff} = e_{Y/\$} + \alpha e_{\$/R}$$

在这个博弈中支付量决定如下：两个国家都面临中期通胀的压力，短期内不影响按汇率调整的价格水平，但可以被视为现值为 - 0.9 的成本。图 11 展示了巴西和中国名义值之间的博弈，它包含了一个信息（左上角），就是如果两个国家货币与美元之间维持固定汇率，两国的支付都是 - 0.9。假设一个国家货币升值了一个单位，以对数表示的名义有效汇率的变化（上式给出）是该国家的支付量，但国内通胀的压力消除了。如支付矩阵左下角所示，若巴西升值但中国仍然固定不动，巴西为实际升值付出了 - 1 的成本（因为未来通胀降为 0），但中国只付出 -(0.9 - α) 的成本，因为它的通胀成本（-0.9）被有效汇率贬值部分抵消，这一贬值则是由雷亚尔对美元的实际汇率上升带来的（等于 α 的收益，因为 $e_\$^R$ 上升了一个单位）。基于这个例子，我假设，政策制定者认为现在升值要比日后通胀带来更大的成本。

中国

巴西		固定汇率	升值
	固定汇率	–0.9, –0.9	-(0.9-α), -1
	升值	-1, -(0.9-α)	-1(1-α), -(1-α)

图 11 外汇干预博弈中的协调失败

若进一步假设 $\alpha > 0.1$ 可以得到，雷亚尔和人民币联合对美元的升值对巴西和中国都是有利的，这样能减少通胀的成本，如图 11 中右下角的情形，但不是纳什均衡，因为每个国家都有改变的激励，它可以搭另一个国家升值的"顺风车"而获得更高收益。唯一的纳什均衡（非合作解决方案），是两个国家都与美元保持固定汇率，承受随之而来的通胀。

我们注意到，无论如何，新兴市场经济体都是输的一方（在这个简化的博弈中）。虽然它们不能改变美国的货币政策，但如果它们互相协调配合，它们能有效地减少损失。协调配合会产生收益，收益随着新兴市场经济体之间的贸易（或是在第三方市场的竞争）的程度加深而增加，程度可以粗略地用例子中的 α 刻画。作为一种协调机制，IMF 可以利用自己的研究分析能力，量化和宣传新兴市场经济体协所获得收益的可行性。如果政策制定者希望 IMF 能更有效地促进全球合作，他们应该鼓励 IMF 提供非常详细、能给每一个合作的成员国带来利益的阐述。在理念上，IMF 应该解释如何将分散的全球经济整合到一起。

货币升值（通常是大的货币波动）成本对于成熟的经济体来说要小一些，因为成熟经济体拥有较大的贸易品国内市场和较强的市场定价能力，可以缓解汇率调整对国内价格的影响。

资本流入控制

上面讨论的例子中，国家面临一个选择：升值能减轻国内通胀压力，但要付出失业率上升的代价；紧缩的货币政策能抑制通胀，但又要付出更大的汇率升值代价。这是一个传统的困境。

许多新兴市场经济体更多地采用了控制资本流入的方法，取得了明显的但有限的成功。在某些情况下，IMF 也迅速调整了思维，将在某些情况下运用资本流入控制认可为合法的政策措施。之前，IMF 完全反对讨论适当使用资本控制手段。

从根本上讲，两个方面原因刺激了对资本流入的控制（实践中是相关的，但理论上有所不同）：第一，宏观经济动机，通过控制资本流入总量减轻外汇市场的压力，从而在根本上摆脱困境；第二，宏观审慎动机，在金融部门安全地履行资金中介能力有限的情况下，改变资本流入或设定流入总量指标。有证据表明，这种控制对于改变资金流入的构成效果较好，例如延长债务期限（智利）或将外部债权转成股权（印度），但在缓和总量或实际汇率升值压力方面则不太成功。

从宏观审慎的角度来看，控制资本流入是第二个有效的工具，最有效的措施是直接把金融扭曲设定为目标。例如，担心银行货币配置错误的国家，应该限制所有外币债务或是对其征税，而不仅仅是与非居民债务合约。然而，在理论上，我们肯定能够设计出一种情形，从国家甚至全球福利的角度出发（Korinek，2011），使得对外国借款或债务征税是最优的可行干预政策。奥斯特里等人（Ostry et al.，2011）指出，当金融性的流入是通过大的非金融公司等非银行渠道进入经济时，资金流入控制更偏向于宏观审慎工具。当然，部分国家用惩罚性的宏观审慎工具来规避困境。

如果资本流入控制被广泛地认可为政策工具的一部分，当国际社会制定出使政策工具可以操作的准则和创造出政策工具可以运用的环境时，透明度会增强。由制度约束的体制比靠主观判断的体制具有更强的可预测性，从而避免金融市场的波动。对流入的控制要承担潜在的、负面的国际间接影响（财政政策）。单边运用控制资本流入的国家或许导致将资本转移到了邻国。控制资本流入，如中国，使得一个国家拥有更大的空间来人为地维持竞争性的汇率，从而加剧国际失衡。这样，如果政策制定者希望用控制资本流入来减少全球负外部性，国际层面的协调监控（IMF可能承担该任务）是有用的和必要的。

全球失衡

在浮动汇率时代，经常账户的失衡并没有减少，并且旷日持久；相反，不断增加的金融资本流动性（奥伯菲尔德和泰勒2004年认为部分源于浮动汇率的支持）使得弥补为赤字融资以及处置超额储蓄变得更加容易。更重要的是，真实汇率本应反映外部平衡需求的长期过程，却变得更加遥远（图12描绘了1980年以后全球经常账户盈余和赤字趋势，2006年危机爆发前夕两者占全球GDP的比例达到峰值，为3%）。盈余和赤字国家调节不对称的压力是一个长期难题，今天仍难以解决。

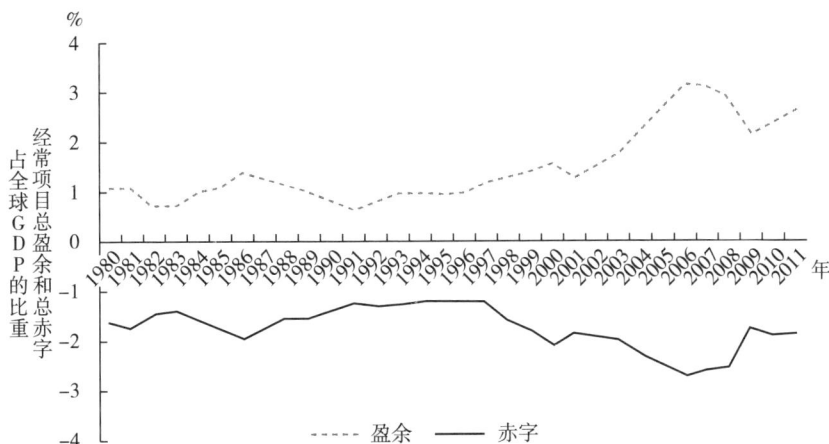

资料来源：IMF，WEO database，April 2011。

图12 全球经常账户盈余和赤字

全球失衡部分源于中国增长，中国政府有想法也有能力通过出口来进行工业化，而且可能还要维持 10 年甚至更长时间。杜利、福克兹·兰道和加伯（Dooley，Folkerts-Landau and Garber，2008，2009）提出了应对全球失衡的"布雷顿森林体系Ⅱ"。他们的观点引起了激烈的讨论，如鲁比尼（Roubini，2006）、奥伯菲尔德和罗高夫（Obstfeld and Rogoff，2007）、沃尔夫（Wolf，2008）、霍尔和拉斯（Hall and Tavlas，2011）。

2000 年以来，全球失衡的结构显现出了不断积累的一些弊病，无须惊讶，因为它与其他一些最终以泪水结束的事件非常相似。总体上，亚洲（不包括日本）正以超过成熟国家的速度在增长，尤其是中国，追求"剩余产品"的增长模式（Caves，1965）。其他的成熟国家，但最突出的是美国，通过增加消费和积累负债的方式，吸收着亚洲的出口（而不是通过增加生产性的投资，这大部分被房地产取代了）。

尽管在理论上，"软着陆"是可能的，但随着美国居民负债的快速增长，美国已成为全球消费的火车头，依靠的是抵押品价值和通胀性的房产价值的上涨，而这必然会导致崩溃，在 2006 年崩溃确实开始了。2000 年以来，给定美国当时和未来的收入增长，中国依靠美国不断增长的居民负债以及维持不破产的状态，来保持自己更长时间、更快速的出口驱动型的增长是不可能的。金融危机反映了次贷危机发生前，美国和欧洲金融部门对总体经济状态不明智的假设。

在分析由全球失衡带来的潜在风险时，很重要的一点是如何将许多发生的事件串联起来。有大量盈余的国家比赤字国家经济增长快得多，后者的消费增速必然高过收入，如果负债者的收入增加停滞，很有可能最后导致危机。事实上，欧元区主权债务危机也是因为这个问题。与此相似，在随后的几年中，美国的经常账户赤字与 2006 年相比虽然有所下降，但仍维持较高的水平，这种靠巨额财政赤字支撑的贸易赤字不可能长期持续。

在这样的情况下，由于担心自身积累的资产可能发生贬值（无论是公共部门持有的，如中国的外汇储备，还是私人部门持有的，如德国银行持有的希腊主权债务），贸易顺差的国家会主动寻求减少顺差。另一个威胁来自贸易保护主义。如果政策制定者希望国际债权人意识到他们正在承担的风险，那么构建一个使得这些担心理性化的国际金融体系就显得非常重要。但是，我们不应期望这一体系从本质上缓解赤字调整的压力，赤字国家由于风险更高，将承受更严格的限制或付出更高的信用成本。

IMF 应该明确阐述其主张，大量且持续的外部失衡威胁将导致清偿力危机，对于公共部门还是私人部门都是如此。IMF 应采取齐力促合作政策使得改变全球失衡的过程更加容易。如果政策制定者希望提升 IMF 在国际社会上的话语权，参与的国家都应该支持 IMF 改革，使之在政治上更加可行和可靠。

流动性信用额度的体系，能阻止预防性的储备积累，尽管储备积累在经常账户赤字情况下也会出现。对储备持有人进行征税的建议，不管是基于 SDR 还是基于货币，都不可能有任何收获，就像 20 世纪 40 年代凯恩斯建议未被采纳一样。

结　论

国际流动性和汇率管理的问题，在过去几十年国际货币改革的文献中也得到了广泛讨论。该问题今天仍然存在，在形式上与过去有所不同。从根本上看，这些问题源于结构、增速、不同经济体周期的不对称。现在，按照实际GDP 的衡量，发达国家（成熟经济体）和发展中国家的差距正在迅速地缩小（在有些标准方面两者已经达到了同样规模）。

许多年以前，理查德·库珀（Richard Cooper, 1969）指出，宏观经济政策之间的协调程度和国际流动性的需要之间存在非常有趣的关系。我相信这一点仍然有效：

> 在暂时有分歧和冲突的国家政策面前，国际合作的程度……将影响为解决失衡而需要的流动性规模。合作越多，无论是时间方面还是政策内容上，将会产生更多的相互协调的国际政策，为解决失衡问题而需要的国际流动性规模就越小。

另外，我认为，寻求全球流动性提供的合作方法仍有很大的空间。这样的合作也有助于缓解国家经济政策中协调失败的负面效应。不幸的是，这些问题依然在各国政府之间造成压力，在民族国家主导的世界里难以找到简单的解决方案。

（王胜邦　李好雪　译）

参考文献

［1］Aizenman, Joshua and Yi Sun. "The Financial Crisis and Sizable International Reserves Depletion: From 'Fear of Floating' to the 'Fear of Losing International Reserves'?" Working Paper 15308, National Bureau of Economic Research (October 2009).

［2］Borio, Claudio and Piti Disyatat (2010). "Global Imbalances and the Financial Crisis: Link or No Link?" BIS Working Papers, No. 346, Bank for International Settlements (May 2011).

［3］Boughton, James M. Silent Revolution: The International Monetary Fund, 1979–1989 (Washington, D. C.: International Monetary Fund, 2001).

［4］Boughton, James M. "Jacques J. Polak and the Evolution of the International Monetary System." IMF Economic Review 59 (June 2011): 379–399.

［5］Brunnermeier, Markus K. and Lasse Heje Pedersen. "Market Liquidity and Funding Liquidity." Review of Financial Studies 22 (June 2009): 2201–2238.

［6］Calvo, Guillermo A. "Monetary Policy Challenges in Emerging Markets: Sudden Stop, Liability Dollarization, and Lender of Last Resort." Working Paper 12788, National Bureau of Economic Research (December 2006).

［7］Calvo, Guillermo A. and Carmen M. Reinhart. "Fear of Floating." Quarterly Journal of Economics 107 (May 2002): 397–408.

［8］Canzoneri, Matthew, Robert Cumby, Behzad Diba, and David López–Salido, "Key Currency Status: An Exorbitant Privilege and an Extraordinary Risk." Typescript, Georgetown University, November 2010.

［9］Caves, Richard E. "'Vent for Surplus' Models of Trade and Growth." In Richard E. Caves, Harry G. Johnson, and Peter B. Kenen, eds., Trade, Growth, and the Balance of Payments: Essays in Honor of Gottfried Haberler (Chicago: Rand McNally & Company, 1965).

［10］Cooper, Richard N. "Postscript: Updating International Money." In Fred Hirsch, Money International (Harmondsworth, UK: Penguin Books, 1969).

［11］Cumby, Robert E. "Special Drawing Rights and Plans for Reform of the International Monetary System." In George M. von Furstenberg, ed., International Money and Credit: The Policy Roles (Washington, D. C.: International Monetary Fund, 1983).

［12］Dominguez, Kathryn M. E., Yuko Hashimoto, and Takatoshi Ito. "International Reserves and the Global Financial Crisis." National Bureau of Economic Research Working Paper 17362, August 2011.

［13］Dooley, Michael, David Folkerts – Landau, and Peter Garber. Asia, Interest Rates, and the Dollar, 2nd edition (New York: Deutsche Bank Securities, 2008).

［14］Dooley, Michael, David Folkerts – Landau, and Peter Garber. "Bretton Woods Ⅱ Still Defines the International Monetary System." Pacific Economic Review 14 (2009): 297–311.

［15］Eichengreen, Barry. Exorbitant Privilege: The Rise and Fall of the Dollar and the Future of the International Monetary System (New York: Oxford University Press, 2011).

［16］Farhi, Emmanuel, Pierre – Olivier Gourinchas, and Hélène Rey. Reforming the International Monetary System. London: Centre for Economic Policy Research, September 2011. Available at: http://www.cepr.org/pubs/books/P226.asp.

［17］Fischer, Stanley. "On the Need for an International Lender of Last Resort." Journal of Economic Perspectives 13 (Fall 1999): 85–104.

［18］Giavazzi, Francesco and Luigi Spaventa. "Why the Current Account May Matter in a Monetary Union: Lessons from the Financial Crisis in the Euro Area," Discussion Paper 8008, Centre for Economic Policy Research (September 2010).

［19］Goldberg, Linda S., Craig Kennedy, and Jason Miu. "Central Bank Dollar Swap Lines and Overseas Dollar Funding Costs." Working Paper 15763, National Bureau of Economic Research (February 2010).

［20］Goodhart, Charles A. E. "Myths about the Lender of Last Resort." International Finance 2 (November 1999): 339–360.

［21］Greenspan, Alan. The Age of Turbulence (New York: Penguin Press, 2007).

［22］Gourinchas, Pierre – Olivier, Hélène Rey, and Nicolas Govillot. "Exorbitant Privilege and Exorbitant Duty." Typescript, UC Berkeley, London Business School, and École des Mines (May 2010).

［23］Hall, Stephen G. and George S. Tavlas. "The Debate about the Revived Bretton Woods Regime: A Survey and Extension of the Literature." Typescript, Bank of Greece (August 2011).

［24］Henning, C. Randall. Currencies and Politics in the United States, Germany, and Japan (Washington, D.C.: Institute for International Economics, 1994).

［25］Hirsch, Fred. Money International (Harmondsworth, UK: Penguin Books, 1969).

［26］International Monetary Fund. "The Fund's Mandate—The Future Financing Role: Reform Proposals." Finance, Legal, and Strategy, Policy, and Review Departments, International Monetary Fund (June 2010).

［27］Ishi, Kotaro, Mark Stone, and Etienne B. Yehoue. "Unconventional Central Bank

Measures for Emerging Economies. " IMF Working Paper WP/09/226 (October 2009) .

［28］Jeanne, Olivier and Charles Wyplosz. "The International Lender of Last Resort: How Big Is Big Enough?" In Michael P. Dooley and Jeffrey A. Frankel, eds. , Managing Currency Crises in Emerging Markets (Chicago: University of Chicago Press, 2003) .

［29］Kemp, Murray C. "Foreign Investment and the National Advantage. " Economic Record 38 (March 1962): 56–62.

［30］Kenen, Peter. "An SDR Based Reserve System. " Journal of Globalization and Development 1 (2, 2010), Article 13. Available at: http: //www. bepress. com/jgd/vol1/iss2/art13 Keynes, J. M. "Foreign Investment and National Advantage. " The Nation and Athenaeum 35 (August 1924): 584–587.

［31］Kindleberger, Charles P. Europe's Postwar Growth: The Role of Labor Supply (Cambridge, MA: Harvard University Press, 1967) .

［32］Korinek, Anton. "The New Economics of Prudential Capital Controls. " IMF Economic Review 59 (August 2011): 523–561.

［33］Krugman, Paul R. and Maurice Obstfeld. International Economics: Theory and Policy (Boston: Little, Brown, 1988) .

［34］Lane, Philip R. and Gian Maria Milesi – Ferretti. "The External Wealth of Nations Mark II: Revised and Extended Estimates of Foreign Assets and Liabilities, 1970–2004. " Journal of International Economics 73 (November 2007): 223–250.

［35］McGuire, Patrick and Götz von Peter. "The US Dollar Shortage in Global Banking and the International Policy Response. " BIS Working Papers, No. 291, Bank for International Settlements (October 2009) .

［36］Maggiori, Matteo. "Financial Intermediation, International Risk Sharing, and Reserve Currencies. " Typescript, University of California, Berkeley, November 2011.

［37］Magud , Nicolás E. , Carmen M. Reinhart, and Kenneth S. Rogoff. "Capital Controls: Myth and Reality—A Portfolio Balance Approach. " Working Paper 16805, National Bureau of Economic Research, February 2011.

［38］Metzler, Lloyd A. , Robert Triffin, and Gottfried Haberler. International Monetary Policies. Postwar Economic Studies No. 7 (Washington, D. C. : Board of Governors of the Federal Reserve System, 1947) .

［39］Obstfeld, Maurice. "Lenders of Last Resort in a Globalized World. " Monetary and Economic Studies (Bank of Japan) 27 (November 2009): 35 –52. Available at: http: //

www. imes. boj. or. jp/english/publication/mes/fmes. html.

［40］ Obstfeld, Maurice. "International Liquidity: The Fiscal Dimension." Monetary and Economic Studies (Bank of Japan) 29 (November 2011): 33 –48. Available at: http: // www. imes. boj. or. jp/research/abstracts/english/me29–3. html.

［41］ Obstfeld, Maurice and Kenneth Rogoff. "The Unsustainable U. S. Current Account Position Revisited." In Richard H. Clarida, ed. , G7 Current Account Imbalances (Chicago: University of Chicago Press, 2007) .

［42］ Obstfeld, Maurice and Alan M. Taylor. Global Capital Markets: Integration, Crisis, and Growth (Cambridge, UK: Cambridge University Press, 2004) .

［43］ Ogawa, Eiji and Takatoshi Ito. "On the Desirability of a Regional Basket Currency Arrangement." Journal of the Japanese and International Economies 16 (September 2002): 317–334.

［44］ Ostry, Jonathan D. and others. "Capital Inflows: The Role of Controls." IMF Staff Position Note SPN/10/04 (February 2010) .

［45］ Ostry, Jonathan D. and others. "Managing Capital Inflows: What Tools to Use?" IMF Staff Discussion Note SDN/11/06 (April 2011) .

［46］ Prasad, Eswar S. "Role Reversal in Global Finance." Paper presented at the 2011 Economic Policy Symposium of the Federal Reserve Bank of Kansas City (August 2011) . Available at: http: //www. kansascityfed. org/publications/research/escp/escp – 2011. cfm.

［47］ Rose, Andrew K. and Mark. M. Spiegel. "Dollar Illiquidity and Central Bank Swap Arrangements during the Global Financial Crisis." Typescript, UC Berkeley and Federal Reserve Bank of San Francisco (August 2011) .

［48］ Roubini, Nouriel. "The BW2 Regime: An Unstable Equilibrium Bound to Unravel." International Economics and Economic Policy 3 (December 2006): 303–332.

［49］ Solomon, Robert. "Creation and Evolution of the SDR." In Michael Mussa, James M. Boughton, and Peter Isard, eds. , The Future of the SDR in Light of Changes in the International Financial System (Washington, D. C. : International Monetary Fund, 1996) .

［50］ Stone, Mark R. , W. Christopher Walker, and Yosuke Yasui. "From Lombard Street to Avenida Paulista: Foreign Exchange Liquidity Easing in Brazil in Response to the Global. "

［51］ "Shock of 2008 – 2009." IMF Working Paper WP/09/259 (November 2009) .

［52］ Triffin, Robert. Gold and the Dollar Crisis (New Haven: Yale University Press, 1960).

［53］ Truman, Edwin M. "On What Terms Is the IMF Worth Funding?" Working Paper Series

WP 08-11, Peterson Institute for International Economics, December 2008.

[54] Truman, Edwin M. "The IMF as an International Lender of Last Resort. " Real Time Economic Issues Watch, Peterson Institute for International Economics, October 12, 2010. Available at: http: //www. piie. com/realtime/? p = 1767.

[55] Wolf, Martin. Fixing Global Finance (Baltimore, MD: Johns Hopkins University Press, 2008) .

[56] Yeager, Leland B. International Monetary Relations: Theory, History, and Policy, 2nd edition (New York: Harper & Row, 1976) .

[57] Zhou, Xiaochuan. "Reform the International Monetary System. " Typescript (March 2009) . Available at: http: //www. pbc. gov. cn/publish/english/956/2009/20091229104425550 619706/20091229104425550619706_ . html.